工程建设法律实务丛书

建设工程合同相关法律条款解读

丛书主编　张正勤

本书主编　张正勤　施炜栋

中国建筑工业出版社

图书在版编目（CIP）数据

建设工程合同相关法律条款解读 / 张正勤，施炜栋
本书主编．—北京：中国建筑工业出版社，2016.6
（工程建设法律实务丛书）
ISBN 978-7-112-19510-7

Ⅰ.①建… Ⅱ.①张…②施… Ⅲ.①建筑工程—经
济合同—合同法—法律解释—中国 Ⅳ.①D923.65

中国版本图书馆CIP数据核字（2016）第133829号

经历多年的工程法律实践，作者认为建筑行业常见的风险与纠纷，往往归因于市场主体关于“法律”适用与认识的欠缺。因此，为防止或减少法律风险与合同纠纷的发生，本书将建设工程合同相关法律条款进行“全面化”、“层次感”、“逻辑性”与“穿插度”地归纳及解读，引导建筑活动中行为依据的准确适用与正确理解。

本书的实务研究与理论分析有助于我国建设工程领域中，经营单位、从业人员以及法律工作者等有关建筑活动及其司法实践的开展。

责任编辑：赵晓菲　朱晓瑜
责任校对：王宇枢　关　健

工程建设法律实务丛书
建设工程合同相关法律条款解读
丛书主编　张正勤
本书主编　张正勤　施炜栋
*
中国建筑工业出版社出版、发行（北京西郊百万庄）
各地新华书店、建筑书店经销
北京京点图文设计有限公司制版
北京建筑工业印刷厂印刷
*
开本：787×1092毫米　1/16　印张：22¼　字数：407千字
2016年7月第一版　2016年7月第一次印刷
定价：55.00元
ISBN 978-7-112-19510-7
（28812）

丛书前言

近年来，随着政府对于房地产及基础设施领域的改革愈加深化以及国家推动“一带一路”战略等重要举措，建筑行业迎来了历史新机遇。在这一波蓬勃发展的势头下，预计未来海内外基建投资前景将一片大好。

然而，许多建筑业企业、地方政府乃至部分法律行业从业者对于国家不断出台的各项法规及政策无法正确理解或尚未深刻领悟，对于实务中的一些关键概念未能透彻认识，例如对于海外基建工程中常用的 EPC 承包模式的理解，对于 PPP 模式究竟该如何操作，如何把控工程纠纷诉讼中的司法鉴定环节等，以致于在实践中逡巡不前。本套丛书正是基于此背景付梓，以期从专业律师的视角为读者从事相关实务工作或提供相关法律服务给予些许参考。

本套丛书的根本特点在于贴近实务。正如美国联邦最高法院大法官、法学家霍姆斯先生所言：“法律的生命不在于逻辑，而在于经验。”对于法律问题的理解绝不能仅停留在对理论的理解，而要紧扣实务操作，结合深入浅出的说理，从最直观的角度给出实操层面上的建议，以做到“有理、可行、不空洞”。

本套丛书的另一大特色在于建筑领域专业知识与法律的结合。实践中，法学从来都不是一门孤立的学科。当法学融入社会生活后，势必与各类专业相关联。因此，我们应当学会建立专业问题与法律问题的联系，使“法律问题专业化，专业问题法律化”，由此才能更好地解决实务问题，同时促进法学理论乃至法治建设的发展。

由于时间仓促，加之水平所限，丛书中谬误与偏颇之处在所难免，恳请广大读者及业界同仁提出宝贵意见和建议。

本书前言

作为一名长期致力于建设工程领域法律服务的专业律师，在我国当今建筑业的市场规模迅猛发展并也已成为国家支柱性产业的今天，配套立法已日趋完善并逐渐形成行业体系性规范，笔者的执业经历，自从业伊始至今即与上述行业与法制建设的时代特征紧密相连。

基于此，笔者在常年为建设单位及其工程的勘察单位、设计单位与施工单位等实施主体，或项目的招标代理、工程监理与造价咨询等参与主体，提供非讼与诉讼服务的过程中，坚持工程经验与法律专业的结合，以秉承“运用法律指引专业、基于专业适用法律”的执业方向，从一个执业律师的独立视角，不断总结并思考实务中法律层面的风险防控与纠纷成因。

经历多年的工程法律实践，笔者认为建筑行业常见的风险与纠纷，往往归因于市场主体关于“法律”适用与认识的欠缺，包括：

（1）关注的偏差化——“重实体、轻程序”或“重特别法、轻普通法”，即侧重实体法而轻视程序法，或偏重建筑法律体系而疏忽一般民事规范；

（2）应用的片面化——“重上位法、轻下位法”或“重立法、轻司法”，即倚重高层级法律法规但忽视低位阶规章文件，或看重立法行政机关的依据但忽略法院系统的司法解释与指导意见；

（3）理解的单一化——“重规定、轻规则”，即着重单独条文的内容知晓，怠于组合法条的规则掌握；

（4）阶段的局限化——“重争议解决、轻风险防范”，即注重事后纠纷解决而非事前风险防控的法律运用。

鉴于上述问题在工程领域的普遍存在，以防止或减少法律风险与合同纠纷的发生为写作目的，笔者希望借由本书关于法律条文“全面化”、“层次感”、“逻辑性”与“穿插度”的归纳及解读，引导建筑活动中行为依据的正确理解与准确适用。

具体而言，(1) 在章节设置上，以“全过程、多方位”的时间与内容脉络为纲要，围绕建设工程合同的关系建立、实质履行与争议解决，依次设计目录篇章；(2) 在依据引用上，从法律、法规、规章等规范性文件到司法解释、指导意见等审判依据的全面涵盖，以视效力层级的高低，分主次进行罗列和介绍；(3) 在内容安排上，通过“法条索引”、“条款解析”与“律师提醒”的书写结构，从前提、法理、实务的不同角度，逐一就相关主题予以详尽解析；(4) 在分析方法上，强调“法律的关联”、“条款的组合”以及“篇章的连接”，从立法宗旨、制定目的与法律原则出发，追求综合性、整体性与周延性的规则解读。

此外，本书在体例方面有一处明显“破格”。因考虑“工程总承包 (EPC)”独有的模式特征、建造优势及其所代表行业未来的重要发展趋势，笔者就该工程发包的特定“项目组织实施方式”，未按本书其他以适用环节或实质内容为标准的章节设置，而单列篇幅以作专项解析。特此说明。

希冀本书的实务研究与理论分析有助于我国建设工程领域中，经营单位、从业人员以及法律工作者有关建筑活动及其司法实践的开展。

受限于时间仓促与学识浅薄，本书难免存疏漏乃至谬误之处，敬请广大读者及业界同仁不吝赐教、批评指正。

撰写本书稿得到张姝律师的大力支持，在此表示感谢。再次恳求读者提出宝贵意见和建议。

目录

第一章　建设工程发包法律条款解读……1

第一节　发包行为法律条款解读……1

第二节　涉及直接发包条款解读……9

第三节　涉及招标发包条款解读……21

第二章　建设工程总承包法律条款解读……53

第一节　建设工程总承包概念条款解读……53

第二节　建设工程总承包资质条款解读……57

第三节　建设工程总承包特征条款解读……64

第四节　建设工程总承包风险条款解读……68

第三章　建设工程合同内容条款解读……74

第一节　关于建设工程合同概念条款解读……74

第二节　建设工程合同成立条款解读……86

第三节　关于建设工程合同内容条款解读……91

第四节　关于建设工程合同效力条款解读……98

第五节　建设工程合同变更条款解读……104

第六节　建设工程合同终止条款解读……113

第四章　建设工程质量条款解读……122

第一节　工程质量法律适用条款解读……122

第二节　工程质量管理制度条款解读……127

第三节　工程质量法定义务的条款……154

第四节　关于工程质量法律后果的条款……173

第五章 建设工程价款的必读法律条款……187
第一节 建设工程价款概念的条款解读……187
第二节 建设工程价款约定的条款解读……193
第三节 建设工程价款调整的条款解读……206
第四节 建设工程价款支付的条款解读……211
第五节 建设工程价款违约责任的条款解读……222
第六章 建设工程工期条款解读……226
第一节 建设工期概念的条款……226
第二节 建设工期期间的条款……229
第三节 建设工期延长的条款……234
第四节 建设工期责任的条款……241
第七章 关于建设工程安全条款解读……246
第一节 关于建设工程安全制度概念的条款解读……246
第二节 关于建设工程安全法定义务条款解读……250
第三节 关于安全事故处理条款解读……271
第四节 关于安全事故法律后果条款解读……278
第八章 关于建设工程纠纷解决条款解读……284
第一节 诉讼管辖条款解读……284
第二节 诉讼主体条款解读……289
第三节 诉讼程序条款解读……294
第四节 诉讼证据条款解读……307
第五节 诉讼保全条款解读……329
第六节 执行程序条款解读……333

第一章　建设工程发包法律条款解读

【章节导读】

从工程项目全寿命的角度出发，建设工程主要经过决策阶段、实施阶段、使用阶段。其中，实施阶段是建设项目经过决策成熟后，将“蓝图”变为工程项目实体，实现投资决策意图的过程。因此，发包人须选择承包人以具体实施工程建设。该选择过程即为“建设工程发包”，其法定方式分为“直接发包”与“招标发包”，经发包人依法选择后，不同发包方式下，通过适用相应程序的行为规范，最终完成合法的“建设工程发包”行为。

因行业管理与质量保障等考量，我国建筑法律体系就包括分包在内的“直接发包”行为设定相应的资质条件及其规避行为的违法后果，在此基础上，为了维护建设单位承包选择的信赖利益，针对“非法转包”与“违法分包”行为，作出一系列禁止性规定，并制定相应的不利法律后果，予以制约。

出于防止权力寻租、保障公共安全、避免国资流失等目的，我国关于招投标活动的法律文件就符合相应条件的建设工程划定强制招标的范围；为保障各参与方合法权益，明确活动中有损公平竞争的违法行为，制定包括“中标无效”在内相应的不利后果。基于“招标发包”适用招投标程序，其行为性质与规范、违法情形与后果与招投标活动的相关内容一致。

第一节　发包行为法律条款解读

一、工程发包法律概念的条款

【主要条款】

◆《中华人民共和国建筑法》第十五条第一款规定：

“建筑工程的发包单位与承包单位应当依法订立书面合同，明确双方的权利和义务。”

◆《中华人民共和国建筑法》第二十四条第二款规定：

“建筑工程的发包单位可以将建筑工程的勘察、设计、施工、设备采购一并发包给一个工程总承包单位，也可以将建筑工程勘察、设计、施工、设备采购的一项或者多项发包给一个工程总承包单位。”

◆《中华人民共和国合同法》第二百六十九条第二款规定：

“建设工程合同包括工程勘察、设计、施工合同。”

【条款解析】

关于建设工程发包的性质，其行为理论上属于承发包双方以特定工程项目的建设内容为标的，建立相关合同关系的过程，而该过程的完成即通过合同的订立予以体现。根据《中华人民共和国建筑法》（以下简称《建筑法》）第十五条第一款规定，建设工程的承发包主体应当就建设工程的发包，以书面合同形式，建立合同关系。

关于建设工程发包的主体，基于发包行为的本质是行为人通过合同关系的建立，将其依法所取得的全部或部分关于特定工程建设的权利和义务，向他人进行转让的行为。再者，建设工程的分包，实质是承包人对其合法取得承包权进行部分发包的行为。因此，建设工程发包行为的发生，不但可能存在于建设单位与承包人之间，而且可能存在于承包人与分包人之间。据此，基于行为主体的不同，“建设工程发包”的法律概念在广义上，既包括建设单位的发包行为，也包括总承包人的分包行为（图 1-1）。

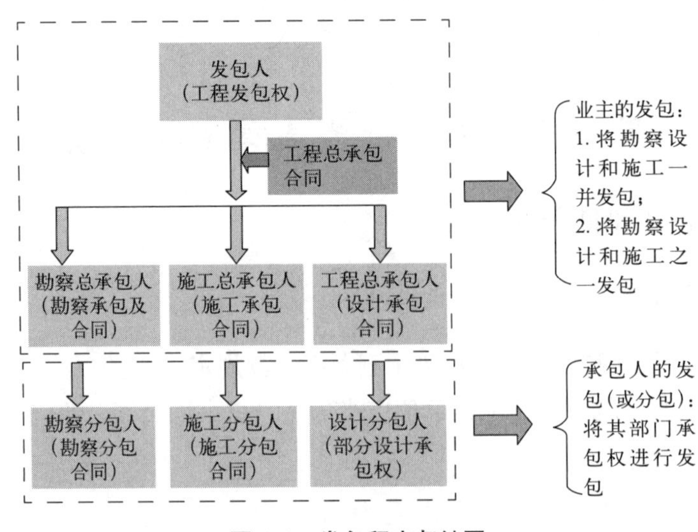

图 1-1　发包程序归纳图

关于建设工程发包的内容，根据《建筑法》第二十四条关于发包内容的规定，“建设工程发包”特指发包人与承包人之间就工程的设备采购及其勘察、设计、施工，或建设工程总承包，分别或一并建立的合同关系。在前述“建设工程发包”的法定内容中，勘察、设计、施工或以上全部[①]，根据《中华人民共和国合同法》（以下简称《合同法》）第二百六十九条第二款内容，属于该法分则中有名合同类型——“建设工程合同”的合同标的。据此，为建设工程发包所订立的合同主要是指“建设工程合同”。

发包可分为业主的发包和承包人的发包，根据发包的内容不同，业主的发包也可分为将勘察设计和施工采购一并发包，仅将勘察设计和施工之一发包的，前者称为建设工程总承包合同；后者称为勘察（或设计或施工）承包合同。承包人的发包则是将其合法的承包权合法进行发包。仅从合同相对性看，此时的承包人的法律地位是发包人，分包人的法律地位是承包人。

【律师提醒】

（1）建设工程施工所涉及的“劳务分包”，由于：1）分包客体仅为劳务作业，而非施工总承包单位或专业分包单位的承包人所提供的施工作业；2）合同义务并非交付工作成果，而是提供约定劳务，不符合《合同法》关于建设工程合同属于特殊承揽合同的定性（详见第三章第一节）。故而，劳务分包不属于《建筑法》所调整的狭义“建设工程发包”行为。

（2）关于《中华人民共和国招标投标法》（以下简称《招投标法》）第三条[②]所规定的内容，即：工程的勘察、设计、施工、监理及与工程建设有关的重要设备、材料采购，统称“建设工程项目”，是对拟建立的合同关系中必须招标内容，而非建设工程发包内容的确定。因而，狭义的“建设工程发包”行为，其内容不包括《招投标法》所称“建设工程项目”中监理的委托、材料的采购。

（3）“建设工程发包”是指建设单位（或承包人），依法就特定工程的施工、勘察、设计或设备采购或以上全部建设内容的工程总承包，但不包括监理的委托、材料的采购、劳务的分包。因此，工程发包的前提是发包人具有相应发包权，当发包

---

① 《中华人民共和国合同法》第二百七十二条规定：
“发包人可以与**总承包人**订立建设工程合同，也可以**分别与勘察人、设计人、施工人**订立勘察、设计、施工承包合同。”

② 《中华人民共和国招标投标法》第三条第一款规定：
“在中华人民共和国境内进行下列工程建设项目包括**项目的勘察、设计、施工、监理以及与工程建设有关的重要设备、材料等的采购**，必须进行招标：……”

人将发包权发包时，则变化为承包人的承包权。此时，发包人就没有相应的发包权了。

二、工程发包法定方式的条款

【主要条款】

◆《中华人民共和国建筑法》第十九条规定：
“建筑工程依法实行招标发包，对不适于招标发包的可以直接发包。”

◆《中华人民共和国建筑法》第二十二条规定：
“建筑工程实行招标发包的，发包单位应当将建筑工程发包给依法中标的承包单位。建筑工程实行直接发包的，发包单位应当将建筑工程发包给具有相应资质条件的承包单位。”

◆《建设工程勘察设计管理条例》第十二条规定：
“建设工程勘察、设计发包依法实行招标发包或者直接发包。”

【条款解析】

基于建设工程与社会公共利益、公众安全、国有资金等因素的关系程度不同，我国立法者对于建设工程发包行为的发包方式，并未作单一设定。

根据《建筑法》第十九条规定，我国建设工程发包行为的方包方式有两种，即“招标发包”与“直接发包”。结合《建筑法》第二十二条的规定内容，以及对两种发包方式名称的文义理解，可知：“招标发包”主要是发包人通过招标投标程序，确定依法中标的承包人，进行建设工程发包；“直接发包”则是发包人通过直接磋商方式，选择具备资质的承包人，进行建设工程发包。鉴于工程的勘察与设计属于建设工程的发包内容[①],《建设工程勘察设计管理条例》（以下简称《勘察设计管理条例》）对于勘察与设计可选择的两种发包方式——招标发包与直接发包进行了再次明确。

“招标发包”与“直接发包”作为建设工程发包的行为方式，根据《建筑法》

① 《中华人民共和国建筑法》第二十四条规定：
“……建筑工程的发包单位可以将建筑工程的**勘察、设计**、施工、设备采购一并发包给一个工程总承包单位，也可以将建筑工程**勘察、设计**、施工、设备采购的一项或者多项发包给一个工程总承包单位……”

有关规定，应当依法订立书面合同[①]。《建筑工程施工发包与承包计价管理办法》(以下简称《计价管理办法》）对该前提下不同发包方式的合同订立过程，进行了更为深化的规定：

就建设工程的“招标发包”而言，该行为应当经过法定招标投标程序，从而确定中标价，最终签订书面合同[②]；

就建设工程的“直接发包”而言，该行为应当经过平等主体之间的直接磋商，从而形成双方的合意，最终签订书面合同（图 1-2）。

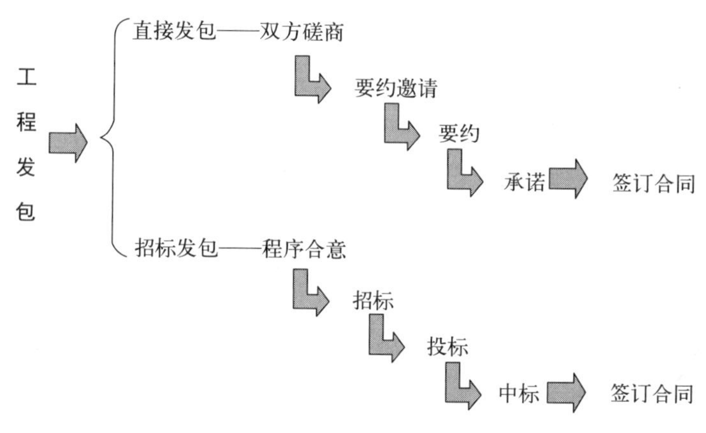

图 1-2　工程发包类型图

【律师提醒】

（1）必须招标发包的建设工程项目是法定的，并且是广义的[③]。必须招标的工程项目未招标而签订的建设工程合同是无效的。

（2）非必须招标发包的建设工程项目进行招标发包，则也必须遵循《招投标法》

---

① 《中华人民共和国建筑法》第十五条第一款规定：
“建筑工程的发包单位与承包单位**应当依法订立书面合同**，明确双方的权利和义务。”

② 《建筑工程施工发包与承包计价管理办法》第十二条第一款规定：
“招标人与中标人**应当根据中标价订立合同**。不实行招标投标的工程由发承包双方协商订立合同。”

③ 《中华人民共和国招标投标法》第三条规定：
“在中华人民共和国境内进行下列工程建设项目包括项目的**勘察、设计、施工、监理以及与工程建设有关的重要设备、材料等的采购，必须进行招标**：
（一）大型基础设施、公用事业等关系**社会公共利益、公众安全的项目**；
（二）全部或者部分使用**国有资金投资或者国家融资的项目**；
（三）使用国际组织或者**外国政府贷款、援助资金的项目**。”

的相关规定的要求[①]。

（3）本律师认为：判断是否属于“进行招标投标行为”，主要的关键是看发包人对不特定人的标准是否相同，而不取决于该行为是否招标备案。

三、工程发包法律适用的条款

【主要条款】

◆《中华人民共和国建筑法》第二条第一款规定：

“在中华人民共和国境内从事建筑活动，实施对建筑活动的监督管理，应当遵守本法。”

◆《中华人民共和国合同法》第二条第一款规定：

“本法所称合同是平等主体的自然人、法人、其他组织之间设立、变更、终止民事权利义务关系的协议。”

◆《中华人民共和国建筑法》第十六条第二款规定：

“建筑工程的招标投标，本法没有规定的，适用有关招标投标法律的规定。”

【条款解析】

建设工程的发包应当依据相关法律、法规及规章的规定行为，以下就其相关依据的范围及适用的位阶，逐一进行分析。

首先，根据《合同法》第二条关于其调整范围的规定，建设工程的发包，作为承发包之间关于合同订立的民事法律行为，其实施过程的行为与后果应当遵循《合同法》关于合同订立的基本原则与具体规则。其中，根据《合同法》关于该法内部法条适用的排序规定[②]，基于建设工程的发包行为主要是承发包之间“建设工程合同”关系的建立，属于该法分则中有名合同类型——“建设工程合同”的章节内容。据此，对于《合同法》的法条，行为人应当首先适用该法第十六章规定。在此基础上，由于建设工程合同属于特殊的承揽合同性质（详见第三章第一节），

① 《中华人民共和国招标投标法》第二条规定：
“在中华人民共和国境内进行招标投标活动，适用本法。”

② 《中华人民共和国合同法》第一百二十四条规定：
“本法分则或者其他法律**没有明文规定**的合同，**适用本法总则的规定**，并可以**参照**本法分则或者其他法律**最相类似的规定。”**

对于《合同法》第十六章建设工程合同未做规定的内容，行为人应当适用该法第十五章关于“承揽合同”的分则规定，《合同法》对此作出明确规定[①]。

其次，鉴于建设工程的发包作为特殊领域的民事活动，其权利和义务的指向对象为具体的建设工程。因此，根据《建筑法》第二条的规定，其行为应当适用《建筑法》。根据我国《中华人民共和国立法法》(以下简称《立法法》)所确立的，关于“特别法优先”的法律适用原则[②]，以及《合同法》对于其“一般法”地位应次于其他法律特别规定的再次确认[③]，相对于《合同法》，建设工程发包应当首先适用《建筑法》等特别法律规定。

再次，《建筑法》第十六条规定，“建筑工程的招标投标，本法没有规定的，适用有关招标投标法律”(图 1-3)。鉴于建设工程的“招标发包”，其行为构成包括招投标程序的遵循，因此，根据《招投标法》关于其调整范围的规定[④]，招标发包建设工程的，应当适用《招投标法》。

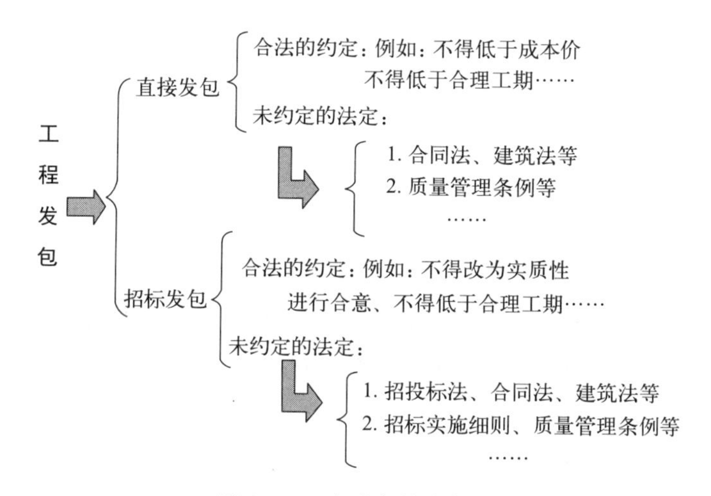

图 1-3　工程发包约定归纳图

① 《中华人民共和国合同法》第二百八十七条规定：
“本章没有规定的，**适用承揽合同**的有关规定。”

② 《中华人民共和国立法法》第八十三条规定：
“同一机关制定的法律、行政法规、地方性法规、自治条例和单行条例、规章，**特别规定与一般规定不一致的，适用特别规定**；新的规定与旧的规定不一致的，适用新的规定。”

③ 《中华人民共和国合同法》第一百二十三条规定：
“其他法律对合同**另有规定的，依照其规定。**”

④ 《中华人民共和国招标投标法》第二条规定：
“**在中华人民共和国境内进行招标投标活动，适用本法。**”

最后，根据《立法法》第七十九[①]、第八十条[②]关于我国法律文件效力层级的设置：其一，法律（特指经我国人民代表大会及其常委会制定并通过的狭义“法律”）的适用优于法规；其二，法规的适用以行政法规为先，其后依制定主体的权力等级排序，且优于规章；其三，规章的适用依照制定主体的行政等级进行效力排序。

据此，在严格执行《建筑法》、《合同法》等法律规定的前提下，发包建设工程的，应当遵循如下原则，即以《建筑法》下位的《建设工程质量管理条例》（以下简称《质量管理条例》）、《勘察设计管理条例》，以及《招投标法》下位的《中华人民共和国招标投标法实施条例》（以下简称《招投标法实施条例》）[③]等行政法规为优先，在此基础上，适用建筑法律体系中的《建筑业企业资质管理规定》、《计价管理办法》、《建筑业企业资质管理规定实施意见》以及调整招投标活动的《工程建设项目招标范围和规模标准规定》（以下简称《招标范围和规模标准规定》）等规章的相关规定。

【律师提醒】

（1）“公法不赋权不可为、私法不禁止即可为”。而对“私法不禁止即可为”的通俗说法是“有约定从约定，无约定从法定”。其实这句具体落实到行为当中应当是“约定的要知道是否合法，知道法定的具体规定。”

（2）“上位法高于下位法”。在《建筑法》体系中，作为狭义的《建筑法》、《招投标法》、《合同法》相对《工程质量管理条例》、《招投标实施细则》等是上位法。

“特别法高于一般法”。在《建筑法》体系的发包行为中，《招投标法》就是《合同法》的特别法。

（3）若是直接发包就遵循《合同法》的主要原则和条款；若是招标发包，首选应遵循《招投标法》的原则和条款，而后在《招投标法》没有特别规定的前提下，遵循《合同法》的主要原则和条款。

---

① 《中华人民共和国立法法》第七十九条规定：
“法律的效力高于行政法规、地方性法规、规章。行政法规的效力高于地方性法规、规章。”

② 《中华人民共和国立法法》第八十条规定：
“地方性法规的效力高于本级和下级地方政府规章。省、自治区的人民政府制定的规章的效力高于本行政区域内的较大的市的人民政府制定的规章。”

③ 《中华人民共和国招标投标法实施条例》第一条规定：
“为了规范招标投标活动，根据《中华人民共和国招标投标法》，制定本条例。”

第二节　涉及直接发包条款解读

一、法定资质等级要件的条款

【主要条款】

◆《中华人民共和国建筑法》第二十二条规定：

"建筑工程实行招标发包的，发包单位应当将建筑工程发包给依法中标的承包单位。建筑工程实行直接发包的，发包单位应当将建筑工程发包给具有相应资质条件的承包单位。"

◆《建设工程质量管理条例》第七条第一款规定：

"建设单位应当将工程发包给具有相应资质等级的单位。"

◆《中华人民共和国建筑法》第十三条规定：

"从事建筑活动的建筑施工企业、勘察单位、设计单位和工程监理单位，按照其拥有的注册资本、专业技术人员、技术装备和已完成的建筑工程业绩等资质条件，划分为不同的资质等级，经资质审查合格，取得相应等级的资质证书后，方可在其资质等级许可的范围内从事建筑活动。"

【条款解析】

建设工程的直接发包，由直接磋商行为与合同签订行为构成。其性质属于承发包之间，就特定工程建设内容，通过直接磋商方式，依法订立合同的民事法律行为。对于一个合法的发包行为，除根据《建筑法》规定，应当具备订立书面合同的形式要件外（详见本章第一节），还应当符合我国当代建筑法律体系中关于工程发包的资质要求。

区别于一般的合同订立，为设立建筑市场的"行业准入制度"，我国法律规定，建设工程选择直接发包的，其签订合同的承包主体应当具备特定的主体资格。对此，《建筑法》第二十二条明确规定，"建筑工程实行直接发包的"，与发包人建立合同关系的相对人应当是符合相应法定资质条件的承包人。《质量管理条例》第七条第一款也对该发包行为中的资质要求予以明确。

关于承包人承揽建设工程的法定资质要求，根据《建筑法》第十三条规定，我国建筑法律体系通过一系列法律文件的颁布，设定关于其资本、人员、设备、业绩等方面的相应指标，作为资质审核及其等级划分的法定标准，并以此作为承包人承揽建设工程的范围依据。

据此，结合《建筑法》①、② 以及《勘察设计管理条例》③ 的相关规定，建筑单位、勘察单位、设计单位作为建设工程承包人承揽工程的，均应当在其资质等级许可的范围内承揽业务，禁止超越资质等级或以其他单位名义承包建设工程。

对于《建筑法》所称“承包建筑工程的单位”④ 的相应资质等级及其业务许可范围，我国建筑行业行政主管部门，通过印发《工程设计资质标准》（建市 [2007]86 号）、《工程勘察资质标准》（建市 [2013]9 号）、《建筑业企业资质等级标准》（建建 [2001]82 号）、《施工总承包企业特级资质标准》等法规予以具体划分（详见第三章第二节）。

另外，需要特别注意的是：建设单位违反上述规定，向不具有相应资质条件的承包人发包工程的，根据《建筑法》与《质量管理条例》规定，应责令整改，处以罚款⑤，罚款金额为“50 万元以上 100 万元以下”⑥，其所签订的施工合同，根据《最高人民法院关于审理建设工程施工合同纠纷案件适用法律问题的解释》（以下简称《施工合同司法解释》）规定，应认定无效⑦。此外，根据《建设工程施工许可管理办法》（以下简称《施工许可管理办法》）相关规定，“所确定的施工企业无效”，不具备

---

① 《中华人民共和国建筑法》第十三条规定：
“从事建筑活动的建筑施工企业、勘察单位、设计单位和工程监理单位，按照其拥有的注册资本、专业技术人员、技术装备和已完成的建筑工程业绩等资质条件，**划分为不同的资质等级，经资质审查合格**，取得相应等级的资质证书后，方可**在其资质等级许可的范围内**从事建筑活动。”

② 《中华人民共和国建筑法》第二十六条第二款规定：
“**禁止**建筑施工企业**超越本企业资质等级许可的业务范围**或者以任何形式用其他建筑施工企业的名义承揽工程。”

③ 《建设工程勘察设计管理条例》第八条规定：
“建设工程勘察、设计单位应当**在其资质等级许可的范围内**承揽建设工程勘察、设计业务。**禁止建设工程勘察、设计单位超越其资质等级许可的范围或者以其他建设工程勘察、设计单位的名义承揽建设 工程勘察、设计业务。**”

④ 《中华人民共和国建筑法》第二十六条第一款规定：
“**承包建筑工程的单位应当持有依法取得的资质证书，并在其资质等级许可的业务范围内承揽工程。**”

⑤ 《中华人民共和国建筑法》第六十五条规定：
“发包单位将工程**发包给不具有相应资质条件的承包单位**的……责令改正，**处以罚款。**”

⑥ 《建设工程质量管理条例》第五十四条规定：
“违反本条例规定，建设单位将建设工程**发包给不具有相应资质等级**的勘察、设计、施工单位或者委托给不具有相应资质等级的工程监理单位的，责令改正，**处 50 万元以上 100 万元以下的罚款。**”

⑦ 《最高人民法院关于审理建设工程施工合同纠纷案件适用法律问题的解释》第一条规定：
“建设工程施工合同具有下列情形之一的，应当根据合同法第五十二条第（五）项的规定，认定**无效**：
（一）承包人**未取得建筑施工企业资质或者超越资质等级**的；
（二）没有资质的实际施工人**借用**有资质的建筑施工企业名义的；
……”

施工许可证的申领条件[①]。

【律师提醒】

（1）发包人在选择承包人时至少应当注意以下几点：

1）要有资质；

2）要有相应的资质；即：承包人的资质要与承包项目的性质一致；如果只有专业施工资质，并不能承接非专业工程的项目；有设计资质，并不必然能承接施工项目；

3）要有相应的资质等级（图 1-4）。

故承包人的资质的等级要与承包项目的规模相匹配，否则，就属于超越资质承揽工程，所签订的施工承包合同同样是无效的。

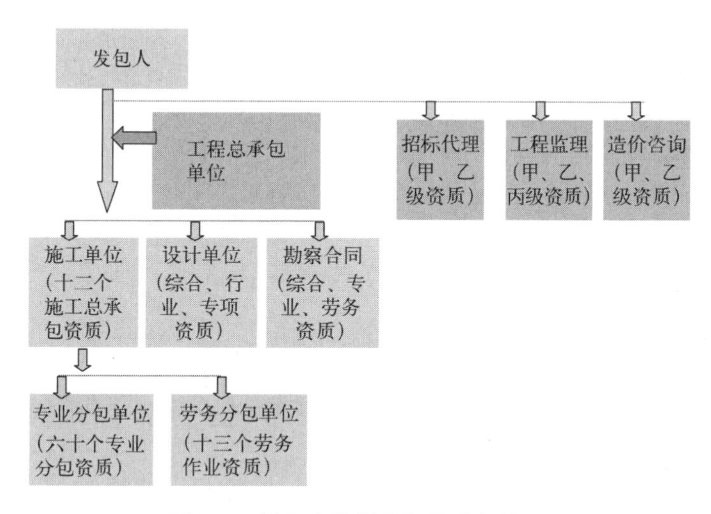

图 1-4　承包人资质等级要求归纳图

（2）如果仅有施工总承包资质的施工企业，对总承包范围内的专业工程并不需要相应的专业资质；分包人或直接承包人，对专业工程项目必须具有相应的资质。如果是超越资质承揽工程项目的，只要在建设工程竣工前取得相应资质，所签订的施工承包合同也是合法有效的。如果是无资质承揽工程项目的，则不适用“补正理论”。

① 《建设工程施工许可管理办法》第四条第四项规定：
“建设单位申请领取施工许可证，应当具备下列条件，并提交相应的证明文件：
……（四）已经确定施工企业。按照规定应该招标的工程没有招标，应该公开招标的工程没有公开招标，或者肢解发包工程，以及**将工程发包给不具备相应资质条件的**，**所确定的施工企业无效。**”

(3) 如果发包人将工程发包给不具有相应资质条件的承包人，①发包人除责令改正外，还可能被处以行政罚款；②承包人则可能受到降低资质等级或吊销资质证书等行政处罚；③所签订的施工承包合同是无效的，除非在竣工验收时，承包人已取得相应的资质。

二、禁止违法发包行为的条款

基于建筑活动的专业性，违法发包行为损害工程质量。后者既关乎生命与财产安全，也影响发包人质量要求的根本合同利益的实现（详见第四章第一节）。

此外，由于建设工程发包可能存在于建设单位与承包人，或者承包人与分包人之间（详见本章第一节），所以，违法发包行为既包括建设单位的违法发包，也包括承包单位的违法分包和非法转包。后者基于建设工程合同作为特殊种类的承揽合同（详见第三章第一节），秉承其关于人身性的合同特征。故而，违法发包也可能严重损害建设工程合同的发包人对于承包人选择的信赖利益。

为此，《建筑法》与《合同法》等法律法规，针对建设单位以及承包人关于建设工程的发包，设置了严格的行为规范和法律责任。六类违法情形及其违法后果(图1-5)，具体如下：

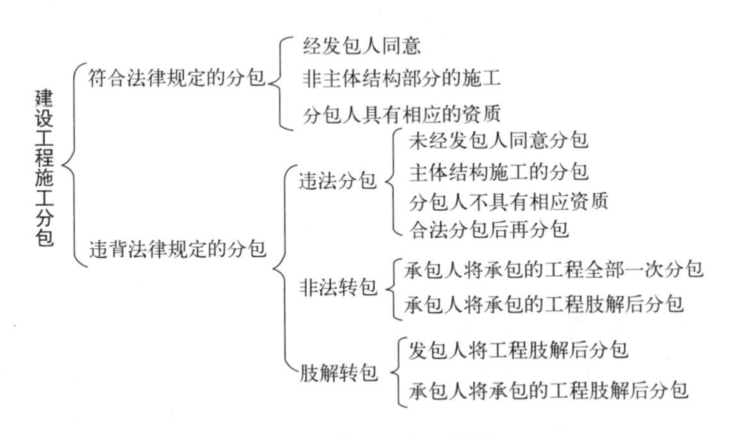

图 1-5 违法分包归纳图

（一）禁止建设单位肢解发包的条款

【主要条款】

◆《中华人民共和国建筑法》第二十四条规定：

“提倡对建筑工程实行总承包，禁止将建筑工程肢解发包。建筑工程的发包单位可以将建筑工程的勘察、设计、施工、设备采购一并发包给一个工程总承包单位，也可以将建筑工程勘察、设计、施工、设备采购的一项或者多项发包给一个工程总承包单位；但是，不得将应当由一个承包单位完成的建筑工程肢解成若干部分发包给几个承包单位。”

◆《中华人民共和国合同法》第二百七十二条第一款规定：

“发包人可以与总承包人订立建设工程合同，也可以分别与勘察人、设计人、施工人订立勘察、设计、施工承包合同。发包人不得将应当由一个承包人完成的建设工程肢解成若干部分发包给几个承包人。”

◆《建设工程质量管理条例》第七十八条第一款规定：

“本条例所称肢解发包，是指建设单位将应当由一个承包单位完成的建设工程分解成若干部分发包给不同的承包单位的行为。”

【条款解析】

根据《建筑法》第二十四条以及《合同法》第二百七十二条的规定内容，可知：我国法律在提倡建设工程总承包的宗旨下，允许建设单位就工程的勘察、设计、施工与设备采购的一项或者多项实行分包，分别订立勘察、设计、施工承包合同，但禁止“肢解发包行为”。

对于“肢解发包”的概念，《质量管理条例》在其七十八条第一款规定中予以明确定义，即：“建设单位将应当由一个承包单位完成的建设工程分解成若干部分发包给不同的承包单位的行为”，并且在其第七条第二款①中，对此制定了同样的禁止性规定。

所以，建设单位不得将应当由一个承包人完成的建设工程肢解发包。

建设单位违反上述禁止性规定，肢解发包建设工程的，根据《建筑法》、《质量管理条例》与《施工许可管理办法》规定，应责令整改，处“工程合同价款百分之零点五以上百分之一以下”的罚款②；对其中全部或部分使用国有资金的项目，可暂

① 《建设工程质量管理条例》第七条第二款规定：
“建设单位不得将建设工程肢解发包。”

② 《中华人民共和国建筑法》第六十五条规定：
“发包单位将工程发包给不具有相应资质条件的承包单位的……责令改正，处以罚款。”

停项目执行或资金拨付[1]；对其施工许可证申领条件中施工企业的确定作无效认定[2]。

另外，需要特别注意的是：建设单位将工程分解成若干部分发包给不同承包人的行为未必在法律上均属于非法的“肢解发包”。实践中，建设单位就并非应由一个承包人完成的勘察、设计或者施工，向两个以上勘察、设计或施工承包人进行发包的行为，统称“平行发包”（或“独立发包”），理论上应当被法律所允许。对此，《勘察设计管理条例》的相关规定予以明确认可[3]。

（二）禁止承包人转包或肢解分包的条款

【主要条款】

◆《中华人民共和国建筑法》第二十八条规定：

“禁止承包单位将其承包的全部建筑工程转包给他人，禁止承包单位将其承包的全部建筑工程肢解以后以分包的名义分别转包给他人。”

◆《建设工程质量管理条例》第七十八条第三款规定：

“本条例所称的转包，是指承包单位承包建设工程后，不履行合同约定下的责任和义务，将其承包的全部建设工程转给他人或者将其承包的全部建设工程肢解以后以分包的名义分别转给其他单位承包的行为。”

◆《中华人民共和国合同法》第二百七十二条第二款规定：

“总承包人或者勘察、设计、施工承包人经发包人同意，可以将自己承包的部分工作交由第三人完成。第三人就其完成的工作成果与总承包人或者勘察、设计、施工承包人向发包人承担连带责任。承包人不得将其承包的全部建设工程转包给第三人或者将其承包的全部建设工程肢解以后以分包的名义分别转包给第三人。”

---

① 《建设工程质量管理条例》第五十四条规定：

“违反本条例规定，建设单位将建设工程发包给不具有相应资质等级的勘察、设计、施工单位或者委托给不具有相应资质等级的工程监理单位的，责令改正，处50万元以上100万元以下的罚款。”

② 《建设工程施工许可管理办法》第四条第（四）项规定：

“建设单位申请领取施工许可证，应当具备下列条件，并提交相应的证明文件：

（四）已经确定施工企业。按照规定应该招标的工程没有招标，应该公开招标的工程没有公开招标，或者肢解发包工程，以及将工程发包给不具备相应资质条件的，所确定的施工企业无效。”

③ 《建设工程勘察设计管理条例》第十八条规定：

“发包方可以将整个建设工程的勘察、设计发包给一个勘察、设计单位；也可以将建设工程的勘察、设计分别发包给几个勘察、设计单位。”

【条款解析】

根据《建筑法》第二十八条以及《合同法》第二百七十二条规定，我国禁止承包人转包或肢解分包。《质量管理条例》对该行为在其七十八条第三款规定中予以明确定义，即：“承包人将承包的全部建设工程转给他人或者将其承包的全部建设工程肢解以后以分包的名义分别转给其他单位承包的行为。”

就其中“肢解分包”而言，其与“肢解发包”相比，虽然两者的行业惯称相似，但法律含义截然不同：

其一，前者的行为主体为建设工程的承包人，后者的行为主体为建设单位；

其二，前者的实质属于更为恶劣的“转包”行为，后者在本质上属于违法的发包行为。

所以，承包人不得将其所承揽的全部建设工程转包或肢解分包。

根据《建筑法》①、《质量管理条例》②、《勘察设计管理条例》③、《建筑业企业资质管理规定》④以及《施工合同司法解释》⑤的相关规定，承包人违反上述禁止性规定，转包或肢解分包建设工程的，应责令改正，没收违法所得，并处勘察、设计单位合同费用25%～50%或施工单位合同价款0.5%～1%金额的罚款；可责令停业整顿，降低资质等级；情节严重的，吊销资质证书；因工程质量不合格造成损失的，与接受转包或者分包的单位承担连带赔偿责任；申请建筑业企业资质升级或增项之日起前一年内造成严重后果的，不予准许；发包人请求解除施工合同的，应予支持。

---

① 《中华人民共和国建筑法》第六十七条规定：
“承包单位将承包的工程转包的，或者违反本法规定进行分包的，**责令改正**，**没收违法所得**，并处**罚款**，可以**责令停业整顿**，**降低资质等级**；情节严重的，**吊销资质证书**。
承包单位有前款规定的违法行为的，对因转包工程或者违法分包的工程不符合规定的质量标准造成的损失，与接受转包或者分包的单位**承担连带赔偿责任**。”

② 《建设工程质量管理条例》第六十二条第一款规定：
“违反本条例规定，承包单位将承包的工程转包或者**违法分包**的，**责令改正**，**没收违法所得**，对勘察、设计单位**处合同约定的勘察费、设计费百分之二十五以上百分之五十以下的罚款**；对施工单位处工程合同价款百分之零点五以上百分之一以下的**罚款**；可以**责令停业整顿**，**降低资质等级**；情节严重的，**吊销资质证书**。”

③ 《建设工程勘察设计管理条例》第三十九条规定：
“违反本条例规定，建设工程勘察、设计单位将所承揽的**建设工程勘察、设计转包**的，**责令改正**，**没收违法所得**，处合同约定的勘察费、设计费25%以上50%以下的罚款，可以**责令停业整顿**，**降低资质等级**；情节严重的，**吊销资质证书**。”

④ 《建筑业企业资质管理规定》第二十一条第四项规定：
“取得建筑业企业资质的企业，申请资质升级、资质增项，在申请之日起前一年内有下列情形之一的，资质许可机关**不予批准企业的资质升级申请和增项申请**：
……（四）**将承包的工程转包或违法分包的**……”

⑤ 《最高人民法院关于审理建设工程施工合同纠纷案件适用法律问题的解释》第八条第（四）项规定：
“承包人具有下列情形之一，发包人**请求解除建设工程施工合同的，应予支持**：
（四）**将承包的建设工程非法转包、违法分包的**。”

（三）禁止未经发包人同意擅自分包的条款

【主要条款】

◆《中华人民共和国合同法》第二百七十二条第二款规定：

“总承包人或者勘察、设计、施工承包人经发包人同意，可以将自己承包的部分工作交由第三人完成。第三人就其完成的工作成果与总承包人或者勘察、设计、施工承包人向发包人承担连带责任。承包人不得将其承包的全部建设工程转包给第三人或者将其承包的全部建设工程肢解以后以分包的名义分别转包给第三人。”

◆《中华人民共和国建筑法》第二十九条第一款规定：

“建筑工程总承包单位可以将承包工程中的部分工程发包给具有相应资质条件的分包单位；但是，除总承包合同中约定的分包外，必须经建设单位认可。施工总承包的，建筑工程主体结构的施工必须由总承包单位自行完成。”

◆《建设工程质量管理条例》第七十八条第二款规定：

“本条例所称违法分包，是指下列行为：

（二）建设工程总承包合同中未有约定，又未经建设单位认可，承包单位将其承包的部分建设工程交由其他单位完成的。”

【条款解析】

根据《建筑法》第二十九条第一款规定，法律允许建设工程总承包合同的承包人就部分其承揽的建设工程予以分包，但是禁止在承包人在事前合同双方未作约定或事后建设单位未予认可的情况下，实行分包。

对此，《质量管理条例》第七十八条第二款第二项内容规定，将违反该规定的行为列为“违法分包”。

同时，《合同法》第二百七十二条第二款予以再次明确，并进行补充规定：除建设工程总承包人外，勘察、设计、施工或设备采购的承包人分包其部分承揽工作的，应当经建设单位同意。

所以，承包人不得未经建设单位同意将工程擅自分包。

同理，承包人违反上述禁止性规定，未经建设单位同意，擅自分包建设工程的，应责令改正，没收违法所得，并处勘察、设计单位合同费用 25% ~ 50% 或施工单位合同价款 0.5% ~ 1% 金额的罚款；可责令停业整顿，降低资质等级；情节严重的，吊销资质证书；因工程质量不合格造成损失的，与分包人承担连带赔偿责任；申请建筑业企业资质升级或增项之日起前一年内造成严重后果的，不予准许；发包人请求解除施工合同的，应予支持。

另外，需要特别注意的是：根据《勘察设计管理条例》相关规定，对于作为上述分包行为的法定前提——“经建设单位同意”而言，其在关于建设工程勘察、设计的分包中，应当符合“书面同意”的形式要件[①]。

（四）禁止主体结构施工分包的条款

【主要条款】

◆《中华人民共和国建筑法》第二十九条第一款规定：

“建筑工程总承包单位可以将承包工程中的部分工程发包给具有相应资质条件的分包单位；但是，除总承包合同中约定的分包外，必须经建设单位认可。施工总承包的，建筑工程主体结构的施工必须由总承包单位自行完成。”

◆《中华人民共和国合同法》第二百七十二条第三款规定：

“禁止承包人将工程分包给不具备相应资质条件的单位。禁止分包单位将其承包的工程再分包。建设工程主体结构的施工必须由承包人自行完成。”

◆《建设工程质量管理条例》第七十八条第二款第三项规定：

“本条例所称违法分包，是指下列行为：

（三）施工总承包单位将建设工程主体结构的施工分包给其他单位的。”

【条款解析】

我国《建筑法》第二十九条第一款，以及《合同法》第二百七十二条第三款均规定，施工总承包人应当自行完成其所承揽的建设工程中工程主体结构的施工。

同时，《质量管理条例》第七十八条第二款第三项规定，将违反该规定的行为列为“违法分包”，再次明确了该强制性规范。

---

① 《建设工程勘察设计管理条例》第十九条规定：

“……**经发包方书面同意**，承包方可以将建设工程其他部分的勘察、设计再**分包给其他具有相应资质等级的建设工程勘察、设计单位。**”

所以，施工总承包人不得将建筑工程主体结构的施工分包。

与“擅自分包”的行为相同，承包人违反上述禁止性规定，分包建设工程主体结构的施工的，应责令改正，没收违法所得，并处勘察、设计单位合同费用25%～50%或施工单位合同价款0.5%～1%金额的罚款；可责令停业整顿，降低资质等级；情节严重的，吊销资质证书；因工程质量不合格造成损失的，与分包人承担连带赔偿责任；申请建筑业企业资质升级或增项之日起前一年内造成严重后果的，不予准许；发包人请求解除施工合同的，应予支持。

另外，需要特别注意的是：除建设工程主体结构的施工禁止分包外，根据《勘察设计管理条例》的相关规定，勘察人与设计人作为承包人所承揽建设工程主体部分的勘察、设计，也不得向其他单位进行分包[①]。

（五）禁止承包人无资质承包的条款

【主要条款】

◆《中华人民共和国合同法》第二百七十二条第三款规定：

“禁止承包人将工程分包给不具备相应资质条件的单位。禁止分包单位将其承包的工程再分包。建设工程主体结构的施工必须由承包人自行完成。”

◆《中华人民共和国建筑法》第二十九条第三款规定：

“禁止总承包单位将工程分包给不具备相应资质条件的单位。禁止分包单位将其承包的工程再分包。”

◆《建设工程质量管理条例》第七十八条第一款规定：

“本条例所称违法分包，是指下列行为：

（一）总承包单位将建设工程分包给不具备相应资质条件的单位的。”

【条款解析】

除了《建筑法》以及《质量管理条例》对建设单位的“发包行为”设立资质要件外，针对承包人的“分包行为”，《建筑法》第二十九条第三款以及《合同法》

---

① 《建设工程勘察设计管理条例》第十九条规定：
“**除建设工程主体部分的勘察、设计外**，经发包方书面同意，承包方可以将建设工程其他部分的勘察、设计再分包给其他具有相应资质等级的建设工程勘察、设计单位。”

第二百七十二条第三款，均作出“不得分包给不具备相应资质条件主体”的禁止性规定。

此外，《质量管理条例》第七十八条第二款第一项规定内容，通过将该行为列为“违法分包”的方式，对该规范予以再次明确。

所以，承包人不得将工程分包给不具备法定资质的主体。

与建设单位发包违反资质规定的罚则不同（详见本章第二节），承包人向不具有相应资质条件的分包人分包工程的，应责令改正，没收违法所得，并处勘察、设计单位 50 万～100 万元[①]，或施工单位合同价款 0.5%～1% 金额的罚款；可责令停业整顿，降低资质等级；情节严重的，吊销资质证书；因工程质量不合格造成损失的，与分包人承担连带赔偿责任；申请建筑业企业资质升级或增项之日起前一年内造成严重后果的，不予准许；发包人请求解除施工合同的，应予支持。

（六）禁止分包人再进行分包的条款

【主要条款】

◆《中华人民共和国合同法》第二百七十二条第三款规定：

“禁止承包人将工程分包给不具备相应资质条件的单位。禁止分包单位将其承包的工程再分包。建设工程主体结构的施工必须由承包人自行完成。”

◆《中华人民共和国建筑法》第二十九条第三款规定：

“禁止总承包单位将工程分包给不具备相应资质条件的单位。禁止分包单位将其承包的工程再分包。”

◆《建设工程质量管理条例》第七十八条规定第二款：

“本条例所称违法分包，是指下列行为：

……（四）分包单位将其承包的建设工程再分包的……”

【条款解析】

《中华人民共和国建筑法》第二十九条第三款以及《中华人民共和国合同法》

---

① 《建设工程勘察设计管理条例》第三十八条规定：

“违反本条例规定，发包方将建设工程勘察、设计业务**发包给不具有相应资质等级**的建设工程勘察、设计单位的，**责令改正，处 50 万元以上 100 万元以下的罚款。**”

第二百七十二条第三款均规定了分包人不可将其承包的分包工程再次分包。

同样，《质量管理条例》第七十八条第二款第四项规定内容，将违反该行为列为“违法分包”，对此禁止性规范再次予以明确。

所以，分包人不得将其所承揽的分包工程再次分包。

同理，承包人违反上述禁止性规定，分包建设工程主体结构的施工的，应责令改正，没收违法所得，并处勘察、设计单位合同费用25%～50%或施工单位合同价款0.5%～1%金额的罚款；可责令停业整顿，降低资质等级；情节严重的，吊销资质证书；因工程质量不合格造成损失的，与分包人承担连带赔偿责任；申请建筑业企业资质升级或增项之日起前一年内造成严重后果的，不予准许；发包人请求解除施工合同的，应予支持。

综上所述，完成一个合法的（包括分包在内的）建设工程“直接发包”行为，依据其行为主体的不同分为“建设单位的合法发包”与“承包人的合法分包”。前者应与具备法定资质的承包人以书面形式建立合同关系，且不得将应当由一个承包人完成的建设工程肢解发包；后者应与具备法定资质的分包人以书面形式订立合同，且未经建设单位同意，不得擅自分包，或将其所承揽的全部建设工程转包或肢解分包。其中，施工承包人不得分包其工程主体结构的施工。此外，分包人不得将其承包的工程再分包。

【律师提醒】

（1）承包人如果需要将其承接的工程进行分包的，必须经过发包人的同意；且主体结构的施工不得分包；不得将所有工程项目都进行分包。需要提醒发包人的是：有效的分包合同，总包人与分包人共同向发包人承担连带责任；而无效的分包合同，则是总包人与实际施工人共同向发包人承担连带责任。

（2）如果总承包人将建设工程分包给不具有相应资质条件的单位的；或分包给有资质条件的单位，但未经发包人同意的；或将工程主体结构的施工发包给其他单位的；以及分包单位再分包人的均属于非法分包。如果承包人将全部工程分包的，或肢解以后分包的，则属于非法转包。发包人可以从现场管理人员的所属关系、实际管理人员、大型机械设备的所有人等方面来判定是否是违法分包或非法转包。

（3）为了保证建设工程的工程质量，法律规定禁止肢解分包，关于这一问题应注意：

1）肢解发包可能出现发包人的肢解分包和总包人的肢解分包两种情形。

2）虽然法律禁止肢解发包，但不能教条地理解，要正确区分正当发包（或分包）

与肢解发包二者概念。

而正确区分二者关系的关键在于：

①要正确理解“应当由一个承包单位完成的建筑工程”的真正内涵。

②一般情况下，单位工程不会涉及肢解发包的问题，分项工程才可能涉嫌肢解发包。

第三节　涉及招标发包条款解读

一、招标发包法律含义的条款

【主要条款】

◆《中华人民共和国招标投标法》第八条规定：

“招标人是依照本法规定提出招标项目、进行招标的法人或者其他组织。”

◆《中华人民共和国招标投标法实施条例》第二条第一款规定：

“招标投标法第三条所称工程建设项目，是指工程以及与工程建设有关的货物、服务。”

◆《中华人民共和国建筑法》第二十四条第二款规定：

“建筑工程的发包单位可以将建筑工程的勘察、设计、施工、设备采购一并发包给一个工程总承包单位，也可以将建筑工程勘察、设计、施工、设备采购的一项或者多项发包给一个工程总承包单位；但是，不得将应当由一个承包单位完成的建筑工程肢解成若干部分发包给几个承包单位。”

◆《中华人民共和国合同法》第二百六十九条第二款规定：

“建设工程合同包括工程勘察、设计、施工合同。”

【条款解析】

关于本节题述所称“建设工程的招标发包”的含义，其在法律层面上涉及三个概念的理解，即：(1) 招标；(2) 发包；(3) 招标发包。对于前两者含义的明确是正确认识“招标发包”概念的基础，现就以上三者的具体含义通过相关法律条款的解析，分述如下：

第一，关于“招标”，即招投标活动中关于招标工作的开展。《招投标法》第八条通过对该行为主体和客体的确定，明确“招标”是作为法人或其他组织的招标人提出招标项目，进行招标的行为。其中，具体招标事宜的实际办理，《招投标法》第十二条[①]表示，招标事宜可以由招标人自行办理，或者委托招标代理机构办理，并明确赋予具有编制招标文件和组织评标能力的招标人自行办理的权利，同时保障委托办理的招标人自主选择代理机构的权利。对于该法条中“招标人具有的能力”，《招投标法实施条例》第十条[②]予以进一步解释，即为具有与招标项目规模和复杂程度相适应的技术、经济等方面的专业人员。

此外，对于招标事宜中的邀请行为，根据《招投标法》第十八条[③]以及第二十一条[④]规定，招标人有权要求潜在投标人提供有关资质证明文件和业绩情况，从而进行资格审查，并组织其勘察项目现场。

据此，“招标”的正确理解应为：招标人提出招标项目，邀请潜在投标人，并有权要求其提供相应材料进行审核，组织其勘察现场，依法自主选择并委托招标代理机构或自行办理其他招标事宜等进行招标的行为。

第二，关于“发包”，其行为性质是承发包双方之间就特定工程项目的工程建设，建立相关合同关系，订立书面合同的行为过程。其法定内容，根据《建筑法》第二十四条规定，包括：设备采购及其勘察、设计、施工，或以上全部内容，但不包括监理的委托、材料的采购、劳务的分包。

据此，“发包”的正确理解应为：承发包双方之间就工程的施工、勘察、设计或设备采购，建立合同关系，订立书面合同的民事法律行为（详见本章第一节）。

第三，关于“招标发包”，由于《招投标法实施条例》第二条将招标项目中涉及“工程以及与工程建设有关的货物、服务”，设定为“建设工程项目”，结合《招投标

---

① 《中华人民共和国招标投标法》第十二条第一、第二款规定：
“招标人**有权自行选择**招标代理机构，委托其办理招标事宜。**任何单位和个人不得以任何方式为招标人指定招标代理机构**。
招标人具有编制招标文件和组织评标能力的，**可以自行办理招标事宜**。任何单位和个人不得强制其委托招标代理机构办理招标事宜。”

② 《中华人民共和国招标投标法实施条例》第十条规定：
“招标投标法第十二条第二款规定的**招标人具有编制招标文件和组织评标能力，是指**招标人具有与招标项目规模和复杂程度**相适应的技术、经济等方面的专业人员**。”

③ 《中华人民共和国招标投标法》第十八条第一款规定：
“招标人可以根据招标项目本身的要求，在招标公告或者投标邀请书中，**要求潜在投标人提供有关资质证明文件和业绩情况，并对潜在投标人进行资格审查**；国家对投标人的资格条件有规定的，依照其规定。”

④ 《中华人民共和国招标投标法》第二十一条规定：
“招标人根据招标项目的具体情况，可以**组织潜在投标人踏勘项目现场**。”

法》第三条[1]规定，具体为：工程的勘察、设计、施工、监理，以及构成工程不可分割的组成部分，且为实现工程基本功能所必需的设备、材料等货物的采购。因此，从内容角度出发，建筑活动中的“建设工程发包”与招投标活动中的“建设工程项目”既有重叠也有差别，存在三种情形：(1) 专属于前者的内容（例如：不构成工程不可分割的组成部分的设备采购、不为实现工程基本功能所必需的设备采购）；(2) 专属于后者的内容（例如：材料的采购、工程的监理）；(3) 两者重叠的部分（例如：建设工程的施工、勘察、设计以及构成工程不可分割的组成部分，且为实现工程基本功能所必需的设备、材料等货物的采购）。

【律师提醒】

(1)“招标发包”，即《建筑法》所称“建筑工程发包与承包的招标投标活动”[2]，专指就上述第 (3) 种情形（既属建设工程的法定发包内容，也属招标行为中的招标项目）下的发包内容所进行的招标行为。

(2) 需要特别注意的是：立法者通过《建筑法》第三十三条的禁止性规定，以及该法第七十八条设定的法律责任规定，赋予并保障了招标发包人自主“择优选择”的基本权利。

(3) 广义的“招标发包”是发包人基于强制招标制度或自主招标选择，作为招标人根据其发包内容，提出招标项目，遵循“公开、公正、平等竞争的原则”，在“择优选择”的权利保障下，通过招投标程序，承包人进行工程发包的行为。

二、强制招标法定范围的条款

《招投标法》通过其第三条[3]的内容规定，明确我国关于“强制招标制度”的

---

① 《中华人民共和国招标投标法》第三条第一款规定：
“在中华人民共和国境内进行下列**工程建设项目包括项目的勘察、设计、施工、监理以及与工程建设有关的重要设备、材料等的采购，必须进行招标**：
（一）大型基础设施、公用事业等**关系社会公共利益、公众安全的项目**；
（二）全部或者部分使用**国有资金投资或者国家融资的项目**；
（三）使用国际组织或者**外国政府贷款、援助资金的项目**。”

② 《中华人民共和国建筑法》第十六条第一款规定：
“**建筑工程发包与承包的招标投标活动**，应当遵循公开、公正、平等竞争的原则，择优选择承包单位。”

③ 《中华人民共和国招标投标法》第三条第一款规定：
“在中华人民共和国境内进行下列工程建设项目包括项目的勘察、设计、施工、监理以及与**工程建设有关的重要设备、材料等的采购**，必须进行招标：
（一）大型基础设施、公用事业等**关系社会公共利益、公众安全的项目**；
（二）全部或者部分使用**国有资金投资或者国家融资的项目**；
（三）使用国际组织或者**外国政府贷款、援助资金的项目**。”

设立。基于该条款中制度内容的表述涉及作为工程发包内容的勘察、设计、施工与材料采购[①]，行为人选择建设工程发包方式应遵守“强制招标制度”，即属于强制招标项目范围的工程发包，应依法招标。所以，建设工程发包的行为人应当知晓“强制招标制度”的法定适用范围。

我国现行的有关招投标规范的法律文件，通过法律、行政法规与部门规章中对于招标项目从内容、性质到规模的规定，明确了我国强制招标制度所适用对象的具体范围（图 1-6），并对违法规避该制度的行为，规定了相应的不利法律后果。逐一分析如下：

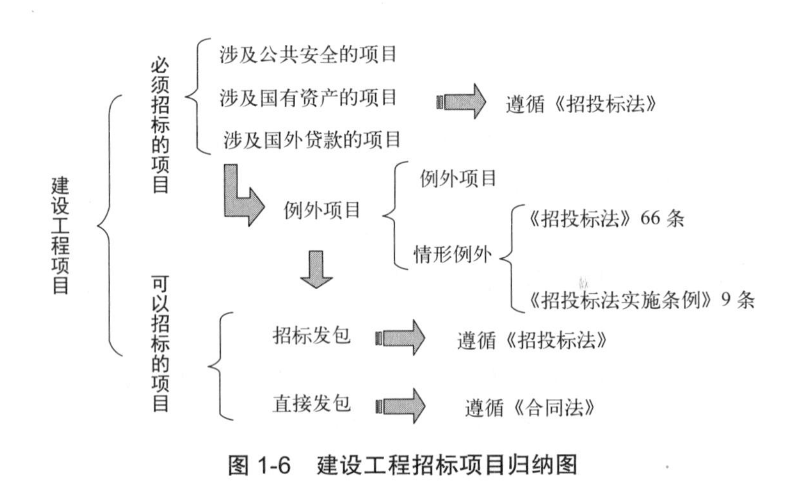

图 1-6　建设工程招标项目归纳图

（一）强制招标项目内容的条款

【主要条款】

◆《中华人民共和国招标投标法》第三条第一款规定：

“在中华人民共和国境内进行下列工程建设项目包括项目的勘察、设计、施工、监理以及与工程建设有关的重要设备、材料等的采购，必须进行招标：

（一）大型基础设施、公用事业等关系社会公共利益、公众安全的项目；

（二）全部或者部分使用国有资金投资或者国家融资的项目；

（三）使用国际组织或者外国政府贷款、援助资金的项目。”

---

① 《中华人民共和国建筑法》第二十四条规定：

“……建筑工程的发包单位可以将建筑工程的勘察、设计、施工、设备采购一并发包给一个工程总承包单位，也可以将建筑工程勘察、设计、施工、设备采购的一项或者多项发包给一个工程总承包单位……”

◆《建设工程勘察设计管理条例》第十三条规定：

“建设工程勘察、设计应当依照《中华人民共和国招标投标法》的规定，实行招标发包。”

◆《中华人民共和国招标投标法实施条例》第二条规定：

“招标投标法第三条所称工程建设项目，是指工程以及与工程建设有关的货物、服务。前款所称工程，是指建设工程，包括建筑物和构筑物的新建、改建、扩建及其相关的装修、拆除、修缮等；所称与工程建设有关的货物，是指构成工程不可分割的组成部分，且为实现工程基本功能所必需的设备、材料等；所称与工程建设有关的服务，是指为完成工程所需的勘察、设计、监理等服务。”

【条款解析】

关于强制招标项目的内容，《招投标法》第三条规定对于我国招投标活动中“工程建设项目”的概念予以定义，即：项目的勘察、设计、施工、监理以及与工程建设有关的重要设备、材料等的采购。同时，《建设工程勘察设计管理条例》第十三条再次明确其项目概念的范围，包括工程的勘察与设计内容。

在此基础上，《招投标法实施条例》第二条规定对于《招投标法》第三条中“建设工程项目”的概念予以进一步的内容补充与细化，即：工程以及与工程建设有关的货物、服务。其中：

（1）“工程”即建设工程，包括建筑物和构筑物的新建、改建、扩建及其相关的装修、拆除、修缮等；

（2）“货物”指构成工程不可分割的组成部分，且为实现工程基本功能所必需的设备、材料等；

（3）“服务”指为完成工程所需的勘察、设计、监理等服务。

据此，对于上述项目内容属于“强制招标制度”所规定的“工程建设项目”。

（二）强制招标项目性质的条款

【主要条款】

◆《中华人民共和国招标投标法》第三条第一款规定：

“在中华人民共和国境内进行下列工程建设项目包括项目的勘察、设计、施工、监理以及与工程建设有关的重要设备、材料等的采购，必须进行招标：

（一）大型基础设施、公用事业等关系社会公共利益、公众安全的项目；
（二）全部或者部分使用国有资金投资或者国家融资的项目；
（三）使用国际组织或者外国政府贷款、援助资金的项目。”

◆《中华人民共和国招标投标法》第六十六条规定：
“涉及国家安全、国家秘密、抢险救灾或者属于利用扶贫资金实行以工代赈、需要使用农民工等特殊情况，不适宜进行招标的项目，按照国家有关规定可以不进行招标。”

◆《工程建设项目招标范围和规模标准规定》第二、第三、第四、第五、第六、第八条规定（详见解析脚注）。

【条款解析】

关于强制招标项目的性质，相关法律文件通过“原则”与“例外”两方面的规定予以明确：

一方面，《招投标法》第三条规定三类性质的项目原则上必须进行招标，即：
(1) 大型基础设施、公用事业等关系社会公共利益、公众安全的项目；
(2) 全部或者部分使用国有资金投资或者国家融资的项目；
(3) 使用国际组织或者外国政府贷款、援助资金的项目。

在此基础上，《招标范围和规模标准规定》对三类项目的性质予以进一步细化：

第（1）类性质的项目中，关系到社会公共利益、公众安全的基础设施项目主要指从能源、交通运输、邮电通信，到水利、城市设施、生态环境保护，及其他基础设施性质的一系列项目[①]。关系到社会公共利益、公众安全的公用事业项目主要指市政工程、科教文体旅游，到卫生、社会福利、商品住宅及其他公用事业性

---

① 《工程建设项目招标范围和规模标准规定》第二条规定：
“关系社会公共利益、公众安全的基础设施项目的范围包括：
（一）煤炭、石油、天然气、电力、新能源等**能源项目**；
（二）铁路、公路、管道、水运、航空以及其他交通运输业等**交通运输项目**；
（三）邮政、电信枢纽、通信、信息网络等**邮电通讯项目**；
（四）防洪、灌溉、排涝、引（供）水、滩涂治理、水土保持、水利枢纽等**水利项目**；
（五）道路、桥梁、地铁和轻轨交通、污水排放及处理、垃圾处理、地下管道、公共停车场等**城市设施项目**；
（六）**生态环境保护项目**；
（七）**其他基础设施项目**。”

质的一系列项目[①]。

第（2）类性质的项目中，使用国有资金投资的项目主要指使用各级财政预算资金、纳入财政管理的各种政府性专项建设基金、国有企业事业单位自有资金且国有资产投资者实际拥有控制权的项目[②]。国家融资项目主要指使用国家发行债券所筹资金、国家对外借款或者担保所筹资金、国家政策性贷款、国家授权投资主体融资，以及国家特许的融资项目[③]。

第（3）类性质的项目，即使用国际组织或者外国政府资金的项目，主要指使用世界银行、亚洲开发银行等国际组织贷款资金、外国政府及其机构贷款资金、国际组织或者外国政府援助资金的项目[④]。

另一方面，由于某些特殊性质项目的招标，或可能影响国家安全，泄露国家机密，例如：国家投资建设的监狱、国库；或可能影响项目的及时性，造成不利的社会影响，例如：抗震防洪的工程项目；或另行招标可能影响施工或者功能配套要求，例如：需要向原中标人采购服务的工程项目；或不具备不特定对象的招标条件，例如：核能建设等特殊技术领域的工程项目；或不符合特定主体的发包目的，例如：以利用扶贫资金实行以工代赈为目的的工程项目；或缺乏进行项目

① 《工程建设项目招标范围和规模标准规定》第三条规定：
“**关系社会公共利益、公众安全的公用事业项目**的范围包括：
（一）供水、供电、供气、供热等**市政工程项目**；
（二）**科技、教育、文化等项目**；
（三）**体育、旅游等项目**；
（四）**卫生、社会福利等项目**；
（五）**商品住宅，包括经济适用住房**；
（六）**其他公用事业项目**。”

② 《工程建设项目招标范围和规模标准规定》第四条规定：
“**使用国有资金投资项目**的范围包括：
（一）**使用各级财政预算资金**的项目；
（二）**使用纳入财政管理的各种政府性专项建设基金**的项目；
（三）**使用国有企业事业单位自有资金**，并且国有资产投资者实际拥有控制权的项目。”

③ 《工程建设项目招标范围和规模标准规定》第五条规定：
“**国家融资项目**的范围包括：
（一）**使用国家发行债券**所筹资金的项目；
（二）**使用国家对外借款**或者担保所筹资金的项目；
（三）**使用国家政策性贷款**的项目；
（四）**国家授权投资主体融资**的项目；
（五）**国家特许的融资**项目。”

④ 《工程建设项目招标范围和规模标准规定》第六条规定：
“**使用国际组织或者外国政府资金的项目**的范围包括：
（一）使用世界银行、亚洲开发银行等**国际组织贷款资金的项目**；
（二）使用**外国政府及其机构贷款资金的项目**；
（三）使用**国际组织或者外国政府援助资金的项目**。”

招标的必要性，例如：投资主体具备自行建设、生产、服务能力的工程项目。故而，我国设立“强制招标制度”的“立法者”，基于上述因素的考量，设计关于该制度的部分例外情形：

首先，《招投标法》第六十六条在“属于法定的三类性质项目必须进行招标”的原则下，规定了若干例外情形，即：

（1）涉及国家安全、国家秘密，不适宜进行招标的项目；

（2）涉及抢险救灾，不适宜进行招标的项目；

（3）属于利用扶贫资金实行以工代赈、需要使用农民工等特殊情况，不适宜进行招标的项目。

同时，《招投标法实施条例》第九条[①]对上述例外进行补充，增补的特殊情形包括：

（1）需要采用不可替代的专利或者专有技术的项目；

（2）采购人依法能够自行建设、生产或者提供的项目；

（3）已通过招标方式选定的特许经营项目投资人依法能够自行建设、生产或者提供的项目；

（4）需要向原中标人采购工程、货物或者服务，否则将影响施工或者功能配套要求的项目；

（5）国家规定的其他特殊情形项目。

此外，《勘察设计管理条例》第十六条[②]与《招标范围和规模标准规定》第八条[③]均增加规定了两例特殊情形，即：

（1）勘察、设计采用特定专利或者专有技术，且经项目主管部门批准的；

---

① 《中华人民共和国招标投标法实施条例》第九条第一款规定：
“除招标投标法第六十六条规定的可以不进行招标的特殊情况外，有下列情形之一的，可以不进行招标：
（一）需要采用不可替代的专利或者专有技术；
（二）采购人依法能够自行建设、生产或者提供；
（三）已通过招标方式选定的特许经营项目投资人依法能够自行建设、生产或者提供；
（四）需要向原中标人采购工程、货物或者服务，否则将影响施工或者功能配套要求；
（五）国家规定的其他特殊情形。”

② 《建设工程勘察设计管理条例》第十六条规定：
“下列建设工程的勘察、设计，经有关主管部门批准，可以直接发包：
（一）采用特定的专利或者专有技术的；
（二）建筑艺术造型有特殊要求的；
（三）国务院规定的其他建设工程的勘察、设计。”

③ 《工程建设项目招标范围和规模标准规定》第八条规定：
“建设项目的勘察、设计，采用特定专利或者专有技术的，或者其建筑艺术造型有特殊要求的，经项目主管部门批准，可以不进行招标。”

（2）建筑艺术造型有特殊要求，且经项目主管部门批准的。

（三）强制招标项目规模的条款

【主要条款】

◆《中华人民共和国招标投标法》第三条第二款规定：

“前款所列项目的具体范围和规模标准，由国务院发展计划部门会同国务院有关部门制订，报国务院批准。”

◆《中华人民共和国招标投标法实施条例》第三条规定：

“依法必须进行招标的工程建设项目的具体范围和规模标准，由国务院发展改革部门会同国务院有关部门制订，报国务院批准后公布施行。”

◆《工程建设项目招标范围和规模标准规定》第七条规定：

“本规定第二条至第六条规定范围内的各类工程建设项目，包括项目的勘察、设计、施工、监理以及与工程建设有关的重要设备、材料等的采购，达到下列标准之一的，必须进行招标：

（一）施工单项合同估算价在200万元人民币以上的；

（二）重要设备、材料等货物的采购，单项合同估算价在100万元人民币以上的；

（三）勘察、设计、监理等服务的采购，单项合同估算价在50万元人民币以上的；

（四）单项合同估算价低于第（一）、（二）、（三）项规定的标准，但项目总投资额在3000万元人民币以上的。”

【条款解析】

关于强制招标项目的规模，根据《招投标法》第三条第二款以及《招投标法实施条例》第三条所规定的委任性规则，其具体的规模标准主要由国务院发展改革部门（发展计划部门）负责制定，报国务院批准。据此，结合国家发展计划委员会[①]关于发布实施《工程建设项目招标范围和规模标准规定》（以下简称《招标范围和

① **“国家发展计划委员会”，是综合研究拟订经济和社会发展政策，进行总量平衡，指导总体经济体制改革的宏观调控国务院的组成部门，**于1998年由成立于1952年原国家计划委员会更名，于并入2003年原国务院体改办和国家经贸委部分职能，**改组为国家发展和改革委员会。**

规模标准规定》）的第3号令内容[①]，强制招标项目的规模应按其所设定标准确定。

该规定第七条对于不同项目内容下，强制招标的规模标准作出明确规定，具体分别为：

（1）对于“施工”，单项合同估算价在200万元人民币以上的施工单项合同；

（2）对于“重要设备、材料等货物的采购”，单项合同估算价在100万元人民币以上的单项合同估算价；

（3）对于“勘察、设计、监理等服务的采购”，单项合同估算价在50万元人民币以上的单项合同估算价。

此外，单项合同估算价低于前列三项标准，但项目总投资额在3000万元人民币以上的项目也达到法定强制招标的规模标准。

据此，工程建设项目所涉预估价满足上述金额的，即达到“强制招标制度”中必须招标的法定规模标准。

综上，我国现行关于招投标活动规范的法律文件，通过《招投标法》的原则性规定，以及《招投标法实施条例》、《招标范围和规模标准规定》的细化、补充与例外规定，确定上述关于项目内容、性质与规模的三类法定标准作为构成必须招标项目的必要条件，从而对于实行强制招标制度的项目范围进行了明确锁定，即：同时符合法定项目内容、项目性质及项目规模的工程项目必须实行招标发包。

【律师提醒】

（1）《建筑法》针对工程发包方式的选择规定，应“依法实行招标发包，对不适于招标发包的可以直接发包”[②]。结合该法第二十一条关于“建设工程招标的实施主体为建设单位”的规定[③]，可知：《建筑法》中“建筑工程的招标投标，本法没有规定的，适用有关招标投标法律”的规定，其调整的行为主体为建设单位，针对的行为是建设单位的发包，并不包括承包人的分包行为。

据此，法律意义上，“强制招标制度”仅适用于建设单位的发包行为，不影响建设工程的“分包”；

（2）建设工程的发包，其行为本质在法律层面上，应当归于民商事领域的私

① 国家发展计划委员会令（第3号）：
“《工程建设项目招标范围和规模标准规定》已于2000年4月4日经国务院批准，现予发布施行。”

② 《中华人民共和国建筑法》第十九条规定：
“建筑工程依法实行招标发包，**对不适于招标发包的可以直接发包**。”

③ 《中华人民共和国建筑法》第二十一条规定：
“建筑工程招标的开标、评标、定标**由建设单位依法组织实施**，并接受有关行政主管部门的监督。”

法活动范畴。因此根据“法不禁止即自由”的法理，发包的建设工程在上述法定的强制招标范围之外，即未同时满足上述三项强制招标法定标准（例如：与工程可分割部分的货物采购）的，发包人对于发包方式享有选择权：既有权选择直接发包工程项目，也可以仍然采用招标发包的发包方式。

(3) 建设单位违反《招投标法》① 及《招投标法实施条例》② 相关规定，以化整为零、划分标段或其他方式规避上述招标发包的强制性规定，选择以直接发包方式进行工程发包的，最高院司法解释及我国法律、法规，通过制定相应的不利法律后果，对其上述违法行为予以制约。

根据《招投标法》规定，应责令限期改正，可处合同金额5‰～10‰罚款；对其中全部或部分使用国有资金的项目，可暂停项目执行或资金拨付；对其直接负责人员给予处分③；根据《施工合同司法解释》规定，对因此签订的施工合同，依无效处理④；对其施工许可证申领条件中的“已经确定施工企业”，应作无效认定⑤。

三、实施招标方式选择的条款

【主要条款】

◆《中华人民共和国招标投标法》第十条规定：

“招标分为公开招标和邀请招标。公开招标，是指招标人以招标公告的方式邀请不特定的法人或者其他组织投标。邀请招标，是指招标人以投标邀请书的方式邀请特定的法人或者其他组织投标。”

---

① 《中华人民共和国招标投标法》第四条规定：
“任何单位和个人**不得将依法必须进行招标的项目化整为零或者以其他任何方式规避招标**。”

② 《中华人民共和国招标投标法实施条例》第二十四条规定：
“招标人对招标项目划分标段的，应当遵守招标投标法的有关规定，**不得利用划分标段限制或者排斥潜在投标人**。依法必须进行招标的项目的招标人**不得利用划分标段规避招标**。”

③ 《中华人民共和国招标投标法》第四十九条规定：
“违反本法规定，**必须进行招标的项目而不招标的**，将必须进行招标的项目化整为零或者以其他任何方式**规避招标的**，责令**限期改正**，可以**处项目合同金额千分之五以上千分之十以下的罚款**；对全部或者部分使用国有资金的项目，可以**暂停项目执行或者暂停资金拨付**；对单位直接负责的主管人员和其他直接责任人员依法给予**处分**。”

④ 《最高人民法院关于审理建设工程施工合同纠纷案件适用法律问题的解释》第一条第（三）项规定：
“建设工程施工合同具有下列情形之一的，应当根据合同法第五十二条第（五）项的规定，**认定无效**：
（三）建设工程**必须进行招标而未招标或者中标无效的**。”

⑤ 《建设工程施工许可管理办法》第四条第（四）项规定：
“建设单位申请领取施工许可证，应当具备下列条件，并提交相应的证明文件：
（四）已经确定施工企业。按照规定应该**招标的工程没有招标，应该公开招标的工程没有公开招标，或者肢解发包工程，以及将工程发包给不具备相应资质条件的，所确定的施工企业无效**。”

◆《中华人民共和国招标投标法》第十一条规定：

"国务院发展计划部门确定的国家重点项目和省、自治区、直辖市人民政府确定的地方重点项目不适宜公开招标的，经国务院发展计划部门或者省、自治区、直辖市人民政府批准，可以进行邀请招标。"

◆《中华人民共和国招标投标法实施条例》第八条规定：

"国有资金占控股或者主导地位的依法必须进行招标的项目，应当公开招标；但有下列情形之一的，可以邀请招标：

（一）技术复杂、有特殊要求或者受自然环境限制，只有少量潜在投标人可供选择；

（二）采用公开招标方式的费用占项目合同金额的比例过大。有前款第二项所列情形，属于本条例第七条规定的项目，由项目审批、核准部门在审批、核准项目时作出认定；其他项目由招标人申请有关行政监督部门作出认定。"

【条款解析】

《招标投标法》第十条规定实施招标行为的方式，即："公开招标"和"邀请招标"，并对其分别予以定义。根据其内容："公开招标"是指"招标人以招标公告的形式邀请不特定的法人或者其他组织投标"；"邀请招标"是指"招标人以投标邀请书的形式邀请特定的法人或者其他组织投标"（图 1-7）。其中，该法针对"邀请招标"定义中"特定邀请对象"的法定人数和要求设定了最低标准和条件，即：三个以上，且"具备承担招标项目的能力、资信良好"[①]。

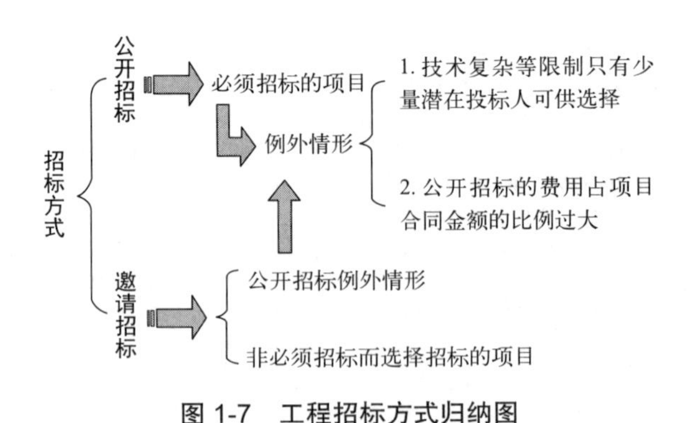

图 1-7　工程招标方式归纳图

① 《中华人民共和国招标投标法》第十七条第一款规定：
"招标人采用**邀请招标**方式的，应当向三个以上具备**承担招标项目的能力、资信良好**的特定的法人或者其他组织**发出投标邀请书**。"

据此可得，“邀请招标”和“公开招标”的主要区别在于：

（1）前者的邀请行为以招标公告方式作出，后者的邀请行为以投标邀请书的方式作出；

（2）前者的邀请对象为不特定主体，后者的邀请对象为三个以上的特定主体。

关于上述招标方式的选择，法律规定了必须公开招标的招标项目，并通过原则规定和例外情形，锁定其范围：

第一，根据《招投标法》第十一条规定，不适宜公开招标的国务院发展计划部门确定的国家重点项目和省、自治区、直辖市人民政府确定的地方重点项目，经项目确定主体的批准，可以选择邀请招标。

此外，《招投标法实施条例》第八条规定，国有资金占控股或主导地位的依法必须进行招标的建设工程项目，应公开招标。《招标范围和规模标准规定》在此基础上对必须公开招标的项目进一步予以明确，即：全部使用国有资金投资或国有资金投资占控股、主导地位的强制招标项目①。

据此，我国必须公开招标的招标项目范围包括：国务院发展计划部门确定的国家重点项目和省、自治区、直辖市人民政府确定的地方重点项目，以及全部使用国有资金投资或者国有资金投资占控股或者主导地位的强制招标项目。

第二，根据《招投标法》第十一条的规定内容，国务院发展计划部门确定的国家重点项目和省、自治区、直辖市人民政府确定的地方重点项目，同时满足：①“不适宜公开招标”的性质要件；②经项目确定主体批准的程序要件，则“可以进行邀请招标”。

【律师提醒】

（1）当必须公开招标的项目，若在技术复杂、有特殊要求或者受自然环境限制而只有少量潜在投标人时，或者采用公开招标方式的费用占项目合同金额的比例过大，可以在依法履行项目审批等手续②的前提下，进行邀请招标。

（2）不适宜公开招标的国务院发展计划部门确定的国家重点项目和省、自治区、直辖市人民政府确定的地方重点项目，经项目确定主体的批准，以及技术复杂、

---

① 《工程建设项目招标范围和规模标准规定》第九条规定：
“依法必须进行招标的项目，**全部使用国有资金投资或者国有资金投资占控股或者主导地位的，应当公开招标。**”

② 《中华人民共和国招标投标法实施条例》第七条规定：
“按照国家有关规定**需要履行项目审批、核准手续的依法必须进行招标的项目**，其招标范围、招标方式、招标组织形式**应当报项目审批、核准部门审批、核准**。项目审批、核准部门应当及时将审批、核准确定的招标范围、招标方式、招标组织形式**通报有关行政监督部门**。”

有特殊要求或者受自然环境限制，或只有少量潜在投标人可供选择以及采用公开招标方式的费用占项目合同金额的比例过大的强制招标项目，经相关审批、核准部门或有关行政监督部门认定，可以邀请招标。

（3）招标项目属于国务院发展计划部门确定的国家重点项目和省、自治区、直辖市人民政府确定的地方重点项目，以及全部使用国有资金投资或者国有资金投资占控股或者主导地位的强制招标项目，原则上必须进行公开招标。除非重点项目不适宜公开招标的，或者强制招标项目的技术复杂、有特殊要求或者受自然环境限制，只有少量潜在投标人可供选择，或采用公开招标方式的费用占项目合同金额的比例过大的，经项目确定主体的批准，或者经相关审批、核准部门或有关行政监督部门的认定，可以采取公开招标方式进行招标。

四、招标投标行为性质的条款

从法律定性的角度出发，根据《招投标法》及《合同法》规定，招投标活动本质上属于适用特别法定程序的合同订立行为。其过程主要经由：内容要求特殊的“要约邀请”—邀请潜在中标人，内容标准与生效时间特殊的“要约”—投标文件的提交，生效时间特殊的“承诺”—发出中标通知书，签订依据与条款内容特定的“合同的成立”—签订书面合同（图 1-8）。从而，经招投标程序，最终完成合同的订立。现就上述环节的法律性质逐一分析如下。

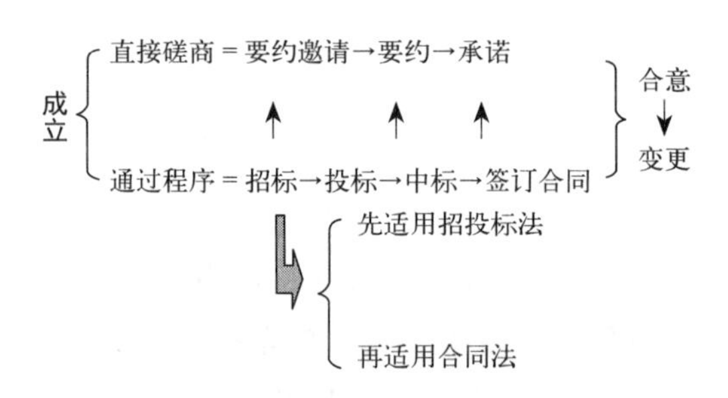

图 1-8　合同成立程序归纳图

（一）“进行招投标活动”行为性质

【主要条款】

◆《中华人民共和国合同法》第十三条规定：

“当事人订立合同，采取要约、承诺方式。”

◆《中华人民共和国合同法》第十四条规定：

“要约是希望和他人订立合同的意思表示，该意思表示应当符合下列规定：

（一）内容具体确定；

（二）表明经受要约人承诺，要约人即受该意思表示约束。”

◆《中华人民共和国合同法》第二十一条规定：

“承诺是受要约人同意要约的意思表示。”

【条款解析】

根据《合同法》第十三条规定，合同订立的方式由要约与承诺构成。对于方式的法律含义，该法第十四条以及二十一条分别定义：前者为“要约人希望和他人订立合同的意思表示”；后者为“受要约人同意要约的意思表示”。

据此，原则上，合同的订立经由“要约”与“承诺”完成，即合同订立行为的法定过程为：要约人“希望和他人订立合同”的意思表示先到达受要约人，受要约人“同意要约”的意思表示后到达要约人。

此外，针对“要约”，《合同法》第十四条规定其内容应具体确定，且表明受承诺约束。因此，合同的订立过程，其本质就是要约人与受要约人就双方具体的意思表示内容形成明确合意的过程。该过程中，缔约主体可以通过直接磋商，也可以通过程序磋商（例如：招标投标程序、拍卖程序）的方式，完成要约与承诺行为。

基于《招投标法实施条例》第五十七条第一款[①]的规定内容表明，招标人与中标人应当就合同的标的、价款、质量、履行期限等主要条款签订合同。因此，招投标活动属于双方就明确具体的合同内容形成合意的过程，即合同的订立。

同时，鉴于我国《立法法》所确立的，关于“特别法优先”的法律适用原则[②]，以及《合同法》第一百二十三条对于其“一般法”地位应次于其他法律特别规定的再次确认，招投标活动的合同订立除适用《合同法》规定外，还应当优先

---

① 《中华人民共和国招标投标法实施条例》第五十七条第一款规定：
“招标人和中标人应当依照招标投标法和本条例的规定签订书面合同，**合同的标的、价款、质量、履行期限等主要条款应当与招标文件和中标人的投标文件的内容一致**……”

② 《中华人民共和国立法法》第八十三条规定：
“同一机关制定的法律、行政法规、地方性法规、自治条例和单行条例、规章，**特别规定与一般规定不一致的，适用特别规定**……”

遵守《招投标法》[1]以及《招投标法实施条例》[2]的程序规定。

综上，招标人与投标人（及中标人）进行招投标活动的行为，属于《合同法》中适用特别法律，遵守特定程序的合同订立行为。

（二）“邀请潜在投标人”的行为性质

【主要条款】

◆《中华人民共和国合同法》第十五条第一款规定：

“要约邀请是希望他人向自己发出要约的意思表示。寄送的价目表、拍卖公告、招标公告、招股说明书、商业广告等为要约邀请。”

◆《中华人民共和国招标投标法》第十条规定：

“招标分为公开招标和邀请招标。公开招标，是指招标人以招标公告的方式邀请不特定的法人或者其他组织投标。邀请招标，是指招标人以投标邀请书的方式邀请特定的法人或者其他组织投标。”

◆《中华人民共和国招标投标法》第十九条第一款规定：

“招标人应当根据招标项目的特点和需要编制招标文件。招标文件应当包括招标项目的技术要求、对投标人资格审查的标准、投标报价要求和评标标准等所有实质性要求和条件以及拟签订合同的主要条款。”

【条款解析】

“招标”是招标人提出招标项目，邀请潜在投标人，依法委托或自行办理其他招标事宜，进行招标的行为（详见本章第三节）。因此，招标人应当以潜在投标人为对象，作出邀请行为。

鉴于《合同法》第十五条对“要约邀请”的概念予以定义，即“希望他人向自己发出要约”的意思表示，并且将《招投标法》第十条中规定的“招标公告”，定性为“要约邀请”行为。因此，发布招标公告作为邀请行为的方式之一，即表

① 《中华人民共和国招标投标法》第二条规定：
“在中华人民共和国境内进行招标投标活动，适用本法。”

② 《中华人民共和国招标投标法实施条例》第一条规定：
“为了规范招标投标活动，根据《中华人民共和国招标投标法》（以下简称招标投标法），制定本条例。”

示招标人作出“希望他人向自己发出要约”的意思表示。故而，招标人的招标邀请行为的性质为“要约邀请”。

所以，基于上述关于邀请行为的性质分析，无论采取《招投标法》第十条中以招标公告形式公开招标，还是以招标邀请书形式邀请招标的，招标人向不特定的对象作出招标邀请的行为，其本质上均属于向潜在投标人发出的“要约邀请”。

综上，在招投标活动中，招标人邀请潜在投标人的行为，属于有特定内容要求的“要约邀请”。

（三）“投标文件的提交”的行为性质

【主要条款】

◆《中华人民共和国合同法》第十六条第一款规定：

“要约到达受要约人时生效。”

◆《中华人民共和国合同法》第十七条规定：

“要约可以撤回。撤回要约的通知应当在要约到达受要约人之前或者与要约同时到达受要约人。”

◆《中华人民共和国招标投标法》第二十九条规定：

“投标人在招标文件要求提交投标文件的截止时间前，可以补充、修改或者撤回已提交的投标文件，并书面通知招标人。补充、修改的内容为投标文件的组成部分。”

【条款解析】

由于在《合同法》中,“要约邀请”是“希望他人向自己发出要约”的意思表示，而“要约”是“希望和他人订立合同”的意思表示。故而,对于“要约邀请”而言,“要约”实质是对其予以响应的行为。结合《招投标法》第二十七条第一款关于投标文件应当对招标文件作出实质性响应的规定,投标文件的提出是对作为“要约邀请”形式的招标文件的响应。

据此，提交投标文件的行为，其本质属于《合同法》所规定的“要约”。

另外,需要特别注意的是,根据《招投标法》的规定,提交投标文件的“要约”,与《合同法》所规定的“要约”，主要有以下两点不同：

(1) 就意思内容而言，由于《招投标法》规定招标文件应当包括实质性要求条件和拟签订合同内容，且该法对招标文件的内容，除对施工项目的投标文件规定少许特定内容外，仅要求作实质性响应[①]。所以，提交投标文件的“要约”不适用《合同法》关于“要约”内容应当具体的规定[②]。

因此，遵循“特别法优先”原则[③]可得：《招投标法》将《合同法》中原来由要约人负责具体内容的大部分责任，转嫁为主要由“要约邀请”的主体承担。

(2) 就生效时间而言，结合《合同法》第十六条关于“要约到达即生效”的规定，以及第十七条关于“要约撤回应在到达以前”的规定，可知：要约人撤回“要约”应当在其生效以前。同时，对于投标文件的要约撤回时间，《招投标法》第二十九条规定应当在“提交投标文件的截止时间前”。据此，“招标人在招标文件所要求提交投标文件的截止时间”为投标文件的“要约”生效时间，而非投标人将投标文件送达投标地点的时间。

同理，《招投标法》将《合同法》中关于“要约”生效的时点，从“到达”推迟至“提交投标文件的截止时间”。

综上，在招投标活动中，潜在投标人提交投标文件的行为根据《招投标法》，属于《合同法》中内容标准与生效时间特殊的“要约”行为。

（四）“发出中标通知书”的行为性质

【主要条款】

◆《中华人民共和国合同法》第二十六条第一款规定：

“承诺通知到达要约人时生效。承诺不需要通知的，根据交易习惯或者要约的要求作出承诺的行为时生效。”

---

① 《中华人民共和国招标投标法》第二十七条规定：
“投标人应当按照招标文件的要求编制投标文件。**投标文件应当对招标文件提出的实质性要求和条件作出响应。**招标项目属于**建设施工**的，投标文件的内容应当**包括拟派出的项目负责人与主要技术人员的简历、业绩和拟用于完成招标项目的机械设备**等。”

② 《中华人民共和国合同法》第十四条规定：
“**要约**是希望和他人订立合同的意思表示，该意思表示应当**符合下列规定**：
（一）**内容具体确定**……”

③ 《中华人民共和国立法法》第八十三条规定：
“同一机关制定的法律、行政法规、地方性法规、自治条例和单行条例、规章，**特别规定与一般规定不一致的，适用特别规定**……”

◆《中华人民共和国合同法》第二十七条规定：

“承诺可以撤回。撤回承诺的通知应当在承诺通知到达要约人之前或者与承诺通知同时到达要约人。”

◆《中华人民共和国招标投标法》第四十五条第二款规定：

“中标通知书对招标人和中标人具有法律效力。中标通知书发出后，招标人改变中标结果的，或者中标人放弃中标项目的，应当依法承担法律责任。”

【条款解析】

我国《合同法》定义“承诺”为“同意要约”的意思表示，且该法规定，承诺内容应当与要约内容一致①。因此，根据该法第二十二条关于“承诺原则上以通知方式作出”的规定②，受要约人通知表示“同意要约内容”的行为，即为其承诺的作出。

同时，根据《招投标法》第四十五条第一款③、第四十六条第一款④的规定内容，招标人向投标人发出中标通知书后，应当在法定期限内，签订与招投标文件内容相一致的合同。故，招标人发出中标通知书，即代表其对于作为要约的投标文件所响应的实质性内容表示同意。

据此，《招投标法》中发出中标通知书的行为，在性质上属于《合同法》中承诺的作出。

除此之外，基于在《招投标法》中承诺发出即生效，因此中标通知书的“承诺”不适用《合同法》关于承诺撤回的有关规定⑤。

综上，在招投标活动中，招标人发出中标通知书的行为根据《招投标法》，属于《合同法》中生效时间特殊的不可撤回的“承诺”行为。

---

① 《中华人民共和国合同法》第三十条规定：
“承诺的内容应当与要约的内容一致……”

② 《中华人民共和国合同法》第二十二条规定：
“承诺应当以通知的方式作出，但根据交易习惯或者要约表明可以通过行为作出承诺的除外。”

③ 《中华人民共和国招标投标法》第四十五条第一款规定：
“中标人确定后，**招标人应当向中标人发出中标通知书**，并同时将中标结果通知所有未中标的投标人。”

④ 《中华人民共和国招标投标法》第四十六条第一款规定：
“招标人和中标人应当自**中标通知书发出之日起三十日内**，按照招标文件和中标人的投标文件**订立书面合同**。招标人和中标人**不得再行订立背离合同实质性内容的其他协议**。”

⑤ 《中华人民共和国合同法》第二十七条规定：
“**承诺可以撤回**。撤回承诺的通知应当在承诺通知到达要约人之前或者与承诺通知同时到达要约人。”

（五）“双方签书面合同”的行为性质

【主要条款】

◆《中华人民共和国合同法》第二十五条规定：

“承诺生效时合同成立。”

◆《中华人民共和国合同法》第十条规定：

“当事人订立合同，有书面形式、口头形式和其他形式。法律、行政法规规定采用书面形式的，应当采用书面形式。当事人约定采用书面形式的，应当采用书面形式。”

◆《中华人民共和国招标投标法实施条例》第五十七条第一款规定：

“招标人和中标人应当依照招标投标法和本条例的规定签订书面合同，合同的标的、价款、质量、履行期限等主要条款应当与招标文件和中标人的投标文件的内容一致。招标人和中标人不得再行订立背离合同实质性内容的其他协议。”

【条款解析】

《合同法》第二十五条规定，“承诺生效时合同成立”。但是，根据该法第三十二条①、三十六条②的内容规定，法定采取书面形式的合同原则自双方签章时成立，除非此前一方已经履行主要义务，且对方接受。故，《合同法》关于合同的成立时间，我国法律以承诺的生效为原则，以书面形式下的合同签章为例外。

我国《招投标法实施条例》第五十七条第一款规定，经招投标程序订立的合同应当采用书面形式。因此，该类合同关系的建立，以招标人与中标人完成签订书面合同为合同的成立，而并非依原则上所规定的承诺生效，即中标通知书的发出。

另外，需要注意的是，根据《招投标法实施条例》第五十七条第一款规定，招标人和中标人应当依照《招投标法》③规定，以招标文件与投标文件为依据，签订“标的、价款、质量、期限等主要条款”与之内容一致的合同，且不得再行订

---

① 《中华人民共和国合同法》第三十二条规定：
“当事人采用**合同书形式订立合同的，自双方当事人签字或者盖章时合同成立。**”

② 《中华人民共和国合同法》第三十六条规定：
“法律、行政法规规定或者当事人约定采用书面形式订立合同，**当事人未采用书面形式但一方已经履行主要义务，对方接受的，该合同成立。**”

③ 《中华人民共和国招标投标法》第四十六条第一款规定：
“招标人和中标人**应当自中标通知书发出之日起三十日内，按照招标文件和中标人的投标文件订立书面合同。**招标人和中标人不得再行订立背离合同实质性内容的其他协议。”

立背离合同实质性内容的其他协议（详见第三章第二节）。

综上，招投标活动中的招标人和中标人根据《招投标法》签订书面合同的行为，属于《合同法》中签订依据与条款内容特定的“合同成立”。

【律师提醒】

（1）需要特别注意的是，《招投标法》第十六条以及第十七条的第二款内容，均规定发出招标邀请的，应当告知邀请对象获取招标文件的办法[①、②]。结合该法第十九条第一款中关于招标文件应当包括“所有实质性要求和条件以及拟签订合同的主要条款”的规定，可得：招投标活动中的“要约邀请”应当除按照《合同法》定义，作出“希望他人向自己发出要约”的意思表示，还应当根据《招投标法》规定，以招标文件的形式体现实质性要求条件和拟签订合同内容。

（2）对于《合同法》未涉及的关于要约作出的时间限定[③]，以及要约的补充、修改，及其撤回的通知方式[④、⑤]，《招投标法》与《招投标法实施条例》均作出特别规定。同时，对于《招投标法》与《招投标法实施条例》未作特别涉及的关于要约撤销[⑥、⑦]与失效[⑧]的内容，以及招投标活动中提交投标文件的“要约”应当仍

---

① 《中华人民共和国招标投标法》第十六条第二款规定：
“招标公告应当载明招标人的名称和地址、招标项目的性质、数量、实施地点和时间以及获取招标文件的办法等事项。”

② 《中华人民共和国招标投标法》第十七条第二款规定：
“投标邀请书应当载明本法第十六条第二款规定的事项。”

③ 《中华人民共和国招标投标法》第二十八条规定：
“投标人应当在招标文件要求提交投标文件的截止时间前，将投标文件送达投标地点……在招标文件要求提交投标文件的截止时间后送达的投标文件，招标人应当拒收。”

④ 《中华人民共和国招标投标法》第二十九条规定：
“投标人在招标文件要求提交投标文件的截止时间前，可以补充、修改或者撤回已提交的投标文件，并书面通知招标人……”

⑤ 《中华人民共和国招标投标法实施条例》第三十五条规定：
“投标人撤回已提交的投标文件，应当在投标截止时间前书面通知招标人。”

⑥ 《中华人民共和国合同法》第十八条规定：
“要约可以撤销。撤销要约的通知应当在受要约人发出承诺通知之前到达受要约人。”

⑦ 《中华人民共和国合同法》第十九条规定：
“有下列情形之一的，要约不得撤销：
（一）要约人确定了承诺期限或者以其他形式明示要约不可撤销；
（二）受要约人有理由认为要约是不可撤销的，并已经为履行合同作了准备工作。”

⑧ 《中华人民共和国合同法》第二十条规定：
“有下列情形之一的，要约失效：
（一）拒绝要约的通知到达要约人；
（二）要约人依法撤销要约；
（三）承诺期限届满，受要约人未作出承诺；
（四）受要约人对要约的内容作出实质性变更。”

旧使用《合同法》的相关规定。

（3）需要特别注意的是，根据《招投标法》的规定，发出中标通知书的“承诺”，其生效时间与《合同法》所规定的“承诺”不一致，原因如下：

1）结合《合同法》第二十六条第一款关于“承诺到达即生效”的规定，以及第二十七条关于“撤回承诺应在到达以前”的规定，可知：受要约人撤回“承诺”应当在其生效以前。而《招投标法》第四十五条第二款通过就“招标人改变中标结果”设定违法责任的方式，表明中标通知书一经发出不得撤回。

据此，中标通知书的承诺发出即生效，而非到达生效。

2）根据《合同法》关于要约表明“经受要约人承诺即受该意思表示约束”的规定，承诺生效后要约人即受法律约束。而《招投标法》第四十五条第二款通过就“中标人放弃中标项目”行为设定违法责任的方式，表明中标通知书一经发出，中标人即受法律约束。据此，中标通知书的承诺发出即生效，而非到达生效。

所以，遵循“特别法优先”原则[①]可知：《招投标法》将《合同法》中关于“承诺”的生效时点，从承诺的“到达”提前至中标通知书的“发出”。

五、招标发包法律后果的条款

发包人提出招标项目，作为招标人实施招标，承包人提交投标文件，作为投标人最终中标，该招标发包过程依据承发包各自招投标行为合法与否，法律赋予其不同的法律后果。该后果在法理上分为肯定性与否定性法律后果：对前者，法律承认该行为合法有效并加以保护以至奖励；对后者，法律不予承认并予撤销以至制裁。我国法律针对“招标发包”的肯定与否定法律后果，具体表现如下：

中标通知一经发出，双方不得任意改变中标结果或放弃中标项目，且应在法定期限内依招投标文件订立合同[②、③]。该规范内容即为法律对行为人依法完成招标发包所给予的正面评价，其精神实质是保障依法招标的发包人和中标的承包人依法定程序所享有的各自合法权益，积极促成并确保招标发包的最终完成。

---

① 《中华人民共和国立法法》第八十三条规定：
“同一机关制定的法律、行政法规、地方性法规、自治条例和单行条例、规章，**特别规定与一般规定不一致的，适用特别规定**……”

② 《中华人民共和国招标投标法》第四十五条第二款规定：
“中标通知书对招标人和中标人具有法律效力。**中标通知书发出后，招标人改变中标结果的，或者中标人放弃中标项目的，应当依法承担法律责任。**”

③ 《中华人民共和国招标投标法》第四十六条第一款规定：
“招标人和中标人应当**自中标通知书发出之日起三十日内，按照招标文件和中标人的投标文件订立书面合同。**招标人和中标人不得再行订立背离合同实质性内容的其他协议。”

其中，针对直接决定或实质影响中标结果的违法行为，法律规定相应的禁止规定及法律责任，且明确其不利后果——中标无效，即从行为效力上对此予以根本否定（图 1-9）。具体内容在《招投标法》及《招投标法实施条例》中体现。

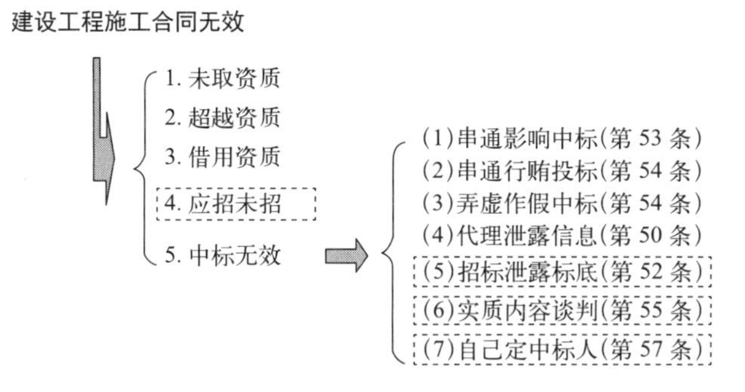

图 1-9　建设工程施工合同无效归纳图

（一）代理人泄密或串通损害利益

【主要条款】

◆《中华人民共和国招标投标法》第五十条规定：

“招标代理机构违反本法规定，泄露应当保密的与招标投标活动有关的情况和资料的，或者与招标人、投标人串通损害国家利益、社会公共利益或者他人合法权益的，处五万元以上二十五万元以下的罚款，对单位直接负责的主管人员和其他直接责任人员处单位罚款数额百分之五以上百分之十以下的罚款；有违法所得的，并处没收违法所得；情节严重的，暂停直至取消招标代理资格；构成犯罪的，依法追究刑事责任。给他人造成损失的，依法承担赔偿责任。前款所列行为影响中标结果的，中标无效。”

◆《中华人民共和国招标投标法实施条例》第十三条第二款规定：

“招标代理机构代理招标业务，应当遵守招标投标法和本条例关于招标人的规定。招标代理机构不得在所代理的招标项目中投标或者代理投标，也不得为所代理的招标项目的投标人提供咨询。”

◆《中华人民共和国招标投标法实施条例》第六十五条规定：

“招标代理机构在所代理的招标项目中投标、代理投标或者向该项目投标人提供咨询的，接受委托编制标底的中介机构参加受托编制标底项目的投标或者为该项目的投标人编制投标文件、提供咨询的，依照招标投标法第五十条的规定追究法律责任。”

【条款解析】

《招投标法》第五十条规定，招标代理机构违法泄露应当保密的与招标投标活动有关的情况和资料的，或与招标人、投标人串通损害国家利益、社会公共利益或者他人合法权益的，其法律责任为：处其与相关责任人相应罚款；有违法所得的，予以没收；情节严重的，暂停直至取消招标代理资格；构成犯罪的，追究刑事责任；给他人造成损失的，依法承担赔偿责任。

此外，根据《招投标法实施条例》第十三条第二款以及第六十五条规定内容，招投标代理机构不得在所代理的准备项目中投标、代理投标或为投标人提供咨询。违反该规定，依照《招投标法》第五十条追究责任。据此，招标代理机构的上述违法行为经《招投标法实施条例》规定，视为《招投标法》第五十条规定的“与招标人、投标人串通损害国家利益、社会公共利益或者他人合法权益”的行为。

对于上述违法行为，根据《招投标法》第五十条规定，影响中标结果的，中标无效。

（二）投标人串通投标或行贿谋取

【主要条款】

◆《中华人民共和国招标投标法》第三十二条规定：

“投标人不得相互串通投标报价，不得排挤其他投标人的公平竞争，损害招标人或者其他投标人的合法权益。投标人不得与招标人串通投标，损害国家利益、社会公共利益或者他人的合法权益。禁止投标人以向招标人或者评标委员会成员行贿的手段谋取中标。”

◆《中华人民共和国招标投标法》第五十三条规定：

“投标人相互串通投标或者与招标人串通投标的，投标人以向招标人或者评标委员会成员行贿的手段谋取中标的，中标无效，处中标项目金额千分之五以上千分之十以下的罚款，对单位直接负责的主管人员和其他直接责任人员处单位罚款数额百分之五以上百分之十以下的罚款；有违法所得的，并处没收违法所得；情节严重的，取消其一年至二年内参加依法必须进行招标的项目的投标资格并予以公告，直至由工商行政管理机关吊销营业执照；构成犯罪的，依法追究刑事责任。给他人造成损失的，依法承担赔偿责任。”

◆《中华人民共和国招标投标法实施条例》第三十九、第四十、第四十一、第六十七条规定（详见解析脚注）。

【条款解析】

《招投标法》第三十二条对于投标人规定其禁止：

（1）互相之间“串通投标报价，排挤其他投标人的公平竞争，损害招标人或者其他投标人的合法权益”；

（2）与招标人“串通投标，损害国家利益、社会公共利益或者他人的合法权益”；

（3）向招标人（或评标委员会成员）行贿以谋取中标。

《招投标法实施条例》在此基础上制定更为细化的规定：

对于上述第（1）项违法行为，该条例第三十九条罗列了六项法定情形①，并在第四十条规定了六项推定情形②；对于上述第（2）项违法行为，该条例第三十九条罗列了六项法定情形③。

---

① 《中华人民共和国招标投标法实施条例》第三十九条规定：

“禁止投标人相互串通投标。**有下列情形之一的，属于投标人相互串通投标**：

（一）投标人之间**协商**投标报价等投标文件的**实质性内容**；

（二）投标人之间**约定中标人**；

（三）投标人之间**约定部分投标人放弃**投标或者中标；

（四）属于同一集团、协会、商会等组织成员的投标人按照该组织要求**协同投标**；

（五）投标人之间为谋取中标或者排斥特定投标人而采取的**其他联合行动**。”

② 《中华人民共和国招标投标法实施条例》第四十条规定：

“**有下列情形之一的，视为投标人相互串通投标**：

（一）不同投标人的投标文件**由同一单位或者个人编制**；

（二）不同投标人**委托同一单位**或者个人办理投标事宜；

（三）不同投标人的投标文件**载明的项目管理成员为同一人**；

（四）不同投标人的投标文件**异常一致**或者**投标报价呈规律性差异**；

（五）不同投标人的投标文件**相互混装**；

（六）不同投标人的**投标保证金从同一单位或者个人的账户转出**。”

③ 《中华人民共和国招标投标法实施条例》第四十一条规定：

“禁止招标人与投标人串通投标。**有下列情形之一的，属于招标人与投标人串通投标**：

（一）招标人在开标前开启投标文件并将有关信息**泄露**给其他投标人；

（二）招标人直接或者间接向投标人**泄露标底**、评标委员会成员等信息；

（三）招标人明示或者暗示投标人**压低或者抬高投标报价**；

（四）招标人授意投标人**撤换、修改投标文件**；

（五）招标人**明示或者暗示**投标人为特定投标人中标提供方便；

（六）招标人与投标人为谋求特定投标人中标而采取的**其他串通行为**。”

投标人为上述禁止行为的，结合《招投标法》第五十三条、《招投标法实施条例》第六十七条，以及《勘察设计资质管理规定》与《建筑业企业资质管理规定》的规定内容，其相应违法后果如下：

无论中标与否[①]，均对其处中标金额5‰～10‰罚款；中标的，相关负责人，处以单位罚款数额5%～10%罚款；有违法所得的，予以没收；行为属于法定严重情节的[②]，取消其法定期限内参加强制招标项目的投标资格并予公告；前述期限届满后三年内再为前述行为或串通投标、以行贿谋取中标情节特别严重的，吊销营业执照[③]；构成犯罪的，追究刑事责任；造成损失的，承担赔偿责任。此外，勘察、设计、施工单位作为投标人存在该违法行为的，在一年内申请资质升级或增项的，该申请不予准许[④、⑤]。

对于投标人违法进行上述行为的，《招投标法》第五十三条以及《招投标法实施条例》第六十七条规定其“中标无效”。

另外，需要特别注意的是：无论是否属于强制招标项目，上述“中标无效”的法律规范对于所有建设工程的招标发包，均予以适用。

（三）投标人以他人名义投标作假

【主要条款】

◆《中华人民共和国招标投标法》第三十三条规定：

---

① 《中华人民共和国招标投标法实施条例》第六十七条第一款规定：
“……**投标人未中标的，对单位的罚款金额按照招标项目合同金额依照招标投标法规定的比例计算。**”

② 《中华人民共和国招标投标法实施条例》第六十七条第二款规定：
“**投标人有下列行为之一的，属于招标投标法第五十三条规定的情节严重行为**，由有关行政监督部门取消其1年至2年内参加依法必须进行招标的项目的投标资格：
（一）以行贿谋取中标；
（二）3年内2次以上串通投标；
（三）串通投标行为损害招标人、其他投标人或者国家、集体、公民的合法利益，造成直接经济损失30万元以上；
（四）其他串通投标情节严重的行为。”

③ 《中华人民共和国招标投标法实施条例》第六十七条第三款规定：
“投标人……或者**串通投标、以行贿谋取中标情节特别严重**的，由工商行政管理机关**吊销营业执照**。”

④ 《建筑业企业资质管理条例》第二十一条规定：
“取得建筑业企业资质的企业，申请资质升级、资质增项，在申请之日起前一年内有下列情形之一的，**资质许可机关不予批准企业的资质升级申请和增项申请**：
……（二）与建设单位或企业之间相互**串通投标**，或以行贿等不正当手段谋取中标的……”

⑤ 《建设工程勘察设计资质管理条例》第十九条规定：
“从事建设工程勘察、设计活动的企业，申请资质升级、资质增项，在申请之日起前一年内有下列情形之一的，**资质许可机关不予批准企业的资质升级申请和增项申请**：
（一）企业相互**串通投标**或者与招标人串通投标承揽工程勘察、工程设计业务的……”

“投标人不得以低于成本的报价竞标，也不得以他人名义投标或者以其他方式弄虚作假，骗取中标。”

◆《中华人民共和国招标投标法》第五十四条规定：

“投标人以他人名义投标或者以其他方式弄虚作假，骗取中标的，中标无效，给招标人造成损失的，依法承担赔偿责任；构成犯罪的，依法追究刑事责任。依法必须进行招标的项目的投标人有前款所列行为尚未构成犯罪的，处中标项目金额千分之五以上千分之十以下的罚款，对单位直接负责的主管人员和其他直接责任人员处单位罚款数额百分之五以上百分之十以下的罚款；有违法所得的，并处没收违法所得；情节严重的，取消其一年至三年内参加依法必须进行招标的项目的投标资格并予以公告，直至由工商行政管理机关吊销营业执照。”

◆《中华人民共和国招标投标法实施条例》第四十二、第六十八条规定（详见解析脚注）。

【条款解析】

《招投标法》第三十三条禁止投标人以他人名义投标或其他方式骗取中标。对此，《招投标法实施条例》第四十二条予以进一步明确和细化：该条第一款规定，“使用通过受让或租借等方式获取的资格、资质证书投标”属于“以他人名义投标”①；同时，该条第二款对于“其他方式”罗列了五项法定情形②。

投标人违反《招投标法》第三十三条规定骗取中标的，根据该法第五十四条以及《招投标法实施条例》第六十八条规定内容，应当承担的法律责任为：

（1）造成招标人损失的，承担赔偿责任；

① 《中华人民共和国招标投标法实施条例》第四十二条第一款规定：
“使用通过受让或者租借等方式获取的资格、资质证书投标的，属于招标投标法第三十三条规定的以他人名义投标。”

② 《中华人民共和国招标投标法实施条例》第四十二条第二款规定：
“投标人有下列情形之一的，属于招标投标法第三十三条规定的以其他方式弄虚作假的行为：
（一）使用伪造、变造的许可证件；
（二）提供虚假的财务状况或者业绩；
（三）提供虚假的项目负责人或者主要技术人员简历、劳动关系证明；
（四）提供虚假的信用状况；
（五）其他弄虚作假的行为。”

（2）构成犯罪的，承担刑事责任；

（3）未构成犯罪，且中标项目为强制招标的。无论中标与否[①]，均对其处以相应罚款；中标的，相关负责人，处以相应罚款；有违法所得的，予以没收；行为属于法定严重情节的[②]，取消在法定期限内参加强制招标项目的投标资格并予公告；前述期限届满后3年内再为前述行为或骗取中标情节特别严重的，吊销营业执照[③]。

同时，对于投标人以他人名义投标或其他方式弄虚作假骗取中标的，根据《招投标法》第五十四条以及《招投标法实施条例》第六十八条规定，其“中标无效”。

另外，需要特别注意的是：无论是否属于强制招标项目，上述“中标无效”的法律规范对于所有招标发包行为均予适用。

（四）招标人违反程序确定中标人

【主要条款】

◆《中华人民共和国招标投标法》第四十条规定：

“评标委员会应当按照招标文件确定的评标标准和方法，对投标文件进行评审和比较；设有标底的，应当参考标底。评标委员会完成评标后，应当向招标人提出书面评标报告，并推荐合格的中标候选人。招标人根据评标委员会提出的书面评标报告和推荐的中标候选人确定中标人。招标人也可以授权评标委员会直接确定中标人。”

◆《中华人民共和国招标投标法》第四十二条规定：

“评标委员会经评审，认为所有投标都不符合招标文件要求的，可以否决所有

---

① 《中华人民共和国招标投标法实施条例》第六十八条第一款规定：
“……依法必须进行招标的项目的投标人**未中标的，对单位的罚款金额按照招标项目合同金额依照招标投标法规定的比例计算。**”

② 《中华人民共和国招标投标法实施条例》第六十八条第二款规定：
“**投标人有下列行为之一的，属于招标投标法第五十四条规定的情节严重行为**，由有关行政监督部门**取消其1年至3年内参加依法必须进行招标的项目的投标资格**：
（一）**伪造、变造**资格、资质证书或者其他许可证件骗取中标；
（二）**3年内2次以上使用他人名义投标**；
（三）弄虚作假骗取中标给招标人造成**直接经济损失30万元以上**；
（四）**其他弄虚作假骗取中标情节严重的行为**。”

③ 《中华人民共和国招标投标法实施条例》第六十八条第三款规定：
“投标人……或者**弄虚作假骗取中标情节特别严重的，由工商行政管理机关吊销营业执照。**”

投标。依法必须进行招标的项目的所有投标被否决的，招标人应当依照本法重新招标。”

◆《中华人民共和国招标投标法》第五十七条规定：

“招标人在评标委员会依法推荐的中标候选人以外确定中标人的，依法必须进行招标的项目在所有投标被评标委员会否决后自行确定中标人的，中标无效。责令改正，可以处中标项目金额千分之五以上千分之十以下的罚款；对单位直接负责的主管人员和其他直接责任人员依法给予处分。”

【条款解析】

作为招投标活动中最终确定中标人的前置程序——“评标”环节，应当由招标人组建的评标委员会（以下简称“评委会”）负责[①]。根据《招投标法》第四十条规定，评委会应当按招标文件的标准与方法评审和比较投标文件，并参考标底（设标底的），以提出评标报告及推荐中标候选人。除授权评委会直接确定外，招标人应当根据评委会推荐的中标候选人确定中标人。

除此之外，根据《招投标法》第四十二条规定，评委会经评审，有权否决所有投标，其中强制招标项目的招标人在此情形下应当重新招标。

招标人违反上述关于确定招标人的程序设定，在评委会推荐的中标候选人范围外确定中标人，或在强制招标项目所有投标被否决后自行确定中标人的，根据《招投标法》第十七条规定：应当责令整改；可以处中标项目金额5‰～10‰罚款；对单位直接负责的主管人员和其他直接责任人员依法给予处分。除此之外，关于其中强制招标项目中自行确定中标人的行为，根据《招投标法实施条例》相关规定，依法必须进行招标的项目的招标人“不按规定确定中标人”给他人造成损失的，应当承担赔偿责任[②]。

同时，对于通过上述违法行为所确定的中标人，《招投标法》第十七条规定“中标无效”。

---

① 《中华人民共和国招标投标法》第三十七条第一款规定：
“**评标由招标人依法组建的评标委员会负责。**”

② 《中华人民共和国招标投标法实施条例》第七十三条第（二）项规定：
“依法必须进行招标的项目的招标人有下列情形之一的，由有关行政监督部门**责令改正**，可以处中标项目金额10‰以下的**罚款**；给他人造成损失的，**依法承担赔偿责任**；对单位直接负责的主管人员和其他直接责任人员依法给予**处分**：
（二）**不按照规定确定中标人**；”

（五）招标人透露情况或泄露标底

【主要条款】

◆《中华人民共和国招标投标法》第二十二条规定：

“招标人不得向他人透露已获取招标文件的潜在投标人的名称、数量以及可能影响公平竞争的有关招标投标的其他情况。招标人设有标底的，标底必须保密。”

◆《中华人民共和国招标投标法》第五十二条规定：

“依法必须进行招标的项目的招标人向他人透露已获取招标文件的潜在投标人的名称、数量或者可能影响公平竞争的有关招标投标的其他情况的，或者泄露标底的，给予警告，可以并处一万元以上十万元以下的罚款；对单位直接负责的主管人员和其他直接责任人员依法给予处分；构成犯罪的，依法追究刑事责任。前款所列行为影响中标结果的，中标无效。”

◆《中华人民共和国招标投标法实施条例》第四十一条第二款规定：

“有下列情形之一的，属于招标人与投标人串通投标：

（一）招标人在开标前开启投标文件并将有关信息泄露给其他投标人；

（二）招标人直接或者间接向投标人泄露标底、评标委员会成员等信息；

（三）招标人明示或者暗示投标人压低或者抬高投标报价；

（四）招标人授意投标人撤换、修改投标文件；

（五）招标人明示或者暗示投标人为特定投标人中标提供方便；

（六）招标人与投标人为谋求特定投标人中标而采取的其他串通行为。”

【条款解析】

《招投标法》第二十二条通过禁止性和义务性的规则设定，禁止招标人透露已获取招标文件的潜在投标人的名称、数量以及可能影响公平竞争的有关招标投标的其他情况，且在设有标底的情况下，应当对此保密。其中，“在开标前开启投标文件泄露有关信息”或者“直接、间接泄露标底、评标委员会成员等信息”的行为，根据《招投标法实施条例》第四十一条第二款规定，属于“招标人与投标人串通投标”的行为。

据此，强制招标项目中存在上述违法情形的，其法律责任如下：

其一，对于非法泄露标底或违法透露信息的招标人，根据《招投标法》第五十二条规定，应当给予警告，并处1万～10万元罚款，给予其“直接负责的主管人员和其他直接责任人员”处分；构成犯罪的，依法追究刑事责任。

其二，有开启投标文件泄露有关信息或泄露标底、评委会成员行为的，对串通投标的投标人，处中标金额5‰～10‰罚款；中标的，处负责人单位罚款数额5%～10%罚款；没收违法所得；情节严重的，取消法定期限内投标强制招标项目资格并予公告；届满后三年内再犯或情节特别严重的，吊销执照；构成犯罪的，追责；造成损失的，赔偿；勘察、设计、施工单位一年内申请资质升级或增项的，不予准许。

关于该违法情形下强制招标项目的中标结果：

（1）透露可能影响公平竞争的有关招标投标情况，但未在开标前开启投标文件或泄露标底、评标委员会成员等信息的，基于《招投标法》的立法宗旨是保护国家、社会公共利益，及活动当事人合法权益①，一旦违法透露行为影响中标结果将根本性侵害《招投标法》所保护的合法权益，故根据《招投标法》第五十二条规定，“行为影响中标结果的，中标无效”；

（2）在开标前开启投标文件泄露有关信息或泄露标底、评标委员会成员等信息的，基于我国“强制招标制度”的设立目的主要是维护公权力的纯洁性、防止国有资产流失、保障社会公共安全，“串通投标”行为将直接影响最终的中标结果，从而与“强制招标制度”的设立目的严重相悖，故根据《招投标法》相关规定“中标无效”。

（六）招标人与投标人实质性谈判

【主要条款】

◆《中华人民共和国招标投标法》第四十三条规定：

“在确定中标人前，招标人不得与投标人就投标价格、投标方案等实质性内容进行谈判。”

◆《中华人民共和国招标投标法》第五十五条规定：

“依法必须进行招标的项目，招标人违反本法规定，与投标人就投标价格、投标方案等实质性内容进行谈判的，给予警告，对单位直接负责的主管人员和其他

---

① 《中华人民共和国招标投标法》第一条规定：

“为了规范招标投标活动，**保护国家利益、社会公共利益和招标投标活动当事人的合法权益**，提高经济效益，保证项目质量，制定本法。”

直接责任人员依法给予处分。前款所列行为影响中标结果的，中标无效。”

【条款解析】

根据《招投标法》第四十二条规定，招标人不得在中标人确定前，与投标人进行关于投标价格、投标方案等实质性内容的谈判。强制招标项目的招标人违反该法定义务的，根据《招投标法》第五十二条规定，给予警告，并对“单位直接负责的主管人员和其他直接责任人员”依法给予处分。

同理，基于强制招标项目的招标人在确定中标人前与投标人进行实质性谈判，从而影响最终中标结果的，将根本侵害《招投标法》所保护的合法权益，并与“强制招标制度”的设立目的严重相悖。因此，《招投标法》第五十五条就此情形规定，因此影响中标结果的，“中标无效”。

另外，需要特别注意的是：

（1）上述“中标无效”的法律后果，以“影响中标结果”为前提条件，招标人虽然存在上述违法行为，但未影响中标结果的，未必导致中标结果无效；

（2）上述“中标无效”的法律规范仅针对建设工程中适用强制招标制度的招标发包，对于在强制招标范围外所进行的招标发包行为，不予调整。

【律师提醒】

（1）需要特别注意的是：“中标无效”的法律后果，以“影响中标结果”为前提条件。招投标代理机构虽然存在上述违法行为，但未影响中标结果的，未必导致中标结果无效。并且，无论是否属于强制招标项目，上述“中标无效”的法律规范对于所有的招投标活动，均予适用。

（2）在评委会推荐的中标候选人范围外确定中标人的，无论该招标项目是否依法必须招标，其“中标无效”的法律后果对所有建设工程的招标发包行为，均予适用。

（3）在强制招标项目所有投标被否决后自行确定招标人的，其“中标无效”的法律后果仅针对建设工程中依法必须招标的招标发包。对强制招标范围外所进行的招标发包，不予调整。

第二章　建设工程总承包法律条款解读

【章节导读】

本章所称“EPC”是指由一个工程总承包人就工程建设有关设备采购、勘察、设计或施工中的全部或多项专业内容，统一业务承揽的特定“项目组织实施方式”，即“工程总承包”。

鉴于“EPC”模式项下“统筹建设”的优势，利于工艺技术的贯彻实施、建设工程的项目管理、项目投资的效益保证，并且，采用该模式对外工程承包的开展，有助于我国在经济全球化与国民经济内在需要的新形势下，加速经济转型升级、参与国际贸易竞争等国家发展战略方向的落实，所以，我国《建筑法》明确：“提倡对建筑工程实行总承包”。

基于上述概念与背景，我国在立法基础上，配备以相关政策引导并扶持我国“EPC”模式的发展，并给予相对宽松的资质管理制度，同时，“工程总承包”较之其他传统单项建设内容的承包，具有不同的模式特征，且其承包人关于承建风险的承担也较为特殊。

第一节　建设工程总承包概念条款解读

【主要条款】

◆《中华人民共和国建筑法》第二十四条第二款规定：

“建筑工程的发包单位可以将建筑工程的勘察、设计、施工、设备采购一并发包给一个工程总承包单位，也可以将建筑工程勘察、设计、施工、设备采购的一项或者多项发包给一个工程总承包单位；但是，不得将应当由一个承包单位完成的建筑工程肢解成若干部分发包给几个承包单位。”

◆《中华人民共和国合同法》第二百七十二条第一款规定：

“发包人可以与总承包人订立建设工程合同，也可以分别与勘察人、设计人、施工人订立勘察、设计、施工承包合同。发包人不得将应当由一个承包人完成的建设工程肢解成若干部分发包给几个承包人。”

◆《关于培育发展工程总承包和工程项目管理企业的指导意见》第二条第（三）款第 1 项规定：

“设计采购施工（EPC）/ 交钥匙总承包设计采购施工总承包是指工程总承包企业按照合同约定，承担工程项目的设计、采购、施工、试运行服务等工作，并对承包工程的质量、安全、工期、造价全面负责。

交钥匙总承包是设计采购施工总承包业务和责任的延伸，最终是向业主提交一个满足使用功能、具备使用条件的工程项目。”

【条款解析】

关于本章所述“EPC”，依其字面，实质分别由三组英文单词的首字母所组成，具体对应的英文单词与中文意思为：E——Engineering，意为“设计”；P——Procuring，意为“采办、采买”；C——Construction，意为“建设”。由此可知，有关“EPC”一词所表达的意思，其文意可直译为：工程设计、设备采购、建筑施工。在我国的工程实务中，建筑行业对于 EPC 模式的称谓，主要是针对“建设工程总承包”概念所习惯性的替代简述。

就“建设工程总承包”的概念理解而言：

（1）从建设工程项目发包的角度出发，根据《建筑法》第二十四条第二款有关“发包内容”的规定，是指建设单位就项目的设备采购及其勘察、设计与施工，一并向同一承包人予以发包的法定发包方式；

（2）从建设工程合同订立的角度出发，根据《合同法》第二百七十二条第一款有关“约定内容”的规定，是指发包人就工程的勘察、设计以及施工，统一与总承包人建立合同关系的合同缔约方式。

据此，“建设工程总承包”是发包人通过与总承包人之间以建设工程的“勘察、设计、施工”与“设备采购”为内容标的一并建立合同关系，从而统一进行工程发包的一种“项目组织实施方式”（详见第一章第一节，见图 2-1）。

针对上述建设工程的特定“项目组织实施方式”，为“培育发展专业化的工程总承包企业”，国务院建设主管部门专门制度并颁布《关于培育发展工程总承包和工程项目管理企业的指导意见》（以下简称《总承包指导意见》），以就其相关内容进行规范与细化，该意见对“工程总承包”给予明确定义，即：“工程总承包企业受业主委托，按合同约定对项目的勘察、设计、采购、施工、试运行（竣工验收）

等实行全过程或若干阶段的承包”①。

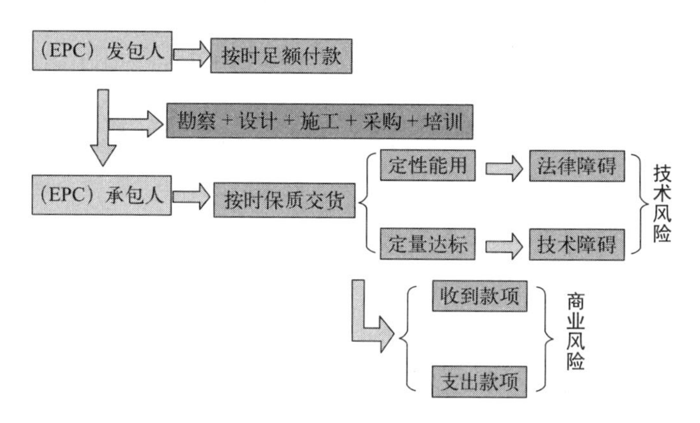

图 2-1　EPC 组织方式实施归纳图

在此基础上,《总承包指导意见》在我国现行的相关法律文件中,首次对“EPC”模式进行概念表述，且译作“设计采购施工”又称“交钥匙总承包”。作为国际通行的承包模式，该用词迄今尚未在我国狭义法律或行政法规中出现，为接轨国际与适应形势，原建设部借鉴国际工程学界的经验，在该意见中正式引入“EPC”一词，并作为独立概念予以规范。

具体而言,根据《总承包指导意见》第二条第（三）款规定,“EPC”模式即“设计采购施工总承包”与其他在此基础上简化的 EPC 模版，例如:“设计—施工总承包”(D-B)、“设计—采购总承包”(E-P)、“采购—施工总承包”(P-C)，共同作为“工程总承包”的主要方式，以代表各自“具体方式、工作内容和责任”的相关设定②。其中，该条款在其第 1 项规定中明确“EPC”的定义是指:“工程总承包企业按照合同约定，承担工程项目的设计、采购、施工、试运行服务等工作，并对承

① 《关于培育发展工程总承包和工程项目管理企业的指导意见》第二条第（一）款规定：
“**工程总承包**是指从事工程总承包的企业（以下简称工程总承包企业）**受业主委托，按照合同约定**对工程项目**的勘察、设计、采购、施工、试运行（竣工验收）等实行全过程或若干阶段的承包。**”

② 《关于培育发展工程总承包和工程项目管理企业的指导意见》第二条规定：
“工程总承包的基本概念和**主要方式**……
（三）工程总承包的具体方式、工作内容和责任等，由业主与工程总承包企业在合同中约定。**工程总承包主要有如下方式：**
1. **设计采购施工（EPC）/ 交钥匙总承包**……
2. **设计—施工总承包（D–B）设计施工总承包**是指工程总承包企业按照合同约定，**承担工程项目设计和施工，并对承包工程的质量、安全、工期、造价全面负责。**
根据工程项目的不同规模、类型和业主要求，工程总承包还可采用**设计—采购总承包（E–P）、采购—施工总承包（P–C）**等方式。”

包工程的质量、安全、工期、造价全面负责”，并且，定性其“交钥匙总承包”属于“设计采购施工总承包业务和责任的延伸,最终是向业主提交一个满足使用功能、具备使用条件的工程项目”。

综上，关于EPC模式的具体含义：

（1）理论上,狭义的“EPC”,专指在工程总承包中,以“交钥匙”为最终目的，就项目的设计、采购、施工、试运行服务等工作均予承担，并对工程的质量、安全、工期、造价全面负责的一种特定承包方式。

（2）实务上，俗称的“EPC”，即为建设工程总承包的习惯意思表达，且该统称涵盖其实践中诸如“D-B”、“E-P”及“P-C”等多种变形的简化模式。

另外，需要特别注意的是：我国商务部在其关于《对外援助成套项目管理办法（试行）》的相关规定中，就“EPC”模式，在工程总承包人承担勘察设计、施工详图设计和工程建设总承包任务的基础上，增加设定由“项目管理企业承担全过程项目管理任务”的内容[①]。

就本章所述的EPC模式而言，为了表述方便以及概念明晰，采取建筑行业通常的习惯理解，即“建设工程总承包”。

【律师提醒】

（1）在EPC承包合同中，应当注意采购阶段与其他实施阶段的衔接关系。当出现剩余工程物资时，采购成本会明显增加，而当出现短缺工程物资时，则会影响工期正常进行，从而增加成本。因此，设计人员可以考虑参加采购的技术评审和技术联络以及过程监制，可以最大限度地避免采购工程物资的缺陷或过剩。

（2）在EPC承包合同中，应当尽量做到采购阶段，到货进度与施工进度一致，随到随用、随到随安。降低报告、堆场、库房搭建与租地成本；要求设计阶段，应对现场最早开工的全场性工程和单项工程的“第一张施工图”按时出图采取措施，并将其纳入详细设计实施方案。否则，将造成停工、赶工，成本增加。

（3）EPC总承包人应对单项工程在竣工试验阶段的程序，根据项目整体节奏、进度计划进行时间进程上的安排，对联动的竣工试验程序等应纳入设计方案、阶段实施方案、项目管理方案和商务报价之中。

---

① 《对外援助成套项目管理办法（试行）》第九条第一款规定：
“成套项目同时符合以下规定条件的，可以采用“设计-采购-施工”（以下简称EPC方式）承包方式，即项目管理企业承担全过程项目管理任务；工程总承包企业承担勘察设计、施工详图设计和工程建设总承包任务……”

第二节　建设工程总承包资质条款解读

【主要条款】

◆《建设工程勘察设计资质管理规定》第三十九条规定：

“取得工程勘察、工程设计资质证书的企业，可以从事资质证书许可范围内相应的建设工程总承包业务，可以从事工程项目管理和相关的技术与管理服务。”

◆《建筑业企业资质管理规定》第三十九条：

“取得建筑业企业资质证书的企业，可以从事资质许可范围相应等级的建设工程总承包业务，可以从事项目管理和相关的技术与管理服务。”

◆《中华人民共和国建筑法》第二十七条第一款规定：

“大型建筑工程或者结构复杂的建筑工程，可以由两个以上的承包单位联合共同承包。共同承包的各方对承包合同的履行承担连带责任。”

◆《中华人民共和国建筑法》第二十四条第一款规定：

“提倡对建筑工程实行总承包，禁止将建筑工程肢解发包。”

◆《关于大力发展对外承包工程意见的通知》第三条第（三）款规定：

“对有实力有条件的大型企业在融资、项目信息、市场准入、外事审批等方面提供便利支持，鼓励大型企业承揽技术含量高、能带动国产设备材料、技术与劳务出口的总承包工程项目，尽快培育一批具有相当规模和较强国际竞争能力的大型承包工程企业。”

◆《关于培育发展工程总承包和工程项目管理企业的指导意见》第四条第（六）款规定：

“各级建设行政主管部门要加强与有关部门的协调，认真贯彻《国务院办公厅转发外经贸部等部门关于大力发展对外承包工程意见的通知》精神，使有关融资、担保、税收等方面的政策落实到重点扶持发展的工程总承包企业和工程项目管理企业，增强其国际竞争实力，积极开拓国际市场。

鼓励大型设计、施工、监理等企业与国际大型工程公司以合资或合作的方式，组建国际型工程公司或项目管理公司，参加国际竞争。”

【条款解析】

根据《建筑法》中有关“取得相应等级的资质证书后，方可在其资质等级许可的范围内从事建筑活动”的规定[①]，我国法律针对建设工程领域，原则上确立以资质等级为承揽标准的“市场准入门槛”作为规范国内建筑行业的重要制度。

其中，就“工程总承包”而言，鉴于“EPC”模式的承揽特征，针对其相关的资质管理工作在全国推行至今已二十余载。在此期间，为了适应以及接轨国内与国际建筑市场的发展形势，我国关于“工程总承包”的相应资质管理，历经数次变革：

1992 年，为规范我国“工程总承包”活动，建设部制定《工程总承包企业资质管理暂行规定》，首次明确“工程总承包企业”为行业特定企业类型；同年，颁发《设计单位进行工程总承包资格管理的有关规定》，就设计单位从事工程总承包活动，予以资质设置。

1999 年，以重点培育大型设计单位为基础，鼓励发展与工程总承包业务相适应的专业化工程公司为目标，建设部印发《关于推进大型工程设计单位创建国际型工程公司的指导意见》（建设 [1999]218 号），嗣后，560 家设计单位依此陆续领取“甲级工程总承包资格证书”。

2002 年，考虑资质设定对总承包市场活力的限制，《国务院关于取消第一批行政审批项目的决定》（国发 [2002]24 号），在其行政审批项目目录第 239 项中，废止《设计单位进行工程总承包资格管理的有关规定》的工程总承包资格核准[②]，即“工程总承包资格证书”。

2003 年，基于工程总承包资质的取消，建设部在《关于培育发展工程总承包和工程项目管理企业的指导意见》明确：允许勘察、设计或施工总承包资质的勘察、设计和施工企业“在其勘察、设计或施工总承包资质等级许可的工程项目范围内

---

① 《中华人民共和国建筑法》第十三条规定：
“从事建筑活动的**建筑施工企业、勘察单位、设计单位和工程监理单位**，按照其拥有的注册资本、专业技术人员、技术装备和已完成的建筑工程业绩等资质条件，划分为不同的资质等级，经资质审查合格，**取得相应等级的资质证书后，方可在其资质等级许可的范围内从事建筑活动。**”

② 《国务院决定取消的第一批行政审批项目目录》第二百三十九项列明：
“工程总承包资格核准《建设部关于印发〈设计单位进行工程总承包资格管理的有关规定〉的通知》（建设〔1992〕805 号）”

开展工程总承包业务”[①]。

2006年，为打破工程总承包的专业分割，引导设计、施工一体化发展，建设部设定4类专项资质标准：《建筑智能化工程设计与施工资质标准》、《消防设施工程设计与施工资质标准》、《建筑装饰装修工程设计与施工资质标准》和《建筑幕墙工程设计与施工资质标准》。

综上所述，根据不同时期的业态发展与市场需求，国家建设行政主管部门关于“工程总承包”活动的资质管理工作，依此经历“先期总体设置、近期资质废止、后期专项设定”的变化过程。就现阶段而言，我国针对“从事工程总承包业务的企业不专门设立工程总承包资质”。对此，建设部及其办公厅于2003年，先后在其《关于工程总承包市场准入问题说明的函》（建市函[2003]161号）[②]中明确回复，并且，在其后的《关于工程总承包市场准入问题的复函》（建办市函[2003]573号）[③]中再次重申。

据此，为了在部门规章层面落实上述“工程总承包”市场的现行准入规范，针对设计、勘察单位与施工单位，分别于2007年以及2015年发布《勘察设计资质管理规定》与《建筑业企业资质管理规定》，以给予该制度有效的规范性法律文件指引：

（1）《勘察设计资质管理规定》第三十九条规定，取得勘察或设计资质的单位，可从事资质证书许可范围内相应的工程总承包业务。具体而言，根据《工程设计资质标准》相关规定：依据设计单位取得“工程设计综合甲级资质”、“工程设计行

---

① 《关于培育发展工程总承包和工程项目管理企业的指导意见》第四条第（1）款规定：
“**鼓励具有工程勘察、设计或施工总承包资质的勘察、设计和施工企业**……**在其勘察、设计或施工总承包资质等级许可的工程项目范围内开展工程总承包业务。**”

② 《关于工程总承包市场准入问题说明的函（建市函[2003]161号）》答复：
“江苏省建设厅、上海市建委：在《国务院关于取消第一批行政审批项目的决定》（国发[2002]24号）取消了工程总承包资格核准的行政审批后……**对从事工程总承包业务的企业不专门设立工程总承包资质**。具有工程勘察、设计或施工总承包资质的企业可以**在其资质等级许可的工程项目范围内开展工程总承包业务**。因此，中国寰球工程公司可以**在其工程设计资质证书许可的工程项目范围内开展工程总承包业务**，但工程的施工应由具有相应施工承包资质的企业承担。”

③ 《关于工程总承包市场准入问题的复函（建办市函[2003]573号）》答复：
“北京国电华北电力工程有限公司：
……关于工程总承包市场准入问题，我部曾在《关于工程总承包市场准入问题说明的函》（建市函[2003]161号）中做了说明，**现重申如下**：
按照我部《关于培育发展工程总承包和工程项目管理企业的指导意见》（建市[2003]30号）的规定，《工程总承包资格证书》废止之后，对从事工程总承包业务的企业**不专门设立工程总承包资质**。具有工程勘察、设计或施工总承包资质的企业可以**在其资质等级许可的工程项目范围内开展工程总承包业务**。因此，工程设计企业可以**在其工程设计资质证书许可的工程项目范围内开展工程总承包业务**，但工程的施工应由具有相应施工承包资质的企业承担。”

业资质”、“工程设计专业资质”或“工程设计专项资质”的业务范围，确定其相应工程总承包项目的行业与规模[①]。

(2)《建筑业企业资质管理规定》第三十九条规定，取得建筑业企业资质证书的企业，可从事资质许可范围相应等级的工程总承包业务。具体而言，根据《施工总承包企业特级资质标准》规定：依据施工单位所取得“施工总承包特级资质”与“施工总承包一级资质”的专业类别与数量，确定其相应工程总承包项目的范围[②]。

除此之外，鉴于行业现状与市场需求，按效益原则进行资源的配置与优化组合有助于承包企业的优势互补。因此，《建筑法》第二十七条第一款规定：大型建筑工程或者结构复杂的建筑工程，可以由两个以上的承包单位联合共同承包。据此，建设工程领域的勘察、设计与施工单位，可以组成“联合体”并以此形式承揽 EPC 工程项目。

另外，需要特别注意的是：

(1) 由同一专业单位组成“联合体”共同投标 EPC 工程的，招标程序中对其法定或招标文件所要求资格条件的审核标准，根据《招投标法》相关规定，应当

---

① 《工程设计资质标准》第三条规定：

“承担业务范围 承担资质证书许可范围内的工程设计业务，承担与资质证书许可范围相应的建设工程总承包、工程项目管理和相关的技术、咨询与管理服务业务。承担设计业务的地区不受限制。

(一) **工程设计综合甲级资质**

承担各行业建设工程项目的设计业务，其规模不受限制；但在承接工程项目设计时，须满足本标准中与该工程项目对应的设计类型对专业及人员配置的要求。承担其取得的施工总承包（施工专业承包）一级资质证书许可范围内的工程施工总承包（施工专业承包）业务。

(二) **工程设计行业资质**

1. 甲级 承担本行业建设工程项目主体工程及其配套工程的设计业务，其规模不受限制。

2. 乙级 承担本行业中、小型建设工程项目的主体工程及其配套工程的设计业务。

3. 丙级 承担本行业小型建设项目的工程设计业务。

(三) **工程设计专业资质**

1. 甲级 承担本专业建设工程项目主体工程及其配套工程的设计业务……

(四) **工程设计专项资质**

承担规定的专项工程的设计业务，具体规定见有关专项资质标准。”

② 《施工总承包企业特级资质标准》第四条第二款规定：

“承包范围：

1. 取得**施工总承包特级资质**的企业**可承担本类别各等级**工程施工总承包、设计及开展工程总承包和项目管理业务；

2. 取得房屋建筑、公路、铁路、市政公用、港口与航道、水利水电等专业中**任意 1 项施工总承包特级资质和其中 2 项施工总承包一级资质**，即可承接上述各专业工程的施工总承包、工程总承包和项目管理业务，及开展相应设计主导专业人员齐备的施工图设计业务。

3. 取得房屋建筑、矿山、冶炼、石油化工、电力等专业中**任意 1 项施工总承包特级资质和其中 2 项施工总承包一级资质**，即可承接上述各专业工程的施工总承包、工程总承包和项目管理业务，及开展相应设计主导专业人员齐备的施工图设计业务。

4. **特级资质的企业**，限承担施工单项合同额 3000 万元以上的房屋建筑工程。”

采用“就低不就高”原则，即“按照资质等级较低的单位确定资质等级”[①]；

（2）在对外援助成套项目的中方代建模式下，以“联合体”形式投标该 EPC 工程的，其联合体牵头单位应当具备“援外项目实施企业资格”[②]。

在 EPC 模式下，发包人与工程总承包人之间就建设工程的“勘察、设计、施工”与“设备采购”一并建立合同关系，以进行统一的项目发包。故此类“项目组织实施方式”相对于分别就“勘察”、“设计”、“施工”或者“设备采购”等单一建设内容的独立承包方式，更有助于建设管理水平的提高以及项目投资效益的保证（图 2-2）。据此，《建筑法》第二十四条第一款规定：“提倡对建筑工程实行总承包”，该规定的内容实质是我国法律文件直接从立法层面表明国家对于 EPC 承包模式的鼓励与推广。

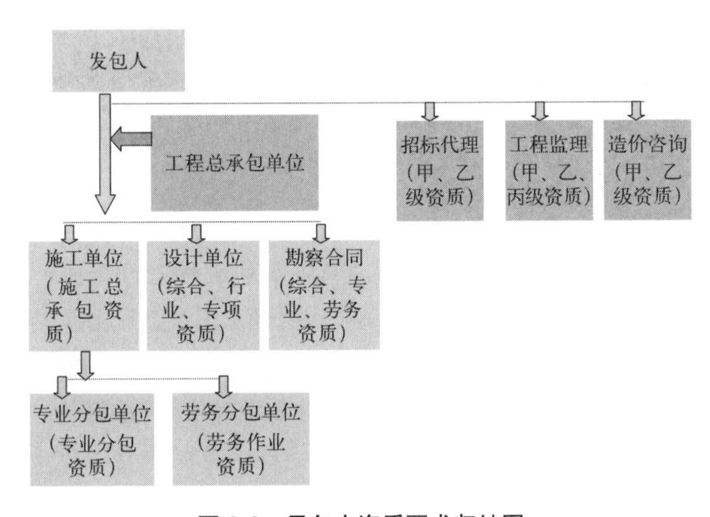

图 2-2　承包人资质要求归纳图

改革开放初，我国建筑业开始尝试工程组织方式的转变。1982 年，化工部就“江西氨厂改尿素工程”项目实行国内首个以设计为主体的工程总承包试点；1984 年，国家计委在总结化工部工程总承包经验基础上，将该模式纳入国务院《关于改革

① 《中华人民共和国招标投标法》第三十一条第二款规定：
“**联合体各方**均应当具备承担招标项目的**相应能力**；国家有关规定或者招标文件对投标人资格条件有规定的，联合体各方均**应当具备规定的相应资格条件。由同一专业的单位组成的联合体，按照资质等级较低的单位确定资质等级。**

② 《对外援助成套项目管理办法（试行）》第十五条第二款规定：
“项目管理机构应在项目招标文件中**明确组成联合体的条件**。其中，**联合体牵头单位应具备援外项目实施企业资格。**

建筑业和基本建设管理体制若干问题的暂行规定》（国发 [1984]123 号），明确提出对项目建设实行全过程“工程总承包”的要求；1987 年，国家计委等五部委联合颁发《关于批准第一批推广鲁布革工程管理经验试点企业有关问题的通知》。

此后，国家计委、建设部等部委相继下发文件，要求在设计、施工企业组建开展“工程总承包”试点，且先后批准 94 家工程总承包试点企业并指出：“试点企业可对工程项目实行设计、采购、施工全过程的总承包。”

国际层面上，党中央、国务院以“对外开放”为基本国策，根据经济全球化的新形势和国民经济发展的内在需要，始终坚持实施“走出去”的战略方针，并于近年提出有关“一带一路”的战略构想，以加速经济转型升级、参与国际贸易竞争。

鉴于当今国际工程领域的承包趋势，已实际超出单纯的施工安装范围，进而逐渐发展成为集货物、技术和服务贸易的综合载体，从而构成国际贸易（特别是成套技术和设备贸易）的重要方式。所以，为“扩大对外出口”且“消化过剩产能”，对于“对外承包工程”① 的政策扶持，是贯彻落实中央有关“走出去”战略的重要措施。而从“成效”角度出发，以采用 EPC 模式对外承包活动与我国上述发展策略的战略宗旨最为契合。

为此，在我国在已完全具备相关国际工程能力，且国内存有足量富余工程建设能力可供转移的条件下，国务院颁布《对外承包工程管理条例》规范我国企业或其他单位承包境外建设工程项目的活动 ②，明确“国家鼓励和支持开展对外承包工程”③，并规定由国务院有关部门制定和完善促进对外承包工程的政策措施④。以此为依据，国务院有关部门专门制定《关于大力发展对外承包工程的意见》（以下简称《关于对外承包工程的意见》）与《总承包指导意见》等相关政策性文件，以推动我国“对外承包工程”事业的发展，并在立法层面已就“工程总承包”明确予以鼓励的基础上，强化对于 ECP 模式的政策扶持。

具体而言，国务院原外经贸部、外交部、原国家计委、原国家经贸委、财政部与人民银行在其联合制定的《关于对外承包工程的意见》中，要求“统一思想，

---

① 《对外承包工程管理条例》第二条规定：
“本条例所称**对外承包工程**，是指中国的企业或者其他单位**承包境外建设工程项目**（以下简称工程项目）的活动。”

② 《对外承包工程管理条例》第一条规定：
“为了**规范对外承包工程**，**促进对外承包工程健康发展**，制定本条例。”

③ 《对外承包工程管理条例》第三条第一款规定：
“国家**鼓励和支持**开展对外承包工程，**提高**对外承包工程的**质量和水平**。”

④ 《对外承包工程管理条例》第三条第二款规定：
“**国务院有关部门制定和完善促进对外承包工程的政策措施**，**建立、健全**对外承包工程**服务体系**和**风险保障机制**。”

充分认识发展对外承包工程的重要性”[①],同时,对于EPC模式,该意见第三条第(三)款中规定:对有实力有条件的大型企业在融资、项目信息、市场准入、外事审批等方面提供便利支持，鼓励大型企业承揽技术含量高、能带动国产设备材料、技术与劳务出口的“总承包工程项目”，尽快培育一批具有相当规模和较强国际竞争能力的大型承包工程企业。

其后，为贯彻上述意见精神，原建设部在《总承包指导意见》中强调推行“工程总承包”的重要性和必要性，明确对于EPC模式的积极推行是适应社会主义市场经济发展和加入WTO后新形势的必然要求,贯彻我党关于“走出去”的发展战略,积极开拓国际承包市场，带动我国技术、机电设备及工程材料出口，促进劳务输出,是提高我国企业国际竞争力的有效途径[②]。此外,该意见第四条第（六）款规定:各级建设行政主管部门应加强与有关部门的协调，认真贯彻《关于大力发展对外承包工程意见的通知》的精神，使有关融资、担保、税收等方面的政策落实到重点扶持发展的“工程总承包”企业，增强其国际竞争实力，积极开拓国际市场，并鼓励大型设计、施工、监理等企业与国际大型工程公司以合资或合作的方式，组建国际型工程公司或项目管理公司，参加国际竞争。

综上所述，由于在国际工程领域，对国家利益产生的正面意义导致EPC模式与我国战略发展方向的高度契合，我国通过立法提倡对建设工程实行“总承包”，并配套相关政策大力支持采用EPC模式从事对外工程承包活动。

基于上述有关EPC模式的政策背景介绍，作为我国建设工程领域的相关生产经营单位，应当利用政策优势，结合企业特点，迎合顶层设计，以从事和开展EPC模式下的建设工程活动。

【律师提醒】

（1）将勘察、设计、采购、施工、试运行作为一个整体发包的建设工程总承包不仅被法律所肯定，并且是被法律所提倡的，同时其也被政府所鼓励。而工程

---

① 《关于大力发展对外承包工程的意见》第一条规定：
“统一思想，充分认识发展对外承包工程的重要性……各地区、各部门要站在全局的、政治的高度，充分认识**发展对外承包工程的重要性，把发展对外承包工程作为贯彻落实中央关于“走出去”开放战略的重要措施**切实抓出成效……”

② 《关于培育发展工程总承包和工程项目管理企业的指导意见》第一条规定：
“……**积极推行工程总承包和工程项目管理，**是深化我国工程建设项目组织实施方式改革，……加快与国际工程承包和管理方式接轨，**适应社会主义市场经济发展和加入世界贸易组织后新形势的必然要求；是贯彻党的十六大关于“走出去”的发展战略，积极开拓国际承包市场，带动我国技术、机电设备及工程材料的出口，促进劳务输出，提高我国企业国际竞争力的有效途径**……”

总承包管理规范已被认定为国家标准的技术地位，但工程总承包资质被废除后至今未恢复。因此，可以通过联合体承包的方式承包EPC项目。

（2）作为联合体进行承包EPC项目，首先应当明确承包人是联合体，且成员之间对发包人承担的是连带责任。各成员除了在联合体协议中对各自的义务和权利进行约定外，最主要是均有监督其他成员是否履行与发包人签订的EPC合同中的义务，且均应当从联合体整体出发做到按时保质完成建设工程。

（3）随着国际化程度的提高，中国建筑业走出国门，以工程总承包形式承揽工程的情况会越来越多，笔者认为：应当将现有的《建筑法》主要是以施工总承包为模式进行制定的调整为以建设工程总包模式进行制定，从而恢复设立“工程总承包资质”体系。

第三节　建设工程总承包特征条款解读

【主要条款】

◆《对外承包工程管理条例》第三十条规定：

“对外承包工程涉及的货物进出口、技术进出口、人员出入境、海关以及税收、外汇等事项，依照有关法律、行政法规和国家有关规定办理。

◆《关于培育发展工程总承包和工程项目管理企业的指导意见》第二条第（二）款规定：

“工程总承包企业按照合同约定对工程项目的质量、工期、造价等向业主负责。工程总承包企业可依法将所承包工程中的部分工作发包给具有相应资质的分包企业；分包企业按照分包合同的约定对总承包企业负责。”

◆《关于大力发展对外承包工程的意见》第二条第（三）款规定：

“实施‘大经贸’发展战略，坚持对外承包工程与对外援助、对外投资和对外贸易相互促进，共同发展。尤其要充分利用我国的国际地位、双边关系和对外援助在发展中国家中的广泛影响，为开展对外承包工程创造条件。对外承包工程要尽量带动国内成套技术设备和材料的出口。”

【条款解析】

鉴于“EPC”特有的承包方式，其模式项下工程建设较之其他单项建设内容的承揽活动，在“项目”、“合同”与“环境”三个方面均表现出不同的特征，以下予以逐一解析。

第一，EPC 项目，主要呈现“工业性”、“涉外性”、“前沿性”的类型特征。具体如下：

首先，建设单位对普通民用建筑通常具备建造组织能力，但在项目技术措施经验不足或对设计和施工没有把握的情况下，倾向于选择在项目方面较为专业的总承包人以 EPC 模式发包工程。所以，就 EPC 的项目类型而言，其属于技术风险较低的普通民用房屋项目的情况相对较少，除某些形体或结构极其特殊的民用建筑，例如：中国国家体育场，即“鸟巢”建设外，其所涉项目类型主要针对工业建筑，例如：工业园区的建设。

其次，我国法律提倡“工程总承包”并配套政策支持开展 EPC 对外承包，故该模式建设项目，除国内 EPC 工程外，较之传统承包模式，从地理位置角度出发，更多运用于对外工程的承包活动中，体现较强的“涉外性”。所以，在 EPC 的项目类型中，属于我国境外工程建设的情况较为普遍。据此，根据《对外承包工程管理条例》第三十条规定，EPC 项目往往涉及货物（技术）进出口、人员出入境、海关、税收及外汇等事项。

最后，鉴于 EPC 统筹建设的优势有助于过程中工艺技术的贯彻实施，对于具有科研和试探性质的工业及大型土建项目，在业内普遍缺乏建设经验或无类似经验可循的情况下，通常由个别即使不具同类但有类似项目经验的承包人，在认为自身基本具备业务能力、技术储备或建设能力时，以 EPC 模式承建，例如：我国连接哈尔滨至大连，世界上首条在高寒地带运营的高速铁路建设。据此，EPC 的项目类型可能具有建造技术方面的前沿性特征。

第二，在 EPC 合同中，工程总承包人较之其他“勘察”、“设计”或“施工”承包人，就建设工程合同“享更多权利、负更重责任、担更大风险”。具体特征如下：

就“合同目的”而言，鉴于 EPC 工程往往涉及项目的设备运营与工业要求，从建设单位角度出发，相较勘察、设计或施工合同着眼于工程阶段的“建设质量”，以承包人专业技术完成单一建设任务的合同目的，EPC 合同基于承包人的专业经验，在质量基础上更侧重项目整体的“功能运营”，以“交钥匙”即成果的最终功能为合同目的。与施工承包人一旦竣工验收合格即履行完毕主要义务，嗣后仅对“施工质量”负责保修的不同，EPC 合同的承包人可能基于建设单位设定的特殊要求，在具备工程经试车合格且正式运营一定期间后达到稳定性能表现的条件下，才能最终确认其已完成合同建设任务之定性。

据此，在施工合同中，工程在运营使用阶段的质量问题往往不影响除质量保证金外其他工程价款的支付。但在EPC合同中，最终性能符合约定通常作为工程总承包人完成建设任务的标志，是建设单位支付工程结算价款的前提条件。工程实务中，EPC合同关于工程性能测试的正式运营期间通常不会约定过长，一般在半年以上、五年以下。

就“合同责任”而言，《总承包指导意见》第二条第（二）款规定：EPC承包人对项目的质量、工期、造价等向业主负责。相比施工承包人仅就“施工质量”承担合同责任，EPC合同的承包人则应就项目的整体质量负责。具体而言，施工合同中，由于承包人对勘察报告或设计文件，既无能力或相应资质也无约定或法定义务核实与审查其真实或合理性。故按照图纸、符合规范完成施工作业的承包人对因合同相对方提供文件存在瑕疵所致工程质量问题，原则上不承担合同责任。然而，EPC合同的建设单位往往正因其专业偏弱、资源缺乏才决定交由承包人完成勘察或设计任务，故后者理应对其完成的勘察或设计质量负责。

据此，施工承包人在建设单位所提供的现场资料、数据或者设计文件有错误的情况下，以其“按图施工”为由，拒绝承担质量责任的合理抗辩，不得适用于EPC合同项下不再“纯粹施工”的工程总承包人。因其设计或勘察工作最终影响整体项目质量或性能标准的，即使相关技术文件在过程中经建设单位批准，也不能当然免除其合同责任。

第三，EPC的环境特征，主要体现在地缘政治环境、国际贸易环境、区域社会环境等诸多因素，对工程建设所可能产生的影响，结合《关于对外承包工程的意见》第二条第（三）款有关“大经贸”发展战略实施中“国际地位利用”与“对外援助影响”的相关规定：

一方面，在中央有关“走出去”方针的战略背景下，承建大型国际EPC工程，对我国在目标国“政治影响力”的扩大与在国际上“国家竞争力”的增强均有积极意义。从国家利益角度出发，该发展趋势难免对发达国家构成冲击，并形成竞争。近年来，我国与西方国家间贸易摩擦增多，工程建设虽并非贸易战的特定目标对象，但也可能受外方贸易报复手段的波及。体现于EPC工程领域则以设备采购环节尤为突出，例如：2012年，欧盟国家主张中方太阳能设备构成倾销，我国该类设备的进出口因惩罚性关税的征收而受诸多限制。

此外，随着当今工业化集成程度的日趋提高，复杂机械或机电设备中可能包含众多知识产权因素。就采购方而言，基于自身专业性的缺乏，往往没有能力厘清或知晓工程设备中所含知识产权因素。而欧美国家始终认为我国对知识产权的保护力度不够，长期以来对此颇有微词，不排除因牵涉其他政治因素，对我国为涉外工程所出口的工程设备，就其中关于知识产权的侵权因素，给予较大的审查力度，并以此在“清关”过程中设置阻碍。故就我国对外承包的EPC工程而言，关于知识产权风险往往更为集中表现于工程设备的出口环节。

另一方面，通过在第三世界的政治影响与成套项目的对外援助，带动国内工程建设能力的输出与成套技术设备材料的出口，是中央“大经贸”战略构想实施的重要组成。由此，援建项目在我国对外承包的EPC工程中占比较重。

鉴于发展中国家的政治局势与社会环境相比发达国家而言，缺乏稳定，因政局变化与社会动荡所引发的骚乱或大规模罢工往往会对我国在欠发达地区的EPC工程造成严重影响。其中，尤以涉及征地拆迁或生态环境的大型EPC项目最为体现，例如：2010年，我国在缅北的“密松水电站”项目，由于当地克钦邦居民的示威游行并因此升级为公共群体性事件，而最终被缅甸中央政府“叫停”。

此外，当地政府往往基于改善民生、创造就业等期望，接受我国EPC工程的援建，并就外方投资项目设定本地劳动力使用率的政策或规定。但我国企业可能因生产效率或现场管理等考虑，倾向选择采用本国劳务输出而非就地招聘方式，组织现场建设。例如：在非洲国家实施的某些EPC项目中，除中方管理人员外，国内普通劳务人员甚至钢筋捆扎等初级工种的一线劳工，现场占比可能高达95%以上。对此，当地政府可能针对我国劳务输出，在劳工签证的续期或签发环节设置障碍，使其因非法滞留或出入境违法等原因而无法正常投入当地现场工程建设，导致因劳工来源限制和劳工素质等因素影响工程现场的建设生产。

【律师提醒】

（1）切忌将建设工程施工总承包理念带到建设工程总承包中来。尤其当联合体承包时，应当充分认识到EPC的承包人不仅要承担商业风险，还要承担技术风险。联合体承包人中的成员是承担连带责任的，因此，对其他成员完成的工作同样要承担商业风险和技术风险。

（2）承包人乐意接受EPC总包的主要原因在于总承包有利于统揽全局的客观可能性。因此，EPC的总承包人应当尽量做到勘察设计、施工和设备采购等集成化，使其统一化后产生了统一的目标系统、统一的组织体系、统一的管理事项、统一的语言管理、统一的规则。使EPC总承包能够统揽全局的一个客观可能性（图2-3）。

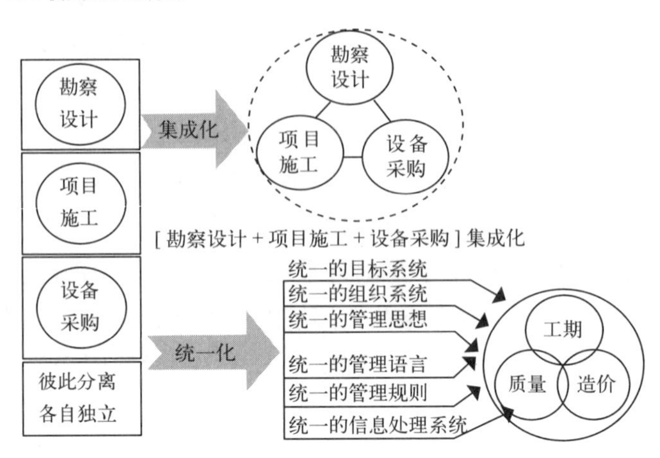

图 2-3　EPC 模式的承包特点

(3) EPC 总承包人在统揽全局成为可能的前提下，应统一管理目标、思想、语言、规则、组织体系和信息化处理，从而真正地保证“多快好省”——即性能最好、工期最少、造价最小。从整个社会的角度而言，其更能保证公共安全，降低社会公共资源，有利于整个社会财富最大化。因此，建设工程总承包模式这种“三得利”的发包模式是我们《建筑法》所倡导的。

第四节　建设工程总承包风险条款解读

【主要条款】

◆《中华人民共和国合同法》第一百零七条规定：

“当事人一方不履行合同义务或者履行合同义务不符合约定的，应当承担继续履行、采取补救措施或者赔偿损失等违约责任。”

◆《对外援助成套项目管理办法（试行）》第七十条规定：

“项目涉及的风险因素主要包括政治外交风险、业主责任风险、不可抗力风险、设计变更风险和经营性风险等五类。对于项目实施过程中发生的政治外交风险和业主责任风险，商务部通过合同补款方式承担责任；商务部以承担工程保险费用为限和相关企业分担不可抗力风险；设计变更风险和经营性风险，由相关企业承担。”

◆《对外技术援助项目管理办法（试行）》第四十四条第六款规定：

“经营性风险是指因市场变动或实施单位自身经营管理责任对技术援助项目造成的影响，包括投标报价以外的物价和汇率波动、实物工作量差异等经营性意外，风险责任由技术援助项目实施单位承担。”

【条款解析】

鉴于 EPC 合同的承包人“享更多权利、负更重责任、担更大风险”（详见本章第三节），本节侧重从承包人角度出发，讨论其承建 EPC 项目的相关风险。

“风险”指生产目的与劳动成果间的不确定性，具体表现包括“收益的不确定”、“成本的不确定”或“代价的不确定”。反映在法律层面的合同关系中，根据《合同法》第一百零七条关于违约的规定，就一方当事人而言：“收益风险”主要针对相对方是否诚信履约给付其合同对价的不确定性；“成本风险”是指因过程中客观预期是否变化导致其履约成本上升的不确定性；“代价风险”则是有关违约情形是否发生所涉其违约责任承担的不确定性。

在涉及 EPC 模式的《对外援助成套项目管理办法（试行）》中，我国商务部就“中方代建项目”的承揽，在该试行办法第七十条规定中，划定五类原则性的风险类型。

在此基础上，具体就 EPC 合同项下，有关工程总承包人的细化风险及具体内容，详解如下：

第一，建设工程的“技术风险”（图 2-4）。由于 EPC 模式的建设单位，往往在工程领域相对不具备特别成熟的建设经验，或建筑市场对此类项目的建筑设计和施工风险不能够充分认识的情况下，就其所投资的此类项目采取 EPC 模式予以发包。因此，较之普通的施工合同的承包人，EPC 合同的工程总承包人除了就工程建设承担商业风险外，还需承担技术风险。

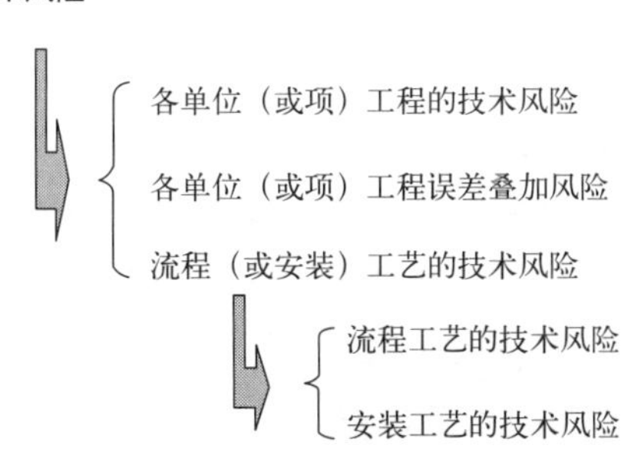

图 2-4　EPC 技术风险归纳图

EPC承包人的“技术风险”在设计阶段的体现，既包括其对于专业的定量应用，也包括其对于法律的定性判断。因此，有关设计标准的设定事项，EPC承包人在其对设计成果进行事先评估的工作环节，不但要考虑性能要求的满足，还应当判断法律规定的符合；而“技术风险”在施工阶段则表现为，EPC承包人不仅仅须履行“按图施工”义务。因其勘察、设计等工作最终影响项目质量或性能标准的，即使相关文件或报告在建设过程中经建设单位批准，EPC承包人也应当承担相应的违约责任（详见本章第三节）。该“技术风险”的转嫁，是施工合同与EPC合同之间较为关键的区别。

第二，材料设备的“采购风险”。EPC因通常包含“采购”，涉及该工作项下诸多事项：

（1）供货。特殊设备与材料的采购来源往往并不广泛，例如：某些设备的供应仅限个别极少数的供货人，可能存在某一特定供货人或仅有2～3个供货人可以提供承包人为其承建工程所需设备和材料的局面。一旦供货渠道出现种种变数，将致使EPC承包人的采购难以实施，不但影响工程进度，而且可能导致其无法保质保量完成整体工程。

（2）运输。对大型EPC项目，特别就工业项目而言，项目所在地往往处于较偏僻而交通非便捷的区域，甚至道路尚未接通。这必然导致其建设所需设备、材料的运输变得极为困难，由此导致采购的运输风险，例如：为实现项目功能，需要将体积超大的特殊构件运输至现场。所以，对于EPC的合同设计，工程总承包人应事先考虑可能发生的运输困难的情形。

（3）清关。对于为实现EPC项目功能所购，需要跨境运输的设备、材料而言，显得尤为重要。由于，材料采购所涉必须跨境运输的情形相对而言，并不多见，因此，该类风险主要针对工程设备的采购。据此，EPC承包人所购设备在出口或转运货物出入一国关境时，因种种原因未准放行的，则会直接或间接影响有关工程进度或项目功能的保证。

第三，劳动生产的“效率风险”。基于EPC所涉工业项目的所在地通常处于偏僻区域，周边基础设施及水电配套可能存在建设不到位或供应不充足等不利工程开展的现象。在电力供应等条件无法满足建设生产需要的情况下，因建设工程非普通低耗劳务作业，无法通过发动机的配置解决电力来源不足等困难。所以，该情形会制约大型工程建设的劳动生产率。

影响建设效率的因素还包括：

（1）气候条件。在气候恶劣的偏远地区，符合法律或政策规定，并满足户外作业条件的有效生产时间可能非常短暂，例如：在某高寒地带，每年仅有三个月的气候条件允许进行户外生产；

（2）作业环境。在陌生地区承接 EPC 工程，可能存在套用以往成熟工程经验无法在当地充分施展的情况，例如：在沿海地区形成的施工组织经验在内陆干燥气候下无法充分运用；

（3）特殊地形。大型施工机具可能因地形特殊无法施展，例如：在水电项目建设中，调用大起重量的直升机对在高地势开展作业的施工机具吊装运输。

据此，克服上述不利局面所发生的时间或经济成本均属于承包人的劳动生产率风险。

第四，工程项目的“进度风险”。鉴于完全形态的 EPC，是在建设单位仅提出项目功能要求，而不就具体技术图纸予以深化要求的情形下，对设计和施工合并发包的建设模式。因此，在建设单位事前仅就项目提出功能性要求的条件下，其对功能要求变化所提出的变更，往往是根本性的，此类变更会导致 EPC 承包人可能承担进度滞后等违约责任的相关风险。

在仅由承包人或建设单位控制且其管理能力较强的 EPC 项目中，由于外部配合因素引起进度风险的可能性较小，在外部配合的迟延既不归责于承包人也不归责于建设单位的情形下，该类承发包均无法控制的因素发生往往会引起“进度风险”。此外，由于我国地方政策的多变和不稳定，行政审批延迟的现象较为严重，例如：某项目在某时间段可审批通过，但在一段时间后又无法通过审批。此类情形更为集中于较为大型的 EPC 项目。在开发商已取得土地使用权的前提下，因其后地方文件通过新要求的提出或新政策的颁布对项目予以干预，导致项目建设的调整，故行政审批迟延的风险会直接反应于进度的风险。

第五，进度迟延的“次生风险”。其系前述进度风险衍生的风险类型，即因延期所引发的次生风险。承包人的工期延长即使因属“工期顺延”而不承担延误责任，但仍可能面临进度滞后所产生的降效风险，即劳动力效率的降低。此情形下，鉴于损失范围和金额的定量在实际操作中显得非常困难，承包人就该风险所致损失向建设单位索赔的主张往往难以实现。

从承包人角度出发，相对于作为主合同的 EPC 合同，工程的进度变化往往会引发其他非主合同关系中一系列次生的违约风险，例如：承包人因工程进度滞后而违反采购合同的约定，迟延接收设备。鉴于 EPC 工程通常非民用建筑领域的小体量建设，承包人常常须在完成设备安装的条件下，进行其他主体结构的建造。因此，“设备到货”可能决定其整体工程的推进，一旦关键路线因进展迟延导致进度滞后，则EPC承包人基于进度变化前施工组织设计所安排采购合同的义务履行很可能受到影响，进而构成其作为采购方的违约行为。

第六，合同履行的“商业风险”，即我国商务部在《对外技术援助项目管理办法（试行）》中所称“经营性风险”。根据该试行办法第四十四条第六款，关于此类风险的概念表述，其类型主要针对：因市场变动或实施单位自身经营管理责任，对建设工程项目所造成的影响，包括投标报价以外的“物价”和“汇率”波动、实物工作量差异等“经营性意外”。

其中，就“汇率”而言，不仅在国际EPC工程中体现，也可能影响国内EPC项目。即使其因不属国际工程而可在境内采购土建材料，但工业项目的大型设备可能仍须向国外供应商购买。此情况下，最终跨国间币种的不同会造成相应汇率的波动，影响整体工程的建设成本；就“物价”而言，材料、设备价格的波动可能转化为承包人的商业风险。特别在供货来源集中或较少的条件下，面对此类易于形成类似垄断局面的情况，承包人鉴于选择余地的狭小，往往面临供货人涨价风险。

此外，在某些行政权力极度不透明的地区，税率不明的现象比较严重，故承揽EPC项目的承包人应充分预估和考虑此税率风险的概率和后果。

第七，综合运营的“性能风险”。EPC承包人应保证工程符合建设单位关于项目的细化功能要求，否则可能因合同目的无法实现承担根本违约的合同责任。该“性能风险”常常在工程完工或接近完工时，甚至在试车阶段才予以暴露，而此暴露节点并非处于有余地及时进行调整的建设前期。所以，在工程后期，甚至最后阶段发现的该风险往往难以补正。

承包人在设计或施工阶段对功能要求的细微偏差，经历工程各阶段累积，会导致最终项目运营不满足EPC合同的业主要求。施工合同因主要针对普通民用建筑的土建工程，故功能性偏差并不明显。但EPC工程因涉设备运营，承包人在自认为设计基本满足条件，且未认识过程中施工、安装或采购的偏差的，往往会导致完工工程运营无法达到约定的功能要求。此外，也可能出现各实施阶段或分部分项工作成果的检验结果均符合约定，但最终综合成果经试车运营无法达到合同所约定的综合性能要求的情况。

所以，承包人应在EPC合同的订立阶段保守判断最终性能要求不符约定的可能，并充分考虑该情形发生的后果及其处理。

综上所述，就工程总承包人而言，鉴于“承建模式”、“合同目的”与“项目特征”等原因，较之其他传统承包方式的工程建设，其所面临的风险范围、类型与性质更为多样、复杂及专业。所以，承揽EPC项目的企业应结合自身的业务能力、管理水平、工程经验等条件，在缔约阶段，即清楚认识工程建设所可能面临的不利因素，并通过 EPC 或其他合同关系的合理条款设计，分担、规避或转嫁相关责任，以降低其有关 EPC 模式的合同风险。

【律师提醒】

(1) 由于完全的 EPC 合同中，发包人只关心（或主要关心）的是最终的综合性能技术，只要求“关钥匙”后可以马上“开工生产”，原则上并不关心（或不主要关心）过程中的技术指标是否达到。因此，综合性能的技术风险可能分解为各单位（或项）工程的技术风险、各单位（或项）工程误差叠加风险和流程（或安装）工艺的技术风险。

(2) EPC 承包人应当认识到各单位（或单项）工程是合格的，但在其设计或采购或施工各阶段的工作中可能存在对于功能要求的细微偏差。工程在经历各阶段的偏差累积后，最终会导致其在验收时不满足 EPC 合同所约定的业主要求，因此，EPC 承包人不仅要关心各单位（或单项）工程是否合格，更要关心合格的单位（或单项）工程的误差是否可控。

(3) 由于完全的 EPC 合同条款主要适用于动态性能的机电工程项目。因此，所有静态过程或项目的技术指标符合要求并不等于综合联运整体的动态性能符合要求。若出现最终性能试验未通过，除了各单位（或项）工程未达标或各单位（或项）工程达标但误差叠加而造成最终性能试验未通过外，还存在由于工艺不合理或错误而造成最终性能试验未通过的情形。

第三章　建设工程合同内容条款解读

【章节导读】

建设工程合同是承发包就工程的勘察、设计、施工，以先由承包人建设，后由发包人付款为主要内容与履行顺序，所订立的双务合同。作为《合同法》中的有名合同类型及特殊承揽合同，建设工程合同从履行特征、条款内容，到成立生效、变更终止，均应遵守该法总则中关于合同事宜的原则规定，并优先适用其分则中有名合同的章节内容。

一方面，建立合同关系的建设工程承发包应依《合同法》总则规定，以要约与承诺方式成立合同，通过事项及内容的约定，完成合同订立。且在约定不明或合同变更的情况下，应按总则规定确定或履行合同内容，并在合同生效后，最终按总则中的法定情形完成权利义务。其中，以解除方式终止合同的，应按解除方式的不同，相应处理有关终止事宜。

另一方面，结合建筑活动特征，《合同法》分则有关建设工程合同的章节及相关司法解释，因其承包的内容庞杂，要求书面的合同订立；因其履行的复杂专业，设置法定的条款事项；因其合同的承揽性质，给予特定的协助义务；因其工程的不确定性，允许部分的单方变更；因其发包的行为规范，设定合同的无效情形；因其缔约的合同目的，细化一方的根本违约，并基于建设工程合同的其他特点，制定相应的特别规定。

第一节　关于建设工程合同概念条款解读

一、建设工程合同法律性质的条款

【主要条款】

◆《中华人民共和国合同法》第二百六十九条规定：

“建设工程合同是承包人进行工程建设，发包人支付价款的合同。建设工程合同包括工程勘察、设计、施工合同。”

◆《中华人民共和国合同法》第二百七十二条第一款规定：

“发包人可以与总承包人订立建设工程合同，也可以分别与勘察人、设计人、施工人订立勘察、设计、施工承包合同。”

◆《中华人民共和国合同法》第二百八十七条规定：

“本章没有规定的，适用承揽合同的有关规定。”

【条款解析】

首先，根据我国《合同法》中关于“合同”概念的定义①，“合同”是指，平等主体间对以民事权利义务为内容的关系进行变动的协议，但不包括婚姻、收养、监护等有关身份关系的协议。

其次，作为《合同法》第十六章分则内容所设定的有名合同类型——“建设工程合同”，根据《合同法》二百九十六条关于“建设工程合同”的主体、标的、目的以及内容规定，可得：“建设工程合同”是以发包人和承包人为平等主体，以建设工程的勘察、设计、施工为合同标的，以设立民事关系、分配权利义务为合同目的，以工程建设以及价款支付为主要内容的协议。

再次，关于建设工程合同的标的，《合同法》第二百七十二条第一款进一步规定，承发包可以以工程的勘察、设计或施工为标的分别订立，也可以就以上全部内容一并订立建设工程合同。

最后，《合同法》第二百八十七条规定，该法第十六章未对建设工程合同作出规定的，应当适用其第十五章关于“承揽合同”的分则内容。

据此，在我国，建设工程合同的法律性质属于特殊种类的承揽合同。

综上，建设工程合同是以发包人和承包人为平等主体，以工程的勘察、设计、施工为合同标的，以建设工程、支付价款为主要内容，以“设立民事关系、分配权利义务”为合同目的所订立的协议。

【律师提醒】

（1）建设工程合同是先由承包人履行后由发包人履行的特别承诺合同，因此，若《合同法》第十六章《建设工程合同》中没有相应的规定，可以参照《合同法》

① 《中华人民共和国合同法》第二条规定：
“本法所称合同是平等主体的自然人、法人、其他组织之间设立、变更、终止民事权利义务关系的协议。婚姻、收养、监护等有关身份关系的协议，适用其他法律的规定。”

第十五章《揽承合同》等相应的规定执行。

（2）由于建设工程合同是先由承包人履行后由发包人履行的双务合同，即：先由承包人按时保质地完成建设工程后，由发包人按时足额支付工程款的合同，具体在实务中的体现是：

1）若存在工程预付款时，预付款是需要在进行款中按一定比例抵扣的；

2）进行款支付是以进度节点完成相应工程量为前提的；

3）工程价款支付的前提是工程通过竣工验收。

（3）由于是先由承包人完成后由发包人完成的双方合同，因此，建设工程合同的发包人具有法定的先履行抗辩权，即：承包人未按约定完成相应的义务，发包人可以不履行相应的义务。而由于承包人是先履行义务，因此，原则上，承包人只有不安抗辩权（图 3-1）。

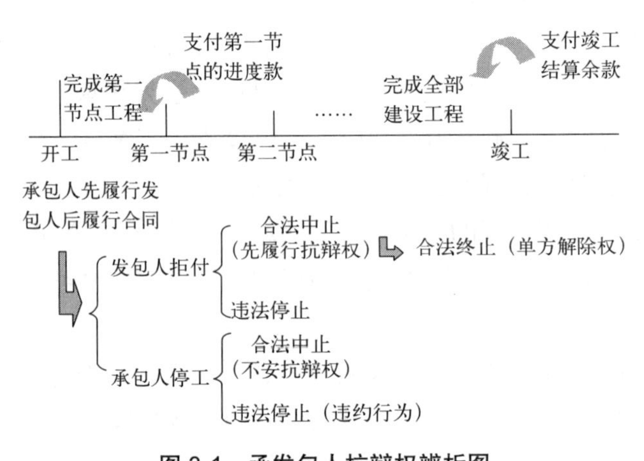

图 3-1　承发包人抗辩权辨析图

二、建设工程合同主要义务的条款

【主要条款】

◆《中华人民共和国合同法》第二百五十一条规定：

“承揽合同是承揽人按照定作人的要求完成工作，交付工作成果，定作人给付报酬的合同。”

◆《中华人民共和国合同法》第二百八十条规定：

“勘察、设计的质量不符合要求或者未按照期限提交勘察、设计文件拖延工期，造成发包人损失的，勘察人、设计人应当继续完善勘察、设计，减收或者免收勘察、设计费并赔偿损失。”

◆《最高人民法院关于审理建设工程施工合同纠纷案件适用法律问题的解释》第十一条规定：

“因承包人的过错造成建设工程质量不符合约定，承包人拒绝修理、返工或者改建，发包人请求减少支付工程价款的，应予支持。”

【条款解析】

基于建设工程合同所具有的特殊承揽合同性质（详见本节一、建设工程合同法律性质的条款），根据《合同法》第二百五十一条关于承揽合同的定义，就《合同法》所规定的建设工程合同[①]而言，其内容主要是：作为“承揽人”的承包人，应按合同相对方要求，进行工程建设以“完成工作”，并交付作为“承揽合同工作成果”的建设工程（或勘察、设计文件）；作为定作人的发包人应当履行作为“承揽合同给付报酬”的支付价款义务。

关于其中的“要求”以及“给付报酬”，根据《合同法》所规定的承揽合同内容[②]，可知：前者应按照要求的“标的”、“数量”、“质量”、“承揽方式”、“履行期限”完成并交付成果；后者应按照约定的“报酬”及“履行期限”[③]给付。结合《合同法》所规定的建设工程合同内容[④、⑤]，上述权利义务关系，在建设工程的承发包之间主要体现为：承包人按照约定的工程质量（或质量要求）在建设工期（或提交文件的期限）内进行工程建设，交付建设工程（或勘察、设计文件）；发包人按照约定的金额和期限，结算工程造价（或费用），以支付价款。

综上即为：承包人按时保质完成建设工程；发包人按时足额支付工程价款。

---

① 《中华人民共和国合同法》第二百六十九条第一款规定：
“建设工程合同是承包人进行工程建设，发包人支付价款的合同。”

② 《中华人民共和国合同法》第二百五十二条规定：
“承揽合同的内容包括承揽的标的、数量、质量、报酬、承揽方式、材料的提供、履行期限、验收标准和方法等条款。”

③ 《中华人民共和国合同法》第二百六十三条规定：
“定作人应当按照约定的期限支付报酬……”

④ 《中华人民共和国合同法》第二百七十四条规定：
“勘察、设计合同的内容包括提交有关基础资料和文件（包括概预算）的期限、质量要求、费用以及其他协作条件等条款。”

⑤ 《中华人民共和国合同法》第二百七十五条规定：
“施工合同的内容包括工程范围、建设工期、中间交工工程的开工和竣工时间、工程质量、工程造价、技术资料交付时间、材料和设备供应责任、拨款和结算、竣工验收、质量保修范围和质量保证期、双方相互协作等条款。”

【律师提醒】

（1）根据《合同法》有关承揽合同定作人有权就不符质量要求的工作成果减少报酬的规定[①]，该法第二百八十条及《施工合同司法解释》第十条对于其中的建设工程合同，进一步予以明确及补充（图 3-2）。质量不符合要求及提交拖延工期的设计或勘察人应减收或者免收勘察或设计费；施工承包人造成质量不符合约定且拒绝修理（或返工、改建）的，发包人有权请求减少支付工程价款。并且，根据《合同法》规定，发包人未按约且经催告不支付价款的，承包人有权协议或申请处分建设工程以优先受偿[②]。

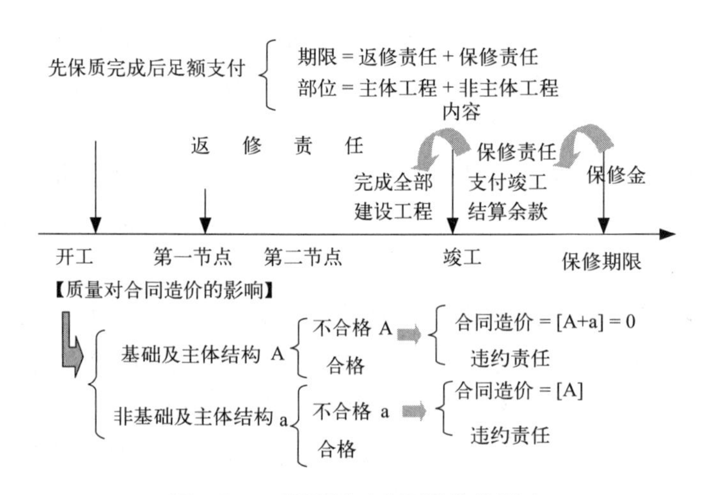

图 3-2 工程质量对合同造价的影响

（2）“承包人按时保质完成建设工程”与“发包人按时足额支付工程价款”构成合同对价。

（3）合同的给付义务，以其对于保障实现合同目的的主次作用，以及是否构成对待给付的双务关系为标准，分为“主义务”和“从义务”。不同性质的合同关系，因其合同目的与对价关系的不同具有不同的主从义务。对于建设工程合同而言，

① 《中华人民共和国合同法》第二百六十二条规定：
“承揽人交付的工作成果**不符合质量要求**的，定作人可以要求承揽人承担**修理、重作、减少报酬、赔偿损失**等违约责任。”

② 《中华人民共和国合同法》第二百八十六条规定：
“发包人**未按照约定支付价款**的，承包人可以**催告**发包人在合理期限内支付价款。发包人**逾期不支付**的，除按照建设工程的性质不宜折价、拍卖的以外，承包人可以与发包人**协议**将该工程**折价**，也可以申请人民法院将该工程依**法拍卖**。**建设工程的价款就该工程折价或者拍卖的价款优先受偿**。”

由于“按时保质完成建设工程”与“按时足额支付工程价款”之间形成合同对价，并且互为合同目的。因此，其构成建设工程合同中承发包的主要义务。

三、建设工程合同履行特征的条款

承揽合同相较其他合同,以“承揽人按要求完成并交付工作成果”为特征履行，且内容中负有一定“协助”(图 3-3)。因此,建设工程合同作为特殊种类的承揽合同，其履行以发包人的工程要求为主要依据，且秉承承揽合同中协助义务的特征。

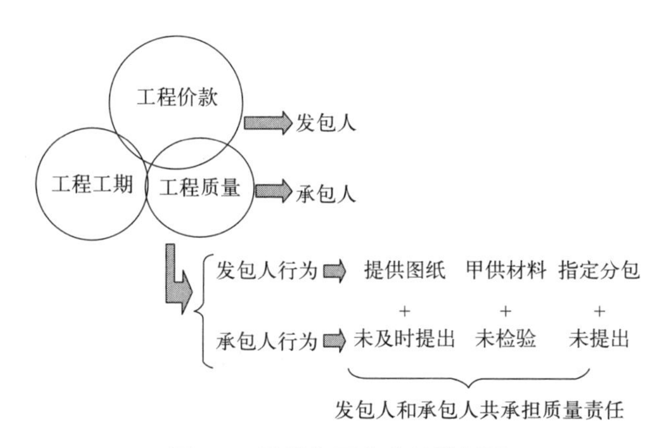

图 3-3　承发包双方责任辨析图

而因周期长、不确定，且复杂专业等特点，相较普通承揽合同，建设工程合同的“特殊”主要表现在：

（1）更为强调对于工程要求的保障；

（2）更加注重合同双方之间的协助。

《合同法》为此就建设工程合同以赋予合同权利、设置履行顺序，明确协作义务为内容制定相应规则。

（一）发包人主要义务的条款

【主要条款】

◆《中华人民共和国合同法》第二百八十五条规定：

“因发包人变更计划，提供的资料不准确，或者未按照期限提供必需的勘察、设计工作条件而造成勘察、设计的返工、停工或者修改设计，发包人应当按照勘察人、设计人实际消耗的工作量增付费用。”

◆《中华人民共和国合同法》第二百七十九条第二款规定：

“建设工程竣工经验收合格后，方可交付使用；未经验收或者验收不合格的，不得交付使用。”

◆《中华人民共和国合同法》第二百七十九条规定：

“建设工程竣工后，发包人应当根据施工图纸及说明书、国家颁发的施工验收规范和质量检验标准及时进行验收。验收合格的，发包人应当按照约定支付价款，并接收该建设工程。

建设工程竣工经验收合格后，方可交付使用；未经验收或者验收不合格的，不得交付使用。”

【条款解析】

第一，承包人履行建设工程合同应当依据发包人关于工程的要求，而其“要求”不仅限于对建设工程的结果要求，也应包括对工程建设的过程要求，故后者的落实是前者得以实现的前提。

承发包因建设工程的“不确定性”，在合同订立时对于关于工程所约定的“要求”未必详尽。因此，在规定承揽合同定作人可中途变更工作要求[①]的基础上，《合同法》第二百八十五条赋予发包人就勘察、设计变更计划的权利及在实践中通过“工程指令”对“施工图纸”中的要求予以“完善”的权利（详见本章第五节）。

第二，在有关发包人工程建设的要求中，承发包之间所约定的“工期”与“质量”，因关乎承包人最终“按时保质完成建设工程”而尤为关键，特别是其中的“质量”要求，直接影响合同目的的实现。

《合同法》为进一步确保建设工程合同中的质量、工期要求符合约定，从而保障发包人最根本的合同利益，在规定承揽合同的定作人有权通过“检查”[②、③]和“验

---

① 《中华人民共和国合同法》第二百五十八条规定：
“定作人中途变更承揽工作的要求，造成承揽人损失的，应当赔偿损失。”

② 《中华人民共和国合同法》第二百五十五条规定：
“承揽人提供材料的，承揽人应当按照约定选用材料，并接受定作人检验。”

③ 《中华人民共和国合同法》第二百六十条规定：
“承揽人在工作期间，应当接受定作人必要的监督检验……”

收”[①] 保障其约定要求的基础上，赋予发包人“检查权”[②,③] 及“验收权”[④]，以强化其对于工期和质量的把控。同时，对于承包人的分包行为予以规范[⑤]，明确其连带责任[⑥]，给予其中的施工承包人关于“修理、返工或改建”的法定义务[⑦]。

第三，依建设的实际质量及进度与合同约定的符合程度，确定对价支付的金额与时点，利于保障发包人“要求”得以贯彻。为此，《合同法》分则在承揽合同章节中规定“承揽人先交付成果，定作人后支付报酬”[⑧]，并在建设工程合同章节中第二百七十九条第一款再次明确“先由承包人按时保质完成建设工程，后由发包人按时足额支付工程价款”的履行顺序。

据此，无论从承揽合同性质，还是有名合同规定的角度出发，不同法条层面对于建设工程合同履行常态的规定，均反映出“承包人先履行，发包人后履行”的顺序脉络。

此外，由于建设周期长，发包人在实务中往往采用支付预付款和进度款的方式，以缓解施工承包人的资金压力。就上述两种款项的支付而言，其常规的操作表征为：

（1）发包人先行支付预付款，并就其在后续进度款的支付中予以抵扣[⑨]；

---

① 《中华人民共和国合同法》第二百六十一条规定：
“承揽人**完成工作的**，应当**向定作人交付工作成果，并提交必要的技术资料和有关质量证明**。定作人应当验收该工作成果。”

② 《中华人民共和国合同法》第二百七十七条规定：
“发包人在**不妨碍承包人正常作业的情况下**，可以**随时对作业进度、质量进行检查**。”

③ 《中华人民共和国合同法》第二百七十八条规定：
“隐蔽工程在**隐蔽以前**，承包人应当**通知发包人检查**……”

④ 《中华人民共和国合同法》第二百七十九条规定：
“**建设工程竣工后**，发包人应当根据施工图纸及说明书、国家颁发的施工验收规范和质量检验标准及时**进行验收**……建设工程竣工经**验收合格后，方可交付使用**；未经验收或者验收不合格的，不得交付使用。”

⑤ 《中华人民共和国合同法》第二百七十二条第二款、第三款规定：
“总承包人或者勘察、设计、施工承包人**经发包人同意**，可以将自己承包的部分工作交由第三人完成……承包人**不得**将其承包的全部建设工程转包给第三人或者将其承包的全部建设工程肢解以后以分包的名义分别转包给第三人。**禁止**承包人将工程分包给不具备相应资质条件的单位。**禁止**分包单位将其承包的工程再分包。**建设工程主体结构的施工必须由承包人自行完成**。”

⑥ 《中华人民共和国合同法》第二百七十二条第二款规定：
“总承包人或者勘察、设计、施工承包人**经发包人同意**，可以将自己承包的**部分工作交由第三人完成。第三人就其完成的工作成果**与总承包人或者勘察、设计、施工承包人向发包人**承担连带责任**……”

⑦ 《中华人民共和国合同法》第二百八十一条规定：
“因施工人的原因致使建设工程**质量不符合约定**的，发包人**有权要求施工人在合理期限内无偿修理或者返工、改建**……”

⑧ 《中华人民共和国合同法》第二百六十三条规定：
“定作人**应当按照约定的期限支付报酬**。对支付报酬的期限**没有约定或者约定不明确**，依照本法第六十一条的规定仍不能确定的，定作人应当**在承揽人交付工作成果时支付**；工作**成果部分交付**的，定作人应当**相应支付**。”

⑨ 《建筑工程施工发包与承包计价管理办法》第十五条第二款规定：
“**预付工程款**按照合同价款或者年度工程计划额度的一定比例确定和支付，并**在工程进度款中予以抵扣**。”

(2) 发包人的进度款支付，以之前节点的已完工程计量为前提条件[①]。

由此，上述款项支付的表征再次证明，建设工程合同中“承包人先履行，发包人后履行”的义务顺序。

（二）双方相互协作义务的条款

【主要条款】

◆《中华人民共和国合同法》第六十条规定：

“当事人应当按照约定全面履行自己的义务。当事人应当遵循诚实信用原则，根据合同的性质、目的和交易习惯履行通知、协助、保密等义务。”

◆《中华人民共和国合同法》第二百五十九条规定：

“承揽工作需要定作人协助的，定作人有协助的义务。定作人不履行协助义务致使承揽工作不能完成的，承揽人可以催告定作人在合理期限内履行义务，并可以顺延履行期限；定作人逾期不履行的，承揽人可以解除合同。”

◆《最高人民法院关于审理建设工程施工合同纠纷案件适用法律问题的解释》第九条规定：

“发包人具有下列情形之一，致使承包人无法施工，且在催告的合理期限内仍未履行相应义务，承包人请求解除建设工程施工合同的，应予支持：

（一）未按约定支付工程价款的；

（二）提供的主要建筑材料、建筑构配件和设备不符合强制性标准的；

（三）不履行合同约定的协助义务的。”

【条款解析】

由于承揽关系中的工作成果应按定作人的要求完成，且依合同约定存在定作人供料的可能[②]。因此，《合同法》第二百五十九条规定，定作人视需要应予承揽人

---

① 《建筑工程施工发包与承包计价管理办法》第十六条规定：
“承包方应当按照合同约定**向发包方提交已完成工程量报告**。发包方**收到工程量报告后**，应当按照合同约定及**时核对并确认**。”

② 《中华人民共和国合同法》第二百五十六条规定：
“定作人**提供材料**的，定作人应当**按照约定提供材料**。”

相应的“协助”[①]。反之，因为相比定作人的专业程度，以及工作过程的实际占有，承揽人应对定作人的协助予以配合，提供“通知”[②、③]、“保管”[④]等《合同法》第六十条所规定的附随义务。

工程建设较之普通的承揽工作往往更为复杂、专业，因此，工程的竣工更依赖承发包之间的相互协同与配合。所以，虽然“按时保质完成建设工程”是承包人负担的主要义务，而发包人主要履行的是“按时足额付款”，但由于法律要件、规定流程、机料提供、作业条件等必要因素，发包人除主要义务外，须为一系列“从义务”以协助承包人工程建设的开展与推进。反之，承包人对发包人的履行条件应以附随义务予以配合。由此，承发包之间互为履行的协助与附随义务，统一构成《合同法》为建设工程合同所设计的“协作”[⑤、⑥]内容。根据建设工程合同中不同的合同标的，承发包之间相应的协作义务各有不同，除非双方有特别约定，依据法律规定和行业惯例，在实务中通常分配如下：

（1）勘察、设计合同中：

1）发包人应为勘察设计提供所需的技术要求、专业图纸（地形、建筑平面布置、埋藏物位置分布等图纸）、技术资料（坐标与标高、地下埋藏物等资料）[⑦]、工作条件（现场平整、障碍拆除、道路通行、电源水源、排水沟渠、作业用船等条件）；为工作人员配备必要的设施条件（工作、居住、交通等方面）；为建设用地处理相应的事宜（土地征用、苗木赔偿、作业扰民等问题）；为材料供应给予配套的合格证明、路途运输、参验人员；为设计任务提供所需的有关文件（地质勘查报告、规划许可证书等文件）；为通知建议给予及时的答复审批。

---

① 《中华人民共和国合同法》第二百五十九条规定：
“承揽工作**需要定作人协助的，定作人有协助的义务**……”

② 《中华人民共和国合同法》第二百五十六条规定：
“……承揽人**对定作人提供的材料**，应当及时检验，发现不符合约定时，应当**及时通知定作人更换、补齐或者采取其他补救措施。**”

③ 《中华人民共和国合同法》第二百五十七条规定：
“承揽人**发现定作人提供的图纸或者技术要求不合理**的，应当**及时通知定作人**……”

④ 《中华人民共和国合同法》第二百六十五条规定：
“承揽人应当**妥善保管**定作人提供的**材料以及完成的工作成果**……”

⑤ 《中华人民共和国合同法》第二百七十四条规定：
“**勘察、设计合同的内容包括**提交有关基础资料和文件（包括概预算）的期限、质量要求、费用以及其他**协作条件**等条款。”

⑥ 《中华人民共和国合同法》第二百七十五条规定：
“**施工合同的内容包括**工程范围、建设工期、中间交工工程的开工和竣工时间、工程质量、工程造价、技术资料交付时间、材料和设备供应责任、拨款和结算、竣工验收、质量保修范围和质量保证期、**双方相互协作**等条款。”

⑦ 《建设工程质量管理条例》第九条第一款规定：
“建设单位必须向有关的勘察、设计、施工、工程监理等单位**提供与建设工程有关的原始资料。**”

2）勘察、设计人应为监督检查提交工作的任务纲要、组织设计；为材料供应提供所需的用料计划、验收人员；为后续施工进行必要的解释说明（勘察设计意图、勘察设计文件）；为实际施工解决出现的勘察问题、设计问题[①]。

（2）施工合同中：

1）发包人应为施工作业提供施工场地（施工作业、建材堆放、垂直运输、生活办公等空间）、施工图纸（包括配套说明和有关资料）、场地资料（工程地质、地下管线[②]等资料）、作业条件（场地平整、道路畅通、水电供应等条件）、标准规范（国家、行业、地方标准规范文本或国外标准规范译本）、现场交验（水准点、坐标控制点等确定）、组织联络（图纸会审、设计交底等协调）、手续办理（规划许可[③]、用地批准[④]、施工许可[⑤]等证件批文及停水停电、交通中断、爆破作业等申请报批[⑥]）；为施工场地处理所涉事宜（征用拆迁[⑦]、作业扰民、周边管线等处理事项及邻近建筑、国家文物、古树名木等保护工作）；为检查审批委派授权人员（设备材料、隐蔽工程、中间验收等质检工作及建议、变更、申请等答复审核）；为设备机组负责启动试运、组织验收；为竣工验收完成验收工作（审查验收条件、组织相关单位、出具合格证明、发出整改通知）。

---

① 《建设工程勘察设计管理条例》第三十条规定：
“建设工程勘察、设计单位应当在建设工程施工前，向施工单位和监理单位说明建设工程勘察、设计意图，解释建设工程勘察、设计文件。建设工程勘察、设计单位**应当及时解决施工中出现的勘察、设计问题**。”

② 《中华人民共和国建筑法》第四十条规定：
“建设单位应当向建筑施工企业**提供与施工现场相关的地下管线资料**……”

③ 《中华人民共和国建筑法》第八条第（二）项规定：
“**申请领取施工许可证**，应当具备下列条件：
……（二）在城市规划区的建筑工程，**已经取得规划许可证**……”

④ 《中华人民共和国建筑法》第八条第（一）项规定：
“**申请领取施工许可证**，应当具备下列条件：
（一）已经**办理该建筑工程用地批准手续**……”

⑤ 《中华人民共和国建筑法》第七条规定：
“建筑工程**开工前**，建设单位应当按照国家有关规定向**工程所在地县级以上**人民政府建设行政主管部门**申请领取施工许可证**。”

⑥ 《中华人民共和国建筑法》第四十二条规定：
“有下列情形之一的，**建设单位应当按照国家有关规定办理申请批准手续**：
（一）需要**临时占用规划批准范围以外场地**的；
（二）可能**损坏**道路、管线、电力、邮电通讯等**公共设施**的；
（三）需要临**时停水、停电、中断道路交通**的；
（四）需要进行**爆破作业**的；
（五）法律、法规规定需要办理报批手续的**其他情况**。”

⑦ 《中华人民共和国建筑法》第八条第（三）项规定：
“**申请领取施工许可证**，应当具备下列条件：
……（三）**需要拆迁的，其拆迁进度符合施工要求**……”

2）承包人应为施工场地提供安保维护（地下管线[①]、施工照明、围栏设施、毗邻建筑、文物名木、防危防火[②]、安全环保[③]、已完工程、场地清洁），为图纸差错提出审查意见[④]，为接受监督[⑤]提交进度计划（年、季、月度工程进度计划及相应进度统计报表），准备检查条件（质检计划、合格证明、检验通知、提供便利、参验人员、自检记录），为设备机组负责部分调试（分部试运、维护检修、验收准备），为竣工验收完备前提条件（备齐竣工资料、提交竣工图纸、提出验收申请），为价款结算提交材料（竣工图纸、结算报告）。此外，为发包人的价款支付，承包人应当为其计量、审价予以必要"协助"（提交已完工程量报告、提供计量便利条件、递交竣工结算报告）。

【律师提醒】

（1）发包人提供的部分"协助"可以通过约定，转由承包人自行负责（例如：约定由勘察人查清地下埋藏物，发包人承担相应费用；协商由施工承包人自备国外标准中文译本，承包人支付翻译费用；委托符合资质条件的施工承包人完成施工图纸深化或工程配套设计，发包人承担设计费用）。

（2）施工合同关系中，在双方关于具体协作义务无明确约定，且法律对于拒绝或瑕疵提供协作一方未设定相关赔偿责任的情况下，因此遭受损失的相对方原则上有权依据行业惯例，就给其造成的直接经济损失主张"索赔"。

（3）我国法律与司法解释为促成承发包之间的"协作"，分别就双方未按上述规范履行协助或附随义务的行为作出否定性评价：

1）履行协助义务的发包人未及时给予答复、审批等协作并造成损失的，应予赔偿[⑥]；未按时或按要求提供材料、设备、场地、资金、资料等工作条件的，应顺

---

① 《中华人民共和国建筑法》第四十条规定：
"建设单位应当向建筑施工企业提供与施工现场相关的地下管线资料，建筑施工企业当采取措施加以保护。"

② 《中华人民共和国建筑法》第三十九条第一款规定：
"**建筑施工企业**应当在施工现场维护安全、**防范危险**、**预防火灾**等措施；有条件的，应当对施工现场实行**封闭管理**。"

③ 《中华人民共和国建筑法》第四十一条规定：
"建筑施工企业应当遵守有关环境保护和安全生产的法律、法规的规定，**采取控制和处理施工现场的各种粉尘、废气、废水、固体废物以及噪声、振动对环境的污染和危害的措施**。"

④ 《建设工程质量管理条例》第二十八条第二款规定：
"施工单位在施工过程中**发现设计文件和图纸有差错的，应当及时提出意见和建议**。"

⑤ 《中华人民共和国合同法》第二百七十七条规定：
"发包人在**不妨碍承包人正常作业**的情况下，可以**随时对作业进度、质量进行检查**。"

⑥ 《中华人民共和国合同法》第二百五十七条
"……因定作人**怠于答复**等原因造成**承揽人损失的，应当赔偿损失**。

延工期并赔偿损失[①]；对其资料、文件的真实、准确、完整及合法性负责，其因资料的提供造成设计或勘察返工、停工或者修改的，应增付相应费用[②]；逾期并经催告不履行，且导致工程建设无法进行的，承包人有权解除建设工程合同[③~⑤]。对此，《施工合同司法解释》第九条予以了进一步明确。

2）履行附随义务的承包人未依法、按约或遵循惯例，提供注意、建议、安保、维护、通知、准备、保密等其他一系列协作的，发包人有权主张赔偿损失[⑥]及其他法律责任的承担，但是原则上不得单方解除建设工程合同。

第二节　建设工程合同成立条款解读

一、建设工程合同成立形式的条款

【主要条款】

◆《中华人民共和国合同法》第十条规定：

---

① 《中华人民共和国合同法》第二百八十三条规定：
"**发包人未按照约定的时间和要求提供**原材料、设备、场地、资金、技术资料的，承包人可以**顺延工程日期，并有权要求赔偿停工、窝工等损失**。"

② 《中华人民共和国合同法》第二百八十五条规定：
"因发包人变更计划，提供的**资料不准确**，或者**未按照期限提供**必需的勘察、设计工作条件而**造成勘察、设计的返工、停工或者修改设计**，发包人应当**按照勘察人、设计人实际消耗的工作量增付费用**。"

③ 《中华人民共和国合同法》第二百五十九条规定：
"……定作人**不履行协助义务**致使承揽工作不能完成的，承揽人可以**催告**定作人在合理期限内履行义务，并可以**顺延履行期限**；定作人逾期不履行的，**承揽人可以解除合同**。"

④ 《最高人民法院关于审理建设工程施工合同纠纷案件适用法律问题的解释》第九条规定：
"发包人具有下列情形之一，致使承包人无法施工，且在催告的合理期限内仍未履行相应义务，**承包人请求解除建设工程施工合同的，应予支持**：
（一）**未按约定支付工程价款**的；
（二）提供的**主要建筑材料、建筑构配件和设备不符合强制性标准**的；
（三）**不履行合同约定的协助义务**的。"

⑤ 《浙江省高级人民法院关于审理建设工程施工合同纠纷案件若干问题的意见（征求稿）》第九条规定：
"发包人有下列情形之一，致使承包人无法施工，且在催告的合理期限同仍未履行相应义务，**承包人请求解除建设工程施工合同的，应予支持**：
（一）**未在约定时间内提供材料**，或提供的**材料不符合约定**的；
（二）**未在约定时间内提供施工场地、施工道路、施工用水、施工用电**的；
（三）**未在约定时间内提供完整**工程地质和地下**资料或施工图纸**；
（四）**未在约定时间内**办理工程中间**验收**；
（五）**未履行合同约定的其他协助义务**的。"

⑥ 《中华人民共和国合同法》第二百六十五条规定：
"承揽人**应当妥善保管**定作人提供的材料以及完成的工作成果，因**保管不善**造成毁损、灭失的，应当**承担损害赔偿责任**。"

“当事人订立合同，有书面形式、口头形式和其他形式。法律、行政法规规定采用书面形式的，应当采用书面形式。当事人约定采用书面形式的，应当采用书面形式。”

◆《最高人民法院关于适用〈中华人民共和国合同法〉若干问题的解释（二）》第二条规定：

“当事人未以书面形式或者口头形式订立合同，但从双方从事的民事行为能够推定双方有订立合同意愿的，人民法院可以认定是以合同法第十条第一款中的“其他形式”订立的合同。但法律另有规定的除外。”

◆《中华人民共和国合同法》第二百七十条规定：

“建设工程合同应当采用书面形式。”

【条款解析】

合同成立的本质是双方达成合意，即具有主体资质的当事人双方就特定事宜的“意思表示”达成共识。

人类对意思表达的方式是逐渐演进的，未形成语言前主要以行为来表达。在形成语言但未发明文字前，主要由行为和语言表达。在发明文字后，依事宜的重要或复杂程度选择以行为、语言和文字表达。因此，合同形式有文字记录的书面形式、语言表达的口头形式及行为表达的其他形式。

鉴于合同形式本质上是服务于意思的，因此，当事人订立合同，可以采取书面形式、口头形式和其他形式（图 3-4）。

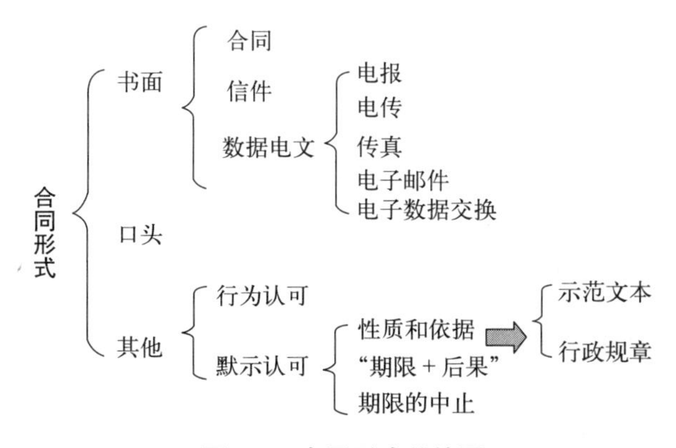

图 3-4　合同形式总结图

第一，关于书面形式，《合同法》定义为：合同采用合同书、信件和数据电文等可以有形地表现所载内容的形式[①]。其中，数据电文包括电报、电传、传真、电子数据交换[②、③]和电子邮件（E-mail，指通过电子计算机系统以及国际互联网络实现的信息传递方式）。据此，“书面形式”包括以文字凭据所组成的，记载合同内容的合同书，以及信件或数据电文。

根据《合同法》第十条的规定内容，我国合同的缔约方在两种情况下应当采用书面形式订立合同：

（1）法律、行政法规规定采用书面形式的（例如：融资租赁合同[④]、技术开发合同[⑤]）；

（2）当事人之间约定采用书面形式订立合同的。

第二，《合同法》中关于成立合同的“口头形式”是指当事人双方只通过语言进行意思表示，而不用文字等书面表达合同内容而订立合同的形式。口头形式的合同方式易行，但缺点是发生争议时难以举证确认责任，不够安全。一般是标的物数额不大、有较明确的交易习惯的商业行为的合同，才采用口头形式。合同采取口头形式并不意味着不能产生任何文字的凭证，例如：超市购物开具的发票或付款凭证等，但这类文字材料原则上只能视为合同成立的证明，而不能作为合同的本身。

第三，“其他形式”是除口头形式和书面形式以外的其他形式。主要是未用语言或者文字明确表示意见，而用行为来表明的。对此，最高院通过司法解释予以明确，根据《最高人民法院关于适用〈中华人民共和国合同法〉若干问题的解释（二）》（以下简称《合同法司法解释（二）》）第二条规定，通过行为能够推定合同订立意愿的，原则上可认定为《合同》中关于合同成立的“其他形式”。

综上，根据《合同法》第二百七十条规定，在“书面形式”、“口头形式”、“其

---

① 《中华人民共和国合同法》第十一条规定：
“**书面形式**是指合同书、信件和数据电文（包括电报、电传、传真、电子数据交换和电子邮件）等可以**有形地表现所载内容的形式**。”

② 联合国国际标准化组织（UNISO）定义：
“**电子数据交换**是指将商业或者行政事务处理按照一个商定的标准，形成结构化的事务处理或信息数据格式，**从计算机到计算机的电子传输方式**。”

③ 《电子商务示范法（联合国国际贸易法委员会 UNCITRAL）》第 2 条（b）项规定：
“**电子计算机之间信息的电子传输，而且使用某种商定的标准来处理信息结构**。”

④ 《中华人民共和国合同法》第二百三十八条第二款规定：
“**融资租赁合同**应当采用**书面形式**。”

⑤ 《中华人民共和国合同法》第三百三十条第三款规定：
“**技术开发合同**应当采用**书面形式**。”

他形式”的三种法定合同形式中，成立建设工程合同的，应当采用书面形式。

【律师提醒】

（1）人类表达意思的方式，在没有语言和文字的年代是用行为来表达的。当有了语言，则用行为和语言相结合进行表达了。再后来有了文字，人类才同时采用这三种方式来表达，意思、行为具有直接简单的优点，而文字具有易于记录的优点。根据标的大小，复杂程度，遵循效力原则，当事人可选择不同方式进行表达，关键在于意思表达应完整、无异议。

（2）合同成立的关键是双方合意，即：主要意思达成一致。如果法律法规或双方当事人约定以书面形式订立合同，但当事人未采用书面形式且一方已经履行主要义务，对方接受的，该合同成立。

（3）行为可以表达意思，积极的行为表达的意思是明确的。但若是消极的行为，即不作为，意思表示往往并不确定。因此，不作为的默示只有在法律有规定或者当事人双方有约定的情况下，才可以视为意思表示。请特别注意：这里的法律是狭义的法律，而不是广义的法律，另外，行政主管部门颁布的示范文本中的通用条款若有相应的内容，如果双方没有在专用条款中特别约定，一般也不易认为是双方的约定。

二、建设工程合同成立方式的条款

【主要条款】

◆《中华人民共和国合同法》第三十二条规定：

“当事人采用合同书形式订立合同的，自双方当事人签字或者盖章时合同成立。”

◆《中华人民共和国合同法》第三十六条规定：

“法律、行政法规规定或者当事人约定采用书面形式订立合同，当事人未采用书面形式但一方已经履行主要义务，对方接受的，该合同成立。”

◆《中华人民共和国合同法》第二百七十条规定：

“建设工程合同应当采用书面形式。”

【条款解析】

在我国，合同的订立采取要约与承诺方式构成[①]。对于方式的法律含义与行为效力：前者经《合同法》第十四条[②]以及十六条第一款[③]分别规定，即“要约人希望和他人订立合同的意思表示”，且“到达受要约人时生效”；后者经该法第二十一条[④]及二十六条第一款[⑤]规定即“受要约人同意要约的意思表示”，且“到达要约人时生效”（详见第一章第三节）。

据此，原则上，合同的订立经由生效的“要约”与生效的“承诺”完成，即合同订立行为的法定过程为：要约人“希望和他人订立合同”的意思表示先到达受要约人生效，受要约人“同意要约”的意思表示后到达要约人生效。至此，缔约双方之间的合同关系根据《合同法》第二十五条规定[⑥]即告成立。但是，结合《合同法》第三十三条、三十六条的内容规定，法定采取书面形式的合同原则自双方签章时成立，除非此前一方已经履行主要义务，且对方接受。

据此，关于合同的成立方式，我国的法律规定以承诺的生效为原则，以书面形式下的合同签章为例外。

综上，基于《合同法》第二百七十条规定，建设工程合同属书面形式法定的合同，承发包之间建立的建设工程合同关系以合同的签订为最终成立方式，除非一方已接受对方履行的主要义务。

---

① 《中华人民共和国合同法》第十三条规定：
“当事人订立合同，**采取要约、承诺方式**。”

② 《中华人民共和国合同法》第十四条规定：
“**要约是希望和他人订立合同的意思表示**，该意思表示应当符合下列规定：
（一）内容**具体确定**；
（二）表明**经受要约人承诺**，要约人即受该意思表示约束。”

③ 《中华人民共和国合同法》第十六条第一款规定：
“**要约到达受要约人时生效**。”

④ 《中华人民共和国合同法》第二十一条规定：
“**承诺是受要约人同意要约的意思表示**。”

⑤ 《中华人民共和国合同法》第二十六条第一款规定：
“**承诺通知到达要约人时生效**。承诺**不需要通知的**，根据交易习惯或要约的要求**作出承诺的行为时生效**。”

⑥ 《中华人民共和国合同法》第二十五条规定：
“**承诺生效时合同成立**。”

第三节　关于建设工程合同内容条款解读

一、建设工程合同内容约定的条款

合同的约定，是拟建立合同关系的当事人就合同事宜的意思表示在合同中形成合意。双方的合意在过程中表现为两方面：

（1）就合意的事项确定合同条款；

（2）就确定的条款约定具体内容。

就建设工程合同而言，作为有名合同类型及特殊的承揽合同，根据《合同法》规定，其合同条款应包括法定的合同事项；其条款内容可参照示范文本明确。此外，经招标发包订立的建设工程合同，其实质内容的约定应遵守《招投标法》关于“一致性”的规定。

（一）合同条款事项的条款

【主要条款】

◆《中华人民共和国合同法》第二百五十二条规定：

“承揽合同的内容包括承揽的标的、数量、质量、报酬、承揽方式、材料的提供、履行期限、验收标准和方法等条款。”

◆《中华人民共和国合同法》第二百七十五条规定：

“施工合同的内容包括工程范围、建设工期、中间交工工程的开工和竣工时间、工程质量、工程造价、技术资料交付时间、材料和设备供应责任、拨款和结算、竣工验收、质量保修范围和质量保证期、双方相互协作等条款。”

◆《中华人民共和国合同法》第二百七十四条规定：

“勘察、设计合同的内容包括提交有关基础资料和文件（包括概预算）的期限、质量要求、费用以及其他协作条件等条款。”

【条款解析】

首先，根据《合同法》总则规定，缔约人关于合同的八项主要事项约定条款[①]，其内容大致归为五大类，分别为：

(1) 双方的主体信息；(2) 合同标的及其数量、质量；(3) 合同的价款或报酬；(4) 合同的履行期限及地点、方式；(5) 合同的违约责任与争议解决。

其次，基于《合同法》第十五章关于"承揽合同"的章节内容，其"特征履行"为"工作成果的交付"[②]，因此该有名合同类型的履行往往涉及材料的提供[③、④]以及成果的检查[⑤]，其中后者的约定主要包括工作成果的验收标准、验收方法。因此，该章第二百五十二条规定，除了上述主要事项外，承揽合同的内容还包括：(1) 材料的提供；(2) 验收的标准与方法的相关条款。

据此，建设工程合同作为特殊种类的承揽合同（详见本章第一节），其条款的约定应当涵盖上述内容。

再次，"承揽合同"的定作人依法负有法定的"协助义务"[⑥]。因此，建设工程合同中的勘察合同与设计合同，其发包人也负有相应的协作义务，例如：概预算的提交（详见本章第一节）。所以，《合同法》第二百七十四条规定，除约定作为质量条款的"质量要求"、价款或报酬条款的"费用"外，建设工程勘察、设计合同的内容包括提交有关基础资料和文件（包括概预算）的期限以及其他协作条件等条款。

最后，鉴于其价款支付的阶段性与暂定性，对于其中关于工程造价的条款内容，

---

① 《中华人民共和国合同法》第十二条第一款规定：
"合同的内容由当事人约定，一般包括以下条款：
（一）当事人的名称或者姓名和住所；
（二）标的；
（三）数量；
（四）质量；
（五）价款或者报酬；
（六）履行期限、地点和方式；
（七）违约责任；
（八）解决争议的方法。"

② 《中华人民共和国合同法》第二百五十一条规定：
"承揽合同是承揽人按照定作人的要求完成工作，**交付工作成果**，定作人给付报酬的合同……"

③ 《中华人民共和国合同法》第二百五十五条规定：
"承揽人提供材料的，承揽人**应当按照约定选用材料**，并接受定作人检验。"

④ 《中华人民共和国合同法》第二百五十六条第一款规定：
"定作人提供材料的，定作人**应当按照约定提供材料**……"

⑤ 《中华人民共和国合同法》第二百六十一条规定：
"承揽人完成工作的，应当向定作人交付工作成果，并提交必要的技术资料和有关质量证明。**定作人应当验收该工作成果。**"

⑥ 《中华人民共和国合同法》第二百五十九条规定：
"承揽工作需要定作人协助的，**定作人有协助的义务**……"

我国《建筑工程施工发包与承包计价管理办法》与《建设工程价款结算暂行办法》(以下简称《结算暂行办法》）对于其确定方式、价款类型、支付期限、调整办法等应当约定的事项均作出细化规定[①、②]。

（二）合同条款内容的条款

【主要条款】

◆《中华人民共和国合同法》第十二条第二款规定：

“当事人可以参照各类合同的示范文本订立合同。”

◆《中华人民共和国招标投标法实施条例》第五十七条规定：

“招标人和中标人应当依照招标投标法和本条例的规定签订书面合同，合同的标的、价款、质量、履行期限等主要条款应当与招标文件和中标人的投标文件的内容一致。招标人和中标人不得再行订立背离合同实质性内容的其他协议。”

◆《中华人民共和国招标投标法》第四十六条规定：

“招标人和中标人应当自中标通知书发出之日起三十日内，按照招标文件和中标人的投标文件订立书面合同。招标人和中标人不得再行订立背离合同实质性内容的其他协议。”

【条款解析】

关于条款内容的具体约定，《合同法》第十二条第二款规定，当事人可以参照

① 《建筑工程施工发包与承包计价管理办法》第十二条第二款规定：
“合同价款的有关事项由发承包双方约定……”

② 《建设工程价款结算暂行办法》第七条规定：
“发包人、承包人应当在合同条款中对涉及工程价款结算的下列事项进行约定：
（一）预付工程款的数额、支付时限及抵扣方式；
（二）工程进度款的支付方式、数额及时限；
（三）工程施工中发生变更时，工程价款的调整方法、索赔方式、时限要求及金额支付方式；
（四）发生工程价款纠纷的解决方法；
（五）约定承担风险的范围及幅度以及超出约定范围和幅度的调整办法；
（六）工程竣工价款的结算与支付方式、数额及时限；
（七）工程质量保证（保修）金的数额、预扣方式及时限；
（八）安全措施和意外伤害保险费用；
（九）工期及工期提前或延后的奖惩办法；
（十）与履行合同、支付价款相关的担保事项。”

各类合同的示范文本订立合同。但是，其中经招标发包订立的合同中实质性内容的约定，应当根据《招投标法》第四十六条规定，与招投标文件相一致。具体解析如下：

第一，为引导合同当事人的签约行为，相关行政部门或行业协会通常会就其所辖行业制定适于普遍参照的示范文本。现阶段，我国建筑领域关于建设工程合同的示范文本主要有:《建设工程施工合同（示范文本)》(GF—2013—0201)、《建设工程设计合同（一)》(GF—2000—0209)（民用建设工程设计合同)、《建设工程设计合同（二)》(GF—2000—0210)（专业建设工程设计合同)、《建设工程勘察合同（一)》(GF—2000—0203)（岩土工程勘察、水文地质勘查、工程测量、工程物探等勘察)、《建设工程勘察合同（二)》(GF—2000—0204)（岩土工程）等。因此，承发包可以通过对上述建设工程合同示范文本的间接参照或直接套用，约定合同条款的具体内容。

虽然上述建设工程合同示范文本中的通用条款是行政主管部门为了规范建筑业而对行业中众多交易习惯的总结，对建筑业具有指导性质的作用[①]。但是，关于示范文本的内容，基于:(1）根据法条的表述，其仅为“可以参照”，而非“强制适用”;(2）根据文义的理解,“示范”是指做出某种可供大家学习的典范[②]。由此可知:承发包以示范文本约定合同条款内容的，可以根据工程的实际情况，对于双方合意与通用条款不一致的内容进行补充、删除和修改。

另外，需要特别注意的是:承发包对于法律未作特别规定，或者双方未在示范文本专用条款部分重新约定的内容，应当按通用条款执行[③]。

第二，根据《招投标法》第四十六条规定，经招投标最终订立建设工程合同的承发包，应依据招投标文件，约定实质性内容一致的条款。就建设工程合同的实质性内容而言，基于其主要义务是“承包人按期保质完成建设工程，发包人按时足额支付工程价款”(详见本章第一节)，故某种意义上，建设工程合同是在一定承包范围内，就工期、质量、价款三要素平衡承发包之间合同利益，进而分配双方权利义务之契约。

① 《山东省高级人民法院2008民事审判工作会议纪要》第五条规定：
“**为了规范建设工程施工活动**，我国国家有关部门先后制定了建设工程施工合同示范文本等多项格式合同文本，……其中通用条款既是国家**为加强建筑行业的行政管理而制定的规范**，也是建筑行业中众多交易习惯的**总结和体现，是建设工程施工合同必不可少的条件**……”

② 中国社会科学院语言研究所词典编辑室编著《现代汉语词典》。

③ 《中华人民共和国合同法》第六十一条规定：
“合同生效后，当事人就质量、价款或者报酬、履行地点等内容**没有约定或者约定不明确**的，可以协议补充；**不能达成补充协议的，按照合同有关条款或者交易习惯确定。**”

在建筑业常规的业态下，上述三要素中，质量“尽善尽美”是发包人更积极追求的，价款“多多益善”是承包人所主动追求的，而工期的“速战速决”，则因使发包人得以更快使用工程或销售获利，承包人得以更早完成结算或更多资源承接其他工程，故为发包人与承包人所共同追求。所以，除承包范围外，价款、质量和工期是该合同的三大实质性内容。

【律师提醒】

（1）《合同法》第二百七十五条对于建设工程合同中施工合同主要内容的条款名称，在总则规定与承揽合同章节的基础上，予以进一步的专业化确定。其中，合同标的为工程范围；履行期限为建设工期；质量为工程质量；价款或者报酬为工程造价；材料提供为材料供应责任；验收为竣工验收。同时，基于建设工程施工周期长、不确定性以及复杂专业等特征，该合同还应包括关于中间交工工程的开工和竣工时间、设备供应责任、拨款和结算、质量保修范围和质量保证期、双方相互协作的相关条款。

（2）《招投标法实施条例》第五十七条明确采用招标发包的“合同标的、价款、质量、履行期限等主要条款”应与招投标文件一致。具体而言，在施工合同中，体现为以中标合意约定关于工程范围、建设工期、工程质量的条款内容，且以中标价约定工程价款[①]；在勘察、设计合同中，体现为以中标合意约定关于文件的提交、工期、质量要求的条款内容，且以中标价约定勘察、设计费用。承发包违反上述规定，不按中标合意的实质性内容订立建设工程合同，或再行订立其他背离其实质性内容协议的，根据《招投标法》与《招投标法实施条例》有关规定，应当由有关行政监督部门责令改正，可以处中标项目金额5‰～10‰罚款[②、③]。

（3）一般认为，只要有确定的当事人、标的和数量的，应当认定合同成立。对其他的条款当事人达不成协议的，可以按照合同有关条款或者交易习惯确定，若还不能确定，则可以按照法律的规定执行。

---

① 《建筑工程施工发包与承包计价管理办法》第十二条第一款规定：
“招标人与中标人应当根据中标价订立合同……”

② 《中华人民共和国招标投标法》第五十九条规定：
“招标人与中标人不按照招标文件和中标人的投标文件订立合同的，或者招标人、中标人订立背离合同实质性内容的协议的，责令改正；可以处中标项目金额千分之五以上千分之十以下的罚款。”

③ 《中华人民共和国招标投标法实施条例》第七十五条规定：
“招标人和中标人不按照招标文件和中标人的投标文件订立合同，合同的主要条款与招标文件、中标人的投标文件的内容不一致，或者招标人、中标人订立背离合同实质性内容的协议的，由有关行政监督部门责令改正，可以处中标项目金额5‰以上10‰以下的罚款。”

二、建设工程合同内容确定的条款

【主要条款】

◆《中华人民共和国合同法》第一百二十五条第一款规定：

“当事人对合同条款的理解有争议的，应当按照合同所使用的词句、合同的有关条款、合同的目的、交易习惯以及诚实信用原则，确定该条款的真实意思。”

◆《中华人民共和国合同法》第六十一条规定：

“合同生效后，当事人就质量、价款或者报酬、履行地点等内容没有约定或者约定不明确的，可以协议补充；不能达成补充协议的，按照合同有关条款或者交易习惯确定。”

◆《最高人民法院关于审理建设工程施工合同纠纷案件适用法律问题的解释》第十八条规定：

“利息从应付工程价款之日计付。当事人对付款时间没有约定或者约定不明的，下列时间视为应付款时间：

（一）建设工程已实际交付的，为交付之日；

（二）建设工程没有交付的，为提交竣工结算文件之日；

（三）建设工程未交付，工程价款也未结算的，为当事人起诉之日。”

【条款解析】

关于合同内容的确定，主要源自两类情形：一则，双方对条款的理解存在争议；二则，双方对条款的内容约定不明或遗漏。对于前者的确定，应当根据《合同法》第一百二十五条规定，以使用词句、有关条款、合同目的、交易习惯，以及诚实信用原则为依据；对于后者的确定，可以根据《合同法》第六十一条规定，“协议补充”，协议不成的，按照合同有关条款或交易习惯确定“质量、价款或者报酬、履行地点等内容”。

以上两者的确定依据均涉及“交易习惯”。针对该交集的认定，最高院通过关于《合同法》司法解释规定，应当由主张方承担相应举证责任，且对此设定两类认定标准：

（1）在特定标准范围内通常使用，且订立合同时知道或应当知道；

（2）当事人双方经常使用的习惯做法[①]。

此外，对于后者即“约定不明或遗漏”中合同条款内容约定不明确的情形，《合同法》规定，在双方不能达成补充协议，且依据“有关条款或者交易习惯”仍无法确定的前提下，针对不同的具体事项，确定相应的法定内容，分别为：

（1）关于质量：以国家标准、行业标准为优先，以通常标准或特定标准为补充；

（2）关于价款：市场价格按缔约时履行地方标准，政府定价或指导价按规定；

（3）关于履行地点：货币以接受一方，不动产以所在地，其他以给付一方；

（4）关于履行期限：以必要准备时间为前提，债务人或债权人随时履行或主张；

（5）关于履行方式：利于合同目的实现的方式；

（6）关于履行费用的负担：主体为给付一方。

【律师提醒】

（1）就施工合同而言，根据《施工合同司法解释》第十八条规定，建设工程施工的承发包双方在事前，对于工程价款的支付时间约定不明确或有遗漏的，应当依次按照建设工程实际交付之日、竣工结算文件提交之日、合同当事人一方起诉之日为标准，根据适用的先后顺序进行确定[②]。

（2）就勘察、设计合同而言，根据《合同法》分则规定，承揽合同中报酬的支付期限未约定或约定不明，且按照该法总则规定不能确定的，应为工作成果部分或整体交付之时[③]。故在此情形下，设计、勘察合同作为特殊的承揽合同，应以承包人提交部分或全部勘察、设计文件的节点为标准，确定发包人部分或全部设计、勘察费用的支付时间。

（3）建设工程的承发包对条款的理解存在争议的，应以使用词句、有关条款、合同目的、交易习惯及诚实信用原则为依据确定内容；对条款的内容约定不明或遗

---

① 《最高人民法院关于适用〈中华人民共和国合同法〉若干问题的解释（二）》第七条规定：
“下列情形，不违反法律、行政法规强制性规定的，人民法院可以认定为合同法所称‘**交易习惯**’：
（一）在交易行为**当地**或者**某一领域**、某一行业**通常采用**并为交易对方**订立合同时所知道或者应当知道**的做法；
（二）当事人双方**经常使用的习惯做法**……”

② 《最高人民法院关于审理建设工程施工合同纠纷案件适用法律问题的解释》第十八条规定：
“利息从应付工程价款之日计付。当事人**对付款时间没有约定或者约定不明**的，下列时间视为应付款时间：
（一）建设工程**已实际交付**的，为交付之日；
（二）建设工程**没有交付**的，为提交竣工结算文件之日；
（三）建设工程**未交付，工程价款也未结算**的，为当事人起诉之日。”

③ 《中华人民共和国合同法》第二百六十三条规定：
“定作人应当按照约定的期限支付报酬。**对支付报酬的期限没有约定或者约定不明确**，依照本法第六十一条的规定**仍不能确定**的，**定作人应当在承揽人交付工作成果时支付**；工作成果**部分交付**的，定作人应当**相应支付**。”

漏的，可协议补充；无法协议的，依合同条款或交易习惯确定；无法确定的，按照《合同法》第六十一条中具体事项的法定内容确定。对其中发包人的支付时间，施工合同以工程实际交付、结算文件提交、当事人起诉日期为顺序依次确定，设计、勘察合同以文件提交时间为确定（图 3-5）。

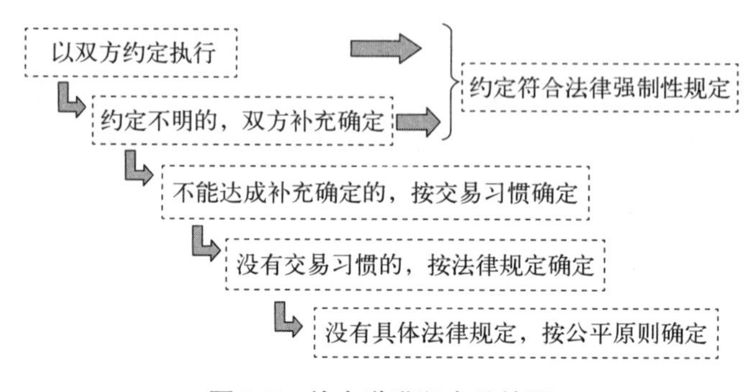

图 3-5　约定递进顺序总结图

第四节　关于建设工程合同效力条款解读

一、建设工程合同生效条件的条款

【主要条款】

◆《中华人民共和国合同法》第四十四条规定：

“依法成立的合同，自成立时生效。法律、行政法规规定应当办理批准、登记等手续生效的，依照其规定。”

◆《中华人民共和国合同法》第四十五条规定：

“当事人对合同的效力可以约定附条件。附生效条件的合同，自条件成就时生效。附解除条件的合同，自条件成就时失效。当事人为自己的利益不正当地阻止条件成就的，视为条件已成就；不正当地促成条件成就的，视为条件不成就。”

◆《中华人民共和国合同法》第四十六条规定：

“当事人对合同的效力可以约定附期限。附生效期限的合同，自期限届至时生效。附终止期限的合同，自期限届满时失效。”

【条款解析】

“合同成立”是指缔约双方的意思表示达成一致（详见本章第二节），并不等同于“合同生效”。

根据《合同法》第四十四条规定，“依法成立的合同，自成立时生效”。据此，“合同生效”是指法律对于业已成立且内容符合法律规定的合同所给予的肯定性评价。

除“成立”与“依法”以外，关于合同的生效要件的规定还有：《合同法》第四十四条规定，合同依法应办理批准、登记等手续生效的，依规定；《合同法》第四十五条规定，合同约定“生效条件”的，自该条件“成就”时生效；《合同法》第四十六条规定，合同约定“生效期限”的，自期限“届至”时生效。

综上，“依法成立”是合同生效的基本要件。除此之外，(1) 法律、法规规定合同应办理批准、登记等手续生效的，应依法完成手续办理；(2) 合同约定生效条件或生效期限的，应当成就条件或者到达期限（图 3-6）。

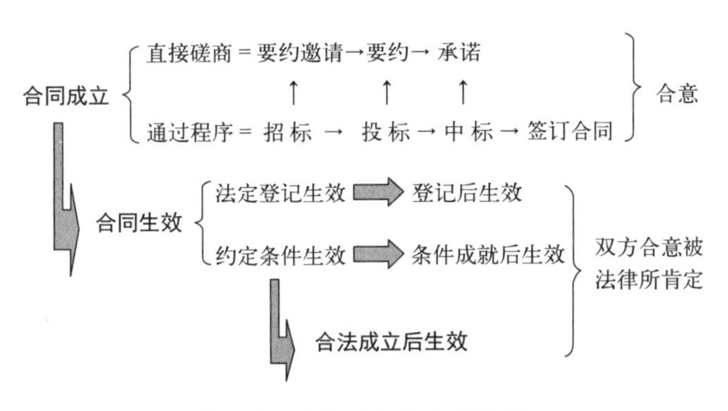

图 3-6　合同成立生效归纳图

【律师提醒】

(1) 关于涉及的合同“登记手续”，其定性根据最高院司法解释的相关规定，分为效力性登记手续（以下简称“生效登记”）与行政性登记手续（以下简称“备案登记”）。前者的认定标准是经“法律、行政法规规定，办理登记手续才生效”[①]。据此，《合同法》第四十四条的“登记手续”是指合同的“生效登记”。而穷尽我

① 《最高人民法院关于适用〈中华人民共和国合同法〉若干问题的解释（一）》第九条第一款规定：“……法律、行政法规规定合同应当办理批准手续，或者办理批准、登记等手续才生效，在一审法庭辩论终结前当事人仍未办理批准手续的，或者仍未办理批准、登记等手续的，人民法院应当认定该合同未生效；法律、行政法规规定合同应当办理登记手续，但未规定登记后生效的，当事人未办理登记手续不影响合同的效力……”

国建设工程相关法律、法规，虽存在关于合同手续办理的相应规定[①]，但均未对建设工程合同作出“办理登记手续才生效”的规定表述。因此，建设工程合同的登记，其法律性质属于“备案登记”。

（2）依据法律对于上述合同登记的不同定性，其法律后果有所不同。就生效登记而言，未依法办理的，合同不生效。但在诉讼中，允许在一审法庭辩论终结前完成“效力补正”[②]。未补正的，应认定义务方“违背诚实信用原则”，判决相对方自行办理[③]，由前者承担相应“损害赔偿责任”[④]；就备案登记而言，当事人未依法办理备案登记的，不影响合同生效，但可能因此依法承担不利的法律后果。

（3）除非承发包之间有关于合同生效条件或生效期限的特别约定，建设工程合同自合同依法成立时即生效，双方未依法办理合同备案手续的，不影响合同的生效。

二、建设工程合同无效情形的条款

【主要条款】

◆《中华人民共和国合同法》第五十二条规定：

“有下列情形之一的，合同无效：

（一）一方以欺诈、胁迫的手段订立合同，损害国家利益；

（二）恶意串通，损害国家、集体或者第三人利益；

（三）以合法形式掩盖非法目的；

（四）损害社会公共利益；

---

① 《房屋建筑和市政基础设施工程施工招标投标管理办法》第四十八条第一款规定：
“……订立书面合同后7日内，**中标人应当将合同送工程所在地的县级以上地方人民政府建设行政主管部门备案。**”

② 《最高人民法院关于适用〈中华人民共和国合同法〉若干问题的解释（一）》第九条第一款规定：
“依照合同法第四十四条第二款的规定，法律、行政法规规定合同**应当办理批准手续**，或者**办理批准、登记等手续才生效**，在**一审法庭辩论终结前当事人仍未办理批准手续**的，或者仍未办理批准、登记等手续的，人民法院应当认定**该合同未生效**……”

③ 《最高人民法院关于适用〈中华人民共和国合同法〉若干问题的解释（二）》第八条规定：
“**依照法律、行政法规的规定经批准或者登记才能生效的合同成立**后，有义务办理申请批准或者申请登记等手续的一方当事人**未按照法律规定或者合同约定办理申请批准或者未申请登记**的，属于合同法第四十二条第（三）项规定的“**其他违背诚实信用原则的行为**”，人民法院可以根据案件的具体情况和相对人的请求，**判决相对人自己办理有关手续**；对方当事人对由此产生的费用和给相对人造成的实际损失，应当**承担损害赔偿责任**。”

④ 《中华人民共和国合同法》第四十二条规定：
“当事人在订立合同过程中有下列情形之一，给对方造成损失的，应当**承担损害赔偿责任**：
……（三）**有其他违背诚实信用原则的行为**。”

（五）违反法律、行政法规的强制性规定。”

◆《最高人民法院关于审理建设工程施工合同纠纷案件适用法律问题的解释》第一条规定：

“建设工程施工合同具有下列情形之一的，应当根据合同法第五十二条第（五）项的规定，认定无效：

（一）承包人未取得建筑施工企业资质或者超越资质等级的；

（二）没有资质的实际施工人借用有资质的建筑施工企业名义的；

（三）建设工程必须进行招标而未招标或者中标无效的。”

◆《最高人民法院关于审理建设工程施工合同纠纷案件适用法律问题的解释》第四条规定：

“承包人非法转包、违法分包建设工程或者没有资质的实际施工人借用有资质的建筑施工企业名义与他人签订建设工程施工合同的行为无效。人民法院可以根据民法通则第一百三十四条规定，收缴当事人已经取得的非法所得。”

【条款解析】

我国《合同法》第五十二条对无效合同从缔约行为、合同内容的角度加以认定，规定了五类合同无效的法定情形，分别为：

（1）行为以欺诈、胁迫手段，结果损害国家利益；

（2）行为恶意串通，结果损害国家、集体或他人利益；

（3）以合法形式掩盖非法目的；

（4）结果损害社会公共利益；

（5）行为违反法律、行政法规的强制规定。

同时，《合同法》总则对于合同无效与部分无效的法律后果①，以及争议解决条款效力的独立性②也分别作出相应规定。

据此，就建设工程合同的承发包而言，其合同的订立行为或约定内容符合上述五类情形之一的，关于合同效力存在两种可能：一则，合同全部无效，且自始无

① 《中华人民共和国合同法》第五十六条规定：
“**无效的合同或者被撤销的合同自始没有法律约束力。**合同**部分无效**，不影响其他部分效力的，**其他部分仍然有效。**”

② 《中华人民共和国合同法》第五十七条规定：
“合同无效、被撤销或者终止的，**不影响合同中独立存在的有关解决争议方法的条款的效力。**”

效，但不影响争议解决条款的效力；二则，合同部分无效，但不影响其他部分与争议解决条款的效力（图 3-7）。

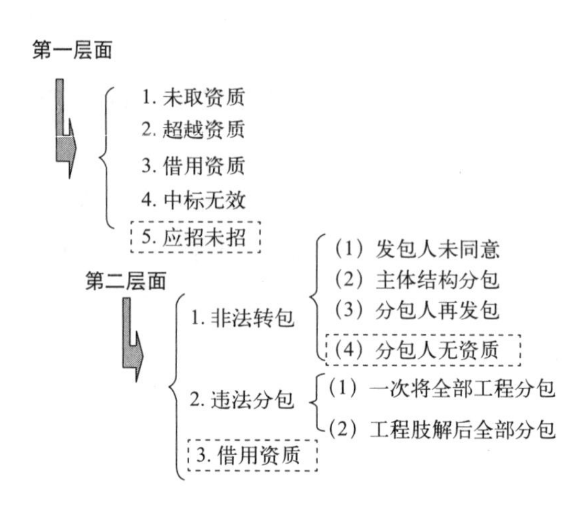

图 3-7　工程合同无效与部分无效辨析图

针对其中的建设工程施工合同，我国最高院认定，在其发包过程中的三类违法行为属于上述合同无效的第（1）项情形——违反法律、法规的强制性规定，所成立的施工合同无效。根据《施工合同司法解释》第一条规定，三类情形的施工合同无效，分别为：

（1）施工承包人无资质或超越资质等级；

（2）无资质的实际施工人借用有资质的施工企业名义；

（3）必须招标而未招标或中标无效。

具体分析如下：

就第（1）、第（2）项情形而言，其本质均为承包人不具备相应法定资质条件，后者的借用行为无法补正其实质的违法。施工合同的缔约双方（无论是建设单位，还是承包人、分包人，或实际施工人）因上述行为违反《建筑法》[①]、《建设工程质量管理条例》[②]、《合同法》[③] 的相应强制性规定，所签订的合同无效。

① 《中华人民共和国建筑法》第二十六条第二款规定：
"禁止建筑施工企业超越本企业资质等级许可的业务范围或者以任何形式用其他建筑施工企业的名义承揽工程。"

② 《建设工程质量管理条例》第七条第一款规定：
"建设单位应当将工程发包给具有相应资质等级的单位。"

③ 《中华人民共和国合同法》第二百七十二条第三款规定：
"禁止承包人将工程分包给不具备相应资质条件的单位。"

另外，需要特别注意的是：

根据该司法解释的相关规定，对于上述第（1）项情形中超越资质等级所签订的施工合同，一旦承包人在建设工程竣工前取得相应资质等级的，我国人民法院不作为无效合同处理[①]。

就第（3）项情形而言，包含两类违法行为：第一类是建设工程的施工选择直接发包的，其行为违反《招投标法》关于“强制招标”的规定[②、③]；第二类是建设工程的施工采用招标发包的，其过程存在《招投标法》关于“中标无效”的情形。所以，建设工程合同因缺乏中标的生效“承诺”，自始未成立（详见第一章第一节），故其在法律层面当然作“无效”处理。

【律师提醒】

（1）鉴于《招投标法》中关于“强制招标”的规定仅调整建设单位的发包行为，而不规范承包人与分包人之间的合同关系建立（详见第一章第三节）。据此，《施工合同司法解释》所规定的合同无效情形中“必须进行招标而未招标”及《招投标法》中强制招标制度下三类法定情形的“中标无效”规定[④~⑦]，仅针对建设单位与承包人之间施工合同的效力认定。

（2）《招投标法》中为招投标活动所通用的四类违法情形下“中标无效”的规定，

---

① 《最高人民法院关于审理建设工程施工合同纠纷案件适用法律问题的解释》第五条规定：
“承包人超越资质等级许可的业务范围签订建设工程施工合同，在建设工程竣工前取得相应资质等级，当事人请求按照无效合同处理的，不予支持。”

② 《中华人民共和国招标投标法》第三条第一款规定：
“在中华人民共和国境内进行下列工程建设项目包括项目的勘察、设计、施工、监理以及与工程建设有关的重要设备、材料等的采购，必须进行招标：
（一）大型基础设施、公用事业等关系社会公共利益、公众安全的项目；
（二）全部或者部分使用国有资金投资或者国家融资的项目；
（三）使用国际组织或者外国政府贷款、援助资金的项目。”

③ 《中华人民共和国招标投标法》第四条规定：
“任何单位和个人不得将依法必须进行招标的项目化整为零或者以其他任何方式规避招标。”

④ 《中华人民共和国招标投标法》第五十条规定：
“招标代理机构违反本法规定，泄露应当保密的与招标投标活动有关的情况和资料的，或者与招标人、投标人串通损害国家利益、社会公共利益或者他人合法权益的……前款所列行为影响中标结果的，中标无效。”

⑤ 《中华人民共和国招标投标法》第五十三条规定：
“投标人相互串通投标或者与招标人串通投标的，投标人以向招标人或者评标委员会成员行贿的手段谋取中标的，中标无效……”

⑥ 《中华人民共和国招标投标法》第五十四条规定：
“投标人以他人名义投标或者以其他方式弄虚作假，骗取中标的，中标无效……”

⑦ 《中华人民共和国招标投标法》第五十七条规定：
“招标人在评标委员会依法推荐的中标候选人以外确定中标人的……中标无效。”

既针对建设单位与承包人，也适用于承包人与分包人之间施工合同的效力认定（详见本章第一节）。

（3）基于施工劳务的分包不属于建设工程施工的发包行为（详见第一章第一节），故劳务分包合同不是建设工程施工合同，不适用《建筑法》关于“转包”的禁止性规定①。因此，订立劳务分包合同的行为无法构成“非法转包”。故根据《施工合同司法解释》相关规定②，人民法院不得以转包违法为由，确认劳务分包合同无效。

第五节　建设工程合同变更条款解读

一、建设工程合同变更概念的条款

【主要条款】

◆《中华人民共和国合同法》第五十四条规定：

“下列合同，当事人一方有权请求人民法院或者仲裁机构变更或者撤销：

（一）因重大误解订立的；

（二）在订立合同时显失公平的。

一方以欺诈、胁迫的手段或者乘人之危，使对方在违背真实意思的情况下订立的合同，受损害方有权请求人民法院或者仲裁机构变更或者撤销。当事人请求变更的，人民法院或者仲裁机构不得撤销。”

◆《最高人民法院关于适用〈中华人民共和国合同法〉若干问题的解释（二）》第二十六条规定：

“合同成立以后客观情况发生了当事人在订立合同时无法预见的、非不可抗力造成的不属于商业风险的重大变化，继续履行合同对于一方当事人明显不公平或者不能实现合同目的，当事人请求人民法院变更或者解除合同的，人民法院应当根据公平原则，并结合案件的实际情况确定是否变更或者解除。”

---

① 《中华人民共和国建筑法》第二十八条规定：
“**禁止**承包单位将其承包的**全部建筑工程转包**给他人，**禁止**承包单位将其承包的全部建筑工程**肢解以后以分包的名义分别转包**给他人。”

② 《最高人民法院关于审理建设工程施工合同纠纷案件适用法律问题的解释》第七条规定：
“具有劳务作业法定资质的承包人与总承包人、分包人签订的劳务分包合同，**当事人以转包建设工程违反法律规定为由请求确认无效的，不予支持。**”

◆《中华人民共和国合同法》第七十七条规定：

"当事人协商一致，可以变更合同。"

【条款解析】

广义的"合同变更"包括合同内容以及合同主体的变更。前者是指合同债权或者债务的转让，即由新的债权人或债务人替代原债权人或债务人；后者是指合同当事人的权利以及义务发生变化。结合我国《合同法》总则第五章的相关规定，该法关于合同主体的变更定义为"合同的转让"。

据此，狭义的"合同变更"概念应当仅仅针对合同的内容，且属于权利义务的局部变化，例如：报酬价款增加或者减少的变化、履行时间提前或延后的变化、标的数量增多或降低的变化。

从行为依据的角度出发，根据相关法律及司法解释有关规定，"合同变更"可以分为两类：一则为人民法院依据当事人一方请求所确定的合同变更；二则为合同当事人双方依据意思自治原则所约定的合同变更（图3-8）。

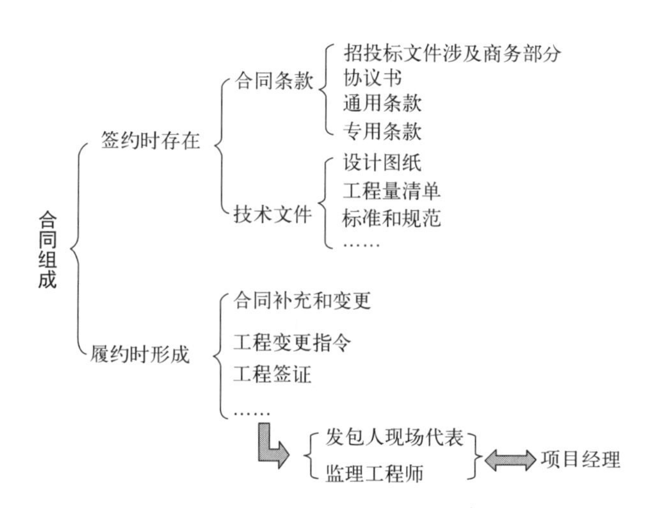

图3-8 建设工程合同组成归纳图

现就上述两种合同变更的类型分述如下：

关于前者，根据《合同法》第五十四条规定，我国人民法院在合同订立过程中存在：(1) 重大误解；(2) 显失公平；(3) 欺诈胁迫或者乘人之危导致违背真实意思。前述三类法定事由的情况下，依申请可以变更合同。

此外，根据我国最高院关于合同变更所增设的"情事变更原则"规定，人民法院在合同履行过程中属于：(1）订立时无法预见；(2）非不可抗力造成；(3）不属于商业风险，前述三类情事变更，且导致一方明显不公或影响合同目的实现的情况下，可以确定合同变更。

关于后者，根据《合同法》第七十七条规定，合同双方可以不通过人民法院的确定，而直接由当事人之间依法自行完成合同的内容变更。该情形下的“合同变更”即属于《合同法》中以变更合同为目的所达成的“协议”①。

综上，建设工程合同作为《合同法》分则中的有名合同类型，其合同变更的概念包含：承发包一方依法定事由请求人民法院或者双方依法律规定自行达成合意，进而对于建设工程合同的相关内容进行变动的行为。

【律师提醒】

(1）为了避免以后关于工程变更而引起纠纷，应注意：

1）如果采用固定价计价的，则在施工承包合同中约定允许工程变更的范围，尤其是对工程减项的工程量应当允许在什么范围。

2）在施工承包合同中对工程承包范围内的计价方式以及属于工程变更部分的计价方式进行分别约定。

(2）如果承包人没有发包人发出的正规“工程变更指令”的，但是能提供会议纪要、工程洽商记录、工程检验记录、来往电报和函件、工程通知资料等，能证明发包人要求其完成的工程变更内容的，并且承包人也实际已完成的，原则上，承包人可以要求发包人支付相应的工程变更所对应的工程价款。

(3）此外，还应注意：

1）如果工程签证是合法有效的，原则上按工程签证计算相应的工程变更所对应的价款，即便该价款与承包范围内所确定的价款相差比较大，也应当遵守。

2）如果出现显失公平等属于可撤销或可变更的情形的，认为撤销方或可变更方在除斥期内可向有关法院（或仲裁委员会）主张撤销或变更。

3）提出可撤销或可变更的请求的除斥期是一年，并且除斥期不适用于中止或中断的规定。

---

① 《中华人民共和国合同法》第二条规定：
“本法所称合同是平等主体的自然人、法人、其他组织之间设立、变更、终止民事权利义务关系的协议。”

二、建设工程合同变更条件的条款

【主要条款】

◆《中华人民共和国合同法》第八条规定：

“依法成立的合同，对当事人具有法律约束力。当事人应当按照约定履行自己的义务，不得擅自变更或者解除合同。”

◆《中华人民共和国合同法》第二百五十八条规定：

“定作人中途变更承揽工作的要求，造成承揽人损失的，应当赔偿损失。”

◆《中华人民共和国合同法》第二百八十五条规定：

“因发包人变更计划，提供的资料不准确，或者未按照期限提供必需的勘察、设计工作条件而造成勘察、设计的返工、停工或者修改设计，发包人应当按照勘察人、设计人实际消耗的工作量增付费用。”

【条款解析】

《合同法》第八条规定，当事人不得擅自变更依法成立的合同。因此，除一方当事人依法定事由请求人民法院变更合同内容外，双方当事人变更合同的，应满足若干条件：

（1）根据基本法理，合同变更作为原合同关系的变动，应以原合同关系的存在，即“依法成立”为前提；

（2）《合同法》第七十七条第一款规定[①]，变更须经双方合意，实质即双方通过要约与承诺再行订立合同变更协议，因而往往以“双方协商一致”为前提；

（3）《合同法》第七十八条规定[②]，内容不明确的变更推定为“未变更”，据此，“内容约定明确”通常是合同变更的前提；

（4）《合同法》第七十七条第二款规定[③]，法定经批准或登记的变更应当依规定，据此，在特别规定下，办理批准或登记是合同变更的前提。

---

① 《中华人民共和国合同法》第七十七条第一款规定：
“当事人协商一致，可以变更合同。”

② 《中华人民共和国合同法》第七十八条规定：
“当事人对合同变更的内容约定不明确的，推定为未变更。”

③ 《中华人民共和国合同法》第七十七条第二款规定：
“法律、行政法规规定变更合同应当办理批准、登记等手续的，依照其规定。”

据此，“合同变更”原则上以“合同依法成立”、“双方协商一致”及“变更内容明确”为前提。同时，法定应办理批准登记手续的，应依法办理。就建设工程合同而言，因我国法律、法规对其合同变更均未规定应登记或批准，因而无需“批准或登记的办理”。

另外，需要特别注意的是：

建设工程合同并非完全适用《合同法》总则中关于合同变更所应具备的“协商一致”且“内容明确”的前提条件。具体原因如下：

第一，由于建设工程合同作为特殊承揽合同，其特征履行是承包人作为“承揽人”按发包人作为“定作人”关于工作的要求，完成并交付工作成果[①]。因此，鉴于承揽合同的当事人在合同订立时关于成果完成所依据的“工作要求”约定未必“详尽”，但成果交付对于实现合同目的构成直接影响，《合同法》第二百五十八条规定，“承揽工作的要求”得以在合同履行中单方变更。而基于其变更并非双方事前约定，故而其对价未必“明确”，所以该条同时规定，应就其中造成损失的变更予以赔偿。

据此，《合同法》通过承揽合同的分则内容，对其建设工程合同中的“工作要求”，设定了关于不以“协商一致”、“内容明确”为前提得以单方变更，但就其他承揽标的、报酬金额、承揽方式、履行期限、验收标准等内容[②]的变更仍须经双方“协商一致”且“内容明确”的原则性基调。

第二，上述原则在《合同法》第十六章关于建设工程合同分则内容中予以进一步明确：

(1) 就建设工程合同中的勘查合同以及设计合同而言，我国《合同法》第二百八十五条再次明确：发包人变更计划的，应当向承包人增付导致其返工、停工或者设计修改所实际消耗的工作量费用。

(2) 就建设工程的施工而言，因其参与主体多、建设工期长等因素形成的“不确定性”，导致合同在订立时以承包范围、设计标准、施工条件等前提为基础所达成关于承发包权利义务的静态平衡在合同履行中往往被打破，从而须通过“合同变更”对施工进度、工程价款、承包范围等内容进行调整，以保证过程的动态平衡[③]。

实践中，施工合同的上述变更可采取书面协议、往来函件、指令签证等形式

---

① 《中华人民共和国合同法》第二百五十一条规定：
“**承揽合同**是承揽人按照定作人的要求完成工作，**交付工作成果**，定作人给付报酬的合同。”

② 《中华人民共和国合同法》第二百五十二条规定：
“承揽合同的**内容包括承揽的标的、数量、质量、报酬、承揽方式、材料的提供、履行期限、验收标准和方法**等条款。”

③ 张正勤．建设工程造价相关法律条款解读．北京：中国建筑工业出版社，2009．第121页．

进行，其实质均为承发包之间以“要约与承诺”方式所完成的关于施工合同变更协议的订立。其中，涉及施工要求，即关于材料、工艺、功能、尺寸、数量、技术指标及施工方法等方面的内容变动，统称“工程变更”[①]。根据行业惯例，通常经由“工程指令”与“工程签证”完成。在法律上，前者属于“要约”；后者包含“承诺”，两者构成施工合同中工程要求的变更。

鉴于发包人的“工作要求”主要借由线条尺丈的施工图纸等技术资料体现，所以承包人应当“按图施工”[②]。而实践中“按图施工”通过事前的“施工图纸”和事中的“工程指令”实现，具体为：承包人根据施工图纸，按照由其拟定且经批准的“施工组织方案”，并通过执行工程指令的相关要求，依照规范的施工工艺，采用合规的建筑材料，进行物化劳动。

据此，“按图施工”的广义理解除按照图纸施工外，也包含承包人对发包人涉及工程变更的指令原则上无条件地执行。所以，“工程变更”区别于其他合同内容的变更，不以“协商一致”为前提。承包人对“工程指令”中有关工程变更的“要约”内容，应予“承诺”并执行。

【律师提醒】

（1）工程变更的要约必须执行。因此，即使涉及造价与工期的变化，发包人就此发出的指令通常为内容不完全的要约，即：仅针对施工的变更而不含其相应造价或工期的调整。对此，承包人往往先予执行工程指令，其后再根据有关“工程签证”的法律规定[③]及合同约定[④]，锁定关系自身主要利益的价款与工期内容[⑤]。故在

---

① 《建设工程工程量清单计价规范》（GB 50500-2013）第 2.0.16 款规定：
“**工程变更**：合同工程实施过程中由发包人提出或由承包人提出经发包人批准的合同工程**任何一项工作的增、减、取消或施工工艺、顺序、时间的改变**；**设计图纸的修改**；**施工条件的改变**；招标工程量清单的错、漏从而引起**合同条件的改变或工程量的增减变化**。”

② 《中华人民共和国合同法》第五十八条规定：
“建筑施工企业**必须按照工程设计图纸和施工技术标准施工**，不得偷工减料。工程设计的修改由原设计单位负责，建筑施工企业**不得擅自修改工程设计**。”

③ 《建设工程价款计算暂行办法》第十四条规定：
“……（六）合同以外零星项目工程价款结算 发包人要求承包人完成合同以外零星项目，**承包人应在接受发包人要求的 7 天内就用工数量和单价、机械台班数量和单价、使用材料和金额等向发包人提出施工签证**，发包人签证后施工，如发包人未签证，承包人施工后发生争议的，责任由承包人自负。”

④ 《建设工程施工合同（示范文本）》（GF-2013-0201）通用条款第 10.4.2 款约定：
“**承包人应在收到变更指示后 14 天内，向监理人提交变更估价申请**。监理人应在收到承包人提交的变更估价申请后 **7 天内审查完毕并报送**发包人，监理人对变更估价申请有异议，通知承包人修改后重新提交。发包人应在承包人**提交变更估价申请后 14 天内审批完毕**。发包人**逾期未完成审批**或**未提出异议的**，**视为认可**承包人提交的变更估价申请。”

⑤ 张正勤．建设工程造价相关法律条款解读．北京：中国建筑工业出版社，2009. 第 124 页。

工程变更的施工虽经执行，但双方嗣后就所涉造价与工期等事项不能形成合意的情况下，承发包由于未形成完整的“工程签证”，从而无法使得施工合同的“变更内容明确”。

（2）工程指令与工程签证在实践中形式多样，除书面的指令与签证外，存在例行（或专项）会议纪要、工程洽谈记录、工程检验记录、工程通知资料、技术核定单、口头施工指令等其他形式，故其内容不易明确锁定。鉴于承发包关于工程变更所涉及的内容由于上述原因而未必合意且不易锁定，“工程变更”区别于其他内容的变更，不以“变更内容明确约定”为前提。

（3）在建设工程合同中，关于成果完成所依据的工作要求，其内容的变更不以“协商一致”且“内容明确”为前提条件。其中，设计、勘察合同的发包人得以单方变更工作计划，但应当增付相应的费用；施工合同的发包人得以单方要求承包人执行工程变更，而其相应工期及价款的内容，则由双方根据法定及约定程序确定（详见第六章第三节）。但是，对于建设工程合同中其他包括工程价款[①]等相关事项的变更，仍应事前经承发包双方明确内容并协商一致（图3-9）。

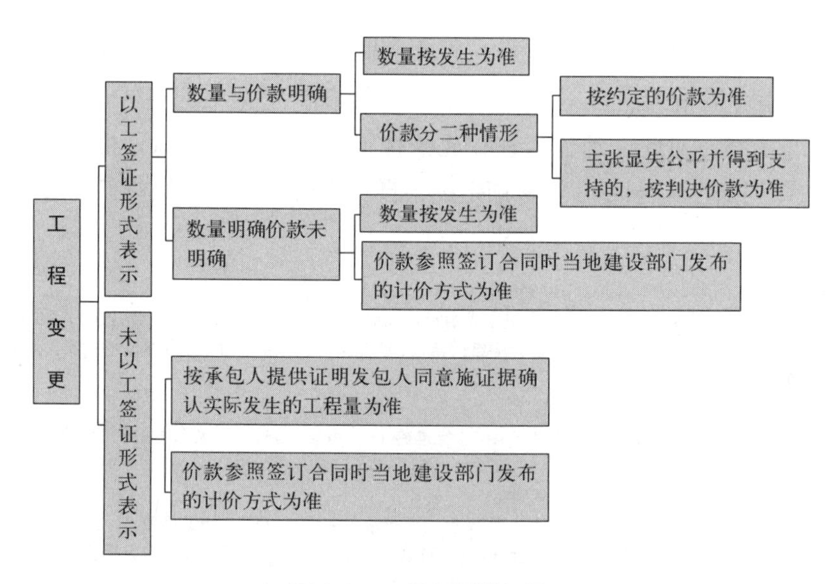

图 3-9　工程变更辨析图

① 《建设工程价款结算暂行办法》第六条第三款规定：
“合同价款在合同中约定后，任何一方不得擅自改变。”

三、建设工程合同变更效力的条款

【主要条款】

◆《中华人民共和国合同法》第二条规定：

“本法所称合同是平等主体的自然人、法人、其他组织之间设立、变更、终止民事权利义务关系的协议。”

◆《中华人民共和国招标投标法》第四十六条规定：

“招标人和中标人应当自中标通知书发出之日起三十日内，按照招标文件和中标人的投标文件订立书面合同。招标人和中标人不得再行订立背离合同实质性内容的其他协议。”

◆《建设工程价款结算暂行办法》第二十二条规定：

“发包人与中标的承包人不按照招标文件和中标的承包人的投标文件订立合同的，或者发包人、中标的承包人背离合同实质性内容另行订立协议，造成工程价款结算纠纷的，另行订立的协议无效，由建设行政主管部门责令改正，并按《中华人民共和国招标投标法》第五十九条进行处罚。”

【条款解析】

“合同变更”是合同当事人在原合同内容的基础上，通过建立《合同法》第二条中以变更为目的的新合同关系，从而对于原合同中部分权利与义务予以重新分配。

关于变更后合同内容的效力：其一，变更部分的合同内容原则上向将来发生效力；其二，未变更部分的权利义务继续有效；其三，已经履行部分的合同债务不因合同的变更行为而失去其合法性。

据此，就经变更后的建设工程合同而言，其合同的履行应当按照如下原则处理：

（1）原建设工程合同约定未经变更的，承发包应当按照原合同内容履行；

（2）原建设工程合同约定经变更的，承发包应当按照变更的内容履行。

另外需要特别注意的是，根据《招投标法》第四十六条的规定，招标人和中标人按照招投标文件签订合同后，不得再行订立背离其实质性内容的其他协议。

据此，通过招投标程序最终建立建设工程合同关系的发包人与承包人之间，不允许就建设工程合同中的实质性内容进行变更。承发包违反《招投标法》上述规定，对于中标合意的实质性内容予以变更的，由于合同的变更行为在性质上属于新合同关系的建立，因此，根据《合同法》关于合同效力的相关规定[①]，其合同的变更行为因为违反强制性法律规定而可能归于无效。

在此基础上，对于建设工程合同中的施工合同，《建设工程价款结算暂行办法》第二十二条规定进一步明确，经过招投标程序签订施工合同的承发包，对实质性内容进行合同变更的，其另行签订的协议在工程价款结算纠纷的情形下应当作无效处理，即：此情形下的合同变更，其效力在法律上认定无效。

【律师提醒】

（1）招标发包的实质内容不得随意进行变更。招投标双方在同一工程范围下另行签订的变更工程价款、计价方式、施工工期、质量标准等中标结果的协议，不被法律所认可。但是，在合同实际履行过程中，工程因设计变更、规划调整等客观原因导致工程量增减、质量标准或施工工期发生变化，当事人签订补充协议、会谈纪要等书面文件对中标合同的实质性内容进行变更和补充的，属于正常的合同变更。

（2）应注意：1）在施工承包合同中，尽量不要约定对自己不利的默示条款。2）如果由于各种原因已经约定了，则应当引起充分重视，尤其是涉及数额较大的，在合同管理中，应作为重点管理目标。3）如果采用示范文本，应当对其中的默示条款进行一个梳理，哪些是针对自己的，哪些是针对对方的，并制定相应的合同管理措施。

（3）履行发包人行使工程签证的主要由甲方现场代表和监理单位委派的总监理工程师。但是，现场代表是基于职务行为而取得相应的职权，而监理单位委派的总监理工程师则是基于委托行为而取得相应的职权。因此，监理工程师和甲方现场代表超越权限所签署的工程签证，其法律后果并不完全相同。故，发包人对现场代表或监理工程师在工程签证的权利方面的限制应有所差别（图3-10）。

---

① 《中华人民共和国合同法》第五十二条规定：
"有下列情形之一的，合同无效：
……（五）违反法律、行政法规的强制性规定。"

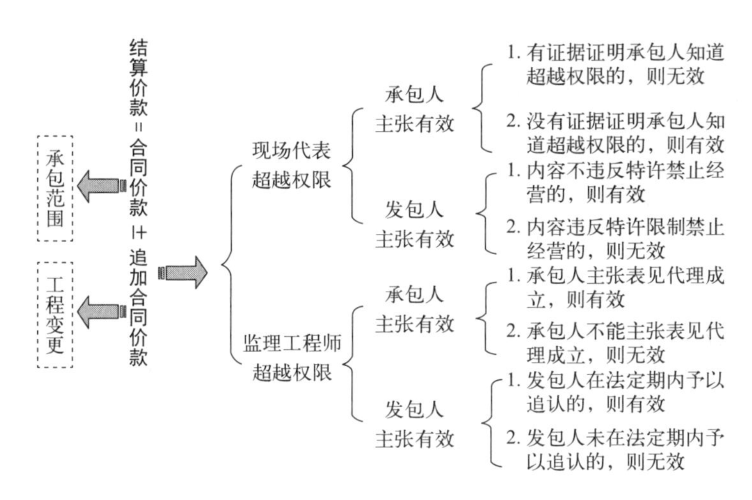

图 3-10　工程签证总结图

第六节　建设工程合同终止条款解读

一、建设工程合同终止情形的条款

【主要条款】

◆《中华人民共和国合同法》第九十一条规定：

“有下列情形之一的，合同的权利义务终止：

（一）债务已经按照约定履行；

（二）合同解除；

（三）债务相互抵销；

（四）债务人依法将标的物提存；

（五）债权人免除债务；

（六）债权债务同归于一人；

（七）法律规定或者当事人约定终止的其他情形。”

◆《最高人民法院关于审理建设工程施工合同纠纷案件适用法律问题的解释》第八条规定：

“承包人具有下列情形之一，发包人请求解除建设工程施工合同的，应予支持：

（一）明确表示或者以行为表明不履行合同主要义务的；

（二）合同约定的期限内没有完工，且在发包人催告的合理期限内仍未完工的；

（三）已经完成的建设工程质量不合格，并拒绝修复的；

（四）将承包的建设工程非法转包、违法分包的。”

◆《最高人民法院关于审理建设工程施工合同纠纷案件适用法律问题的解释》第九条规定：

“发包人具有下列情形之一，致使承包人无法施工，且在催告的合理期限内仍未履行相应义务，承包人请求解除建设工程施工合同的，应予支持：

（一）未按约定支付工程价款的；

（二）提供的主要建筑材料、建筑构配件和设备不符合强制性标准的；

（三）不履行合同约定的协助义务的。”

【条款解析】

我国《合同法》关于“合同终止”通过单独设置章节内容——总则第六章“合同的权利义务终止”，予以规范，其九十一条罗列了我国合同终止的法定情形。除“法定或约定的其他情形”作为兜底规定外，结合该章其他相关法条，归纳其情形分别为：(1）履行完毕；(2）抵消；(3）提存；(4）免除；(5）混同；(6）解除。

上述法定情形中，除第（1）项“履行完毕”为合同的常态终止外，其余情形均属于有效合同的非常态终止方式。该类合同终止方式的采用，根据法律，大多单一明确，或基于特定条件下的权利行使，例如：债务人对标的物的提存[①]、一方对同类到期债务的抵消[②]；或基于单方或双方的自由意志，例如：债权人对债务的免除[③]、双方协商对互负债务的抵消[④]；或基于《合同法》规定的特殊情形，例如：双

① 《中华人民共和国合同法》第一百零一条第一款规定：
“有下列情形之一，难以履行债务的，债务人可以将标的物提存：
（一）债权人无正当理由拒绝受领；
（二）债权人下落不明；
（三）债权人死亡未确定继承人或者丧失民事行为能力未确定监护人或者丧失民事行为能力未确定监护人；
（四）法律规定的其他情形。”

② 《中华人民共和国合同法》第九十九条第一款规定：
“当事人互负到期债务，该债务的标的物种类、品质相同的，任何一方可以将自己的债务与对方的债务抵销，但依照法律规定或者按照合同性质不得抵销的除外。”

③ 《中华人民共和国合同法》第一百零五条规定：
“债权人免除债务人部分或者全部债务的，合同的权利义务部分或者全部终止。”

④ 《中华人民共和国合同法》第一百条规定：
“当事人互负债务，标的物种类、品质不相同的，经双方协商一致，也可以抵销。”

方的主体发生混同[①]。唯其中采用最为普遍的“合同解除”，其相关规范较为复杂。

基于合同解除方式的采用较之其他的合同非常态终止方式更为普遍，因此，为肯定法律对于有效合同的正面评价，《合同法》特别规定，合同当事人理应尊重双方的合意，不得擅自解除合同[②]。在此基础上，为限制这种非常态终止方式，法律设立了“合同解除制度”，主要内容包括解除权的来源及其行使，具体如下。

依据权利的不同来源，合同解除分为“协议解除”和“法定解除”两种方式。前一种方式分为（事后）协议的双方解除[③]和（事前）约定的单方解除[④]。其中，前者经双方达成解除合意，合同即告终止。由于前一种方式本质上属于民法原则“意思自治”的具体体现，实质属于以终止合同为目的和内容的“合同变更”。所以，相对而言，我国“合同解除制度”的精髓在于其后一种方式——“法定解除”，根据《合同法》及其司法解释相关规定，分为：不可抗力的解除[⑤]、情势变更的解除[⑥]、违约的单方解除[⑦]、法定的任意解除[⑧]。

关于建设工程合同的“法定解除”，承发包可根据不可抗力或者情势变更的相关规定解除合同。除此之外，根据《合同法》分则及其司法解释的相关规定：

其一，承发包除依据明确的法定事由——“不可抗力致合同目的无法实现”、“满足情势变更”、“对方根本违约”，单方解除合同外，由于《合同法》赋予承揽

---

① 《中华人民共和国合同法》第一百零六条规定：
“**债权和债务同归于一人的，合同的权利义务终止**，但涉及第三人利益的除外。”

② 《中华人民共和国合同法》第八条规定：
“……当事人应当按照约定履行自己的义务，**不得擅自变更或者解除**……”

③ 《中华人民共和国合同法》第九十三条第一款规定：
“当事人**协商一致，可以解除合同**。”

④ 《中华人民共和国合同法》第九十三条第二款规定：
“当事人**可以约定一方解除合同的条件**。解除合同**条件成就**时，解除权人**可以解除**合同。”

⑤ 《中华人民共和国合同法》第九十四条第（一）项规定：
“有下列情况之一的，**当事人可以解除合同**：
（一）**因不可抗力致使不能实现合同目的**……”

⑥ 《最高人民法院关于适用〈中华人民共和国合同法〉若干问题的解释（二）》第二十六条规定：
“合同成立以后**客观情况发生了当事人在订立合同时无法预见的、非不可抗力造成的不属于商业风险的重大变化，继续履行合同对于一方当事人明显不公平或者不能实现合同目的**，当事人请求人民法院变更或者解除合同的，人民法院应当根据公平原则，并结合案件的实际情况确定是否变更或者解除。”

⑦ 《中华人民共和国合同法》第九十四条第（二）至（四）项规定：
“**有下列情况之一的，当事人可以解除合同**：
……（二）在**履行期限届满之前**，当事人一方**明确表示**或者以自己的行为**表明不履行主要债务**；
（三）当事人一方**迟延履行**主要债务，经**催告后**在合理期限内**仍未履行**；
（四）当事人一方**迟延履行债务**或者有**其他违约行为致使不能实现合同目的**……”

⑧ 《中华人民共和国合同法》第九十四条第（五）项规定：
“有下列情况之一的，当事人可以解除合同：
……（五）**法律规定的其他情形**。”

合同定作人法定的任意解除权[①]，因此，建设工程合同的发包人作为特殊“承揽合同”的“定作人”有权不以任何事由为前提条件，随时单方解除合同。

其二，在《合同法》所列三项根本违约事由——“期限届满前拒绝履行主债务”、“延迟并经催告后未履行主债务”、“违约致合同目的无法实现”[②]的基础上，《施工合同司法解释》鉴于施工合同以工期、价款、质量为实质内容（详见本章第一节）且秉承承揽合同的协作义务特征[③、④]，进一步细化双方行使违约解除权的事由（图 3-11）：

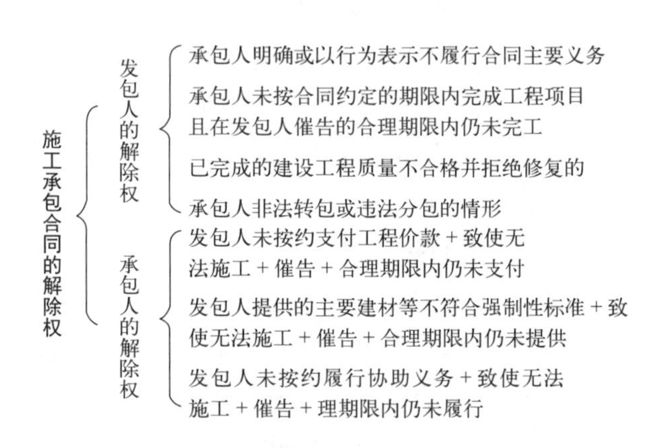

图 3-11　建设工程合同解除权分析图

（1）施工发包人在承包人具有四项违约情形——“明示或以行为拒绝履行主要义务”、“逾期完工且经催告仍未完工”、“已完工程质量不合格且拒绝修复”、“转包或违法分包”之一的情况下，有权单方解除施工合同[⑤]；

---

① 《中华人民共和国合同法》第二百六十八条规定：
“**定作人可以随时解除承揽合同**，造成承揽人损失的，应当**赔偿损失**。”

② 《中华人民共和国合同法》第九十四条规定：
“有下列情形之一的，当事人可以解除合同：
……（二）在履行期限届满之前，当事人一方**明确表示或者以自己的行为表明不履行主要债务**；
（三）当事人一方**迟延履行主要债务，经催告后在合理期限内仍未履行**；
（四）当事人一方**迟延履行债务或者有其他违约行为致使不能实现合同目的**……”

③ 《中华人民共和国合同法》第二百五十九条规定：
“承揽工作需要定作人协助的，**定作人有协助的义务**……”

④ 《中华人民共和国合同法》第二百七十五条规定：
“施工合同的内容包括……**双方相互协作**等条款。”

⑤ 《最高人民法院关于审理建设工程施工合同纠纷案件适用法律问题的解释》第八条规定：
“**承包人具有下列情形之一，发包人请求解除建设工程施工合同的，应予支持**：
（一）**明确表示**或者**以行为表明不履行**合同主要义务的；
（二）**合同约定的期限内没有完工**，且在发包人**催告**的**合理期限内仍未完工**的；
（三）已经完成的建设**工程质量不合格**，并**拒绝修复**的；
（四）将承包的建设工程**非法转包、违法分包**的。”

（2）施工合同的承包人在发包人具有三项违约情形——“未按约定付款”、“所供主要材料、构配件或设备不符强制标准”、“不履行约定的协助义务”之一导致无法施工，且在催告的合理期限内仍未履行的情况下，有权单方解除合同[①]。

另外，需要特别注意的是：

经当事人一方行使约定或法定解除权的，合同原则上自通知到达之时即告终止[②]。并且,单方解除权的行使应在约定(或法定)的时间内[③]以书面形式通知对方，对方有异议的，可通过司法途径确认[④]；无约定（或法定）时间，且未在催告后合理时间内行使的，该解除权消灭[⑤]。

【律师提醒】

（1）应当注意：当施工承包合同签订后，承发包双方应当全面、适当、严格地履行合同，不得随意地解除合同。同时，作为发包人也不得将属于承包范围内的工程项目随意发包给第三人完成。如果出现上述情况，理论上而言，承包人可以要求发包人赔偿承包人该工程项目的可得利益。

（2）如果发包人要求承包人停止施工并明确表示解除施工承包合同的，承包人可以根据实际履约情况，做出以下两种选择：第一，表明发包人无权单方解除施工承包合同，要求继续履行合同。第二，表明由于发包人的根本违约，解除施工承包合同并要求发包人赔偿承包人所造成的损失。

（3）在实务中，虽然可能存在承包人和发包人均希望解除施工承包合同，例如：承包人以发包人未按时支付工程款为由要求解除施工承包合同，而同时，发包人以工期已严重逾期同样要求解除施工承包合同，建议：

---

① 《最高人民法院关于审理建设工程施工合同纠纷案件适用法律问题的解释》第九条规定：
“**发包人具有下列情形之一，致使承包人无法施工，且在催告的合理期限内仍未履行相应义务，承包人请求解除建设工程施工合同的，应予支持：**
（一）**未按约定支付**工程价款的；
（二）提供的主要建筑材料、建筑构配件和设备**不符合强制性标准**的；
（三）**不履行合同约定的协助义务**的。”

② 《中华人民共和国合同法》第九十六条第一款规定：
“当事人一方依照本法第九十三条第二款、第九十四条的规定**主张解除合同**的，**应当通知对方。合同自通知到达对方时解除**……”

③ 《中华人民共和国合同法》第九十五条第一款规定：
“法律规定或者当事人约定解除权行使期限，**期限届满当事人不行使的，该权利消灭。**”

④ 《中华人民共和国合同法》第九十六条规定：
“当事人一方依照本法第九十三条第二款、第九十四条的规定**主张解除合同**的，应当**通知对方**。合同自通知到达对方时解除。**对方有异议的，可以请求人民法院或者仲裁机构确认解除合同的效力**……”

⑤ 《中华人民共和国合同法》第九十五条第二款规定：
“法律没有规定或当事人**没有约定解除权行使期限，经对方催告后在合理期限内不行使的，该权利消灭。**”

1）谁有解除权关系到施工承包合同解除后的责任承担问题。故，无论承包人，还是发包人均必须引起重视。

2）由于谁有解除权的判断是一个相对复杂的法律问题，因此，建议咨询专业律师，以作出正确的判断，以求能在非诉讼的谈判中或在诉讼的庭审中取得主动。

二、建设工程合同终止处理的条款

【主要条款】

◆《中华人民共和国合同法》第二百六十六条规定：

"承揽人应当按照定作人的要求保守秘密，未经定作人许可，不得留存复制品或者技术资料。"

◆《中华人民共和国合同法》第九十七条规定：

"合同解除后，尚未履行的，终止履行；已经履行的，根据履行情况和合同性质，当事人可以要求恢复原状、采取其他补救措施，并有权要求赔偿损失。"

◆《最高人民法院关于审理建设工程施工合同纠纷案件适用法律问题的解释》第十条规定：

"建设工程施工合同解除后，已经完成的建设工程质量合格的，发包人应当按照约定支付相应的工程价款；已经完成的建设工程质量不合格的，参照本解释第三条规定处理。"

【条款解析】

关于合同终止后相关事宜的处理，当事人应遵守《合同法》及其司法解释相关规定：

首先，缔约人在合同终止后均负有法定的"后合同义务"，即："遵循诚实信用原则，根据交易习惯履行通知、协助、保密等义务"①。否则，因此造成相对方损失的，相对方得以根据司法解释的相关规定②，要求其承担实际损失的赔偿责任。

① 《中华人民共和国合同法》第九十二条规定：

"合同的权利义务终止后，当事人应当遵循诚实信用原则，根据交易习惯履行通知、协助、保密等义务。"

② 《最高人民法院关于适用〈中华人民共和国合同法〉若干问题的解释（二）》第二十二条规定：

"当事人一方违反合同法第九十二条规定的义务，给对方当事人造成损失，对方当事人请求赔偿实际损失的，人民法院应当支持。"

就建设工程合同的承发包而言，根据《合同法》第二百六十六条规定，承揽人应按定作人要求保守秘密，未经许可不得留存复制品或技术资料。据此，建设工程合同承包人作为特殊承揽合同的承揽人，理论上应当根据发包人要求保守工程秘密，且禁止未经其许可留存可能导致泄密的相关复制品或技术资料，例如：设计人交付设计图纸后，不得擅自留存建设单位提供的概念效果图。

其次，除"债务已按约履行"及"债权债务归于一人"外，采取其他合同终止方式的，均存在尚未履行的合同内容。由于"抵消"、"提存"及"免除"方式，均按当事人意思或法律规定，直接就合同未完成部分的相关事宜作出完整处理。因此，其合同终止虽经"提前"，但未打破权利义务的平衡或导致守约方的损失。唯合同的"解除"，因终止提前于"履行完毕"，且未履行的义务依法"终止履行"[①]，故有可能导致原本通过履行完毕所实现的动态平衡被非正常终止的"解除"所打破，或造成守约方的损失。所以，关于建设工程合同的解除，承发包之间通常在合同终止后，需要解决的问题主要包括：(1) 已履行部分的债务如何处理；(2) 因此导致的损失如何承担。

现就问题的处理办法，分析如下（图 3-12）：

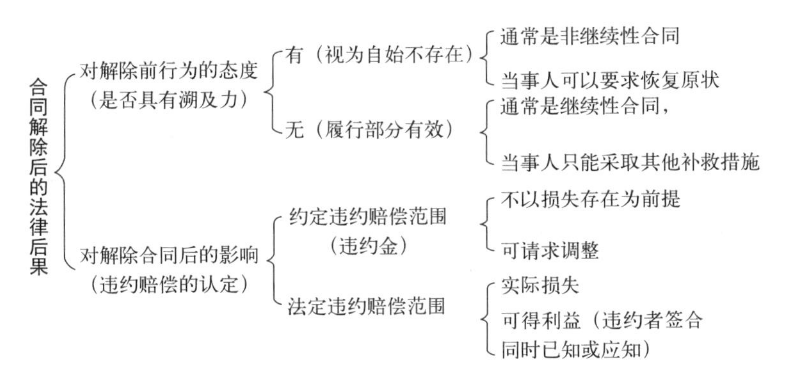

图 3-12　合同解除法律后果归纳图

第一，关于已完成的合同内容，由于合同终止的对象是依法成立的有效合同，所以对于此前的履约行为，法律予以承认。基于这种"承认"，当事人根据《合同法》七十九条规定，可依"履行情况和合同性质，要求恢复原状、采取其他补救措施"。

就建设工程合同的"履行情况和合同性质"而言，由于承包人先行履行的合

---

① 《中华人民共和国合同法》第九十七条规定：
"合同解除后，尚未履行的，终止履行……"

同顺序及其工程建设的义务内容，除非双方事前特别约定由发包人先予付款，否则在承包人开展实质性工作后解除合同的，就其终止前已完工程建设，无法适用“恢复原状”，而只能采取“补救措施”。具体而言，已履行但未获得相应对价的承包人，根据《合同法》有权要求依据相关合同条款主张平衡处理[①]。对其中的施工承包人，《施工合同司法解释》第十条明确规定：合同解除后，已完工程质量合格（或经修复合格）的，应按约定支付相应的工程价款。

第二，关于解除造成的损失承担，其处理根据解除方式的不同而有所区别。

就协议解除而言：

（1）双方在订立的合同生效后协议解除合同的，因其本质是落实双方就合同终止所达成的合意，故原则上不涉及损失的承担，除非双方在事中（通常作为协议解除的生效条件予以约定）或事后协商确定解除所造成的损失及其赔偿；

（2）一方在约定的条件成就时单方解除合同的，因其本质是行使经双方事前协商所赋予的单方解除权，故原则上不涉及损失的承担。除非双方在事前（通常在合同订立时予以约定）或事后就该情形下的合同解除，约定因此造成的损失确定及赔偿方式。

就法定解除而言：

（1）由于不可抗力而解除合同的，双方应当自行承担因此所造成的各自的损失；

（2）因根本违约而解除合同的，违约方应向守约方赔偿因此所造成的损失。对此，《施工合同司法解释》明确施工合同因根本违约而解除后，违约方的赔偿责任[②]；

（3）行使法定的任意解除权解除合同的，解除方应向相对方赔偿因此所造成的损失。建设工程合同发包人作为特殊承揽合同的定作人行使该权利单方解除合同的，应根据《合同法》关于承揽合同的规定，赔偿因此给承包人造成的损失[③]。

最后，需要特别注意的是：

原则上，除“因不可抗力致合同目的无法实现”而解除合同得以全部（或部分）免责[④]，或因“债权和债务同归于一人”而致合同终止外，其他无论以何种方式完

---

① 《中华人民共和国合同法》第九十八条规定：
“**合同的权利义务终止，不影响合同中结算和清理条款的效力。**”

② 《最高人民法院关于审理建设工程施工合同纠纷案件适用法律问题的解释》第十条第二款规定：
“**因一方违约导致合同解除的，违约方应当赔偿因此而给对方造成的损失。**”

③ 《中华人民共和国合同法》第二百六十八条规定：
“定作人可以随时解除承揽合同，**造成承揽人损失的，应当赔偿损失。**”

④ 《中华人民共和国合同法》第一百一十七条第一款规定：
“因不可抗力不能履行合同的，**根据不可抗力的影响，部分或者全部免除责任**，但法律另有规定的除外……”

成合同终止的，理论上，均不影响其守约方就相对方在合同终止前不履行或者不按约定履行合同的行为，而要求其按照法定或约定方式承担相应的违约责任[①]。

此外，根据《合同法》有关争议解决条款独立性的规定[②]，合同的终止不影响双方当事人事前关于争议解决内容的条款效力。

综上，除正常的合同履行完毕外，关于建设工程合同的终止，承发包在抵消、提存、免除、混同等非常态方式外，可以在合同订立时约定解除条件或在合同履行中达成解除合意，通过协议解除方式终止建设工程合同的履行；可以在不可抗力导致合同目的无法实现时，单方解除合同；也可以在发生法定情势变更的前提下，请求人民法院解除合同；还可以在对方构成根本违约的情形下，行使单方解除权。此外，建设工程合同的发包人有权行使任意解除权以单方终止合同的履行，但应当赔偿承包人因此所造成的损失。

【律师提醒】

（1）施工承包合同解除后，本律师提醒：承包人仍有权要求发包人支付解除合同前所完成的符合质量要求的建设工程的价款。但是，应当撤离施工现场。在实务中，往往会存在承包人拒绝撤离现场的情况，因此，为了避免损失的扩大，在施工承包合同中约定：无论何方解除施工承包合同，承包人应当立即撤离施工现场，否则承担相应的违约金。

（2）如果由于发包人的违约，承包人解除施工承包合同的，承包人可以要求发包人赔偿所造成的实际损失和可得利益。其中，实际损失主要包括：机械闲置费、停工人工费、剩余建筑材料、乙订购建筑材料已付订金、进退场、搬迁费等费用。而可得利益必须是在签订施工承包合同时预见到的因违反施工承包合同可能造成的损失，因此，在签订的施工承包合同中予以明示，并做好举证的准备。

（3）关于解除施工承包合同前符合质量的在建工程的计价，应注意：

1）如果施工承包合同约定的计价方式是可调价，则以定额按实计算。

2）如果施工承包合同约定的计价方式是固定总价的，则在建工程价款＝固定总价款－未完工程造价＋工程追加合同价款。

① 《中华人民共和国合同法》第一百零七条规定：
“当事人一方不履行合同义务或者履行合同义务不符合约定的，应当承担继续履行、采取补救措施或者赔偿损失等违约责任。”

② 《中华人民共和国合同法》第五十七条规定：
“合同无效、被撤销或者终止的，不影响合同中独立存在的有关解决争议方法的条款的效力。”

第四章　建设工程质量条款解读

【章节导读】

由于，建设工程的使用者或管理者往往是不特定的。因此，建设工程的质量关乎不特定人的生命与财产安全，且影响资源的合理利用及社会的整体效率。所以，为了确保建设工程质量的“合格”，即符合“国家的建筑工程安全标准的要求”[①]。“保证质量”是当代中国建筑法律体系最为优先的立法宗旨。

此外，建设工程的发包人与承包人之间关于质量的约定，作为合同的实质性内容，对于发包人的合同目的关系重大，甚至可能影响其实现与否。所以，我国关于建设工程合同的相关法律与司法解释，为规范承包人的工程建设符合约定质量要求，以保障发包人的根本合同权益，制定了大量涉及工程质量的规定。

基于此，以“建设工程质量符合国家标准及合同约定的要求”为目的，我国的“立法者”围绕“质量优先”的立法宗旨，通过制定从法律、司法解释，到法规、部门规章等规范性法律文件，设立从行业准入及工程监理，到竣工验收及质量保修等建筑市场的管理制度，给予从建筑单位、监理单位，到设计、勘察、施工单位等参与主体的法定义务，明确从行政、民事责任，到刑事责任的不利法律后果，设定了一系列有关建设工程质量的规则。

第一节　工程质量法律适用条款解读

【主要条款】

◆《中华人民共和国建筑法》第一条规定：

“为了加强对建筑活动的监督管理，维护建筑市场秩序，保证建筑工程的质量和安全，促进建筑业健康发展，制定本法。”

◆《建设工程质量管理条例》第一条规定：

---

① 《中华人民共和国建筑法》第五十二条第一款规定：
“建筑工程勘察、设计、施工的质量必须符合国家有关建筑工程安全标准的要求，具体管理办法由国务院规定。”

“为了加强对建设工程质量的管理，保证建设工程质量，保护人民生命和财产安全，根据《中华人民共和国建筑法》，制定本条例。”

◆《建设工程勘察设计管理条例》第一条规定：

“为了加强对建设工程勘察、设计活动的管理，保证建设工程勘察、设计质量，保护人民生命和财产安全，制定本条例。”

【条款解析】

首先，当代中国建筑法律体系的构筑，以“保护人民生命以及财产安全”为主要目的，以“保证工程质量符合安全标准”①为优先宗旨，通过制定有关法律、法规，并辅以相关部门规章，为建设工程质量的合格提供保障，主要如下：

第一，《建筑法》第一条关于制定目的的规定，阐明该法以“保证建筑工程的质量”为主要内容，其大量法条在此基础上，分别就质量标准②、行业监管③、施工许可④、从业资格⑤、发包规范（详见第一章第二节）、监理制度⑥、竣工验收⑦、工程保修⑧、法律责任等方面进行规范。

第二，《质量管理条例》第一条规定确立了“加强对建设工程质量的管理，保证建设工程质量，保护人民生命和财产安全”的基本原则。该条例作为行政法规，

---

① 《中华人民共和国建筑法》第三条规定：
“建筑活动应当确保建筑工程质量和安全，符合国家的建筑工程安全标准。”

② 《中华人民共和国建筑法》第五十二条第一款规定：
“建筑工程勘察、设计、施工的质量必须符合国家有关建筑工程安全标准的要求，具体管理办法由国务院规定。”

③ 《中华人民共和国建筑法》第六条规定：
“国务院建设行政主管部门对全国的建筑活动实施统一监督管理。”

④ 《中华人民共和国建筑法》第七条第一款规定：
“建筑工程开工前，建设单位应当按照国家有关规定向工程所在地县级以上人民政府建设行政主管部门申请领取施工许可证；但是，国务院建设行政主管部门确定的限额以下的小型工程除外。”

⑤ 《中华人民共和国建筑法》第十二条规定：
“从事建筑活动的建筑施工企业、勘察单位、设计单位和工程监理单位，应当具备下列条件：
（一）有符合国家规定的注册资本；
（二）有与其从事的建筑活动相适应的具有法定执业资格的专业技术人员；
（三）有从事相关建筑活动所应有的技术装备；
（四）法律、行政法规规定的其他条件。

⑥ 《中华人民共和国建筑法》第三十条规定：
“国家推行建筑工程监理制度。国务院可以规定实行强制监理的建筑工程的范围。”

⑦ 《中华人民共和国建筑法》第六十一条第一款规定：
“交付竣工验收的建筑工程，必须符合规定的建筑工程质量标准，有完整的工程技术经济资料和经签署的工程保修书，并具备国家规定的其他竣工条件。”

⑧ 《中华人民共和国建筑法》第六十二条第一款规定：
“建筑工程实行质量保修制度。”

基于其所处《建筑法》的下位法地位，对建设工程各参与主体的质量责任和义务进行细化，并对质量监管与行政罚则予以明确。

第三，《勘察设计管理条例》根据其第一条关于“保证建设工程勘察、设计质量，保护人民生命和财产安全”的指导思想，围绕《建筑法》中有关工程勘察与设计的法条内容，进一步就该领域的从业资格①、发包行为、行业监管②、法律责任等内容作出具体规定。

其次，为了在保障质量“合格”的同时，确保建设工程的承包人按照其与发包人约定的质量要求，进行“工程建设”并完成“建设工程”。《合同法》在其第十六章分则内容中，就作为建设工程中的勘察、设计、施工或以上全部标的所建立的合同关系——建设工程合同，设置“先建设，后付款”的履行顺序③，规范相关的发包行为④；赋予发包人质量检查⑤及竣工验收⑥的权利；明确承包人连带⑦及赔偿⑧的质量责任，并给予其中施工承包人通知隐蔽工程检查⑨及修理、返工或改建⑩

---

① 《建设工程勘察设计管理条例》第七条规定：
“国家对从事建设工程勘察、设计活动的单位，实行资质管理制度……”

② 《建设工程勘察设计管理条例》第三十一条规定：
“国务院建设行政主管部门对全国的建设工程勘察、设计活动实施统一监督管理。国务院铁路、交通、水利等有关部门按照国务院规定的职责分工，负责对全国的有关专业建设工程勘察、设计活动的监督管理。
县级以上地方人民政府建设行政主管部门对本行政区域内的建设工程勘察、设计活动实施监督管理。县级以上地方人民政府交通、水利等有关部门在各自的职责范围内，负责对本行政区域内的有关专业建设工程勘察、设计活动的监督管理。”

③ 《中华人民共和国合同法》第二百七十九第一款条规定：
“建设工程竣工后……验收合格的，发包人应当按照约定支付价款，并接收该建设工程……”

④ 《中华人民共和国合同法》第二百七十二条规定：
“……发包人不得将应当由一个承包人完成的建设工程肢解成若干部分发包给几个承包人。总承包人或者勘察、设计、施工承包人经发包人同意，可以将自己承包的部分工作交由第三人完成……承包人不得将其承包的全部建设工程转包给第三人或者将其承包的全部建设工程肢解以后以分包的名义分别转包给第三人。禁止承包人将工程分包给不具备相应资质条件的单位。禁止分包单位将其承包的工程再分包。建设工程主体结构的施工必须由承包人自行完成。”

⑤ 《中华人民共和国合同法》第二百七十七条规定：
“发包人在不妨碍承包人正常作业的情况下，可以随时对作业进度、质量进行检查。”

⑥ 《中华人民共和国合同法》第二百七十九条规定：
“建设工程竣工后，发包人应当根据施工图纸及说明书、国家颁发的施工验收规范和质量检验标准及时进行验收……建设工程竣工经验收合格后，方可交付使用；未经验收或者验收不合格的，不得交付使用。”

⑦ 《中华人民共和国合同法》第二百七十二条第二款规定：
“总承包人或者勘察、设计、施工承包人经发包人同意，可以将自己承包的部分工作交由第三人完成。第三人就其完成的工作成果与总承包人或者勘察、设计、施工承包人向发包人承担连带责任……”

⑧ 《中华人民共和国合同法》第二百八十二条规定：
“因承包人原因致使建设工程在合理使用期限内造成人身和财产损害的，承包人应承担损害赔偿责任。”

⑨ 《中华人民共和国合同法》第二百七十八条规定：
“隐蔽工程在隐蔽以前，承包人应当通知发包人检查……”

⑩ 《中华人民共和国合同法》第二百八十一条规定：
“因施工人的原因致使建设工程质量不符合约定的，发包人有权要求施工人在合理期限内无偿修理或者返工、改建……”

的法定义务（详见本章第三节）。在此基础上，最高院司法解释对施工合同履行中，验收不合格的处理[①]、发包不合法的认定[②、③]、质量不按约的归责[④、⑤]等涉及工程质量的内容，进行深化、细化规定。

最后，关于“建设工程质量”，我国《中华人民共和国刑法》（以下简称《刑法》）对建设单位、设计单位、施工单位、监理单位，单独设置“工程重大安全事故罪”[⑥]，就其违规降低工程质量标准，并造成重大安全事故的行为，视情形处以其直接责任人“五年以下有期徒刑或者拘役，并处罚金”或“五年以上十年以下有期徒刑，并处罚金”的刑罚。关于其中“造成重大安全事故”的认定，根据《施工合同司法解释》规定[⑦]，其危害结果为：“死亡一人以上或重伤三人以上；直接经济损失五十万元以上；其他严重后果”。

---

① 《最高人民法院关于审理建设工程施工合同纠纷案件适用法律问题的解释》第三条规定：
“建设工程施工合同无效，且**建设工程经竣工验收不合格的，按照以下情形分别处理**：
（一）修复后的建设工程经竣工验收合格，发包人**请求承包人承担修复费用的，应予支持**；
（二）修复后的建设工程经竣工验收不合格，承包人**请求支付工程价款的，不予支持**。
因建设工程不合格造成的损失，**发包人有过错的，也应承担相应的民事责任**。”

② 《最高人民法院关于审理建设工程施工合同纠纷案件适用法律问题的解释》第一条规定：
“建设工程施工合同具有下列情形之一的，应当根据合同法第五十二条第（五）项的规定，认定无效：
（一）承包人**未取得建筑施工企业资质**或者**超越资质等级**的；
（二）没有资质的实际施工人**借用有资质的建筑施工企业名义**的；
（三）建设工程**必须进行招标而未招标**或者中标无效的。

③ 《最高人民法院关于审理建设工程施工合同纠纷案件适用法律问题的解释》第四条规定：
“**承包人非法转包、违法分包建设工程或者没有资质的实际施工人借用有资质的建筑施工企业名义与他人签订建设工程施工合同的行为无效**。人民法院可以根据民法通则第一百三十四条规定，**收缴当事人已经取得的非法所得**。”

④ 《最高人民法院关于审理建设工程施工合同纠纷案件适用法律问题的解释》第十一条规定：
“**因承包人的过错**造成建设工程质量不符合约定，承包人拒绝修理、返工或者改建，**发包人请求减少支付工程价款的，应予支持**。”

⑤ 《最高人民法院关于审理建设工程施工合同纠纷案件适用法律问题的解释》第十二条规定：
“**发包人**具有下列情形之一，**造成建设工程质量缺陷，应当承担过错责任**：
（一）提供的**设计有缺陷**；
（二）提供或者指定购买的**建筑材料、建筑构配件、设备不符合强制性标准**；
（三）**直接指定分包人分包专业工程**。
承包人有过错的，也应当承担相应的过错责任。”

⑥ 《中华人民共和国刑法》第一百三十七条规定：
“**建设单位、设计单位、施工单位、工程监理单位违反国家规定，降低工程质量标准，造成重大安全事故的**，对直接责任人员，处**五年以下有期徒刑或者拘役**，并处**罚金**；后果**特别严重**的，处**五年以上十年以下有期徒刑**，并处**罚金**。”

⑦ 《最高人民检察院、公安部关于公安机关管辖的刑事案件立案追诉标准的规定（一）》第十三条规定：
“**建设单位、设计单位、施工单位、工程监理单位违反国家规定，降低工程质量标准**，涉嫌下列情形之一的，**应予立案追诉**：
（一）造成**死亡一人以上**，或者**重伤三人以上**；
（二）造成**直接经济损失五十万元以上**的；
（三）其他造成**严重后果**的情形。”

综上所述，建设工程的各参与主体，应当遵守《建筑法》、《质量管理条例》等建筑法律体系所设立的管理制度与法定义务，并按照《合同法》相关规定履行建设工程合同，以确保建设工程质量既符合有关法律、法规和工程建设强制性标准，并符合发包人约定的合同要求（图 4-1）。否则，根据《刑法》、《建筑法》、《质量管理条例》等相关法律、法规规定，将承担包括刑罚在内的相应法律责任。

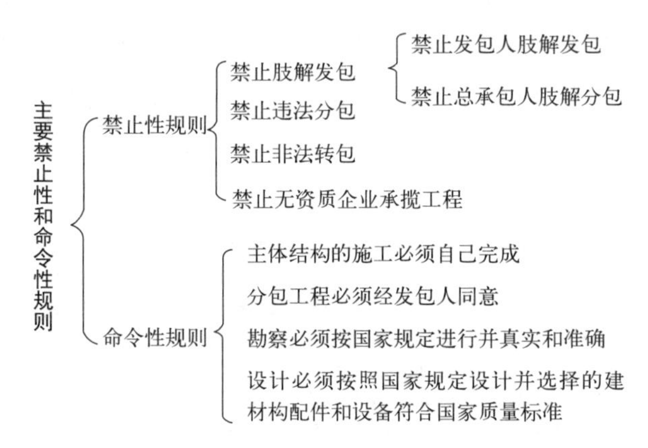

图 4-1　建设工程合同中禁止性规则与命令性规则归纳图

【律师提醒】

（1）必须注意：

1）承包人要求发包人支付工程价款的前提是工程质量符合要求，因此，必须真正将"质量第一"落实到实处。否则，无权要求发包人支付工程款。

2）发包人必须明确，工程质量符合要求，其必须支付工程款，而施工承包合同是否有效，原则与支付工程款关系不大。

（2）还应注意：

1）承包人应当对《建筑法》中禁止性、命令性规范有所了解，尤其对关系到工程质量的禁止性规范要特别重视。

2）保证主体结构的工程质量是承包人要求支付工程款的最基本底线，因为无论发包人是否擅自使用，也无论在竣工后还是在保修期满，在合理使用寿命内，承包人必须保证地基基础和主体结构的质量。因此，承包人必须引起高度的重视。

（3）虽然造成工程质量问题的可以是勘察单位、设计单位、施工单位和工程监理单位[1]或建设单位，但从施工承包合同层面而言，对工程质量承担责任的只能是承包人或发包人。其原因在于工程勘察、工程设计和工程监理是由建设单位委托。一般认为，施工单位只对施工质量负责。因此，如果出现工程质量问题，承包人应当首先要对能证明其“根据规范、按图施工”的证据进行收集，即证明工程质量问题不是由施工引起的。

第二节　工程质量管理制度条款解读

一、行业准入制度的条款

以保障工程质量为主要动机之一，我国法律基于建筑活动的特点，从专业程度、业务能力与责任承担等角度出发，对建设工程实施阶段各参与主体（图 4-2），设定关于资本、人员、设备、业绩等方面的指标，作为其从事建设工程承包[2]、劳务作业承接、监理业务承担[3]、房地产开发经营[4]等建筑活动的资质审核及其等级划分的法定标准。

实施过程不同阶段工程造价的负责主体

	设计阶段	招标阶段	施工阶段	结算阶段
开发方				
专业律师		全过程造价控制		
设计方	概　算			
招标代理		标　底		
施工方			预　算	
造价咨询				决　算

图 4-2　工程不同阶段造价的负责主体归纳图

① 《建筑工程质量管理条例》第八条规定：
“建设单位、勘察单位、设计单位、施工单位、工程监理单位依法对建设工程质量负责。”

② 《中华人民共和国建筑法》第二十六条第一款规定：
“承包建筑工程的单位应当持有依法取得的资质证书，并在其资质等级许可的业务范围内承揽工程。”

③ 《中华人民共和国建筑法》第三十四条第一款规定：
“工程监理单位应当在其资质等级许可的监理范围内，承担工程监理业务。”

④ 《城市房地产开发经营管理条例》第九条规定：
“……房地产开发企业应当按照核定的资质等级，承担相应的房地产开发项目。具体办法由国务院建设行政主管部门制定。”

我国《建筑法》通过有关“勘察、设计、施工、监理单位，或相关专业技术人员，应当分别依法取得资质证书[①]或执业资格证书[②]，在证书许可的范围内从事建筑活动”的规定，并设立“单位须资质、个人须资格”的市场准入门槛。对从事房地产开发的建设单位，《房地产开发企业资质管理规定》规定，应取得“房地产开发资质等级证书”[③]，并在相应业务范围内承担任务[④]。

关于上述资质管理在相关法律、法规及规章中的制度细化，具体如下。

（一）勘察单位资质管理的条款

【主要条款】

◆《建设工程质量管理条例》第八条规定：

“建设工程勘察、设计单位应当在其资质等级许可的范围内承揽建设工程勘察、设计业务。禁止建设工程勘察、设计单位超越其资质等级许可的范围或者以其他建设工程勘察、设计单位的名义承揽建设工程勘察、设计业务。禁止建设工程勘察、设计单位允许其他单位或者个人以本单位的名义承揽建设工程勘察、设计业务。”

◆《建设工程勘察设计资质管理规定》第五条第一款规定：

“工程勘察资质分为工程勘察综合资质、工程勘察专业资质、工程勘察劳务资质。”

◆《工程勘察设计标准》总则第三项、第四项规定（详见解析脚注）。

---

① 《中华人民共和国建筑法》第十三条规定：
“从事建筑活动的建筑施工企业、勘察单位、设计单位和工程监理单位，按照其拥有的注册资本、专业技术人员、技术装备和已完成的建筑工程业绩等资质条件，划分为不同的资质等级，经资质审查合格，**取得相应等级的资质证书后，方可在其资质等级许可的范围内从事建筑活动。”**

② 《中华人民共和国建筑法》第十四条规定：
“从事建筑活动的专业技术人员，应当依法取得相应的执业资格证书，并在执业资格证书**许可的范围内从事建筑活动。”**

③ 《房地产开发企业资质管理规定》第三条规定：
“房地产开发企业应当按照本规定申请核定企业资质等级。未取得房地产开发资质等级证书的企业，**不得从事房地产开发经营业务。”**

④ 《房地产开发企业资质管理规定》第十八条规定：
“……各资质等级企业应当**在规定的业务范围内从事房地产开发经营业务，**不得越级承担任务。”

【条款解析】

就勘察单位而言，根据《勘察设计管理条例》第八条规定，应当在其资质等级许可的范围内承揽建设工程勘察业务。

关于该条例中有关工程勘察的资质管理，根据《勘察设计资质管理规定》，结合《工程勘察资质标准》第五条第一款所划类别与等级：勘察资质分为“工程勘察综合资质”、“工程勘察专业资质”与“工程勘察劳务资质”三类。

其中，“综合资质”包括“全部工程勘察专业资质的工程勘察资质”，只设甲级；“专业资质”包括“岩土工程”（含岩土工程勘察、岩土工程设计、岩土工程物探测试检测监测等）、“水文地质勘查”和“工程测量”，设甲、乙两级（部分专业增设丙级）；“劳务资质”包括“工程钻探”和“凿井”，不分等级[①、②]。

我国《建筑法》[③]、《质量管理条例》[④]、《勘察设计管理条例》[⑤]以及《勘察设计资

---

① 《建设工程勘察设计资质管理规定》第五条第二款规定：

“工程勘察综合资质只设甲级；工程勘察专业资质设甲级、乙级，根据工程性质和技术特点，部分专业可以设丙级；**工程勘察劳务资质不分等级。**”

② 《工程勘察设计标准》总则第三、第四项规定：

“……（三）**工程勘察资质分为三个类别：**

1. 工程勘察综合资质

工程勘察综合资质是指**包括全部工程勘察专业资质的工程勘察资质。**

2. 工程勘察专业资质

工程勘察专业资质包括：**岩土工程专业资质、水文地质勘察专业资质和工程测量专业资质**；其中，岩土工程专业资质包括：岩土工程勘察、岩土工程设计、岩土工程物探测试检测监测等岩土工程（分项）专业资质。

3. 工程勘察劳务资质

工程勘察劳务资质包括：**工程钻探和凿井。**

（四）**工程勘察综合资质只设甲级。**

岩土工程、岩土工程设计、岩土工程物探测试检测监测专业资质设甲、乙两个级别；**岩土工程勘察、水文地质勘察、工程测量专业资质设甲、乙、丙三个级别。工程勘察劳务资质不分等级。**”

③ 《中华人民共和国建筑法》第六十五条第二、第三、第四款规定：

“……超越本单位资质等级承揽工程的，**责令停止违法行为，处以罚款**，可以**责令停业整顿，降低资质等级**；情节严重的，吊**销资质证书；有违法所得的，予以没收。**

未取得资质证书承揽工程的，**予以取缔，并处罚款；有违法所得的，予以没收。**

以欺骗手段取得资质证书的，**吊销资质证书，处以罚款**；构成犯罪的，**依法追究刑事责任。**”

④ 《建设工程质量管理条例》第六十条规定：

“违反本条例规定，勘察、设计、施工、工程监理单位**超越本单位资质等级承揽工程**的，责令停止违法行为，对勘察、设计单位或者工程监理单位**处合同约定的勘察费、设计费或者监理酬金 1 倍以上 2 倍以下的罚款**；对施工单位……可以**责令停业整顿，降低资质等级**；情节严重的，**吊销资质证书；有违法所得的，予以没收。**

未取得资质证书承揽工程的，予以**取缔**，依照前款规定处以**罚款；有违法所得的，予以没收。**

以欺骗手段取得资质证书承揽工程的，**吊销资质证书**，依照本条第一款规定处以**罚款；有违法所得的，予以没收。**”

⑤ 《建设工程勘察设计管理条例》第三十五条规定：

“违反本条例第八条规定的……**处合同约定的勘察费、设计费 1 倍以上 2 倍以下的罚款**……未取得资质证书承揽工程的，予以**取缔**，依照前款规定处以**罚款；有违法所得的，予以没收。**以欺骗手段取得资质证书承揽工程的，**吊销资质证书**，依照本条第一款规定处以**罚款；有违法所得的，予以没收。**”

质管理条例》[1]对勘察单位违反上述资质管理制度的法律责任规定：

第一，“超越本单位资质等级承揽工程”的，应当责令停止违法行为，处以合同约定勘察费用1～2倍金额的罚款；可以责令停业整顿，降低资质等级；情节严重的，吊销资质证书；有违法所得的，予以没收；申请资质升级或增项，在申请之日前一年内存在该违法情形的，申请不予准许。

第二，“未取得资质证书承揽工程”的，应当予以取缔，并处合同约定勘察费用1～2倍金额的罚款；有违法所得的，予以没收；申请资质升级或增项，在申请之日前一年内存在该违法情形的，申请不予准许。

第三，“以欺骗手段取得资质证书”的，应当吊销资质证书，处合同约定勘察费用1～2倍金额的罚款；有违法所得的，予以没收；构成犯罪的，追究刑事责任；申请资质升级或增项，在申请之日前一年内存在该违法情形的，申请不予准许。

同时,《勘察设计管理条例》第八条禁止勘察单位借以“挂靠”与“被挂靠”方式，规避勘察行业的准入制度。对此，该条例规定，对违反该规定的勘察单位，应当“责令停止”，处以合同约定勘察费用1～2倍罚款，没收违法所得；可责令停业整顿，降低资质等级；情节严重的，吊销资质证书[2]。并且，根据条例相关规定，在其申请资质升级或增项之日前一年内存在该违法情形的，申请不予准许[3]。

（二）设计单位资质管理的条款

【主要条款】

◆《建设工程勘察设计管理条例》第二十一条规定：

① 《建设工程勘察设计资质管理条例》第十九条规定：
“从事建设工程勘察、设计活动的企业，申请资质升级、资质增项，在申请之日起前一年内有下列情形之一的，**资质许可机关不予批准企业的资质升级申请和增项申请：**
……（八）**无工程勘察、工程设计资质或者超越资质等级范围承揽工程勘察、工程设计业务的**……（十一）**其他违反法律、法规行为的。**”

② 《建设工程勘察设计管理条例》第三十五条规定：
“违反本条例第八条规定的，责令停止违法行为，**处合同约定的勘察费、设计费1倍以上2倍以下的罚款**，有**违法所得的，予以没收**；可以**责令停业整顿，降低资质等级**；情节严重的，**吊销资质证书**。
未取得资质证书承揽工程的，予以**取缔**，依照前款规定处以**罚款**；**有违法所得的，予以没收**。
以欺骗手段取得资质证书承揽工程的，**吊销资质证书**，依照本条第一款规定处以**罚款**；**有违法所得的，予以没收。**”

③ 《建设工程勘察设计资质管理条例》第十九条规定：
“从事建设工程勘察、设计活动的企业，申请资质升级、资质增项，在申请之日起前一年内有下列情形之一的，**资质许可机关不予批准企业的资质升级申请和增项申请：**
……（十）**允许其他单位、个人以本单位名义承揽建设工程勘察、设计业务的**……”

“承包方必须在建设工程勘察、设计资质证书规定的资质等级和业务范围内承揽建设工程的勘察、设计业务。”

◆《建设工程勘察设计资质管理规定》第六条第一款规定：

“工程设计资质分为工程设计综合资质、工程设计行业资质、工程设计专业资质和工程设计专项资质。”

◆《工程设计资质标准》总则第三项规定、附件一（工程设计行业划分表）（详见解析脚注）。

【条款解析】

就设计单位而言，《勘察设计管理条例》第二十一条规定，其必须在“设计资质证书规定的资质等级和业务范围内”承揽设计业务。

关于该条例中的有关工程设计的资质管理，根据《工程设计资质标准》第六条第一款所划分的类别与等级：设计资质分为“工程设计综合资质”、“工程设计行业资质”、“工程设计专业资质”与“工程设计专项资质”四类。

其中，“综合资质”涵盖所有行业的设计资质，只设甲级；“行业资质”共计二十一种[①]，设甲、乙两级（个别行业增设丙级）；“专业资质”设甲、乙两级（个别专业增设丙级，建筑工程专业增设丁级）；“专项资质”分别设甲、乙两级（个别专项增设丙级）[②、③]。

与勘察单位相同，《建筑法》对于设计单位违反上述资质管理规定，“超越本单位资质等级承揽工程”、“未取得资质证书承揽工程”、“以欺骗手段取得资质证书”

---

① 《工程设计资质标准》附件一（工程设计行业划分表）分列：

“**行业备注**：

（一）煤炭；（二）化工石化医药　含石化、化工、医药；（三）石油天然气；（四）电力　含火电、水电、核电、新能源；（五）冶金　含冶金、有色、黄金；（六）军工　含航天、航空、兵器、船舶；（七）机械；（八）商物粮　含商业、物资、粮食；（九）核工业；（十）电子通信广电　含电子、通信、广播电影电视；（十一）轻纺　含轻工、纺织；（十二）建材；（十三）铁道；（十四）公路；（十五）水运；（十六）民航；（十七）市政；（十八）海洋；（十九）水利；（二十）农林　含农业、林业；（二十一）建筑　含建筑、人防。”

② 《建设工程勘察设计资质管理规定》第六条第二、三款规定：

“……**工程设计综合资质只设甲级**；工程设计行业资质、工程设计专业资质、工程设计专项资质设甲级、乙级。根据工程性质和技术特点，**个别行业、专业、专项资质可以设丙级，建筑工程专业资质可以设丁级。**”

③ 《工程设计资质标准》总则第三项规定：

“（三）**工程设计综合资质只设甲级。工程设计行业资质和工程设计专业资质设甲、乙两个级别**；根据行业需要，**建筑、市政公用、水利、电力（限送变电）、农林和公路行业可设立工程设计丙级资质，建筑工程设计专业资质设丁级**。建筑行业根据需要设立建筑工程设计事务所资质。工程设计专项资质可根据行业需要设置等级。”

的行为，分别规定：

（1）“应责令停止，处约定设计费用 1 ～ 2 倍罚款；可责令停业整顿，降低资质等级；视情节吊销证书；没收违法所得；一年内申请资质升级或增项的，不予准许”；

（2）“应取缔并处约定设计费用 1 ～ 2 倍罚款，没收违法所得；一年内申请资质升级或增项的，不予准许”；

（3）“应吊销资质证书，处约定设计费用 1 ～ 2 倍罚款，没收违法所得；一年内申请资质升级或增项的，不予准许；视行为构成，追究刑事责任”的相应法律责任。

（三）施工单位资质管理的条款

【主要条款】

◆《建筑业企业资质管理规定》第三条规定：

“建筑业企业应当按照其拥有的注册资本、专业技术人员、技术装备和已完成的建筑工程业绩等条件申请资质，经审查合格，取得建筑业企业资质证书后，方可在资质许可的范围内从事建筑施工活动。”

◆《建筑业企业资质管理规定》第五条规定：

“建筑业企业资质分为施工总承包、专业承包和劳务分包三个序列。”

◆《建筑业企业资质等级标准》目录第一列、第二列、第三列规定（详见解析脚注）。

【条款解析】

就施工单位而言，作为《建筑业企业资质管理规定》所称“建筑业企业”[①]，应当根据该规定第三条内容，于其申请经审查合格并取得资质证书后，“在资质许可的范围内从事建筑施工活动”。

《建筑业企业资质管理规定》中具体的资质标准设定为：首先，其资质根据该

① 《建筑业企业资质管理规定》第二条第二款规定：
“……本规定所称建筑业企业，是指从事土木工程、建筑工程、线路管道设备安装工程、装修工程的新建、扩建、改建等活动的企业。”

规定第五条内容，分为“施工总承包”、“专业承包”和“劳务分包”三个序列；其次，上述各序列按工程性质和技术特点分别划分为若干类别；最后，各类别再按相应条件划分为若干等级[①]。

在此基础上，根据《建筑业企业资质等级标准》规定，“施工总承包”共计十二项类别[②]，各类别分为“一级、二级、三级、特级”四个等级；“专业承包”共计六十项[③]，各为一～三级；“劳务分包”共计十三项[④]，各为一～二级，或不分等级。

此外，关于施工单位违反上述资质管理制度的法律责任：

其一，对于“超越本单位资质等级承揽工程”、“未取得资质证书承揽工程”、“以欺骗手段取得资质证书”的施工单位，除应当按照《质量管理条例》规定，承担2%～4%工程合同价款的罚款及其他与勘察、设计单位相同规定的罚则[⑤]外，根据《施工合同司法解释》关于合同效力认定的规定，还将承担施工合同无效的不利法律后果[⑥]。此外，根据《建筑业企业资质管理规定》，在申请资质升级或增项之

---

① 《建筑业企业资质管理规定》第七条规定：

“施工总承包资质、专业承包资质、劳务分包资质序列**按照工程性质和技术特点分别划分为若干资质类别。各资质类别按照规定的条件划分为若干资质等级。**”

② 《建筑业企业资质等级标准》目录第一列规定：

“**一、施工总承包企业资质等级标准**

（一）**房屋建筑工程**施工总承包企业资质等级标准

（二）**公路工程**施工总承包企业资质等级标准……

（十二）**机电安装工程**施工总承包企业资质等级标准”

③ 《建筑业企业资质等级标准》目录第二列规定：

“**二、专业承包企业资质等级标准**

（一）**地基与基础工程**专业承包企业资质等级标准

（二）**土石方工程**专业承包企业资质等级标准……

（六十）**特种专业工程**专业承包企业资质标准”

④ 《建筑业企业资质等级标准》目录第三列规定：

“**三、劳务分包企业资质标准**

（一）**木工作业**分包企业资质标准

（二）**砌筑作业**分包企业资质标准……

（十三）**架线工程作业**分包企业资质标准”

⑤ 《建设工程质量管理条例》第六十条规定：

“违反本条例规定，勘察、设计、施工、工程监理单位超越本单位资质等级承揽工程的，**责令停止违法行为**，对勘察、设计单位或者工程监理单位**处合同约定的勘察费、设计费或者监理酬金1倍以上2倍以下的罚款**；对施工单位**处工程合同价款百分之二以上百分之四以下的罚款**，可以**责令停业整顿，降低资质等级**；情节严重的，**吊销资质证书；有违法所得的，予以没收。**

未取得资质证书承揽工程的，予以**取缔**，依照前款规定处以**罚款**；**有违法所得的，予以没收。**

以欺骗手段取得资质证书承揽工程的，**吊销资质证书**，依照本条第一款规定处以**罚款**；**有违法所得的，予以没收。**”

⑥ 《最高人民法院关于审理建设工程施工合同纠纷案件适用法律问题的解释》第一条规定：

“建设工程施工合同具有下列情形之一的，应当根据合同法第五十二条第（五）项的规定，**认定无效：**

（一）承包人未取得建筑施工企业资质或者超越资质等级的……”

日起前一年内有上述情形的，该申请不予准许[1]。

其二，对于违反《建筑法》[2]与《质量管理条例》[3]的关于“挂靠”与“被挂靠”的禁止性规定，以“转让、出借资质证书”或其他方式允许他人以本企业名义承揽工程的施工单位，除承担“责令改正，没收违法所得，并处工程合同价款 2% ~ 4% 罚款；可责令停业整顿，降低资质等级；情节严重的，吊销资质证书”的行政处罚[4]外，在申请资质升级或增项之日起前一年内有上述情形的，该申请不予准许[5]，还应就质量不合格的损失与挂靠单位或个人承担连带赔偿责任[6]；没有资质，借用其他企业名义承揽工程的实际施工人，其取得的非法所得可以予以收缴[7]，所签订的施工合同应当认定无效[8]。

另外，需要特别注意的是：

---

① 《建筑业企业资质管理规定》第二十一条第一项规定：
“取得建筑业企业资质的企业，申请资质升级、资质增项，在申请之日起前一年内有下列情形之一的，**资质许可机关不予批准企业的资质升级申请和增项申请：**
（一）**超越本企业资质等级**或以其他企业的名义承揽工程，或允许其他企业或个人以本企业的名义承揽工程的……”

② 《中华人民共和国建筑法》第二十六条第二款规定：
“**禁止建筑施工企业**超越本企业资质等级许可的业务范围或者**以任何形式用其他建筑施工企业的名义承揽工程。禁止建筑施工企业以任何形式允许其他单位或者个人使用本企业的资质证书、营业执照，以本企业的名义承揽工程。**”

③ 《建设工程质量管理条例》第二十五条第二款规定：
“**禁止施工单位**超越本单位资质等级许可的业务范围或者**以其他施工单位的名义承揽工程。禁止施工单位允许其他单位或者个人以本单位的名义承揽工程。**”

④ 《建设工程质量管理条例》第六十一条规定：
“违反本条例规定，勘察、设计、施工、工程监理单位允许其他单位或者个人以本单位名义承揽工程的，**责令改正，没收违法所得**，对勘察、设计单位……对施工单位处工程合同价款百分之二以上百分之四以下的**罚款**；可以**责令停业整顿，降低资质等级**；情节严重的，**吊销资质证书**。”

⑤ 《建筑业企业资质管理规定》第二十一条第一、第十一项规定：
“取得建筑业企业资质的企业，申请资质升级、资质增项，在申请之日起前一年内有下列情形之一的，**资质许可机关不予批准企业的资质升级申请和增项申请：**
（一）超越本企业资质等级或**以其他企业的名义承揽工程，或允许其他企业或个人以本企业的名义承揽工程的**……
（十一）涂改、倒卖、出租、出借或者以其他形式**非法转让建筑业企业资质证书**。”

⑥ 《中华人民共和国建筑法》第六十六条规定：
“建筑施工企业转让、出借资质证书或者以其他方式允许他人以本企业的名义承揽工程的，责令改正，没收违法所得，并处罚款，可以责令停业整顿，降低资质等级；情节严重的，吊销资质证书。对因该项承揽工程不符合规定的质量标准造成的损失，**建筑施工企业与使用本企业名义的单位或者个人承担连带赔偿责任。**”

⑦ 《最高人民法院关于审理建设工程施工合同纠纷案件适用法律问题的解释》第四条规定：
“……或者没有资质的实际施工人借用有资质的建筑施工企业名义与他人签订建设工程施工合同的行为无效。人民法院可以根据民法通则第一百三十四条规定，**收缴当事人已经取得的非法所得。**”

⑧ 《最高人民法院关于审理建设工程施工合同纠纷案件适用法律问题的解释》第一条规定：
“建设工程施工合同具有下列情形之一的，应当根据合同法第五十二条第（五）项的规定，**认定无效：**
……（二）**没有资质的实际施工人借用有资质的建筑施工企业名义的**……”

在“联合共同承包”的情形下，关于施工单位业务许可范围的确定，适用于勘察、设计单位同样规定的资质等级认定原则。

（四）监理单位资质管理的条款

【主要条款】

◆《中华人民共和国建筑法》第三十四条第一款规定：

“工程监理单位应当在其资质等级许可的监理范围内，承担工程监理业务。”

◆《工程监理企业资质管理规定》第六条第一款规定：

“工程监理企业资质分为综合资质、专业资质和事务所资质。其中，专业资质按照工程性质和技术特点划分为若干工程类别。”

◆《工程监理企业资质标准》序言规定：

“综合资质只设甲级。专业资质原则上分为甲、乙、丙三个级别，并按照工程性质和技术特点划分为14个专业工程类别；除房屋建筑、水利水电、公路和市政公用四个专业工程类别设丙级资质外，其他专业工程类别不设丙级资质。事务所不分等级。”

【条款解析】

就监理单位而言，应当根据《建筑法》第三十四条与《质量管理条例》[①]、《监理企业资质管理规定》[②]相关规定，依法取得工程监理企业资质，并在该资质证书许可的范围内从事工程监理活动。

结合《工程监理企业资质标准》第六条第一款规定，其资质序列分为“综合资质”、“专业资质”和“事务所”三类。

其中，按照该标准序言及附件的设定：“综合资质”只设甲级；“专业资质”按照

① 《建设工程质量管理条例》第三十四条第一款规定：
“工程监理单位应当依法取得相应等级的资质证书，并在其资质等级许可的范围内承担工程监理业务。”

② 《工程监理企业资质管理规定》第三条规定：
“从事建设工程监理活动的企业，应当按照本规定取得工程监理企业资质，并在工程监理企业资质证书许可的范围内从事工程监理活动。”

工程性质和技术特点，划分为14种专业工程类别[①]，设甲、乙两个级别(房屋建筑工程、水利水电工程、公路工程和市政公用工程专业资质增设丙级)；“事务所”不分等级。

此外，相同于勘察单位与设计单位，监理单位不得违反上述资质管理规定，为“超越本单位资质等级承揽工程”、“未取得资质证书承揽工程”以及“以欺骗手段取得资质证书”的违法行为；也不得规避上述资质管理规定，为“使用其他企业名义或允许其他企业以本单位名义”的“挂靠或被挂靠”行为[②]。

违反上述禁止性规定的监理单位，应当承担与勘察、设计单位相同的法律责任[③、④]。

（五）建设单位的资质管理

【主要条款】

◆《城市房地产开发经营管理条例》第九条规定：

“房地产开发主管部门应当根据房地产开发企业的资产、专业技术人员和开发经营业绩等，对备案的房地产开发企业核定资质等级。房地产开发企业应当按照核定的资质等级，承担相应的房地产开发项目。具体办法由国务院建设行政主管部门制定。”

◆《房地产开发企业资质管理规定》第三条规定：

“房地产开发企业应当按照本规定申请核定企业资质等级。未取得房地产开发

---

① 《工程监理企业资质标准》附件二（专业工程类别和等级表）分列：
“**工程类别**：
1房屋建筑工程；2冶炼工程；3矿山工程；4化工石油工程；5水利水电工程；6电力工程；7农林工程；8铁路工程……11航天航空工程；12通信工程；13市政公用工程；14机电安装工程。”

② 《建设工程质量管理条例》第三十四条第二款规定：
“**禁止工程监理单位超越本单位资质等级许可的范围或者以其他工程监理单位的名义承担工程监理业务。禁止工程监理单位允许其他单位或者个人以本单位的名义承担工程监理业务。**”

③ 《建设工程质量管理条例》第六十条规定：
“违反本条例规定，勘察、设计、施工、工程监理单位超越本单位资质等级承揽工程的，**责令停止违法行为**，对勘察、设计单位或者工程监理单位**处合同约定的勘察费、设计费或者监理酬金1倍以上2倍以下的罚款**；对施工单位……可以**责令停业整顿，降低资质等级**；情节严重的，**吊销资质证书**；**有违法所得的，予以没收**。
未取得资质证书承揽工程的，予以**取缔**，依照前款规定处以**罚款**；**有违法所得的，予以没收**。
以欺骗手段取得资质证书承揽工程的，**吊销资质证书**，依照本条第一款规定处以**罚款**；**有违法所得的，予以没收**。”

④ 《建设工程质量管理条》第六十一条规定：
“违反本条例规定，勘察、设计、施工、工程监理单位允许其他单位或者个人以本单位名义承揽工程的，**责令改正，没收违法所得**，对勘察、设计单位和工程监理单位**处合同约定的勘察费、设计费和监理酬金1倍以上2倍以下的罚款**……可以**责令停业整顿，降低资质等级**；情节严重的，**吊销资质证书**。”

资质等级证书的企业，不得从事房地产开发经营业务。”

◆《房地产开发企业资质管理规定》第十八条规定：

“一级资质的房地产开发企业承担房地产项目的建设规模不受限制，可以在全国范围承揽房地产开发项目。二级资质及二级资质以下的房地产开发企业可以承担建筑面积25万平方米以下的开发建设项目，承担业务的具体范围由省、自治区、直辖市人民政府建设行政主管部门确定。各资质等级企业应当在规定的业务范围内从事房地产开发经营业务，不得越级承担任务。”

【条款解析】

就建设单位而言，对于其中从事“房地产开发经营”①的房地产开发企业②，《城市房地产开发经营管理条例》第九条规定，其管理实行“资质等级核定制度”。

房地产开发企业，根据《房地产开发企业资质管理规定》第三条规定，应当取得房地产开发资质等级证书，并按照核定的企业资质等级，从事房地产开发经营业务。

具体而言，《房地产开发企业资质管理规定》规定，依据企业条件，房地产开发企业分为一、二、三、四共计四个资质等级③，按照分级审批原则予以核发④。

其中，根据该规定第十八条划定的业务范围：一级资质承担项目的规模与地域不受限制；二级资质及二级资质以下承担项目的建筑面积在25万m^2以下，具体范围由省级地方政府建设行政主管部门确定。

【律师提醒】

（1）勘察单位与其他勘察单位，在作为《建筑法》所称“承包建筑工程的单

---

① 《城市房地产开发经营管理条例》第二条规定：

“本条例所称**房地产开发经营，是指房地产开发企业在城市规划区内国有土地上进行基础设施建设、房屋建设，并转让房地产开发项目或者销售、出租商品房的行为。**”

② 《中华人民共和国城市房地产管理法》第三十条规定：

“**房地产开发企业是以营利为目的，从事房地产开发和经营的企业。**”

③ 《房地产开发企业资质管理规定》第五条规定：

“**房地产开发企业按照企业条件分为一、二、三、四四个资质等级。**各资质等级企业的条件如下：

（一）一级资质：

1. 注册资本**不低于5000万元；**

2. 从事房地产开发经营**5年以上**……”

④ 《房地产开发企业资质管理规定》第十一条规定：

“**房地产开发企业资质等级实行分级审批**……”

位”[1]实行“联合共同承包”的情形下，应根据该法规定，采取“等级就低”的认定原则，以确定其工程承揽的业务许可范围[2]。

（2）除应当遵守《建筑法》第十三条规定，不得超越资质等级许可的范围从事建筑活动外，根据《工程质量管理条例》规定，勘察单位不得使用其他企业名义或允许其他企业以本单位名义，承揽工程设计业务[3]。否则，应当依法承担与勘察单位相同规定的罚则，即：应当责令停止违法行为，处合同约定设计费用1～2倍罚款，没收违法所得；可以责令停业整顿，降低资质等级；情节严重的，吊销资质证书[4]；申请资质升级或增项，在申请之日前一年内存在该违法情形的，申请不予准许。

（3）关于房地产开发企业资质管理的禁止性规定及其法律责任：

1）建设单位不得未取得资质等级证书或者超越资质等级从事房地产开发经营，否则根据《城市房地产开发经营管理条例》[5]与《房地产开发企业资质管理规定》，应“由县级以上人民政府房地产开发主管部门责令限期改正，处5万～10万元罚款；逾期不改正的，由房地产开发主管部门提请工商行政管理部门吊销营业执照[6]，或由原资质审批部门吊销资质证书，提请工商行政管理部门吊销营业执照[7]”。

2）建设单位不得涂改、出租、出借、转让或出卖资质证书[8]，不得隐瞒真实情况或弄虚作假骗取资质证书。违反前述禁止性规定的，根据《房地产开发企业资

① 《中华人民共和国建筑法》第二十六条第一款规定：
“承包建筑工程的单位应当持有依法取得的资质证书，**并在其资质等级许可的业务范围内承揽工程。**”

② 《中华人民共和国建筑法》第二十七条第二款规定：
“两个以上不同资质等级的单位实行**联合共同承包的，应当按照资质等级低的单位的业务许可范围承揽工程。**”

③ 《建设工程质量管理条例》第十八条第二款规定：
“……**禁止勘察、设计单位**超越其资质等级许可的范围或者**以其他勘察、设计单位的名义承揽工程。禁止勘察、设计单位允许其他单位或者个人以本单位的名义承揽工程。**”

④ 《勘察设计管理条例》第三十五条规定：
“违反本条例第八条规定的，责令停止违法行为，**处合同约定的勘察费、设计费1倍以上2倍以下的罚款，有违法所得的，予以没收**；可以**责令停业整顿，降低资质等级**；情节严重的，**吊销资质证书。**”

⑤ 《城市房地产开发经营管理条例》第三十五条规定：
“违反本条例规定，**未取得资质等级证书或者超越资质等级从事房地产开发经营的，由县级以上人民政府房地产开发主管部门责令限期改正，处5万元以上10万元以下的罚款；逾期不改正的，由工商行政管理部门吊销营业执照。**”

⑥ 《房地产开发企业资质管理规定》第十九条规定：
“企业未取得资质证书从事房地产开发经营……逾期不改正的，由**房地产开发主管部门提请工商行政管理部门吊销营业执照。**”

⑦ 《房地产开发企业资质管理规定》第二十条规定：
“企业超越资质等级从事房地产开发经营……逾期不改正的，**由原资质审批部门吊销资质证书，并提请工商行政管理部门吊销营业执照。**”

⑧ 《房地产开发企业资质管理规定》第十三条第一款规定：
“**任何单位和个人不得涂改、出租、出借、转让、出卖资质证书。**”

质管理规定》第二十一条规定，应当“由原资质审批部门公告资质证书作废，收回证书，并可处 1 万～ 3 万元罚款”①。

二、工程监理制度的条款

所谓“建设工程监理”，是指监理单位受建设单位的委托，根据相关法律法规、工程建设标准、勘察设计文件及合同，依据委托监理合同，对工程建设施工阶段所实施的专业化监督、管理②。我国《建筑法》明确国家对于“建筑工程监理制度”的推行。虽然，该法关于监理内容规定，承包单位在施工质量、建设工期和资金使用等方面的事项均属于工程监理所监督的内容③，但由监理单位对其中的施工质量实施监理，并承担监理责任④，是我国建筑法律体系在“质量优先”宗旨下，推行监理制度的主要动机。

为有效推行“建筑工程监理制度”，确保并发挥监理对于施工质量的监督作用，我国建筑法律体系就该制度规定关于“利害关系回避”、“禁止业务转让”、“强制实施监理”的内容及其法律责任。

（一）利害关系回避规定的条款

【主要条款】

◆《中华人民共和国建筑法》第三十四条第三款规定：

“工程监理单位与被监理工程的承包单位以及建筑材料、建筑构配件和设备供应单位不得有隶属关系或者其他利害关系。”

---

① 《房地产开发企业资质管理规定》第二十一条规定：
“企业有下列行为之一的，**由原资质审批部门公告资质证书作废，收回证书，并可处以 1 万元以上 3 万元以下的罚款：**
（一）隐瞒真实情况、弄虚作假骗取资质证书的；
（二）涂改、出租、出借、转让、出卖资质证书的。”

② 《建设工程监理规范》GB/T 50319-2013 第 2 条第 2.0.2 款定义：
“**建设工程监理工程监理单位**受建设单位委托，根据法律法规、工程建设标准及合同，**在施工阶段对建设工程质量、造价、进度进行控制，对合同、信息进行管理，对工程建设相关方的关系进行协调，并履行建设工程安全生产管理法定职责的服务活动。**”

③ 《中华人民共和国建筑法》第三十二条规定：
“建筑工程监理应当依照法律、行政法规及有关的技术标准、设计文件和建筑工程承包合同，**对承包单位在施工质量、建设工期和建设资金使用等方面，代表建设单位实施监督。**”

④ 《建设工程质量管理条例》第三十六条规定：
“工程监理单位应当依照法律、法规以及有关技术标准、设计文件和建设工程承包合同，**代表建设单位对施工质量实施监理，并对施工质量承担监理责任。**”

◆《建设工程质量管理条例》第三十五条规定：

"工程监理单位与被监理工程的施工承包单位以及建筑材料、建筑构配件和设备供应单位有隶属关系或者其他利害关系的，不得承担该项建设工程的监理业务。"

◆《建设工程质量管理条例》第六十八条规定：

"违反本条例规定，工程监理单位与被监理工程的施工承包单位以及建筑材料、建筑构配件和设备供应单位有隶属关系或者其他利害关系承担该项建设工程的监理业务的，责令改正，处5万元以上10万元以下的罚款，降低资质等级或者吊销资质证书；有违法所得的，予以没收。"

【条款解析】

我国《建筑法》第三十四条第三款规定，监理单位与"被监理工程的承包单位以及建筑材料、建筑构配件和设备供应单位不得有隶属关系或者其他利害关系"。在此基础上，《质量管理条例》第三十五条规定，对于与上述单位存在利害关系的监理单位承担该项建设工程监理业务的行为作出明确的禁止性规定。

关于上述违法行为的法律责任，根据《质量管理条例》第六十八条规定，承担监理业务的监理单位，与该项建设工程被监理工程的施工承包单位以及建筑材料、建筑构配件和设备供应单位有隶属关系或者其他利害关系的，应当"责令改正，处5万～10万元金额的罚款，降低资质等级或者吊销资质证书；有违法所得的，予以没收"。

（二）业务转让禁止规定的条款

【主要条款】

◆《中华人民共和国建筑法》第三十四条第四款规定：

"工程监理单位不得转让工程监理业务。"

◆《中华人民共和国建筑法》第六十九条第二款规定：

"工程监理单位转让监理业务的，责令改正，没收违法所得，可以责令停业整顿，降低资质等级；情节严重的，吊销资质证书。"

◆《建设工程质量管理条例》第六十二条第二款规定：

“工程监理单位转让工程监理业务的，责令改正，没收违法所得，处合同约定的监理酬金百分之二十五以上百分之五十以下的罚款；可以责令停业整顿，降低资质等级；情节严重的，吊销资质证书。”

【条款解析】

我国《建筑法》第三十四条第四款明确规定，对于监理单位所承担的工程监理业务，禁止监理单位进行转让行为。对此，《质量管理条例》予以再次明确，“工程监理单位不得转让工程监理业务。”①

对于监理单位违反上述监理制度的规定内容，转让其所承担的工程监理业务的违法行为，其法律责任如下：

根据我国《建筑法》第六十九条第二款，结合《建设工程质量管理条例》第六十二条第二款的规定内容，应当就监理单位处以“责令改正，没收违法所得，处合同约定的监理酬金25%～50%金额的罚款；可以责令停业整顿，降低资质等级；情节严重的，吊销资质证书”的行政处罚。

（三）强制监理项目规定的条款

【主要条款】

◆《中华人民共和国建筑法》第三十条第二款规定：

“国务院可以规定实行强制监理的建筑工程的范围。”

◆《建设工程监理范围和规模标准规定》第二条规定：

“下列建设工程必须实行监理：

（一）国家重点建设工程；

（二）大中型公用事业工程；

（三）成片开发建设的住宅小区工程；

（四）利用外国政府或者国际组织贷款、援助资金的工程；

（五）国家规定必须实行监理的其他工程。”

① 《建设工程质量管理条例》第三十四条第三款规定：

“……工程监理单位不得转让工程监理业务。”

◆《建设工程质量管理条例》第五十六条第五项规定：

“违反本条例规定，建设单位有下列行为之一的，责令改正，处20万元以上50万元以下的罚款：

……

（五）建设项目必须实行工程监理而未实行工程监理的。”

【条款解析】

《建筑法》第三十条确立“强制监理制度”的实行。

关于“强制监理”的适用范围，《建设工程监理范围和规模标准规定》（以下简称《监理范围和规模标准规定》）通过工程性质或规模的标准，规定五类必须实行监理的工程项目，分别为：（1）国家重点建设工程；（2）大中型公用事业工程；（3）成片开发建设的住宅小区工程；（4）利用外国政府或者国际组织贷款、援助资金的工程；（5）国家规定必须实行监理的其他工程。

根据《监理范围和规模标准规定》相关法条，具体而言：

（1）国家重点建设工程是指，《国家重点建设项目管理办法》所确定的对国民经济和社会发展有重大影响的骨干项目①，包括：基础设施、产业和支柱产业中大型的，或高科技并能带动行业技术进步的，或跨地区并对全国或区域经济发展影响重大的，或对社会发展影响重大的项目等骨干项目②。

（2）大中型公用事业工程是指，总投资额在3000万元以上，且属于供水电气热等市政工程、“教科文体卫”、旅游、商业、社会福利，或其他公用事业项目的工程③。

---

① 《建设工程监理范围和规模标准规定》第三条规定：
“国家重点建设工程，是指依据《国家重点建设项目管理办法》所确定的对国民经济和社会发展有重大影响的骨干项目。”

② 《国家重点建设项目管理办法》第二条规定：
“本办法所称国家重点建设项目，是指从下列国家大中型基本建设项目中确定的对国民经济和社会发展有重大影响的骨干项目：
（一）基础设施、基础产业和支柱产业中的大型项目；
（二）高科技并能带动行业技术进步的项目；
（三）跨地区并对全国经济发展或者区域经济发展有重大影响的项目；
（四）对社会发展有重大影响的项目；
（五）其他骨干项目。”

③ 《建设工程监理范围和规模标准规定》第四条规定：
“大中型公用事业工程，是指项目总投资额在3000万元以上的下列工程项目：
（一）供水、供电、供气、供热等市政工程项目；
（二）科技、教育、文化等项目；
（三）体育、旅游、商业等项目；
（四）卫生、社会福利等项目；
（五）其他公用事业项目。”

(3)“成片开发建设的住宅小区工程”，或建筑面积5万m^2以上的住宅建设工程，或高层住宅建设工程，及地基、结构复杂的多层住宅建设工程，必须实行监理①。

(4)利用外国政府或国际组织贷款、援助资金的工程范围包括：使用世界银行、亚洲开发银行等国际组织贷款资金、外国政府及其机构贷款资金、国际组织或外国政府援助资金的项目②。

(5)国家规定必须实行监理的其他工程，是指总投资3000万元以上且关系社会公共利益、公众安全的基础设施，或学校、影剧院、体育场馆项目。前者为：煤炭、石油、化工、天然气、电力、新能源等；铁（公）路、管道、水运、民航等交通运输业；邮政、电信枢纽、通信、信息网络等；防洪、灌溉、排涝、发电、引（引）水、滩涂治理、水资源保护、水土保持等水利建设；道路桥梁、地铁轻轨交通、污水排放及垃圾处理、地下管道、公共停车场等城市基础设施；生态环境保护及其他基础设施项目③。

建设单位对于满足上述规模或性质标准，从而必须实施监理的工程项目，未实行监理的，根据《质量管理条例》第五十六条规定，应当责令改正，处20万～50万元罚款，且根据有关部门规章规定，不具备申领施工许可证的法定条件④。

【律师提醒】

(1)监理单位接受委托应当至少符合以下条件：

---

① 《建设工程监理范围和规模标准规定》第五条规定：
“成片开发建设的住宅小区工程，建筑面积在5万平方米以上的住宅建设工程必须实行监理；5万平方米以下的住宅建设工程，可以实行监理……为了保证住宅质量，对高层住宅及地基、结构复杂的多层住宅应当实行监理。”

② 《建设工程监理范围和规模标准规定》第六条规定：
“利用外国政府或者国际组织贷款、援助资金的工程范围包括：
（一）使用世界银行、亚洲开发银行等国际组织贷款资金的项目；
（二）使用国外政府及其机构贷款资金的项目；
（三）使用国际组织或者国外政府援助资金的项目。”

③ 《建设工程监理范围和规模标准规定》第七条规定：
“国家规定必须实行监理的其他工程是指：
（一）项目总投资额在3000万元以上关系社会公共利益、公众安全的下列基础设施项目：
(1)煤炭、石油、化工、天然气、电力、新能源等项目；
(2)铁路、公路、管道、水运、民航以及其他交通运输业等项目；
(3)邮政、电信枢纽、通信、信息网络等项目；
(4)防洪、灌溉、排涝、发电、引（供）水、滩涂治理、水资源保护、水土保持等水利建设项目；
(5)道路、桥梁、地铁和轻轨交通、污水排放及处理、垃圾处理、地下管道、公共停车场等城市基础设施项目；
(6)生态环境保护项目；
(7)其他基础设施项目。
（二）学校、影剧院、体育场馆项目。”

④ 《建设工程施工许可管理办法》第四条第七项规定：
“建设单位申请领取施工许可证，应当具备下列条件，并提交相应的证明文件：
……（七）按照规定应该委托监理的工程已委托监理。”

1）“具有工程监理相应资质等级”；

2）“与被监理工程的施工承包单位没有隶属关系或者其他利害关系”；

3）“已经承揽该项目的工程设计”条件的设计单位，根据《质量管理条例》的相关规定[①]，也可以受建设单位委托承担其建设工程的监理业务。

（2）“强制监理制度”与“强制招标制度”，基于其各自关于法律依据适用、制度设定目的、范围确定标准、不利法律后果等方面的不同，故其并非同一法律概念。前者根据《建筑法》、《质量管理条例》及《监理范围和规模标准规定》等属于建筑法律体系的法律文件，为工程建设项目施工阶段的监督，按项目性质和（或）规模的法定标准确定强制适用范围，其违法后果为责令改正，并处罚款的行政处罚；后者根据《招投标法》、《招投标法实施条例》及《招标范围和规模标准规定》等规范招标投标活动的法律文件，为建设工程项目合同关系的监理，按项目内容、性质及规模的法定标准确定强制适用范围（详见第一章第三节），其违法后果除行政处罚外[②]，所建立的合同关系因违反强制性规定而认定无效。

（3）必须监理的项目和必须招标的项目在范围确定标准中存在部分重叠，导致工程实践中两者同时适用于同一工程项目的现象大量存在，例如：大中型公用事业工程项目、使用国际组织或外国政府贷款的项目，但是，理论上，也存在“必须实施监理”但并非“必须进行招标”,或者“必须进行招标”但非“必须实施监理”的工程项目。

三、竣工验收制度的条款

【主要条款】

◆《中华人民共和国建筑法》第六十一条规定：

“交付竣工验收的建筑工程，必须符合规定的建筑工程质量标准，有完整的工程技术经济资料和经签署的工程保修书，并具备国家规定的其他竣工条件。建筑工

---

① 《建设工程质量管理条例》第十二条第一款规定：
“实行监理的建设工程，建设单位应当委托具有相应资质等级的工程监理单位进行监理，也可以委托具有工程监理相应资质等级并与被监理工程的施工承包单位没有隶属关系或者其他利害关系的该工程的设计单位进行监理。”

② 《中华人民共和国中华人民共和国招标投标法》第四十九条规定：
“违反本法规定，必须进行招标的项目而不招标的，将必须进行招标的项目化整为零或者以其他任何方式规避招标的，责令限期改正，可以处项目合同金额千分之五以上千分之十以下的罚款；对全部或者部分使用国有资金的项目，可以暂停项目执行或者暂停资金拨付；对单位直接负责的主管人员和其他直接责任人员依法给予处分。”

程竣工经验收合格后，方可交付使用；未经验收或者验收不合格的，不得交付使用。”

◆《中华人民共和国合同法》第二百七十九条第三款规定：

“建设工程竣工经验收合格后，方可交付使用；未经验收或者验收不合格的，不得交付使用。”

◆《建设工程质量管理条例》第十六条第一款规定：

“建设单位收到建设工程竣工报告后，应当组织设计、施工、工程监理等有关单位进行竣工验收。”

【条款解析】

为了保障建设工程质量符合国家设定的标准以及合同约定的要求，《建筑法》第六十一条与《合同法》第二百七十九条均规定：建设工程在完工后、使用前，应当经竣工验收合格，即确立“竣工验收制度”。结合《质量管理条例》的相关法条，关于该制度的具体内容：

首先，《建筑法》规定，工程在交付竣工验收前，应当具备“符合规定的建筑工程质量标准”、“完整的工程技术经济资料”、“经签署的工程保修书”，及其他法定竣工条件①。

《质量管理条例》在此基础上，对“法定条件”予以细化、明确和补充，即包括：

（1）完成设计和约定的各项内容；

（2）完整的技术档案和施工管理资料；

（3）主要建筑材料、构配件和设备的进场试验报告；

（4）勘察、设计、施工、监理等单位签署的质量合格文件；

（5）施工单位签署的工程保修书②。

---

① 《中华人民共和国建筑法》第六十一条第一款规定：
“交付竣工验收的建筑工程，必须符合规定的建筑工程质量标准，有**完整的工程技术经济资料和经签署的工程保修书**，并具备国家规定的其他竣工条件。”

② 《建设工程质量管理条例》第十六条第二款规定：
“建设工程竣工验收应当具备下列条件：
（一）**完成**建设工程设计和合同约定的**各项内容**；
（二）有**完整的技术档案和施工管理资料**；
（三）有工程使用的主要建筑材料、建筑构配件和设备的**进场试验报告**；
（四）有勘察、设计、施工、工程监理等单位分别签署的**质量合格文件**；
（五）有施工单位签署的**工程保修书**。”

除上述条件外，对其中“房屋建筑及市政基础设施”工程，《房屋建筑工程和市政基础设施工程竣工验收暂行规定》进一步补充规定：工程完工的，经（1）施工单位进行质量检查，确认符合法定标准及约定要求，提出项目经理和单位负责人签字的工程竣工报告；（2）（委托监理的工程）监理单位进行质量评估，具有完整监理资料，提出经总监理工程师和单位负责人签字的工程质量评估报告；（3）勘察、设计单位检查勘察、设计文件及施工过程中设计单位签署的设计变更通知书，提出勘察、设计负责人和单位负责人签字的质量检查报告；（4）建设单位按约支付工程款；（5）城乡规划行政主管部门检查工程的规划设计要求，出具认可文件；（6）公安消防、环保等部门出具认可或准许使用文件；（7）建设行政主管部门及其委托的工程质监机构等部门责令整改的问题均整改完毕后，“方可进行竣工验收”①。

其次，根据《质量管理条例》第十六条第一款规定，竣工验收是建设单位的法定义务。建设单位在收到建设工程竣工报告后，应当组织设计、施工、工程监理等有关单位，以《合同法》所规定的“施工图纸及说明书”及“国家颁发的施工验收规范和质量检验标准”②为依据，进行竣工验收。建设单位在竣工验收过程中存在违反国家质量管理规定行为的，经有关行政主管部门查实，应责令停止使用，并重新组织竣工验收③。

在我国，现行的施工验收规范和质量检验标准包括：

---

① 《房屋建筑工程和市政基础设施工程竣工验收暂行规定》第五条规定：

“工程符合下列要求方可进行竣工验收：

（一）完成工程设计和合同约定的各项内容；

（二）施工单位在工程完工后对工程质量进行了检查，确认工程质量符合有关法律、法规和工程建设强制性标准，符合设计文件及合同要求，并提出工程竣工报告。工程竣工报告应经项目经理和施工单位有关负责人审核签字；

（三）对于委托监理的工程项目，监理单位对工程进行了质量评估，具有完整的监理资料，并提出工程质量评估报告。工程质量评估报告应经总监理工程监理单位有关负责人审核签字；

（四）勘察、设计单位对勘察、设计文件及施工过程中由设计单位签署的设计变更通知书进行了检查，并提出质量检查报告；质量检查报告应经该项目勘察、设计负责人和勘察、设计单位有关负责人审核签字；

（五）有完整的技术档案和施工管理资料；

（六）有工程使用权的主要建筑材料、建筑构配件和设备的进场试验报告；

（七）建设单位已按合同约定支付工程款；

（八）有施工单位签署的工程质量保修书；

（九）城乡规划行政主管部门对工程是否符合规划设计要求进行检查，并出具认可文件；

（十）有公安消防、环保等部门出具的认可文件或者准许使用文件；

（十一）建设行政主管部门及其委托的工程质量监督机构等有关部门责令整改的问题全部整改完毕。”

② 《中华人民共和国合同法》第二百七十九条第一款规定：

“建设工程竣工后，发包人应当根据施工图纸及说明书、国家颁发的施工验收规范和质量检验标准及时进行验收。”

③ 《中华人民共和国建筑法》第十七条第二款规定：

“建设行政主管部门或者其他有关部门发现建设单位在竣工验收过程中有违反国家有关建设工程质量管理规定行为的，责令停止使用，重新组织竣工验收。”

《建筑工程施工质量验收统一标准》GB 50300–2013、《建筑地基基础工程施工质量验收规范》GB 50202–2002、《砌体结构工程施工质量验收规范》GB 50203–2011、《混凝土结构工程施工质量验收规范》GB 50204–2015、《钢结构工程施工质量验收规范》GB 50205–2001、《木结构工程施工质量验收规范》GB 50206–2012、《屋面工程质量验收规范》GB 50207–2012、《地下防水工程质量验收规范》GB 50208–2011、《建筑地面工程施工质量验收规范》GB 50209–2010、《建筑装饰装修工程质量验收规范》GB 50210–2001、《建筑给水排水及采暖工程施工质量验收规范》GB 50242–2002、《通风与空调工程施工质量验收规范》GB 50243–2002、《建筑电气工程施工质量验收规范》GB 50303–2015、《电梯工程施工质量验收规范》GB 50310–2002、《建设工程项目管理规范》GB/T 50326–2001。

再次，竣工验收在发包人对质量责任不存在过错的前提下，按照验收结果的不同，应当视情形依法分别处理（图 4-3）：

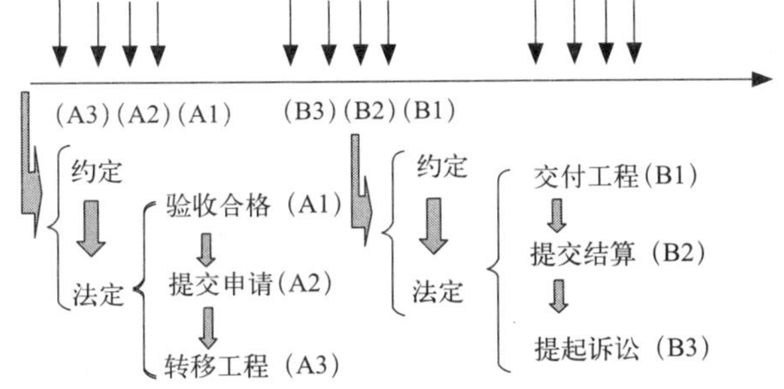

图 4-3　工程验收结果付款归纳图

（1）验收不合格的，施工单位应负责返修[①]。拒绝修复的，合同相对方有权单方解除施工合同[②]，施工单位对此承担赔偿责任，工程价款不予支付[③]。经修复后合

① 《建设工程质量管理条例》第三十二条规定：
“**施工单位**对施工中出现质量问题的建设工程或者竣工验收不合格的建设工程，**应当负责返修**。”

② 《最高人民法院关于审理建设工程施工合同纠纷案件适用法律问题的解释》第八条规定：
“承包人具有下列情形之一，**发包人请求解除建设工程施工合同的，应予支持**：
……（三）**已经完成的建设工程质量不合格，并拒绝修复的**……”

③ 《最高人民法院关于审理建设工程施工合同纠纷案件适用法律问题的解释》第十条规定：
“建设工程施工合同解除后……已经完成的建设工程**质量不合格**的，参照本解释第三条规定处理。**因一方违约导致合同解除的，违约方应当赔偿因此而给对方造成的损失。**”

格的，施工单位承担修复费用；不合格的，工程价款不予支付[①、②]。

（2）验收合格的，建设单位应接受建设工程[③]，并及时向有关行政主管部门移交建设项目档案[④]。其中，验收合格但不符合约定的，施工单位应负责返修[⑤]；拒绝修理、返工或者改建的，工程价款减少支付[⑥]。验收合格且符合约定的，工程价款按约支付。

关于上述验收结果，对质量不合格的工程，出具合格文件或按合格工程验收，使其验收合格的负责工程质监或竣工验收的部门及其人员，根据《建筑法》规定，应责令改正，承担相应赔偿责任，责任人员给予行政处罚；构成犯罪的，追究刑事责任[⑦]。

最后，根据我国相关法律、法规及司法解释规定，竣工验收的环节设置，在法律层面，对于施工合同的履行意义重大，其主要影响包括：

（1）验收合格的结果，是建设单位接受并支付工程竣工结算余款的前提[⑧]，是建设单位使用建设工程的前提[⑨]；

（2）验收合格的日期，是实际竣工无法确定时的推定竣工日期[⑩]，是负责竣工

---

① 《最高人民法院关于审理建设工程施工合同纠纷案件适用法律问题的解释》第十六条第三款规定：
“建设工程施工合同有效，但建设工程经竣工验收不合格的，工程价款结算参照本解释第三条规定处理。”

② 《最高人民法院关于审理建设工程施工合同纠纷案件适用法律问题的解释》第三条规定：
“建设工程施工合同无效，且建设工程经竣工验收不合格的，按照以下情形分别处理：
（一）修复后的建设工程经竣工验收合格，发包人请求承包人承担修复费用的，应予支持；
（二）修复后的建设工程经竣工验收不合格，承包人请求支付工程价款的，不予支持。
因建设工程不合格造成的损失，发包人有过错的，也应承担相应的民事责任。”

③ 《中华人民共和国合同法》第二百七十九条规定：
“建设工程竣工后……验收合格的，发包人应当按照约定支付价款，并接收该建设工程。”

④ 《中华人民共和国建筑法》第十七条第一款规定：
“建设单位应当……在建设工程竣工验收后，及时向建设行政主管部门或者其他有关部门移交建设项目档案。”

⑤ 《中华人民共和国合同法》第二百八十一条规定：
“因施工人的原因致使建设工程质量不符合约定的，发包人有权要求施工人在合理期限内无偿修理或者返工、改建……”

⑥ 《最高人民法院关于审理建设工程施工合同纠纷案件适用法律问题的解释》第十一条规定：
“因承包人的过错造成建设工程质量不符合约定，承包人拒绝修理、返工或者改建，发包人请求减少支付工程价款的，应予支持。”

⑦ 《中华人民共和国建筑法》第七十九条规定：
“……负责工程质量监督检查或者竣工验收的部门及其工作人员对不合格的建筑工程出具质量合格文件或者按合格工程验收的，由上级机关责令改正，对责任人员给予行政处分；构成犯罪的，依法追究刑事责任；造成损失的，由该部门承担相应的赔偿责任。”

⑧ 《中华人民共和国合同法》第二百七十九条规定：
“……验收合格的，发包人应当按照约定支付价款，并接收该建设工程。”

⑨ 《建设工程质量管理条例》第十六条第三款规定：
“建设工程经验收合格的，方可交付使用。”

⑩ 《最高人民法院关于审理建设工程施工合同纠纷案件适用法律问题的解释》第十四条规定：
“当事人对建设工程实际竣工日期有争议的，按照以下情形分别处理：
（一）建设工程经竣工验收合格的，以竣工验收合格之日为竣工日期……”

备案的建设单位，义务履行期限的法定起算日期[①]，是履行保修义务的施工单位，保修期限的法定起算日期[②]；

(3) 验收程序的完成，是使用工程的建设单位向施工单位就工程质量主张权利的前提条件（合理使用寿命内地基基础工程和主体结构质量除外）[③]。

基于此，对于建设单位未遵守上述竣工验收制度的违法行为，我国《质量管理条例》规定：

(1) 未组织竣工验收或验收不合格，擅自交付使用建设工程，以及“对不合格的建设工程按照合格工程验收”的，应责令改正，处工程合同价款 2% ~ 4% 的罚款，承担损失赔偿责任[④]；

(2) 未按规定报送竣工验收报告、有关认可或准许使用文件备案的，应责令改正，并处 20 万 ~ 50 万元罚款[⑤]；

(3) 未在竣工验收后，向有关行政部门移交建设项目档案的，应责令改正，处 1 万 ~ 10 万元罚款[⑥]。

【律师提醒】

(1) 建设工期的延长会对承发包双方造成不同程度的损失，但最终双方的损失将会由责任方承担。而责任方的确定则由引起的原因、合同的约定、行业的惯例等诸因素最终确定，可能是单方责任，也可能是双方责任。如果是双方责任则

---

① 《建设工程质量管理条例》第四十九条规定：
“建设单位应当**自建设工程竣工验收合格之日起 15 日内**，将建设工程竣工验收报告和规划、公安消防、环保等部门出具的认可文件或者准许使用文件报建设行政主管部门或者其他有关部门**备案**。”

② 《建设工程质量管理条例》第四十条第三款规定：
“**建设工程的保修期，自竣工验收合格之日起计算。**”

③ 《最高人民法院关于审理建设工程施工合同纠纷案件适用法律问题的解释》第十三条规定：
“**建设工程未经竣工验收，发包人擅自使用后，又以使用部分质量不符合约定为由主张权利的，不予支持**；但是承包人应当在建设工程的合理使用寿命内对地基基础工程和主体结构质量承担民事责任。”

④ 《建设工程质量管理条例》第五十八条规定：
“违反本条例规定，建设单位有下列行为之一的，**责令改正，处工程合同价款百分之二以上百分之四以下的罚款；造成损失的，依法承担赔偿责任**：
（一）**未组织竣工验收，擅自交付使用**的；
（二）**验收不合格，擅自交付使用**的；
（三）**对不合格的建设工程按照合格工程验收**的。”

⑤ 《建设工程质量管理条例》第五十六条规定：
“违反本条例规定，建设单位有下列行为之一的，**责令改正，处 20 万元以上 50 万元以下的罚款**：
……（八）**未按照国家规定将竣工验收报告、有关认可文件或者准许使用文件报送备案的。**”

⑥ 《建设工程质量管理条例》第五十九条规定：
“违反本条例规定，建设工程竣工**验收后，建设单位未向建设行政主管部门或者其他有关部门移交建设项目档案的，责令改正，处 1 万元以上 10 万元以下的罚款。**”

按责任大小来分摊。因此，如果出现工期延长的情况，承发包双方应注意收集两方面的证据。第一类证据是证明工期延长责任是相对方，第二类证据是证明工期延长造成的损失多少。

（2）实际工期＝实际竣工日期－实际开工日期，故由于建设工期纠纷由实际开工日期引起的情况相对较少，大多数情况是由于对实际竣工日期认定的不同而引起。因此应注意：

1）在施工承包合同中明确约定何种情况属于实际竣工日期；

2）如果没有约定清楚，则应当对法定的实际竣工日期有所了解；即：验收合格之日、递交报告之日、擅自使用之日。

（3）为了防止发包人以拖延工程竣工结算从而达到拖延支付工程竣工结算余款的目的，应注意：

1）承包人要善于使用"逾期不结算，视为认可"的约定。

2）在"逾期不结算，视为认可"的约定中，必须明确发包人完成竣工结算的时间以及逾期不完成的后果。

3）只有当双方当事人明确约定工程价款的结算适用《建筑工程施工发包与承包计价管理办法》（建设部第107号令）或《建设工程价款结算暂行办法》（财建[2004]369号文），才能使部门规章的规定转化为双方当事约定。才能起到"逾期不答复，视为认可"的法律后果。

四、质量保修制度的条款

【主要条款】

◆《中华人民共和国建筑法》第六十二条规定：

"建筑工程实行质量保修制度。

建筑工程的保修范围应当包括地基基础工程、主体结构工程、屋面防水工程和其他土建工程，以及电气管线、上下水管线的安装工程，供热、供冷系统工程等项目；保修的期限应当按照保证建筑物合理寿命年限内正常使用，维护使用者合法权益的原则确定。具体的保修范围和最低保修期限由国务院规定。"

◆《建设工程质量管理条例》第三十九条规定：

"建设工程实行质量保修制度。

建设工程承包单位在向建设单位提交工程竣工验收报告时，应当向建设单位出具质量保修书。质量保修书中应当明确建设工程的保修范围、保修期限和保修责任等。”

◆《建设工程质量管理条例》第四十一条规定：

“建设工程在保修范围和保修期限内发生质量问题的，施工单位应当履行保修义务，并对造成的损失承担赔偿责任。”

【条款解析】

针对建设工程在竣工验收完成以后所出现的质量缺陷，《建筑法》第六十二条第一款与《质量管理条例》第三十九条第一款均规定，我国实行“质量保修制度”。

根据《质量管理条例》第四十一条关于保修制度内容的规定，施工单位应就建设工程在保修范围和保修期限内出现的质量缺陷，履行保修义务。据此，“保修范围”与“保修期限”是施工单位履行保修义务的决定因素。前述两者的具体范围和期限，可以依据双方约定或根据法律法定，予以确定（图 4-4）：

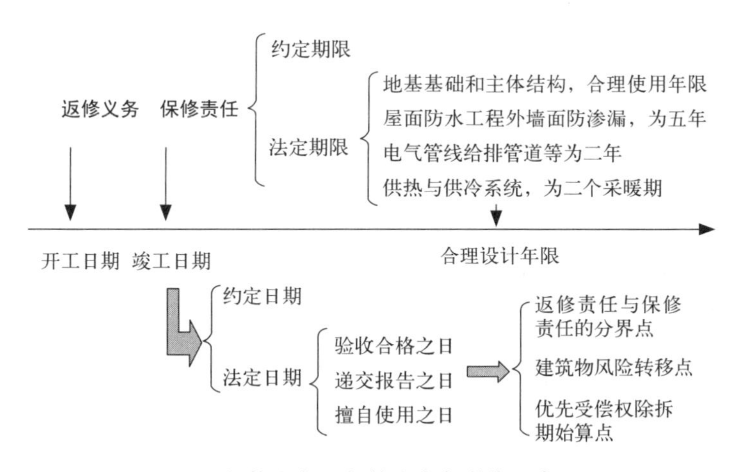

图 4-4　保修义务及保修义务相关期限归纳图

一则，建设工程的承包人与发包人之间，可以根据《合同法》，通过双方在施工合同中约定“质量保修范围和质量保证期”的相关条款[①]；或者根据《质量管理条例》第三十九条第二款规定，通过施工单位在提交工程竣工验收报告时出具的“质

① 《中华人民共和国合同法》第二百七十五条规定：

“施工合同的内容包括……质量保修范围和质量保证期、双方相互协作等条款。”

量保修书”；或者通过函件往来、补充协议等其他合意形式，对于建设工程保修义务的具体保修范围以及保修期限进行明确。

再则，《建筑法》第六十二条第二款规定，建设工程法定的保修项目包括：地基基础、主体结构、屋面防水和其他土建，以及电气管线、上下水管线安装，供热、供冷系统工程等项目；最低的保修期限以“保证建筑物合理寿命年限内正常使用，维护使用者合法权益的原则”确定。

在此基础上，《质量管理条例》对正常使用条件下，上述法定的范围与期限予以细化和补充①，其范围具体为：“基础设施、房屋建筑的地基基础和主体结构工程”、“屋面防水工程、有防水要求的卫生间、房间和外墙面的防渗漏”、“供热供冷系统”、“电气管线、给排水管道、设备安装和装修工程”；期限分别为：设计的合理使用年限、“5 年”、“2 个采暖或供冷期”、“2 年”。

基于法定保修范围与最低保修期限的强制性，在上述约定与法定的范围与期限不一致的情况下，应当遵循“就高不就低”的原则确定出现的质量缺陷及保修期限②。此外，关于后者的期限起算，根据《质量管理条例》规定，“自竣工验收合格之日起计算”③。

工程实践中，为确保保修义务的履行，施工合同的承发包之间往往就工程保修达成关于“质保金”的相关约定④。发包人通常在支付竣工结算余款时，按约定比例保留 5% 左右的价款金额作为“质保金”，待保修期限届满，扣除期限内相应的修复费用（如果有）后，退还承包人⑤。

---

① 《建设工程质量管理条例》第四十条第一款规定：
“在正常使用条件下，**建设工程的最低保修期限**为：
（一）基础设施工程、房屋建筑的地基基础工程和主体结构工程，为**设计文件规定的该工程的合理使用年限**；
（二）屋面防水工程、有防水要求的卫生间、房间和外墙面的防渗漏，为 **5 年**；
（三）供热与供冷系统，为 **2 个采暖期、供冷期**；
（四）电气管线、给排水管道、设备安装和装修工程，为 **2 年**。”

② 《浙江省高级人民法院〈关于审理建设工程施工合同纠纷案件若干疑难问题的解答〉》第四条规定：
“建设工程施工合同中**约定的正常使用条件下工程的保修期限低于国家和省规定的最低期限的**，该约定应认定**无效**。”

③ 《建设工程质量管理条例》第四十条第三款规定：
“**建设工程的保修期，自竣工验收合格之日起计算。**”

④ 《建设工程价款结算暂行办法》第七条规定：
“**发包人、承包人**应当在合同条款中对涉及工程价款结算的下列事项进行**约定**：
……（七）**工程质量保证（保修）金的数额、预扣方式及时限**……”

⑤ 《建设工程价款结算暂行办法》第十四条规定：
“工程完工后，双方应按照约定的合同价款及合同价款调整内容以及索赔事项，进行工程竣工结算。
……（四）工程竣工价款结算：发包人收到承包人递交的竣工结算报告及完整的结算资料后……发包人根据确认的竣工结算报告向承包人支付工程竣工结算价款，**保留 5% 左右质量保证金，待工程交付使用一年质保期到期后清算**（合同另有约定的，从其约定），**质保期内如有返修，发生费用应在质量保证（保修）金内扣除**……”

关于质量保修的法律责任，对于施工单位违反“质量保修制度”的行为，法律规定：

（1）拒绝或迟延履行保修义务的，根据《建筑法》[①]与《质量管理条例》[②]有关规定，应“责令改正，处10万元以上20万元以下的罚款”，并对“在保修期内因屋顶、墙面渗漏、开裂等质量缺陷造成的损失”，承担赔偿责任；

（2）申请资质升级或增项之日起前一年内，因此造成严重后果的，根据《建筑业企业资质管理规定》该申请不予准许[③]；

（3）由于未及时保修而造成建筑物毁损或人身、财产损害的，根据司法解释相关规定，应予以赔偿[④]。在“建筑物所有人或者发包人”对“建筑物毁损”也有过错的情况下，按过错比例承担相应责任[⑤]。

【律师提醒】

（1）本律师认为：

1）发包人可以与承包人约定保修期长于相应的法定保修期。

2）承包人也可以与发包人约定保修金返还时间早于约定的保修期。

3）发包人可以与承包人约定保修金返还比例与保修部位的工程造价相对应。

（2）本律师认为：

1）保修期只针对承包人的施工质量，但是，如果承包人以次充好，弄虚作假改变建筑材料、构配件和设备的，原则上不受保修期限的限制。

2）如果超过约定或法定的保修期后工程合理使用寿命前，对地基基础工程和主体结构出现质量问题，承包人还应承担相应的责任。

3）如果尚在保修期内，但是，保修金已退还，承包人还应履行保修义务，如

---

① 《中华人民共和国建筑法》第七十五条规定：
“建筑施工企业违反本法规定，**不履行保修义务或者拖延履行保修义务**的，责令改正，可以处以**罚款**，并对在保修期内因屋顶、墙面渗漏、开裂等质量缺陷造成的损失，**承担赔偿责任**。”

② 《建设工程质量管理条例》第六十六条规定：
“违反本条例规定，施工单位**不履行保修义务或者拖延履行保修义务**的，**责令改正**，处10万元以上20万元以下的**罚款**，并对在保修期内因质量缺陷造成的损失**承担赔偿责任**。”

③ 《建筑业企业资质管理规定》第二十一条：
“取得建筑业企业资质的企业，申请资质升级、资质增项，在申请之日起前一年内有下列情形之一的，**资质许可机关不予批准企业的资质升级申请和增项申请**：
……（十）**未依法履行**工程质量保修义务或**拖延履行保修义务，造成严重后果的**……”

④ 《最高人民法院关于审理建设工程施工合同纠纷案件适用法律问题的解释》第二十七条第一款规定：
“因保修人**未及时履行保修义务，导致建筑物毁损或造成人身、财产损害**的，保修人应当**承担赔偿责任**。”

⑤ 《最高人民法院关于审理建设工程施工合同纠纷案件适用法律问题的解释》第二十七条第二款规定：
“保修人与建筑物所有人或者发包人对建筑物毁损**均有过错**的，**各自承担相应的责任**。”

果承包人拒绝履行其义务，发包人可以委托人第三方完成保修义务，其费用由承包人承担。

(3) 在我国的司法实践中，施工合同的效力，原则上不影响施工单位承担其关于双方约定的，包括质量保修义务在内的工程质量责任[①]。

第三节 工程质量法定义务的条款

一、建设单位法定义务的条款

【主要条款】

◆《建设工程质量管理条例》第十四条第一款规定：

“按照合同约定，由建设单位采购建筑材料、建筑构配件和设备的，建设单位应当保证建筑材料、建筑构配件和设备符合设计文件和合同要求。”

◆《建设工程质量管理条例》第十条规定：

“建设工程发包单位不得迫使承包方以低于成本的价格竞标，不得任意压缩合理工期。

建设单位不得明示或者暗示设计单位或者施工单位违反工程建设强制性标准，降低建设工程质量。”

◆《中华人民共和国建筑法》第五十四条第一款规定：

“建设单位不得以任何理由，要求建筑设计单位或者建筑施工企业在工程设计或者施工作业中，违反法律、行政法规和建筑工程质量、安全标准，降低工程质量。”

【条款解析】

鉴于建筑活动的专业性，一般情况下，建设工程的技术风险主要由勘察、设计与施工单位承担，而除建设工程总承包（EPC 合同）外，其商业风险则由建设单位承担。因而，“工程质量”通常由承包建设工程的单位负责，但这并不表示建设单位对于建设工程完全不承担任何质量责任。

---

① 《浙江省高级人民法院〈关于审理建设工程施工合同纠纷案件若干疑难问题的解答〉》第二十条规定：
“建设工程施工合同无效，不影响发包人按合同约定、承包人出具的质量保修书或法律法规的规定，请求承包人承担工程质量责任。”

除应当严格遵守法律就“建设工程发包”所规定的行为规范（详见第一章第二节），以及法定的强制监理（详见本章第二节）与竣工验收（本章第二节）制度外，建设单位关于质量的法定义务，主要集中在有关质量监督的行政手续办理、“甲供料”情形下的材料设备采购、作为发包人的相关工程要求，具体而言（图4-5）：

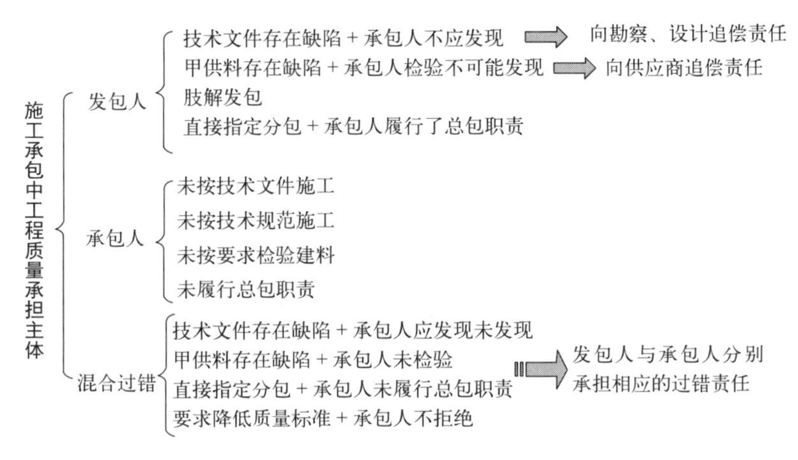

图4-5　工程质量承担主体归纳图

第一，根据《质量管理条例》规定，建设单位应在工程开工前，“按照国家有关规定办理工程质量监督手续”①，并根据《建筑法》规定，除特定限额以下的小型工程外，应当在具备“有保障工程质量具体措施”②的条件下申领施工许可证③。未完成该手续办理的，“一律不得开工”④。

第二，在建设工程合同约定由建设单位负责建筑材料、构配件和设备采购，即“甲供料”的情况下，根据《质量管理条例》第十四条第一款规定，建设单位负有保证建筑材料、建筑构配件和设备“符合设计文件和合同要求”的法定义务。

① 《建设工程质量管理条例》第十三条规定：
“**建设单位**在领取施工许可证或者开工报告前，应当**按照国家有关规定办理工程质量监督手续**。”

② 《中华人民共和国建筑法》第八条第一款第六项规定：
“**申请领取施工许可证**，应当具备下列条件：
……（六）**有保证工程质量和安全的具体措施**……”

③ 《中华人民共和国建筑法》第七条第一款规定：
“**建筑工程开工前**，建设单位应当按照国家有关规定向工程所在地县级以上人民政府建设行政主管部门**申请领取施工许可证**；但是，国务院建设行政主管部门确定的限额以下的小型工程除外。”

④ 《建筑工程施工许可管理办法》第三条第一款规定：
“本办法规定**必须申请领取施工许可证的建筑工程未取得施工许可证的，一律不得开工**。”

第三，建设单位关于其作为发包人的工程要求，除应当遵守《质量管理条例》第十条关于禁止“低于成本价格，压缩合理工期”的规定外，结合《建筑法》第五十四条规定，不得以任何理由，通过明示或者暗示等方式要求设计、施工单位在工程设计或施工作业中，违反工程建设强制性标准，降低工程质量，或要求施工单位使用不合格的建筑材料、构配件与设备①。

在此基础上，对于体现建设单位工程要求的主要载体——设计文件，根据《勘察设计管理条例》规定，禁止建设单位作擅自修改；确需修改的，应由原设计单位，或经其同意由建设单位委托其他设计单位修改；需作重大修改的，应由建设单位报经原审批机关批准②。

【律师提醒】

（1）发包人应注意：对未经验收合格的建设工程不得擅自使用。否则将会承担以下的法律后果：

1）除责令重新验收外，还会承担以工程合同价款的百分之二以上百分之四以下行政罚款。

2）免除了承包人对擅自使用部位进行返修的义务。

3）免除了除地基基础工程和主体结构在合理寿命内的民事责任以外的承包人擅自使用部分的保修义务。

4）承担擅自使用造成损失的赔偿承担。

（2）根据《质量管理条例》规定，施工图设计文件，应由建设单位负责报相关行政主管部门审查，未经审查批准不得使用③。装修工程涉及建筑主体和承重结构变动的，应由建设单位委托设计单位提出设计方案。没有方案的不得施工④。

---

① 《建设工程质量管理条例》第十四条第二款规定：
“**建设单位不得明示或者暗示施工单位使用不合格的建筑材料、建筑构配件和设备。**”

② 《建设工程勘察设计管理条例》第二十八条规定：
“建设单位、施工单位、监理单位**不得修改建设工程勘察、设计文件**；确需修改建设工程勘察、设计文件的，应当**由原建设工程勘察、设计单位修改。**经原建设工程勘察、设计单位**书面同意**，建设单位也可以**委托其他具有相应资质的**建设工程勘察、**设计单位修改**……建设工程勘察、设计文件内容**需要作重大修改的，建设单位应当报经原审批机关批准后，方可修改。**”

③ 《建设工程质量管理条例》第十一条规定：
“**建设单位应当将施工图设计文件报**县级以上人民政府建设行政主管部门或者其他有关部门**审查。**施工图设计文件审查的具体办法，由国务院建设行政主管部门会同国务院其他有关部门制定。**施工图设计文件未经审查批准的，不得使用。**”

④ 《建设工程质量管理条例》第十五条规定：
“**涉及建筑主体和承重结构变动的装修工程**，建设单位应当在施工前委托原设计单位或者具有相应资质等级的设计单位**提出设计方案；没有设计方案的，不得施工。**”

（3）需要特别注意的是：关于勘察文件的修改，建设单位负担与设计文件禁止修改相同的法定义务。

二、勘察单位法定义务的条款

【主要条款】

◆《中华人民共和国建筑法》第五十六条规定：

“建筑工程的勘察、设计单位必须对其勘察、设计的质量负责。勘察、设计文件应当符合有关法律、行政法规的规定和建筑工程质量、安全标准、建筑工程勘察、设计技术规范以及合同的约定。”

◆《中华人民共和国合同法》第二百八十条规定：

“勘察、设计的质量不符合要求或者未按照期限提交勘察、设计文件拖延工期，造成发包人损失的，勘察人、设计人应当继续完善勘察、设计，减收或者免收勘察、设计费并赔偿损失。”

◆《建设工程勘察设计管理条例》第三十条规定：

“建设工程勘察、设计单位应当在建设工程施工前，向施工单位和监理单位说明建设工程勘察、设计意图，解释建设工程勘察、设计文件。建设工程勘察、设计单位应当及时解决施工中出现的勘察、设计问题。”

【条款解析】

从实践角度出发，建设工程实施阶段的工作主要由三部分内容构成——勘察、设计、施工。根据《质量管理条例》的规定，工程建设应当严格执行基本的建设程序，即：建设工程各参与方应当遵循“先勘察、后设计、再施工”的原则[①]，开展并推进工程建设。

因此，理论上，勘察单位所提交的勘察文件质量是保证设计和施工质量的基础，其依法按约履行有关勘察质量的法定义务，是确保建设工程实际竣工质量最终“合格”且符合建设单位要求的前提条件。

---

① 《建设工程质量管理条例》第五条规定：
“从事建设工程活动，必须严格执行基本建设程序，坚持先勘察、后设计、再施工的原则。”

就承包建设工程的勘察单位而言，其应当对勘察的成果[1]及其修改[2]的质量负责。其所负涉及质量的法定义务，主要在体现“对勘察成果保证真实准确”、“就质量问题继续完善文件”以及“为工程施工说明解决问题”这三个方面。

【律师提醒】

（1）根据《建筑法》第五十六条规定，勘察单位应首先确保其勘察工作的质量。结合《勘察设计管理条例》相关规定，具体而言，勘察单位应当执行国家规定的建设工程勘察程序[3]，以“项目批准文件、城市规划、强制性标准、法定勘察深度要求”[4]为编制依据，保证其勘察文件符合“有关法律、行政法规的规定和建筑工程质量、安全标准、建筑工程勘察技术规范以及合同的约定”。

就上述勘察工作的质量要求而言，对于其中地质、测量、水文等勘察成果最为重要的是：“必须真实、准确”[5]。且根据《勘察设计管理条例》规定，应当满足建设工程规划、选址、设计、岩土治理和施工的需要[6]。

（2）履行勘察合同的勘察单位，作为承包人所完成勘察质量不符合要求的，根据《合同法》第二百八十条约定，应当对其工作成果继续进行完善。在此基础上，对于勘察文件在使用过程中发现的质量问题，《勘察设计管理条例》规定：在施工、监理单位发现勘察文件不符合工程建设强制性标准或合同约定的质量要求后报告建设单位的情况下，建设单位有权要求勘察单位补充或修改勘察文件[7]。

---

① 《中华人民共和国建筑法》第五十六条规定：
“建筑工程的**勘察**、设计单位**必须对其勘察**、设计的**质量负责**……”

② 《建设工程勘察设计管理条例》第二十八条规定：
“……经**原建设工程勘察、设计单位书面同意**，建设单位也可以**委托**其他具有相应资质的建设工程勘察、设计单位修改。**修改单位对修改的勘察、设计文件承担相应责任**……”

③ 《建设工程勘察设计管理条例》第二十二条规定：
“建设工程勘察、设计的发包方与承包方，**应当执行国家规定的建设工程勘察**、设计程序。”

④ 《建设工程勘察设计管理条例》第二十五条规定：
“**编制建设工程勘察**、设计**文件，应当以下列规定为依据**：
（一）**项目批准文件**；
（二）**城市规划**；
（三）工程建设**强制性标准**；
（四）国家规定的建设工程**勘察、设计深度要求**。”

⑤ 《建设工程质量管理条例》第二十条规定：
“勘察单位提供的地质、测量、水文等**勘察成果必须真实、准确**。”

⑥ 《建设工程勘察设计管理条例》第二十六条规定：
“编制建设工程勘察文件，应当真实、准确，**满足建设工程规划、选址、设计、岩土治理和施工的需要**。”

⑦ 《建设工程勘察设计管理条例》第二十八条规定：
“……施工单位、监理单位发现建设工程勘察、设计文件不符合工程建设强制性标准、合同约定的质量要求的，应当报告建设单位，**建设单位有权要求建设工程勘察**、设计**单位对建设工程勘察**、设计**文件进行补充、修改**……”

据此，无论在提交后还是使用时，勘察文件经发现不符合工程建设强制性标准或者勘察合同质量要求的，勘察单位均应当履行其修改、补充的法定完善义务。

（3）由于勘察单位的勘察文件是施工、勘察单位在工程施工阶段的工作依据之一。因此，以施工质量为考量，《勘察设计管理条例》规定，勘察单位应当为建设单位后续施工的发包，围绕工程施工履行相应的附随义务。

三、设计单位法定义务的条款

【主要条款】

◆《中华人民共和国建筑法》第五十六条规定：

“建筑工程的勘察、设计单位必须对其勘察、设计的质量负责。勘察、设计文件应当符合有关法律、行政法规的规定和建筑工程质量、安全标准、建筑工程勘察、设计技术规范以及合同的约定。设计文件选用的建筑材料、建筑构配件和设备，应当注明其规格、型号、性能等技术指标，其质量要求必须符合国家规定的标准。”

◆《建设工程质量管理条例》第二十二条规定：

“设计单位在设计文件中选用的建筑材料、建筑构配件和设备，应当注明规格、型号、性能等技术指标，其质量要求必须符合国家规定的标准。

除有特殊要求的建筑材料、专用设备、工艺生产线等外，设计单位不得指定生产厂、供应商。”

◆《建设工程质量管理条例》第二十四条规定：

“设计单位应当参与建设工程质量事故分析，并对因设计造成的质量事故，提出相应的技术处理方案。”

【条款解析】

建设工程的设计和勘察，在某种意义上，均是为工程建设最后阶段物化的施工所作的前期准备，故两者在涉及质量的法律适用上存在较多重叠。所以，关于工程质量，设计单位与勘察单位一样，应对于文件的提交和修改履行有关质量、完善和说明的义务（详见本章第三节）。

除此之外，基于工程设计较之勘察，无论在工作内容还是阶段时间上与施工的关系更为紧密，集中体现建设单位对于其发包工程的要求。因此，设计单位还应当履行其他关于设计内容的深度、材料设备的选用，质量事故的处理的法定义务。

首先，设计文件的质量除了符合《建筑法》第五十六条所规定的“有关法律、行政法规的规定和建筑工程质量、安全标准、技术规范以及合同的约定”外，还应根据勘察成果设计建设工程，并符合法定设计深度要求，注明合理使用年限。

其次，为了避免设计单位由于利害关系，在文件中通过指定生产厂、供应商方式，选用技术指标不符合质量要求的建筑材料、配件和设备，进而最终对建设工程质量造成损害。相关行政法规不允许设计单位在其文件中选择建筑、建筑构配件和设备的生产厂或供应商。

对上述设计单位的禁止行为，《质量管理条例》第二十二条第二款规定：除有特殊要求的建筑材料、专用设备、工艺生产线等外，设计单位不得指定生产厂、供应商。《勘察设计管理条例》对此再次予以明确。

最后，由于“按图施工”是施工单位有关施工质量最为重要和基本的法定义务（详见本章第三节），故设计文件是施工单位以及监理单位在建设工程施工阶段开展施工作业和监理工作的主要依据。设计单位应当为建设单位后续施工的发包，围绕工程的施工履行相应法定义务。

【律师提醒】

（1）关于设计文件的编制，根据《勘察设计管理条例》有关规定，初步设计文件应满足编制施工招标文件、施工图设计文件及主要设备材料订货之需要；施工图设计文件应当满足设备材料采购、非标准设备制作及施工之需要[①]。

（2）对于设计文件中所选用的建筑材料、配件和设备，根据《质量管理条例》第二十二条第一款规定，设计单位应注明其规格、型号、性能等技术指标，且须符合相应国家标准的质量要求。

（3）在建设工程施工的开工前与过程中，向施工、监理单位说明设计意图、解释设计文件、解决设计问题外，设计单位根据《质量管理条例》第二十四条规定，还应参与建设工程质量的事故分析，并对因设计造成的质量事故，提出相应的技术处理方案。

---

① 《建设工程勘察设计管理条例》第二十六条规定：
“……编制初步设计文件，应当满足编制施工招标文件、主要设备材料订货和编制施工图设计文件的需要。编制施工图设计文件，**应当满足设备材料采购、非标准设备制作和施工的需要，并注明建设工程合理使用年限。**”

四、施工单位法定义务的条款

我国有关建设工程的法律所追求的“实际竣工质量与国家质量标准和建设单位要求相符且一致”，最终以施工单位在施工阶段的物化劳动予以锁定。因此，在建设单位与施工单位之间，关于工程质量的技术风险主要由后者承担。为此，《建筑法》规定，施工质量作为建设工程质量的主要决定因素应由施工单位负责[①]。在此基础上，《质量管理条例》进一步细化规定，施工单位应“确定工程项目的项目经理、技术负责人和施工管理负责人”，通过建立“质量责任制”[②]，以具体落实其施工质量的“负责”。

具体而言，施工单位除依法应当按照技术标准施工[③]，并遵守质量保修制度（详见本章第二节）外，对于工程质量的法定义务主要体现在三个方面。

（一）按图施工义务的条款

【主要条款】

◆《中华人民共和国建筑法》第五十八条第二款规定：

“建筑施工企业必须按照工程设计图纸和施工技术标准施工，不得偷工减料。工程设计的修改由原设计单位负责，建筑施工企业不得擅自修改工程设计。”

◆《建设工程质量管理条例》第十一条第二款规定：

“施工图设计文件未经审查批准的，不得使用。”

◆《建设工程质量管理条例》第二十八条第二款规定：

“施工单位在施工过程中发现设计文件和图纸有差错的，应当及时提出意见和建议。”

---

① 《中华人民共和国建筑法》第五十八条第一款规定：
“建筑施工企业对工程的施工质量负责。”

② 《建设工程质量管理条例》第二十六条第二款规定：
“施工单位应当建立质量责任制，确定工程项目的项目经理、技术负责人和施工管理负责人。”

③ 《建设工程质量管理条例》第二十八条第一款：
“施工单位必须按照工程设计图纸和施工技术标准施工，不得擅自修改工程设计，不得偷工减料。”

【条款解析】

工程设计图纸体现建设单位对工程的质量要求并应符合国家法定的质量标准[①]，为最终保证建设工程的实际竣工质量，《建筑法》第五十八条规定“建筑施工企业必须按照工程设计图纸和施工技术标准施工”，即：履行“按图施工”的法定义务。所以，施工单位应当正确理解“按图施工”的法律概念。

首先，对于“按图施工”概念中施工单位用“图”的定义应作狭义理解。根据《质量管理条例》第十一条第二款，结合《勘察设计管理条例》的相关规定[②]，应当经有关行政主管部门就“工程建设强制性标准”等方面内容进行审核并批准，否则不得使用。

据此，施工单位开展施工作业所按照的图纸，应当专指：经有关行政主管部门审核批准的施工图设计文件。

其次，对于“按图施工”概念中施工单位所“按”的方式应作广义理解。根据《建筑法》第五十八条第二款，结合《质量管理条例》的相关规定[③]，施工单位除应当严格按照工程设计图纸施工外，不得擅自修改设计文件。《勘察设计管理条例》在禁止施工单位修改设计的基础上，进一步规定：确需修改的，应由原设计单位，或经其同意由建设单位委托其他设计单位修改[④]。

据此，“按图施工”的内容，不但包括应当按照图纸施工，不得偷工减料，而且包括禁止不得擅自修改设计文件。

再次，对于“按图施工”概念的理解不应绝对化，即在发现设计文件存在错误的情况下，施工单位不应该教条地继续其对于“按图施工”义务的严格执行。我国建筑法律体系给予施工单位部分关于设计文件的法定义务：根据《质量管理条例》第二十八条第二款规定，施工单位发现图纸有差错的，应提出意见和建议；《勘

① 《中华人民共和国建筑法》第五十六条规定：
“……勘察、**设计文件应当符合有关法律、行政法规的规定和建筑工程质量、安全标准、建筑工程勘察、设计技术规范以及合同的约定**……”

② 《建设工程勘察设计管理条例》第三十三条规定：
“县级以上人民政府建设**行政主管部门**或者交通、水利等有关部门**应当对施工图设计文件中涉及公共利益、公众安全、工程建设强制性标准的内容进行审查**。施工图设计文件未经审查批准的，不得使用。”

③ 《建设工程质量管理条例》第二十八条第一款：
“施工单位必须按照工程设计图纸和施工技术标准施工，**不得擅自修改工程设计**，不得偷工减料。”

④ 《建设工程勘察设计管理条例》第二十八条规定：
“建设单位、施工单位、监理单位不得修改建设工程勘察、设计文件；**确需修改建设工程**勘察、**设计文件的，应当由原建设工程**勘察、**设计单位修改。经原建设工程**勘察、设计单位**书面同意**，建设单位**也可以委托其他具有相应资质的建设工程**勘察、**设计单位修改**……建设工程勘察、设计文件内容需要作重大修改的，建设单位应当报经原审批机关批准后，方可修改。”

察设计管理条例》对于其中有关工程质量的差错进一步规定，施工单位发现勘察、设计文件“不符合工程建设强制性标准、合同约定的质量要求”的，应向建设单位报告。

据此，在遵循“按图施工”的原则下，施工单位对设计文件负有“发现明显错误”并“及时提出意见和建议”或“向建设单位报告”的法定义务，否则，不当然免除其关于该设计部分的质量责任[①]。

（二）协作检查义务的条款

【主要条款】

◆《中华人民共和国合同法》第二百七十八条规定：

“隐蔽工程在隐蔽以前，承包人应当通知发包人检查。发包人没有及时检查的，承包人可以顺延工程日期，并有权要求赔偿停工、窝工等损失。”

◆《建设工程质量管理条例》第三十条规定：

“施工单位必须建立、健全施工质量的检验制度，严格工序管理，作好隐蔽工程的质量检查和记录。隐蔽工程在隐蔽前，施工单位应当通知建设单位和建设工程质量监督机构。”

◆《中华人民共和国建筑法》第五十九条规定：

“建筑施工企业必须按照工程设计要求、施工技术标准和合同的约定，对建筑材料、建筑构配件和设备进行检验，不合格的不得使用。”

【条款解析】

为确保建设工程的质量符合发包人约定的质量要求，施工单位承包建设工程的，应当依法履行施工合同关系中关于质量检查的协作义务（详见第三章第一节）。该“协作”不但涉及施工单位“接受检查”的内容，而且包括施工单位“主动检验”的义务。

① 《浙江省高级人民法院关于审理建设工程施工合同纠纷案件若干问题的意见》第十五条规定：
“具有下列责任之一，承包人要求免除其对建设工程质量承担责任的，不予支持：
承包人明知发包人提供的设计图纸存在问题或者在施工过程中发现问题，而没有及时提出意见和建议继续施工的……”

第一，除适用竣工验收制度（详见本章第二节）外，《合同法》对发包人关于工程质量的检查，赋予其在施工作业期间“随时”进行检查的权利[①]。

据此，施工单位作为承包人的，首先负有“接受检查”的法定义务。其次，不妨碍其正常作业的前提下，时间上应当“随时”接受发包人的检查。再次，基于互为协作的义务性质，施工单位应当为发包人的检查提供基本的便利条件并配备相应的参验人员。最后，结合《合同法》第二百七十条与《质量管理条例》第三十条的规定，“隐蔽工程在隐蔽以前”，施工单位依法必须接受质量检查，且应当对此向建设单位以及建设工程质量监督机构履行法定的通知义务。

第二，《质量管理条例》第三十条规定：施工单位必须建立、健全施工质量的检验制度，严格工序管理，作好隐蔽工程的质量检查和记录。

据此，施工单位对其施工质量，首先负有“主动检验”的义务。

其次，对于其中质检的内容，除“隐蔽工程的质量检查和记录”外，结合《建筑法》第五十九条以及《质量管理条例》的有关规定[②]，还包括“建筑材料、建筑构配件、设备和商品混凝土的检验”。

再次，就前述检验义务而言，其依据应按照“工程设计要求、施工技术标准和合同约定”，操作应当“有书面记录和专人签字”，其后果应当为“未经检验或者检验不合格的，不得使用”。

（三）质量返修义务的条款

【主要条款】

◆《中华人民共和国合同法》第二百八十一条规定：

“因施工人的原因致使建设工程质量不符合约定的，发包人有权要求施工人在合理期限内无偿修理或者返工、改建。经过修理或者返工、改建后，造成逾期交付的，施工人应当承担违约责任。”

◆《中华人民共和国建筑法》第六十条第二款规定：

“建筑工程竣工时，屋顶、墙面不得留有渗漏、开裂等质量缺陷；对已发现的

① 《中华人民共和国合同法》第二百七十七条规定：
“**发包人**在不妨碍承包人正常作业的情况下，可以**随时**对作业进度、质量**进行检查**。”

② 《建设工程质量管理条例》第二十九条规定：
“施工单位必须按照工程设计要求、施工技术标准和合同约定，**对建筑材料、建筑构配件、设备和商品混凝土进行检验**，检验应当有书面记录和专人签字；未经检验或者检验不合格的，不得使用。”

质量缺陷，建筑施工企业应当修复。”

◆《建设工程质量管理条例》第三十二条规定：

“施工单位对施工中出现质量问题的建设工程或者竣工验收不合格的建设工程，应当负责返修。”

【条款解析】

原则上，施工单位对其所承揽建设工程的质量问题均应当依法予以“修复”。就上述质量问题的“修复”而言，以建设工程通过竣工验收的节点为界面划分：在使用阶段属于“质量保修”制度的适用；在实施阶段即为“质量返修”义务的履行。

据此，除“质量保修”义务（详见本章第二节）外，“质量返修”属于承包建设工程的施工单位有关建设工程质量修复的主要法定义务（图 4-6）。

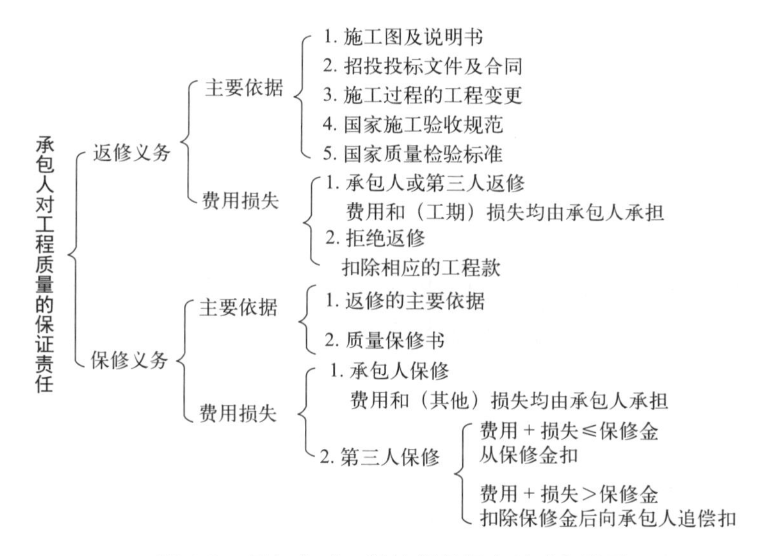

图 4-6　承包人对工程技师保证责任感归纳图

关于质量返修义务履行所涉及的时间、性质与责任，我国法律、法规制定了具体的规范内容：

第一，从质量问题发现时间的角度出发，施工单位对于“施工中”、“竣工时”，以及验收时发现的质量问题，根据《建筑法》第六十条第二款以及《工程质量管理条例》第三十二条的规定，均应当负责返修。

第二，从质量问题法律性质的角度出发，发现工程质量未达到国家建筑工程安全标准，即“不合格”的，根据《建筑法》第六十条第二款规定，施工单位一律应当进行返修。发现不符合发包人约定要求的，根据《合同法》第二百八十一条规定，施工单位对自身原因致使的质量问题，必须进行返修。

第三，从质量问题责任承担的角度出发，质量不合格的返修所造成工期延长的时间成本与修复费用的经济成本，根据《施工合同司法解释》相关规定，应按过错比例由负质量责任的一方单独或双方共同承担；质量不符约定的返修所造成的时间与经济成本，基于其为施工单位所致，故《合同法》第二百八十一条规定，应由施工单位自行承担。

【律师提醒】

（1）“按图施工”广义上既包括按照图纸的施工，还包括工程要求的执行（详见第三章第五节），故对于建设单位降低工程质量的要求，施工单位同样不应无条件执行，而应根据《建筑法》有关规定，“予以拒绝”①。对于建设单位的“工程指令”，相同于“施工图纸”，施工单位同样负有“发现明显错误”并“及时提出意见和建议”的法定义务。

（2）对于“甲供料”情形下的材料检验，施工单位作为特殊的承揽人，根据《合同法》关于承揽合同的规定，发现不符合约定的，应当及时履行通知发包人“更换、补齐或者采取其他补救措施”的相应协作义务，但禁止擅自进行更换②。此外，根据《质量管理条例》有关规定，施工单位的施工人员对涉及结构安全的试块、试件以及有关材料，应在建设单位或监理单位监督下现场取样，并送具有相应资质等级的质量检测单位进行检测③。

（3）承包建设工程的施工单位，在建设工程实施阶段，对于在施工过程中以及竣工验收时发现的“质量未达到国家建筑工程安全标准”或因自身原因“致使建设工程质量不符合约定”的质量问题，应当依法履行质量返修的法定义务。

---

① 《中华人民共和国建筑法》第五十四条第二款规定：
“**建筑设计单位和建筑施工企业对建设单位**违反前款规定**提出的降低工程质量的要求，应当予以拒绝。**”

② 《中华人民共和国合同法》第二百五十六条规定：
“定作人提供材料的，定作人应当按照约定提供材料。**承揽人对定作人提供的材料，应当及时检验**，发现不符合约定时，应当**及时通知定作人更换、补齐或者采取其他补救措施。**”

③ 《建设工程质量管理条例》第三十一条规定：
“施工人员对涉及结构安全的试块、试件以及有关材料，应当在建设单位或者工程监理单位监督下**现场取样，并送具有相应资质等级的质量检测单位进行检测。**”

五、监理单位法定义务的条款

除遵守监理制度中“利害关系回避”与“禁止业务转让”的规范外，监理单位的主要法定义务是代表建设单位对施工质量、建设工期和建设资金使用等方面实施监督[①]。其中，“对施工质量实施监理”[②]，是其在我国建筑法律体系“质量优先”的立法宗旨下首要的法定义务（详见本章第二节）。监理单位履行该义务，应当通过“选派具备相应资格的总监理工程师和监理工程师”等监理人员“进驻施工现场”[③]以“派驻项目监理机构”[④、⑤]的方式，对施工质量实施监督。

基于法律所赋予监理单位在施工阶段中“要求改正”、“支配进度”、“命令停工”的法定权利，通过动态过程的监督与静态环节的把控，采取相应措施或决定施工推进，乃至签发停工命令以暂停施工作业，最终完成涉及质量问题的整改，均是其项目监理机构和人员控制工程质量的三类主要手段和法定义务。

（一）按图施工义务的条款

【主要条款】

◆《建设工程质量管理条例》第三十八条规定：

“监理工程师应当按照工程监理规范的要求，采取旁站、巡视和平行检验等形式，对建设工程实施监理。”

◆《中华人民共和国建筑法》第三十二条第二、三款规定：

“工程监理人员认为工程施工不符合工程设计要求、施工技术标准和合同约定的，有权要求建筑施工企业改正。

---

① 《中华人民共和国建筑法》第三十二条第一款规定：
“**建筑工程监理**应当依照法律、行政法规及有关的技术标准、设计文件和建筑工程承包合同，对承包单位**在施工质量、建设工期和建设资金使用等方面**，代表建设单位**实施监督**。”

② 《建设工程质量管理条例》第三十六条规定：
“工程监理单位应当依照法律、法规以及有关技术标准、设计文件和建设工程承包合同，**代表建设单位对施工质量实施监理，并对施工质量承担监理责任**。”

③ 《建设工程质量管理条例》第三十七条第一款规定：
“**工程监理单位应当选派**具备相应资格的**总监理工程师和监理工程师进驻施工现场**。”

④ 《建设工程监理规范》GB/T 50319-2013 第 2.0.4 项规定：
“**项目监理机构工程监理单位派驻工程负责履行建设工程监理合同的组织机构**。”

⑤ 《建设工程监理规范》GB/T 50319-2013 第 3.1.1 项规定：
“工程监理单位实施监理时，**应在施工现场派驻项目监理机构**。”

工程监理人员发现工程设计不符合建筑工程质量标准或者合同约定的质量要求的，应当报告建设单位要求设计单位改正。”

◆《建设工程监理规范》第5.2.15款规定：

“项目监理机构发现施工存在质量问题的，或施工单位采用不适当的施工工艺，或施工不当，造成工程质量不合格的，应及时签发监理通知单，要求施工单位整改。整改完毕后，项目监理机构应根据施工单位报送的监理通知回复单对整改情况进行复查，提出复查意见。”

【条款解析】

根据《质量管理条例》第三十八条规定，监理的实施应当按工程监理规范的要求，采取“旁站”、“巡视”和“平行检验”等形式对工程建设的施工过程进行动态的监督。

关于上述规定中所依据的“工程监理规范的要求”，根据《建设工程监理规范》GB/T 50319－2013（以下简称《监理规范》）规定：

（1）采取旁站[①]形式的，项目监理机构和监理人员应依工程特点和施工组织设计，确定关键部位与工序，以进行旁站和记录[②]；

（2）采取巡视[③]形式的，项目监理机构和监理人员应对“施工是否按设计、标准和组织设计、（专项）施工方案”、“材料、构配件和设备是否合格”、“施工现场管理人员（工质量管理人员）是否到位”、“特种作业人员是否持证上岗”等涉及施工质量的内容进行巡视[④]；

---

① 《建设工程监理规范》GB/T 50319－2013第2.0.13项规定：

“旁站：项目监理机构对工程的关键部位或关键工序的施工质量进行的监督活动。”

② 《建设工程监理规范》GB/T 50319－2013第5.2.11款规定：

“项目监理机构应根据工程特点和施工单位报送的施工组织设计，确定旁站的关键部位、关键工序，安排监理人员进行旁站，并应及时记录旁站情况。”

③ 《建设工程监理规范》GB/T 50319－2013第2.0.14项规定：

“巡视：项目监理机构对施工现场进行的定期或不定期的检查活动。”

④ 《建设工程监理规范》GB/T 50319－2013第5.2.12项规定：

“项目监理机构应安排监理人员对工程施工质量进行巡视。巡视应包括下列主要内容：

1. 施工单位是否按工程设计文件、工程建设标准和批准的施工组织设计、（专项）施工方案施工。
2. 使用的工程材料、构配件和设备是否合格。
3. 施工现场管理人员，特别是施工质量管理人员是否到位。
4. 特种作业人员是否持证上岗。”

(3) 采取平行检验[①]形式的，项目监理机构应当根据工程特点、专业要求，以及建设工程监理合同约定，对施工质量进行平行检验。

经上述“旁站”、“巡视”和“平行检验”等形式的监督检查，监理单位的项目监理机构和监理人员对施工单位在施工过程中存在的质量问题，即认为其“工程施工不符合工程设计要求、施工技术标准和合同约定”的，根据《建筑法》第三十二条第二款规定，有权要求施工单位改正。具体而言，项目监理机构应当根据《监理规范》第 5.2.15 款规定，在发现施工存在质量问题，或采用不适当的施工工艺，或施工不当造成工程质量不合格的情况下，有权签发“监理通知单”要求施工单位予以整改，并在整改完毕后，根据其报送的“监理通知回复单”进行复查以提出意见。

（二）施工查验签认的条款

【主要条款】

◆《建设工程质量管理条例》第三十七条第二款规定：

“未经监理工程师签字，建筑材料、建筑构配件和设备不得在工程上使用或者安装，施工单位不得进行下一道工序的施工。未经总监理工程师签字，建设单位不拨付工程款，不进行竣工验收。”

◆《建设工程质量管理条例》第十六条第一款、第二款第四项规定：

“建设单位收到建设工程竣工报告后，应当组织设计、施工、工程监理等有关单位进行竣工验收。

建设工程竣工验收应当具备下列条件：

……（四）有勘察、设计、施工、工程监理等单位分别签署的质量合格文件。”

◆《建设工程监理规范》第 5.2.9 款规定：

“项目监理机构应审查施工单位报送的用于工程建设的材料、构配件、设备的质量证明文件，并应按有关规定、建设工程监理合同约定，对用于工程的材料进行见证取样、平行检验。项目监理机构对已进场经检验不合格的工程材料、构配件、

---

① 《建设工程监理规范》GB/T 50319-2013 第 2.0.15 项规定：
“平行检验：项目监理机构在施工单位自检的同时，按有关规定、建设工程监理合同约定对同一检验项目进行的检测试验活动。”

设备，应要求施工单位限期将其撤出施工现场。”

【条款解析】

根据《质量管理条例》第三十七条第二款规定，在建设工程施工阶段，材料设备的使用、后续工序的开展、工程价款的拨付、竣工验收的进行，均须经监理单位相关监理人员的签字同意。据此，结合《监理规范》的规定内容，监理单位应通过对施工中法定流程和项目环节进行查验签认的方式，把控工程的进展，从而实施对质量的控制，具体义务如下。

对于关系施工质量和推进的流程而言，根据《质量管理条例》第十六条第一款、第二款关于工程竣工验收主体及验收条件的规定，监理单位应当参与工程的验收，并履行其有关工程质量验收的相应义务。

结合《监理规范》的相关规定，监理单位的项目监理机构和人员应就施工单位“报验的隐蔽、检验批、分项和分部工程”[①]、“提交的单位工程竣工验收报审表及竣工资料”[②]，及建设单位“组织的竣工验收”[③]履行相应的（预）验收义务，并对不合格、存在问题或验收中提出整改问题的，要求施工单位整改。对合格（质量符合要求）的，给予签认（在验收报告中签署意见）。其中，对竣工预验收合格的，项目监理机构应编写工程质量评估报告，并经相应监理人员审核签字后报建设单位[④]；对已同意覆盖的隐蔽部位质量有疑问，或发现私自覆盖的，项目监理机构应要求施工单位对该隐蔽部位钻孔探测、剥离或其他方法进行重新检验[⑤]。

---

① 《建设工程监理规范》GB/T 50319－2013 第 5.2.14 项规定：
“项目监理机构**应对施工单位报验的隐蔽工程、检验批、分项工程和分部工程进行验收**，对验收合格的应给予签认；对验收不合格的应拒绝签认……”

② 《建设工程监理规范》GB/T 50319－2013 第 5.2.18 项规定：
“项目监理机构**应审查施工单位提交的单位工程竣工验收报审表及竣工资料**，组织工程竣工预验收……”

③ 《建设工程监理规范》GB/T 50319－2013 第 5.2.20 项规定：
“项目监理机构**应参加由建设单位组织的竣工验收**，对验收中提出的整改问题，应督促施工单位及时整改……”

④ 《建设工程监理规范》GB/T 50319－2013 第 5.2.19 项规定：
“工程竣工预验收**合格后**，项目监理机构**应编写工程质量评估报告**，并应经总监理工程师和工程监理单位技术负责人**审核签字后报建设单位**。”

⑤ 《建设工程监理规范》GB/T 50319－2013 第 5.2.14 项规定：
“对已同意覆盖的工程隐蔽部位**质量有疑问**的，或发现施工单位**私自覆盖工程隐蔽部位**的，项目监理机构**应要求施工单位对该隐蔽部位进行钻孔探测、剥离或其他方法进行重新检验**。”

（三）暂停命令签发的条款

【主要条款】

◆《建设工程监理规范》第 6.2.2 款规定：

“项目监理机构发现下列情况之一时，总监理工程师应及时签发工程暂停令：

1. 建设单位要求暂停施工且工程需要暂停施工的。

2. 施工单位未经批准擅自施工或拒绝项目监理机构管理的。

3. 施工单位未按审查通过的工程设计文件施工的。

4. 施工单位违反工程建设强制性标准的。

5. 施工存在重大质量、安全事故隐患或发生质量、安全事故的。”

◆《建设工程监理规范》第 6.2.6 款规定：

“因施工单位原因暂停施工时，项目监理机构应检查、验收施工单位的停工整改过程、结果。”

◆《建设工程监理规范》第 6.2.7 款规定：

“当暂停施工原因消失、具备复工条件时，施工单位提出复工申请的，项目监理机构应审查施工单位报送的工程复工报审表及有关材料，符合要求后，总监理工程师应及时签署审查意见，并应报建设单位批准后签发工程复工令；施工单位未提出复工申请的，总监理工程师应根据工程实际情况指令施工单位恢复施工。”

【条款解析】

就监理单位的“工程暂停令”（以下简称“停工令”）而言，《监理规范》对其项目监理机构的总监理工程师[①]所应履行及时签发停工令的义务设定五类法定情形，分别为：

（1）应建设单位要求，且工程需要的；

（2）施工单位未经批准擅自施工，或拒绝项目监理机构管理的；

（3）施工单位未按审查通过的工程设计文件施工的；

（4）施工单位违反工程建设强制性标准的；

---

① 《建设工程监理规范》GB/T 50319－2013 第 2.0.6 项规定：
“由工程监理单位法定代表人**书面任命，负责履行建设工程监理合同、主持项目监理机构工作**的注册监理工程师。”

(5) 施工存在重大质量、安全事故隐患或发生质量、安全事故的。

上述法定情形除第 (1) 类外，均涉及或可能影响施工质量。其中第 (3) 类情形——施工单位“未经批准擅自施工或拒绝项目监理机构管理”的行为，既包括其在监理单位未对流程环节作查验或签认的情况下，擅自推进后续施工作业的行为，也包括其在监理单位签发要求整改的监理通知单的情况下，拒绝或者不按要求整改的行为。

监理单位的项目监理机构在总监理工程师签发停工令暂停工程施工后，对由于施工单位原因而停工的情形，应当根据《监理规范》第 6.2.6 款规定，对施工单位停工整改的过程进行检查，并对施工的停工整改的结果予以验收。

关于施工暂停后的“复工”事宜，监理单位的项目监理机构应当根据《监理规范》第 6.2.7 款规定，对于施工单位在暂停施工原因消失或具备复工条件时，提出复工申请所报送的工程复工报审表及有关材料进行审查，并在符合要求后，由总监理工程师签署审查意见，报建设单位批准后签发“工程复工令”。施工单位未提出复工申请的，总监理工程师应根据工程实际情况，指令施工单位恢复施工。

【律师提醒】

(1) 监理人员在发现工程设计不符合建筑工程质量标准或者合同约定质量要求的情况下，应当根据《建筑法》第三十二条第二款规定，报告建设单位要求设计单位改正，而不得自己直接进行修改[①]。

(2) 对于关系施工质量和推进的环节而言，根据《监理规范》的相关规定，监理单位的项目监理机构和监理人员应当就施工单位报送（审）的施工方案[②]，新材料（工艺、技术、设备）的适用性[③]，施工控制测量成果及保护措施[④]，材料设备

---

① 《建设工程勘察设计管理条例》第二十八条规定：
“建设单位、施工单位、**监理单位不得修改建设工程勘察、设计文件**；确需修改建设工程勘察、设计文件的，应当由原建设工程勘察、设计单位修改……”

② 《建设工程监理规范》GB/T 50319－2013 第 5.2.2 项规定：
“总监理工程师应**组织专业监理工程师审查施工单位报审的施工方案**，符合要求后应予以签认。”

③ 《建设工程监理规范》GB/T 50319－2013 第 5.2.4 项规定：
“专业监理工程师**应审查施工单位报送的新材料、新工艺、新技术、新设备的质量认证材料和相关验收标准的适用性**，必要时，应要求施工单位组织专题论证，审查合格后报总监理工程师签认。”

④ 《建设工程监理规范》GB/T 50319－2013 第 5.2.5 项规定：
“专业监理工程师**应检查、复核施工单位报送的施工控制测量成果及保护措施**，签署意见。专业监理工程师应对施工单位在施工过程中报送的施工测量放线成果进行查验。”

（构配件）的质量证明文件[①]，影响工程质量的计量设备的检查（定）报告[②]，履行相应审（检）查、查验或者复核的监督义务，并签署意见或在符合要求、审查合格后给予签认。其中，对用于工程的材料应进行见证取样[③]、平行检验，并对已进场但经检验不合格的材料设备（构配件）应要求将其限期撤出现场。

（3）需要特别注意的是：监理单位的总监理工程师签发停工令的，根据《监理规范》的相关内容，除因紧急情况未能事先报告外，应当事前征得建设单位的同意[④]。

第四节　关于工程质量法律后果的条款

一、建设单位法律后果的条款

【主要条款】

◆《中华人民共和国建筑法》第六十四条规定：

“违反本法规定，未取得施工许可证或者开工报告未经批准擅自施工的，责令改正，对不符合开工条件的责令停止施工，可以处以罚款。”

◆《最高人民法院关于审理建设工程施工合同纠纷案件适用法律问题的解释》第十二条规定第一款规定：

“发包人具有下列情形之一，造成建设工程质量缺陷，应当承担过错责任：

（一）提供的设计有缺陷；

（二）提供或者指定购买的建筑材料、建筑构配件、设备不符合强制性标准；

（三）直接指定分包人分包专业工程。”

① 《建设工程监理规范》GB/T 50319-2013 第 5.2.9 项规定：
“项目监理机构**应审查**施工单位报送的用于工程的材料、构配件、设备的**质量证明文件**……”

② 《建设工程监理规范》GB/T 50319-2013 第 5.2.10 项规定：
“专业监理工程师应审查施工单位**定期提交影响工程质量的计量设备的检查和检定报告。**”

③ 《建设工程监理规范》GB/T 50319-2013 第 2.0.16 项规定：
“见证取样：**项目监理机构对施工单位进行的涉及结构安全的试块、试件及工程材料现场取样、封样、送检工作的监督活动。**”

④ 《建设工程监理规范》GB/T 50319-2013 第 6.2.3 项规定：
“**总监理工程师签发工程暂停令应事先征得建设单位同意**，在紧急情况下未能事先报告时，应在事后及时向建设单位作出书面报告。”

◆《中华人民共和国建筑法》第七十二条规定：

"建设单位违反本法规定，要求建筑设计单位或者建筑施工企业违反建筑工程质量、安全标准，降低工程质量的，责令改正，可以处以罚款；构成犯罪的，依法追究刑事责任。"

【条款解析】

鉴于建设单位涉及工程质量的法定义务既包括依法发包建设工程、遵守强制监理制度、组织工程竣工验收的内容，也体现在以施工许可为主的行政手续办理、甲供料情形下的材料设备提供、作为发包人的相关工程要求三个方面。所以，我国建筑法律体系以保障工程质量为目的，为增加上述法定义务的违法成本，分别设定相应的不利法律后果：

第一，建设单位应依法发包工程，在发包过程中：

（1）向不符资质要求的承包人发包的，责令整改，处 50 万～100 万元罚款；所签施工合同无效；对其施工许可证申领条件中的施工企业认定无效（详见第一章第二节）。

（2）肢解发包的，责令整改，处合同价 0.5%～1% 罚款；使用国有资金的，可暂停执行或暂停资金拨付；对其施工许可证申领条件中的施工企业认定无效（详见第一章第二节）。

（3）以化整为零、划分标段等方式规避强制招标的，限期改正，可处合同价 5‰～10‰罚款；使用国有资金的，可暂停执行或暂停资金拨付；处分相关负责人；所签施工合同无效；对其施工许可证申领条件中的施工企业认定无效（详见第一章第三节）。

第二，建设单位应当就其因满足法定规模或性质标准而必须依法实施监理的建设工程，委托具备法定资质的监理单位实施工程监理，未依法委托监理单位实施工程监理的，应当责令改正，处 20 万～50 万元金额的罚款，并且，因此不具备申请领取施工许可证的法定条件（详见本章第二节）。

第三，建设单位应当依法组织竣工验收，未组织竣工验收或验收不合格，擅自使用建设工程，或对不合格建设工程按合格工程验收的，应责令改正，处工程合同价 2%～4% 的罚款，承担损失赔偿责任；未经验收擅自使用后，以使用部分（合理使用寿命内地基基础工程和主体结构质量除外）质量不符合约定为由主张权利的，不予支持（详见本章第二节）。

第四，建设单位应在开工前办理质量监督手续，申领施工许可证。擅自施工的，

《建筑法》第六十四条规定，责令改正，不符开工条件的责令停工，可处罚款。结合《质量管理条例》与《施工许可管理办法》，具体而言：

（1）未按照规定办理质量监督手续的，责令改正，处 20 万～ 50 万元罚款[①]；

（2）未取得许可、开工报告未经批准或为规避许可办理分解项目擅自施工的，由管辖的发证机关对不符开工条件的责令停工，限期改正[②]，处合同价 1% ～ 2% 罚款[③]；

（3）以虚假证明骗取许可证的，由原发证机关收回，责令停工，并处罚款（有违法所得的 5000 ～ 30000 元，无违法所得的 5000 ～ 10000 元）[④]，犯罪的，追究刑责[⑤]；

（4）伪造（涂改）许可证的，无效，由发证机关责令停工，并处 5000 ～ 30000 元或 5000 ～ 10000 元罚款，犯罪的，追究刑责[⑥]。

第五，建设单位按照施工合同约定采购建筑材料、建筑构配件和设备的，应当保证经其采购后向施工单位提供的建筑材料、建筑构配件和设备符合设计文件和合同要求。建设单位提供的建筑材料、建筑构配件、设备不符合强制性标准，并且因此造成建设工程质量缺陷的，根据《施工合同司法解释》第十二条第一款第（二）项规定，应当根据其自身过错，按比例承担相应的“过错责任”（图 4-7）。

---

① 《建设工程质量管理条例》第五十六条第 6 项规定：
“违反本条例规定，建设单位有下列行为之一的，**责令改正，处 20 万元以上 50 万元以下的罚款**：
（六）**未按照国家规定办理工程质量监督手续的**。”

② 《建筑工程施工许可管理办法》第十条规定：
“……为规避办理施工许可证将工程项目分解后擅自施工的，**由有管辖权的发证机关责令改正**，对于不符合开工条件的**责令停止施工**，并对建设单位和施工单位分别处以**罚款**。”

③ 《建设工程质量管理条例》第五十七条规定：
“违反本条例规定，建设单位**未取得施工许可证或者开工报告未经批准**，擅自施工的，**责令停止施工，限期改正，处工程合同价款百分之一以上百分之二以下的罚款**。”

④ 《建筑工程施工许可管理办法》第十三条规定：
“本办法中的罚款，法律、法规有幅度规定的从其规定。**无幅度规定的，有违法所得的处 5000 元以上 30000 元以下的罚款，没有违法所得的处 5000 元以上 10000 元以下的罚款**。”

⑤ 《建筑工程施工许可管理办法》第十一条规定：
“对于采用虚假证明文件骗取施工许可证的，由原发证机关收回施工许可证，责令停止施工，并对责任单位处以罚款；**构成犯罪的，依法追究刑事责任**。”

⑥ 《建筑工程施工许可管理办法》第十二条规定：
“对于**伪造施工许可证**的，该施工许可证无效，由发证机关**责令停止施工**，并对责任单位处以**罚款**；**构成犯罪的，依法追究刑事责任**。对于**涂改施工许可证**的，由原发证机关**责令改正**，并对责任单位处以**罚款**；**构成犯罪的，依法追究刑事责任**。”

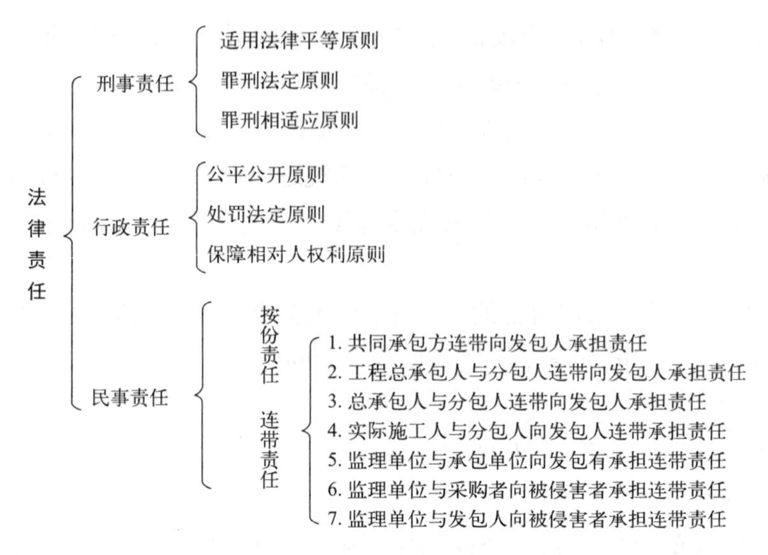

图 4-7 建设工程法律责任一览图

【律师提醒】

(1) 建设单位应向承包人提出合法的工程要求。迫使后者低于成本价竞标或任意压缩合理工期；明示或暗示设计、施工单位违反强制标准降低质量，及使用不合格材料、构配件和设备；施工图设计未经审查或审查不合格，擅自施工的，根据《建筑法》第七十二条及《质量管理条例》，责令改正，可处 20 万～50 万元罚款[①]。

(2) 发包人因违规降低质量标准造成重大安全事故的，根据《刑法》构成"工程重大安全事故罪"[②]，应视情形处直接责任人"五年以下有期徒刑或拘役，并处罚金"或"5～10 年有期徒刑，并处罚金"（详见本章第一节内容）；因提供不合格设计文件造成建设工程质量缺陷的，应根据《施工合同司法解释》第十二条第一款规定："承担过错责任"。

① 《建设工程质量管理条例》第五十六条规定：
"违反本条例规定，建设单位有下列行为之一的，责令改正，处 20 万元以上 30 万元以下的罚款：
（一）迫使承包方以低于成本的价格竞标的；
（二）任意压缩合理工期的；
（三）明示或者暗示设计单位或者施工单位违反工程建设强制性标准，降低工程质量的……
（七）明示或者暗示施工单位使用不合格的建筑材料、建筑构配件和设备的。"

② 《中华人民共和国刑法》第一百三十七条规定：
"建设单位、设计单位、施工单位、工程监理单位违反国家规定，降低工程质量标准，造成重大安全事故的，对直接责任人员，处五年以下有期徒刑或者拘役，并处罚金；后果特别严重的，处五年以上十年以下有期徒刑，并处罚金。"

(3) 需要特别注意的是，建设单位作为发包人：1) 在施工单位就隐蔽工程通知检查后，应及时进行检查。耽于履行该义务的，根据《合同法》相关规定，应当承担由此顺延工期的时间成本，及停（窝）工等损失赔偿的经济成本①；2) 对于建设工程经验收不合格而造成的损失有过错的，根据《施工合同司法解释》相关规定，应当按比例承担相应的民事责任②。

二、勘察单位法律后果的条款

【主要条款】

◆《建设工程勘察设计管理条例》第四十条第一项规定：

“违反本条例规定，有下列行为之一的，依照《建设工程质量管理条例》第六十三条的规定给予处罚：

(一) 勘察单位未按照工程建设强制性标准进行勘察的……”

◆《建设工程勘察设计资质管理条例》第十九条第四项规定：

“从事建设工程勘察、设计活动的企业，申请资质升级、资质增项，在申请之日起前一年内有下列情形之一的，资质许可机关不予批准企业的资质升级申请和增项申请：

……(四) 违反国家工程建设强制性标准的。”

◆《中华人民共和国合同法》第二百八十条规定：

“勘察、设计的质量不符合要求或者未按照期限提交勘察、设计文件拖延工期，造成发包人损失的，勘察人、设计人应当继续完善勘察、设计，减收或者免收勘察、设计费并赔偿损失。”

【条款解析】

鉴于法定的基本建设程序，勘察成果是工程设计和施工的质量保证，影响最终的工程质量。因而，为确保勘察质量，我国法律规定，勘察单位应当在依法承

---

① 《中华人民共和国合同法》第二百七十八条规定：

“隐蔽工程在隐蔽以前，承包人应当通知发包人检查。**发包人没有及时检查**的，承包人**可以顺延工程日期**，并**有权要求赔偿停工、窝工等损失**。”

② 《最高人民法院关于审理建设工程施工合同纠纷案件适用法律问题的解释》第三条第二款规定：

“**因建设工程不合格造成的损失，发包人有过错的，也应承担相应的民事责任**。”

揽勘察业务的基础上，按照工程建设强制性标准进行勘察，从而确保勘察文件符合质量要求。

对于勘察单位违反上述规定所作出的行为及造成的结果，法律给予相应的不利评价。

首先，对于勘察单位违法承揽勘察业务的行为，我国建筑法律体系就不同情形分别规定了相应的不利法律后果（详见本章第二节），具体如下：

第一，勘察单位“超越本单位资质等级承揽工程”的，依法应当责令停止违法行为，处以合同约定勘察费用 1 ~ 2 倍金额的罚款；可以责令停业整顿，降低资质等级；情节严重的，吊销资质证书；有违法所得的，予以没收；申请资质升级或增项，在申请之日前一年内存在该违法情形的，申请不予准许。

第二，勘察单位“未取得资质证书承揽工程”的，依法应当予以取缔，并处合同约定勘察费用 1 ~ 2 倍金额的罚款；有违法所得的，予以没收；申请资质升级或增项，在申请之日前一年内存在该违法情形的，申请不予准许。

第三，勘察单位“以其他建设工程勘察单位的名义承揽建设工程勘察业务”的，依法应当“责令停止”，处以合同约定勘察费用 1 ~ 2 倍金额的罚款，没收违法所得；可责令停业整顿，降低资质等级；情节严重的，吊销资质证书；在其申请资质升级或增项之日前一年内存在该违法情形的，申请不予准许。

【律师提醒】

（1）对于勘察单位未按照工程建设强制性标准进行勘察的，根据《勘察设计管理条例》第四十条第一项规定，该违法行为应当依照《建设工程质量管理条例》第六十三条[①]的规定给予处罚。

（2）根据《勘察设计资质管理条例》第十九条规定，申请资质升级或增项的勘察单位，在申请之日以前一年内，存在该违法情形或由于其勘察原因造成过重大生产安全事故的，对其申请应当不予准许。

（3）对于勘察单位所完成的勘察质量不符合要求的情形，根据我国《合同法》第二百八十条规定，其应当自行负担继续完善的相应费用，或者减收（或免收）相应的勘察费用；因此造成发包人损失的，勘察单位应当承担相应的赔偿责任。

① 《建设工程质量管理条例》第六十三条规定：

“违反本条例规定，有下列行为之一的，**责令改正，处 10 万元以上 30 万元以下的罚款：**

（一）勘察单位未按照工程建设强制性标准进行勘察的……

有前款所列行为，造成工程质量事故的，**责令停业整顿，降低资质等级**；情节严重的，**吊销资质证书**；造成损失的，**依法承担赔偿责任。**”

三、设计单位法律后果的条款

【主要条款】

◆《建设工程质量管理条例》第六十三条规定：

“违反本条例规定，有下列行为之一的，责令改正，处10万元以上30万元以下的罚款：

（一）勘察单位未按照工程建设强制性标准进行勘察的；

（二）设计单位未根据勘察成果文件进行工程设计的；

（三）设计单位指定建筑材料、建筑构配件的生产厂、供应商的；

（四）设计单位未按照工程建设强制性标准进行设计的。

有前款所列行为，造成工程质量事故的，责令停业整顿，降低资质等级；情节严重的，吊销资质证书；造成损失的，依法承担赔偿责任。”

◆《中华人民共和国建筑法》第七十三条规定：

“建筑设计单位不按照建筑工程质量、安全标准进行设计的，责令改正，处以罚款；造成工程质量事故的，责令停业整顿，降低资质等级或者吊销资质证书，没收违法所得，并处罚款；造成损失的，承担赔偿责任；构成犯罪的，依法追究刑事责任。”

◆《建设工程勘察设计资质管理条例》第十九条第四、第五项规定：

“从事建设工程勘察、设计活动的企业，申请资质升级、资质增项，在申请之日起前一年内有下列情形之一的，资质许可机关不予批准企业的资质升级申请和增项申请：

……（四）违反国家工程建设强制性标准的；

（五）因勘察设计原因造成过重大生产安全事故的。”

【条款解析】

基于设计单位依法负有关于“依法承揽业务”、“保证文件质量”、“继续文件完善”等与勘察单位类似的法定义务，因此，我国相关法律文件就设计单位涉及工程质量的违法行为，在责任设定上规定了与后者相似的法律后果。

根据《建筑法》、《质量管理条例》以及其他法律、法规的相关规定，设计单位应当在依法承揽工程设计业务的前提下，根据勘察成果文件，按照工程建设强制性标准进行工程设计，并且在其设计文件中不得指定建筑材料、建筑构配件的生产厂或者供应商（详见本章第三节）。

设计单位不遵守上述行为规范，损害工程质量的，依法应当承担如下违法后果：

第一，与勘察单位相类似，《建筑法》就设计单位违反我国建筑行业资质管理制度，在“超越本单位资质等级”、“未取得资质证书”、“以其他建设工程设计单位名义”的情形下，承揽设计业务的违法行为，分别规定：

（1）“责令停止，处约定设计费1～2倍罚款；可责令停业整顿，降低资质等级；视情节吊销证书；没收违法所得；一年内申请资质升级或增项的，不予准许”。

（2）“取缔并处约定设计费1～2倍罚款，没收违法所得；一年内申请资质升级或增项的，不予准许”。

（3）“责令停止，处约定设计费1～2倍罚款，没收违法所得；可责令停业整顿，降低资质等级；情节严重的，吊销资质证书；一年内申请资质升级或增项的，不予准许”的相应违法后果（详见本章第二节）。

第二，对于设计单位“未根据勘察成果文件进行工程设计”、“指定建筑材料、建筑构配件的生产厂、供应商”以及“未按照工程建设强制性标准进行设计”的违法行为，根据《质量管理条例》第六十三条规定，应当责令改正，处10万～30万元罚款；因此造成工程质量事故的，应当“责令停业整顿，降低资质等级；情节严重的，吊销资质证书；造成损失的，依法承担赔偿责任”。

此外，针对上述违法行为中“不按照建筑工程质量、安全标准进行设计”的情形，《建筑法》第七十三条规定，由此造成工程质量事故的，应没收违法所得，并处罚款，构成犯罪的，依法追究刑事责任。并且，根据《勘察设计资质管理条例》第十九条规定，此情形下，设计单位在一年内申请资质升级或增项的，该申请不予准许。

第三，在设计质量不符合要求的情况下，根据我国《合同法》第二百八十条规定，设计单位应当自行负担继续完善的相应费用，或者减收（或免收）相应的设计费用；因此造成发包人损失的，设计单位应当承担相应的赔偿责任。

四、施工单位法律后果的条款

【主要条款】

◆《中华人民共和国建筑法》第七十四条规定：

“建筑施工企业在施工中偷工减料的，使用不合格的建筑材料、建筑构配件和设备的，或者有其他不按照工程设计图纸或者施工技术标准施工的行为的，责令改正，处以罚款；情节严重的，责令停业整顿，降低资质等级或者吊销资质证书；造成建筑工程质量不符合规定的质量标准的，负责返工、修理，并赔偿因此造成的损失；构成犯罪的，依法追究刑事责任。”

◆《建设工程质量管理条例》第六十五条规定：

“违反本条例规定，施工单位未对建筑材料、建筑构配件、设备和商品混凝土进行检验，或者未对涉及结构安全的试块、试件以及有关材料取样检测的，责令改正，处 10 万元以上 20 万元以下的罚款；情节严重的，责令停业整顿，降低资质等级或者吊销资质证书；造成损失的，依法承担赔偿责任。”

◆《中华人民共和国合同法》第二百八十二条规定：

“因承包人的原因致使建设工程在合理使用期限内造成人身和财产损害的，承包人应当承担损害赔偿责任。”

【条款解析】

“确保施工质量”是施工单位作为承包人履行建设工程合同的“第一要务”。因此，我国法律对于施工单位损害工程质量的行为和结果给予严苛的不利法律后果。

首先，关于损害工程质量的行为，违法后果主要针对其“按图施工”、检查与保修义务：

其一，“在施工中偷工减料的，使用不合格的建筑材料、建筑构配件和设备的，或者有其他不按照工程设计图纸或者施工技术标准施工的行为”的，根据《建筑法》第七十四条及《质量管理条例》相关规定，应当责令改正，处合同价 2% ~ 4% 罚款；情节严重的，责令停业整顿，降低资质等级或者吊销资质证书；构成犯罪的，追究刑事责任（图 4-8）。

其二，“未对建筑材料、构配件、设备和商品混凝土进行检验，或未对涉及结构安全的试块、试件及材料取样检测”的，根据《质量管理条例》第六十五条规定，应责令改正，处 10 万～ 20 万元罚款；情节严重的，责令停业整顿，降低资质等级或吊销证书；造成损失的，承担赔偿责任。其中有关材料、构配件和设备检查的损失赔偿，结合《施工合同司法解释》相关规定，在“甲供”或指定购买情况下，施工单位作为承包人应按其过错比例承担[①]。此外，根据该条款规定，施工单位未发现设计文件明显错误并提出意见或及时报告（详见本章第三节）的，同样应承担相应的过错责任。

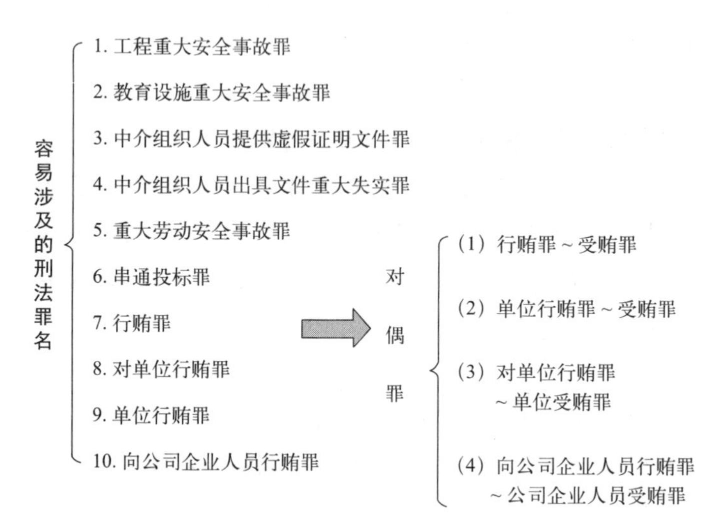

图 4-8　建设工程易涉及罪名一览图

其三，“不履行或拖延履行保修义务”的，根据《建筑法》规定，责令改正，可处罚款，并对保修期内因屋顶、墙面渗漏、开裂等质量缺陷造成的损失，承担赔偿责任[②]。此外，根据《施工合同司法解释》规定，因此造成建筑物毁损或人身、财产损害的，应予赔偿；其与建筑物所有人或发包人就毁损结果均有过错的，按各自的过错比例承担相应责任[③]。

其次，关于造成质量问题的结果，根据《合同法》、《质量管理条例》及《施

① 《最高人民法院关于审理建设工程施工合同纠纷案件适用法律问题的解释》第十二条规定：
“发包人具有下列情形之一，**造成建设工程质量缺陷**，应当**承担过错责任**：
（一）**提供的设计有缺陷**；
（二）提供或者指定购买的建筑材料、建筑构配件、设备**不符合强制性标准**；
（三）**直接指定分包人分包专业工程**。
承包人有过错的，也应当**承担相应的过错责任**。”

② 《中华人民共和国建筑法》第七十五条规定：
“建筑施工企业违反本法规定，**不履行保修义务或者拖延履行保修义务**的，**责令改正**，可以处以**罚款**，并对在保修期内因屋顶、墙面渗漏、开裂等质量缺陷造成的损失，**承担赔偿责任**。”

③ 《最高人民法院关于审理建设工程施工合同纠纷案件适用法律问题的解释》第二十七条规定：
“因保修人**未及时履行保修义务**，导致建筑物毁损或者造成人身、财产损害的，保修人**应当承担赔偿责任**。保修人与建筑物所有人或者发包人对建筑物毁损**均有过错**的，**各自承担相应的责任**。”

工合同司法解释》的相关规定，其法律后果依据质量问题的性质不同而有所区别：

其一，因其自身原因而导致质量不符合约定的，施工单位应当自负“修理或返工、改建”费用；因此造成工期延误的，应当承担违约责任[①]；拒绝“修理、返工或改建”的，价款得以减少支付[②]。

其二，工程质量不符合规定的质量标准，即“不合格”的，施工单位应按过错比例负担“返工、修理”费用，承担相应的损失赔偿责任[③]；拒绝“返修”的，施工合同得以经发包人单方解除[④]，其应赔偿因合同解除所造成的守约方损失[⑤]；经竣工验收后再次修复仍验收不合格的，无论施工合同有效[⑥]或解除[⑦]与否，其请求支付工程价款的，均不予支持[⑧]。

其三，对于在保修范围和保修期限内发生的建设工程质量问题，施工单位应当自行承担保修费用，并对因此所造成的损失负担相应的赔偿责任[⑨]。

【律师提醒】

（1）关于施工质量责任的承担主体，根据《建筑法》与《质量管理条例》，应

---

① 《中华人民共和国合同法》第二百八十一条规定：
“因施工人的原因致使建设工程质量不符合约定的，发包人**有权要求施工人在合理期限内无偿修理或者返工、改建**。经过修理或者返工、改建后，**造成逾期交付**的，施工人应当**承担违约责任**。”

② 《最高人民法院关于审理建设工程施工合同纠纷案件适用法律问题的解释》第十一条规定：
“因承包人的过错造成建设工程质量不符合约定，承包人**拒绝修理、返工或者改建**，发包人**请求减少支付工程价款的，应予支持**。”

③ 《建设工程质量管理条例》第六十四条规定：
“违反本条例规定，施工单位……造成建设工程质量不符合规定的质量标准的，**负责返工、修理**，并**赔偿因此造成的损失**；情节严重的，责令停业整顿，降低资质等级或者吊销资质证书。”

④ 《最高人民法院关于审理建设工程施工合同纠纷案件适用法律问题的解释》第八条第三项规定：
“承包人具有下列情形之一，发包人**请求解除建设工程施工合同的，应予支持**：
……（三）已经完成的**建设工程质量不合格**，并**拒绝修复**的……”

⑤ 《最高人民法院关于审理建设工程施工合同纠纷案件适用法律问题的解释》第十条第二款规定：
“因一方违约导致合同解除的，**违约方应当赔偿因此而给对方造成的损失**。”

⑥ 《最高人民法院关于审理建设工程施工合同纠纷案件适用法律问题的解释》第十六条第三款规定：
“建设工程施工**合同有效**，但建设工程经竣工**验收不合格**的，工程价款结算参照本解释第三条规定处理。”

⑦ 《最高人民法院关于审理建设工程施工合同纠纷案件适用法律问题的解释》第十条第一款规定：
“建设工程施工合同**解除**后……已经完成的建设工程**质量不合格**的，参照本解释第三条规定处理。”

⑧ 《最高人民法院关于审理建设工程施工合同纠纷案件适用法律问题的解释》第三条第一款规定：
“建设工程施工**合同无效**，且建设工程经竣工**验收不合格**的，按照以下情形分别处理：
……（二）修复后的建设工程经竣工验收不合格，**承包人请求支付工程价款的，不予支持**。”

⑨ 《建设工程质量管理条例》第四十一条规定：
“建设工程在**保修范围和保修期限内发生质量问题**的，施工单位**应当履行保修义务**，**并对造成的损失承担赔偿责任**。”

由施工的总包与有关分包单位承担连带责任[①、②]。此外,《施工合同司法解释》规定,因质量争议起诉的,可列实际施工人为共同被告。

（2）施工单位在未取得施工许可或开工报告未经批准情况下擅自施工的,根据《施工许可管理办法》规定,应处罚款[③];除承担上述赔偿外,根据《合同法》第二百八十二条规定,施工单位对因其原因所致建设工程在合理使用期限内造成的人身损害以及财产损害,应当承担赔偿责任。

（3）从事建筑业的企业或个人,如果受到行政处罚的,应注意:可以通过行政复议或行政诉讼的方式保护自己的合法权益。由于在行政复议和行政诉讼中,法律往往要求作出具体行政处罚的行政单位举证证明其处罚的实体上和程序上均应合法。因此,为了保护自己的合法权益,也是为了完善依法行政的需要,如果出现行政处罚,应善于使用法律的手段来保护自己的合法权益。

五、监理单位法律后果的条款

【主要条款】

◆《中华人民共和国建筑法》第三十五条规定:

"工程监理单位不按照委托监理合同的约定履行监理义务,对应当监督检查的项目不检查或者不按照规定检查,给建设单位造成损失的,应当承担相应的赔偿责任。

工程监理单位与承包单位串通,为承包单位谋取非法利益,给建设单位造成损失的,应当与承包单位承担连带赔偿责任。"

◆《中华人民共和国建筑法》第六十九条第一款规定:

"工程监理单位与建设单位或者建筑施工企业串通,弄虚作假、降低工程质量的,责令改正,处以罚款,降低资质等级或者吊销资质证书;有违法所得的,予以

---

① 《中华人民共和国建筑法》第五十五条规定:
"建筑工程实行总承包的,工程质量由工程总承包单位负责,**总承包单位将建筑工程分包给其他单位的**,应当对分包工程的质量**与分包单位承担连带责任**……"

② 《建设工程质量管理条例》第二十七条规定:
"总承包单位**依法将建设工程分包给其他单位**的,分包单位应当按照分包合同的约定对其分包工程的质量向总承包单位负责,**总承包单位与分包单位对分包工程的质量承担连带责任。**"

③ 《建筑工程施工许可管理办法》第十条规定:
"对于未取得施工许可证或者为规避办理施工许可证将工程项目分解后擅自施工的,由有管辖权的发证机关**责令改正**,对于不符合开工条件的**责令停止施工**,并对建设单位和施工单位分别**处以罚款**。"

没收；造成损失的，承担连带赔偿责任；构成犯罪的，依法追究刑事责任。”

◆《建设工程质量管理条例》第六十七条规定：

“工程监理单位有下列行为之一的，责令改正，处50万元以上100万元以下的罚款，降低资质等级或者吊销资质证书；有违法所得的，予以没收；造成损失的，承担连带赔偿责任：

（一）与建设单位或者施工单位串通，弄虚作假、降低工程质量的；

（二）将不合格的建设工程、建筑材料、建筑构配件和设备按照合格签字的。”

【条款解析】

“质量监督”是监理工作的首要任务。为确保并发挥监理单位对施工质量的监督作用，我国建筑法律体系就其业务开展设定“利害关系回避”与“业务转让禁止”的制度规范（详见本章第二节），且对于其工作的内容规定从“项目查验”到“合格签认”的法定义务（详见本章第三节）。

在此基础上，为了有效制约监理单位可能有损工程质量的违法行为，我国《建筑法》、《质量管理条例》等法律文件，对于违反上述制度规范或法定义务的监理单位，设定具体明确的法律责任，具体如下：

第一，对于监理单位在与被监理工程的施工单位及建筑材料、建筑构配件和设备供应单位有隶属关系或其他利害关系的情况下，承担该项建设工程的监理业务的违法行为，依法应当“责令改正，处5万～10万元金额的罚款，降低资质等级或吊销资质证书；有违法所得的，予以没收”（详见本章第二节）。

第二，对于监理单位转让工程监理业务的违法行为，依法应当责令改正，没收违法所得，处合同约定的监理酬金25%～50%的罚款；可以责令停业整顿，降低资质等级；情节严重的，吊销资质证书（详见本章第二节）。

第三，对于监理单位“不按照委托监理合同的约定履行监理义务，对应当监督检查的项目不检查或者不按照规定检查”的违法行为，根据《建筑法》第三十五条第一款规定，给建设单位造成损失的，应当承担相应的赔偿责任。

【律师提醒】

（1）对于监理单位“将不合格的建设工程、建筑材料、建筑构配件和设备按照合格签字的”违法行为，根据《质量管理条例》第七十九条第二项规定，应当责令改正，处50万～100万元罚款，降低资质等级或吊销资质证书；有违法所得的，予以没收；造成损失的，承担连带赔偿责任。

（2）对于监理单位与建设单位或施工单位串通，弄虚作假、降低质量的违法行为，根据《建筑法》第六十九条第一款及《质量管理条例》第六十七条第一项规定，责令改正，处50万～100万元罚款，降低资质等级或吊销资质证书；有违法所得的，予以没收；造成损失的，承担连带赔偿责任；构成犯罪的，追究刑责。就该行为的刑事责任而言，其与建设单位或施工单位串通降低质量，造成重大安全事故的，根据《刑法》规定，构成“工程重大安全事故罪”，应视情形处以其直接责任人[①]“五年以下有期徒刑或拘役”或“5～10年有期徒刑”,并处罚金（详见本章第一节）。

① 《建设工程质量管理条例》第七十四条规定：
“建设单位、设计单位、施工单位、工程监理单位**违反国家规定，降低工程质量标准**，造成重大安全事故，**构成犯罪的，对直接责任人员依法追究刑事责任。**”

第五章　建设工程价款的必读法律条款

【章节导读】

本章所述“建设工程价款”属于施工合同的实质性内容，就承包人而言，作为其合同目的，是完成工程建设所应取得的约定对价；就发包人而言，作为其主要义务，是取得建设工程所应履行的对待给付。据此，围绕该价款的结算活动，是施工合同履行的重要环节。

建设工程价款的“结算”，既包括合同订立阶段所约定的合同价；也属于合同履行过程所计付的工程价款：前者经由承发包双方关于工程计价方式的选择、合同价格形式的采用、价款确定方式的明确，以及法律禁止规定的遵守，而最终形成的价款；后者则在约定基础上，经历施工作业从开工至完工过程中，按约或依法的调整，从而最终实际结算的价款。

基于工程造价的性质、建设工程的特点、承发包的合法权益，我国法律对建设工程价款的约定、调整与支付作出具体的规定，并且，设定相应的法律责任。

第一节　建设工程价款概念的条款解读

一、关于建设工程价款的定义

【主要条款】

◆《建设工程价款结算暂行办法》第三条规定：

“本办法所称建设工程价款结算，是指对建设工程的发承包合同价款进行约定和依据合同约定进行工程预付款、工程进度款、工程竣工价款结算的活动。”

◆《中华人民共和国合同法》第二百七十五条规定：

“施工合同的内容包括工程范围、建设工期、中间交工工程的开工和竣工时间、工程质量、工程造价、技术资料交付时间、材料和设备供应责任、拨款和结算、竣工验收、质量保修范围和质量保证期、双方相互协作等条款。”

◆《最高人民法院关于建设工程价款优先受偿权问题的批复》第三条规定：

“建设工程价款包括承包人为建设工程应当支付的工作人员报酬、材料款等实际支出的费用，不包括承包人因发包人违约所造成的损失。”

【条款解析】

关于发包人与施工承包人之间结算的“建设工程价款”，根据《结算暂行办法》第三条，其既是指承发包在合同订立阶段，对于建设工程合同所约定的合同价，也属于发包人在合同履行过程阶段，根据双方合同约定所支付的工程价款。

结合《合同法》第二百七十五条关于建设工程合同中“工程造价”与“拨款和结算”内容的约定，可知：“建设工程价款”指发包人就施工承包人为按约履行工程建设义务所提供的物化劳动及完成的相关工作，而与之进行约定并向其实际结算的合理对价，即“工程造价”。

但是，基于建筑活动的特征，承发包在缔约时合同价款的暂定性及履约时工程建设的不确定性使得施工合同在生效后所最终确定的暂估价格、实际出现的调价因素、客观执行的工程变更、切实发生的索赔事件，以及其他约定或法定情形的形成，均可能导致施工合同中所约定的“造价”发生相应的金额变动（详见本章第四节）。

据此，一般情况下，在施工合同中最初所约定的建设工程价款与经合同履行后最终所结算的建设工程价款，往往因特定约定或法定情形的发生而有所不同，而关于两者价款金额的变动，行政主管部门为规范施工承发包活动所先后制订的合同示范文本——《建设工程施工合同（示范文本）》GF－1999－0201（以下简称《99版施工合同范本》)、《建设工程施工合同（示范文本)》GF－2013－0201（以下简称《13版施工合同范本》）就此分别设定如下：

（1）在《99版施工合同范本》中，设定承发包在施工合同订立时所约定的建设工程价款为“合同价款”[①]，并在此基础上，引入“追加合同价款”[②]概念；

（2）在《13版施工合同范本》中，设定承发包在施工合同订立时所约定的建设工程价款为“签约合同价”[③]，最终经合同履行中价格的确定与变化后所实际结算

---

① 《建设工程施工合同（示范文本)》GF－1999－0201 第一部分第五条约定：
“合同价款：金额（大写）：______________ 元（人民币）¥：____________ 元。”

② 《建设工程施工合同（示范文本)》GF－1999－0201 第二部分第1.12款约定：
“追加合同价款：指在合同履行中发生需要增加合同价款的情况，经发包人确认后按计算合同价款的方法增加的合同价款。”

③ 《建设工程施工合同（示范文本)》GF－2013－0201 第二部分 第1.1.5.1款约定：
“签约合同价：是指发包人和承包人在合同协议书中确定的总金额，包括安全文明施工费、暂估价及暂列金额等。”

的建设工程价款，统称为“合同价格”[1]。

另外，需要特别注意的是：在施工合同关系中，鉴于“工程价款”属于双方为按约进行工程建设所约定并结算的合理对价；而“违约责任”属于双方为违约情形发生所约定并执行的责任承担，所以，无论在合同约定还是实际结算中的“造价”，理论上均应不包含违约金或违约损失的设定与赔付（例如：在迟延付款构成违约的情况下，发包人所应承担的关于逾期付款利息的损失赔偿）。

对此，我国最高院在《最高人民法院关于建设工程价款优先受偿权问题的批复》第三条中明确回复：建设工程价款不包括“承包人因发包人违约所造成的损失”。

综上，关于“建设工程价款”的定义，其既属于施工合同中为工程建设义务的预期履行所约定的工程造价，也属于施工承发包双方经建设工程合同的最终实施而结算的实际对价。具体而言，前者属于施工承发包依据契约性，依法约定的价款，即“签约合同价”[2]；后者的价款是前者在合同履行过程中，经过“暂估价款”与“调价因素”的确定，从而明确价款约定，且依据“工程变更”与“索赔事件”的发生完成价款增减的调整，最终由发包人向施工承包人实际支付的价款，即“竣工结算价”[3]，但其不包括违约金或违约损失的赔付。

二、关于建设工程价款的性质

【主要条款】

◆《中华人民共和国价格法》第三条第一款规定：

“国家实行并逐步完善宏观经济调控下主要由市场形成价格的机制。价格的制定应当符合价值规律，大多数商品和服务价格实行市场调节价，极少数商品和服务价格实行政府指导价或者政府定价。”

◆《中华人民共和国建筑法》第十八条规定：

“建筑工程造价应当按照国家有关规定，由发包单位与承包单位在合同中约定。

---

① 《建设工程施工合同（示范文本）》GF-2013-0201 第二部分第 1.1.5.2 款约定：
“**合同价格**是指发包人用于支付承包人**按照合同约定完成承包范围内全部工作的金额**，包括合同履行过程中按合同约定发生的价格变化。”

② 《建设工程工程量清单计价规范》第 2.0.47 款规定：
“**签约合同价**（合同价款）发承包双方**在工程合同中约定的工程造价**，即包括了分部分项工程费、措施项目费、其他项目费、规费和税金的合同总金额。”

③ 《建设工程工程量清单计价规范》GB 50500-2013 第 2.0.51 款规定：
“**竣工结算价**：发承包双方依据国家有关法律、法规和标准规定，**按照合同约定确定的**，包括在履行合同过程中按合同约定进行的合同价款调整，是**承包\按合同约定完成了全部承包工作后，发包人应付给承包人的合同总金额**。”

公开招标发包的，其造价的约定，须遵守招标投标法律的规定。发包单位应当按照合同的约定，及时拨付工程款项。”

◆《最高人民法院关于审理建设工程施工合同纠纷案件适用法律问题的解释》第十六条第一款规定：

“当事人对建设工程的计价标准或计价方法有约定的，按照约定结算工程价款。”

【条款解析】

在我国，关于商品或服务的价格类型，根据《价格法》设定，分为：“政府定价”、“政府指导价”与“市场调节价”（图 5-1）。就施工承发包所约定的建设工程价款——“造价”而言，其性质应属于上述三者价格类型中的“市场调节价”，相关理由与依据分析如下：

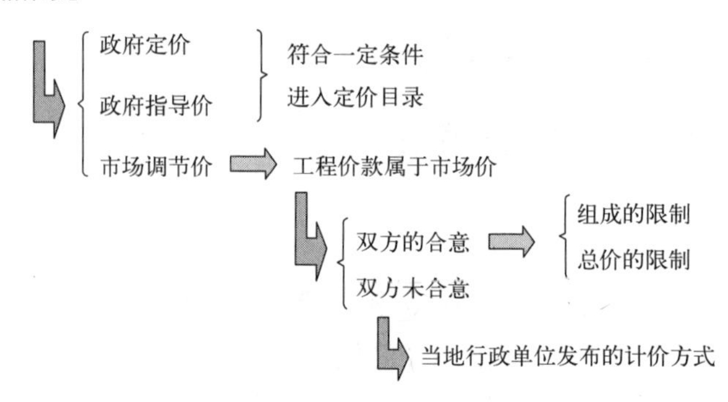

图 5-1　建设工程价格体系一览图

首先，关于上述三类价格的形成，根据我国《价格法》有关规定：“政府定价”与“政府指导价”的金额均应当由政府价格主管部门或其他有关部门制定，且法律允许后者在其基准价的一定幅度内予以浮动①；“市场调节价”则应由经营者自主制定，通过市场竞争形成②。

---

① 《中华人民共和国价格法》第三条第四、第五款规定：
“**政府指导价**，是指依照本法规定，**由政府价格主管部门或者其他有关部门**，按照定价权限和范围规定基准价及其浮动幅度，**指导经营者制定**的价格。
政府定价，是指依照本法规定，**由政府价格主管部门或者其他有关部门**，按照定价权限和范围**制定**的价格。”

② 《中华人民共和国价格法》第三条第二款规定：
“**市场调节价，是指由经营者自主制定，通过市场竞争形成的价格。**”

基于此，从数值表现形式角度出发，可得：

(1)“政府定价”应体现为确定的绝对数；

(2)“政府指导价”的表现形式应属某特定数值区间；

(3)“市场调节价”原则上应是任意的绝对数。所以，因建设工程的不确定性，其造价作为施工合同的“价格”难以通过政府制定的某绝对值或特定数值区间予以锁定，故建设工程价款的性质在理论上应属“市场价”。

其次，我国《宪法》明确：当今中国的经济形态属于社会主义市场经济[①]。鉴于“市场经济”的基本特征是“由市场决定价格”，而“市场调节价”的价格形成规律符合该特征，《价格法》第三条第一款规定：在我国现行的价格体系中，除极少数的商品或服务采用“政府定价”或“政府指导价”外，其余绝大部分价格均属于“市场调节价”。

基于此，为明确“政府定价”与“政府指导价”所适用的商品或服务范围，《价格法》通过关于性质与程序的条件设定予以限制：

(1) 定性上，满足属于关系国计民生或稀缺垄断等商品服务的必要条件[②]；

(2) 程序上，符合被列入国家或地方定价目录的充分条件[③]。

而鉴于工程造价既不满足上述性质条件，且事实上也未被国家和地方支付纳入定价目录之中，不符合上述程序条件。因此，建设工程价款的性质在特征上应属于“市场价”。

最后，对于建设工程价款所体现的“市场调节价”特征——以市场竞争形成，即价格的“契约性”，我国法律以及相关部门规章[④]均予以肯定。其中，根据《建筑法》第十八条规定：工程造价应当由承发包之间通过直接磋商或程序磋商方式予

---

① 《中华人民共和国宪法》第十五条第一款规定：
“国家**实行社会主义市场经济**。”

② 《中华人民共和国价格法》第十八条规定：
“下列商品和服务价格，政府在**必要时**可以实行政府指导价或者政府定价：
(一) **与国民经济发展和人民生活关系重大**的极少数商品价格；
(二) **资源稀缺**的少数商品价格；
(三) **自然垄断**经营的商品价格；
(四) 重要的**公用事业**价格；
(五) 重要的**公益性服务**价格。”

③ 《中华人民共和国价格法》第十九条规定：
“**政府指导价、政府定价**的定价权限和具体适用范围，**以中央的和地方的定价目录为依据。**
……地方定价目录由**省、自治区、直辖市人民政府价格主管部门**按照中央定价目录规定的定价权限和具体适用范围**制定，经本级人民政府审核同意，报国务院价格主管部门审定**后公布。
省、自治区、直辖市人民政府以下各级地方人民政府不得制定定价目录。”

④ 《建筑工程施工发包与承包计价管理办法》第三条第一款规定：
“**建筑工程施工发包与承包价**在政府宏观调控下，**由市场竞争形成。**”

以约定并依此拨付。

基于此，关于价款的结算，我国最高院通过《施工合同司法解释》第十六条第一款规定进一步予以明确：施工承发包就建设工程的计价标准或计价方法有约定的，其结算应按约定执行。所以，鉴于工程造价作为施工合同的实质性条款，依其价格形成特征均属经要约与承诺的程序博弈所达成的最终结果，建设工程价款的性质在法律上应属“市场价”。

综上，无论从价格类型的数值表现与适用条件，还是从价格形成的行为特征与法律规定角度出发，建设工程价款的性质均应当属于“市场调节价”，具有明显的“契约性”。

另外，需要特别注意的是，基于工程造价作为“市场价”的契约性特征，即使完全相同的工程项目（即：相同地理位置、相同作业条件、相同施工图纸、相同建设周期等），也会在建筑市场中呈现出完全不同的价格数值：一方面，双方事先所约定的造价往往会由于各自法律理解程度的深浅、招标文件要约人数的多少、商业谈判博弈技巧的高低等原因而有所差异；另一方面，双方最终所结算的造价也通常会因为实际的履约能力、过程的合同变更、采取的索赔技巧等因素而发生变动。所以，就完全相同的工程而言，其约定或结算的造价金额均将视乎施工承发包自身管理水平或者技术水准的不同，而不尽相同。

【律师提醒】

（1）项目经理应当理解工程造价具有契约性。而有效控制建设工程造价应立足于“全过程、动态性、一体化”，在“建立责任机系”、“建全考核制度”、“建立统筹机制”的基础上，以“节点控制为基础”、“跟踪目标为手段”，达到“适当修正为目的”的效果，做到“事前控制”、“事中控制”和“事后控制”的全过程控制。

（2）由于工程造价技术性的定量操作是以定性的契约性为前提的。因此，项目经理应当重视施工承包合同中有关影响工程造价条款的约定，并对在合同履行过程中可能出现的工程签订等进行严格的控制。

（3）项目经理应当理解工程造价兼有契约性和技术性的特点，尤其要重视契约性对工程造价的影响。做好招标程序、合同签订、履约管理等工作，使工程造价控制在合理的范围，应当重视其合同中的约定以及在合同履行过程中所形成的文件。

第二节　建设工程价款约定的条款解读

一、工程的计价方法

【主要条款】

◆《建设工程施工发包与承包计价管理办法》第六条第一款规定：

“全部使用国有资金投资或者以国有资金投资为主的建筑工程（以下简称国有资金投资的建筑工程），应当采用工程量清单计价；非国有资金投资的建筑工程，鼓励采用工程量清单计价。”

◆《建设工程工程量清单计价规范》GB 50500－2013 第 3.1.4 款规定：

“工程量清单应采用综合单价计价。”

◆《建设工程工程量清单计价规范》GB 50500－2013 第 2.0.8 款规定：

“综合单价完成一个规定清单项目所需的人工费、材料和工程设备费、施工机具使用费和企业管理费、利润以及一定范围内的风险费用。”

【条款解析】

在我国建设工程领域的长期行业实践中，造价的计算方法主要分为“工料单价法”与“综合单价法”，其作为两类主要计价方法，曾在 2001 年发布的《建筑工程施工发包与承包计价管理办法》（建设部令第 107 号，行业惯称“107 号文”）[①]中以规章形式予以明确[②]，但该规章内容其后经由住房和城乡建设部于 2013 年以第

---

① 中华人民共和国建设部令（第 107 号）：

“**《建筑工程施工发包与承包计价管理办法》**已经 2001 年 10 月 25 日建设部第 49 次常务会议审议通过，现予发布，**自 2001 年 12 月 1 日起施行。**”

② 《建筑工程施工发包与承包计价管理办法》第五条规定：

“**施工图预算、招标标底和投标报价**由成本（直接费、间接费）、利润和税金构成。**其编制可以采用以下计价方法：**

（1）**工料单价法**：分部分项工程量的单价为直接费。直接费以人工、材料、机械的消耗量及其相应价格确定。间接费、利润、税金按照有关规定另行计算。

（2）**综合单价法**：分部分项工程量的单价为全费用单价。全费用单价综合计算完成分部分项工程所发生的直接费、间接费、利润、税金。”

16 号部令[①]所颁布的《建筑工程施工发包与承包计价管理办法》而予废止。现行的《建筑工程施工发包与承包计价管理办法》第六条“强制国有投资、鼓励非国有投资项目采用清单计价”，结合《建设工程工程量清单计价规范》GB 50500–2013（后称《清单计价规范》）第 3.1.4 款关于“工程量清单应采用综合单价计价”的强制规定，可知：以国有投资与否为标准，我国行业主管部门对工程计价要求或提倡采用“综合单价法”。

由此，为适应新形势下的行业发展（项目复杂多样化的行业趋势；新技术、工艺、材料与设备的广泛应用），工程计价活动在我国正在经历由“工料与综合单价法并重”到“以综合单价法为主”的业态转变。但鉴于“工料单价法”所依据的相关标准尚未废止[②]且在非国有投资项目中未被禁用[③]，故在我国各地工程的计价实务中仍被普遍采用（例如：以地方定额为依据从事的工程计价），所以，对该计价方法的认识在现阶段仍有其现实意义。

工程价款在造价体系中，由成本[④]与利润[⑤]组成，其中“成本”分为“直接费”与“间接费”：前者包括“直接工程费”与“措施费”；后者包括“规费”、“企业管理费”、“税金”。

现基于上述价款基本组成的理论，依其构成的不同划分标准，就工料与综合单价法分述如下：

关于“工料单价法”。根据《建筑安装工程费用项目组成》（后称《工程费用项目组成》）的相关规定，工程造价从费用构成要素[⑥]的角度出发，其构成有：

（1）人工费（计时或计件工资、奖金、津贴补贴、加班加点工资、特殊情况

---

① 中华人民共和国住房和城乡建设部令（第 16 号）：
“《建筑工程施工发包与承包计价管理办法》经住房和城乡建设部第 9 次部常务会议审议通过，**2013 年 12 月 11 日中华人民共和国住房和城乡建设部令第 16 号发布。**该《办法》共 27 条，自 2014 年 2 月 1 日起施行。原建设部 2001 年 11 月 5 日发布的《**建筑工程施工发包与承包计价管理办法**》（建设部令第 107 号）**予以废止。**”

② 《建设工程工程量清单计价规范》GB 50500–2013 第 3.1.3 款规定：
“**不采用**工程量清单计价的建设工程，**应执行本规范除工程量清单等专门性规定外的其他规定。**”

③ 《建设工程工程量清单计价规范》GB 50500–2013 第 3.1.2 款规定：
“**非国有资金投资**的建设工程，宜**采用工程量清单计价。**”

④ 《建设工程工程量清单计价规范》GB 50500–2013 第 2.0.10 款规定：
“**工程成本**：承包人为实施合同工程并达到质量标准，在确保安全施工的前提下，**必须消耗或使用的人工、材料、工程设备、施工机械台班及其管理等方面发生的费用和按规定缴纳的规费和税金。**”

⑤ 《建设工程工程量清单计价规范》GB 50500–2013 第 2.0.32 款规定：
“**利润：承包人完成合同工程获得的盈利。**”

⑥ 《住房城乡建设部 财政部关于印发〈建筑安装工程费用项目组成〉的通知》第一条通知：
“〈费用组成〉调整的主要内容：
（一）建筑安装工程费用项目**按费用构成要素组成划分**为人工费、材料费、施工机具使用费、企业管理费、利润、规费和税金……”

下支付的工资）；

（2）材料和设备费（材料原价、运杂费、运输损耗费、采购及保管费）；

（3）施工机具使用费（施工机械使用费、仪器仪表使用费）；

（4）企业管理费（管理人员工资、办公费、差旅交通费、固定资产使用费、工具用具使用费、劳动保险和职工福利费、劳动保护费、检验试验费、工会经费、职工教育经费、财产保险费、财务费、税金等）；

（5）规费；

（6）税金；

（7）利润。

按照上述划分构成，鉴于实务中“工料单价法”所用单价不包括企业管理费、规费及税金的“间接费”以及“利润”，据此可得：“工料单价法”中分部分项工程量的单价专指工程成本中的“直接费”，即仅以人工、机械、材料的消耗量及其相应价格确定（图 5-2）。

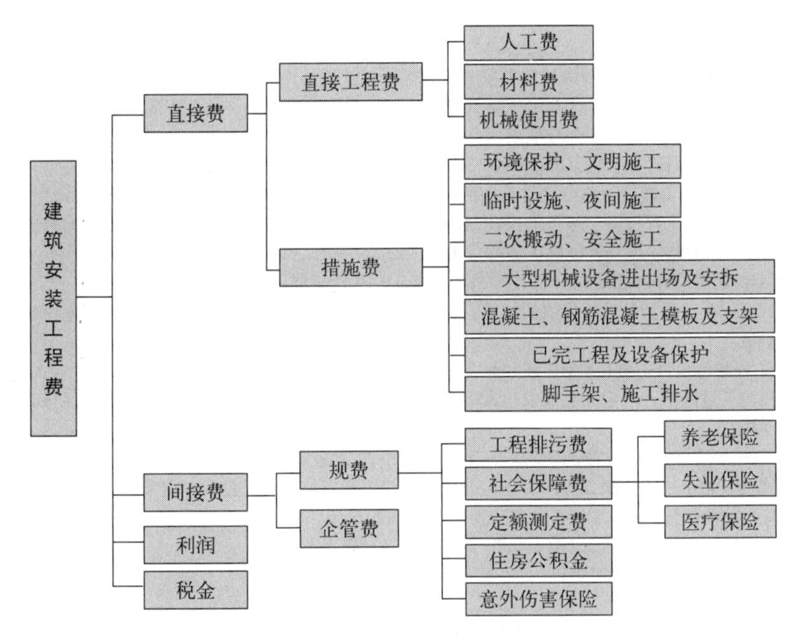

图 5-2 建设安装工程费组成分析图

基于此，当事人约定工程价款以“工料单价法”作为计算方式的，其相应的间接费、利润以及税金应当另行计算，故行业惯称该计价方式所含单价为“不完全单价”。

关于“综合单价法”。依《工程费用项目组成》的附件内容，工程造价从造价形成[①]角度出发，其构成有：

（1）分部分项工程[②]费；

（2）措施项目费（安全文明施工费、夜间施工增加费、二次搬运费、冬雨期施工增加费、已完工程及设备保护费、工程定位复测费、特殊地区施工增加费、大型机械设备进出场及安拆费、脚手架工程费）；

（3）其他项目费（暂列金额[③]、暂估价[④]、计日工[⑤]、总承包服务费[⑥]）[⑦]；

（4）规费；

（5）税金。

按照上述划分构成，鉴于《清单计价规范》设定采用“综合单价法”的清单计价涵盖包括部分间接费（税金、规费）在内的上述所有组价项目[⑧、⑨]，且该规范

---

① 《住房城乡建设部 财政部关于印发〈建筑安装工程费用项目组成〉的通知》第一条通知：
“《费用组成》调整的主要内容：
（一）建筑安装工程费用项目**按费用构成要素组成划分**为人工费、材料费、施工机具使用费、企业管理费、利润、规费和税金……”

② 《建设工程工程量清单计价规范》GB 50500−2013 第 2.0.4 款规定：
“**分部分项工程**：分部工程是单项或单位工程的组成部分，是按结构部位、路段长度及施工特点或施工任务将单项或单位工程划分为若干分部的工程；分项工程是分部工程的组成部分，是按不同施工方法、材料、工序及路段长度等将分部工程划分为若干个分项或项目的工程。”

③ 《建设工程工程量清单计价规范》GB 50500−2013 第 2.0.18 款规定：
“**暂列金额**：招标人在工程量清单中暂定并包括在合同价款中的一笔款项。用于工程合同签订时尚未确定或者不可预见的所需材料、工程设备、服务的采购，施工中可能发生的工程变更、合同约定调整因素出现时的合同价款调整以及发生的索赔、现场签证确认等的费用。”

④ 《建设工程工程量清单计价规范》GB 50500−2013 第 2.0.19 款规定：
“**暂估价**：招标人在工程量清单中提供的用于支付必然发生但暂时不能确定价格的材料、工程设备的单价以及专业工程的金额。”

⑤ 《建设工程工程量清单计价规范》GB 50500−2013 第 2.0.20 款规定：
“**计日工**：在施工过程中，承包人完成发包人提出的工程合同范围以外的零星项目或工作，按合同中约定的单价计价的一种方式。”

⑥ 《建设工程工程量清单计价规范》GB 50500−2013 第 2.0.21 款规定：
“**总承包服务费**：总承包人为配合协调发包人进行的专业工程发包，对发包人自行采购的材料、工程设备等进行保管以及施工现场管理、竣工资料汇总整理等服务所需的费用。”

⑦ 《建设工程工程量清单计价规范》GB 50500−2013 第 4.4.1 款规定：
“**其他项目清单**应按照下列内容列项：
1. 暂列金额；
2. 暂估价，包括材料暂估单价、工程设备暂估单价、专业工程暂估价；
3. 计日工；
4. 总承包服务费。”

⑧ 《建设工程工程量清单计价规范》GB 50500−2013 第 1.0.3 款规定：
“建设工程发承包及实施阶段的工程造价**应由分部分项工程费、措施项目费、其他项目费、规费和税金组成**。”

⑨ 《建设工程工程量清单计价规范》GB 50500−2013 第 2.0.47 款规定：
“签约合同价（合同价款）：发承包双方在工程合同中约定的工程造价，即**包括了分部分项工程费、措施项目费、其他项目费、规费和税金的合同总金额。**”

第 2.0.8 款定义其“综合单价”为完成单个清单项目的全部人工费、材料和工程设备费、施工机具使用费、企业管理费与利润，据此可得：“综合单价法”中分部分项工程量的综合单价，除包含“直接费”外，还包括利润，以及“间接费”中的企业管理费。

基于此，当事人约定工程价款以“综合单价法”作为计算方式的，该方式下的计价已完成全部造价构成的综合计算。故而，行业惯称其所含单价为“完全单价”或“全费用单价”。

二、合同的价格形式

【主要条款】

◆《建设工程工程量清单计价规范》GB 50500－2013 第 2.0.11 ～ 2.0.13 款规定：

“单价合同 发承包双方约定以工程量清单及其综合单价进行合同价款计算、调整和确认的建设工程施工合同。总价合同 发承包双方约定以施工图及其预算和有关条件进行合同价款计算、调整和确认的建设工程施工合同。成本加酬金合同 承包双方约定以施工工程成本再加合同约定酬金进行合同价款计算、调计算、调整和确认的建设工程施工合同。”

◆《建筑工程施工发包与承包计价管理办法》第十三条：

“规定发承包双方在确定合同价款时，应当考虑市场环境和生产要素价格变化对合同价款的影响。实行工程量清单计价的建筑工程，鼓励发承包双方采用单价方式确定合同价款。建设规模较小、技术难度较低、工期较短的建筑工程，发承包双方可以采用总价方式确定合同价款。紧急抢险、救灾以及施工技术特别复杂的建筑工程，发承包双方可以采用成本加酬金方式确定合同价款。”

◆《建设工程工程量清单计价规范》GB 50500－2013 第 7.1.3 款规定：

“实行工程量清单计价的工程，应采用单价合同；建设规模较小，技术难度较低，工期较短，且施工图设计已审查批准的建设工程可采用总价合同；紧急抢险、救灾以及施工技术特别复杂的建设工程可采用成本加酬金合同。”

【条款解析】

根据我国《清单计价规范》关于合同类型的设定：该规范第 2.0.1 款定义以工

程量清单及其综合单价计算（或调整、确认）价款的合同为“单价合同”；第 2.0.2 款定义以施工图及其预算和有关条件计算（或调整、确认）价款的合同为“总价合同”；第 2.0.13 款定义以施工工程成本再加合同约定酬金计算（或调整、确认）价款的合同为“成本加酬金合同”。

据此，以上合同分类的本质，实为针对承发包之间关于施工合同中建设工程价款形成所作的不同约定，其间核心的区分标准是：各自关于工程造价所对应的计算依据不同。

关于上述区分的标准，其概念名称在我国的建筑法律体系及合同示范文本中表现不一，具体表述如下：

在《建筑工程施工发包与承包计价管理办法》（后称《计价管理办法》）第十三条中为“采用单价方式（或总价方式、成本加酬金方式）确定合同价款”；在《清单计价规范》第 7.1.3 款中为“采用单价合同（或总价合同、成本加酬金合同）”；在《13 版施工合同范本》第二部分中为“选择合同价格形式（单价合同、总价合同、其他价格形式）”[①]。

为叙述方便与概念厘清，本章节统一上述不同表述，统称为选择“合同的价格形式”（主要分为“总价形式”、“单价形式”、“成本加酬金形式”）。

据此，就施工合同而言，选择“单价形式”作为其价格形式的，工程造价应当以工程量清单及其综合单价为计算依据；选择“总价形式”作为价款约定形式的，造价原则以施工图及其预算与有关条件为计算依据，即：前者依“清单”定造价；后者依“图纸”定造价。

鉴于“单价形式”、“总价形式”与“成本加酬金形式”在定价依据上的差异，因施工承发包对于价款约定形式的不同选择所导致的差异，除影响工程的价款的计算外，其在工程的项目类型与分段计量方面也有所体现，具体分述如下：

（1）结合《计价管理办法》第十三条与《清单计价规范》第 7.1.3 款的规定，关于不同价款的约定形式所适合的工程项目类型，“考虑市场环境和生产要素价格变化对合同价款的影响”：

1）“单价形式”应当选用于“实行工程量清单计价的工程”中；

---

① 《建设工程施工合同（示范文本）》GF-2013-0201 第二部分 第 12.1 款约定：

“合同价格形式 发包人和承包人应在合同协议书中**选择下列一种合同价格形式**：

1. **单价合同**……

2. **总价合同**……

3. **其它价格形式**……

合同当事人**可在专用合同条款中约定其他合同价格形式。**”

2）“总价形式”可以选用于建设规模较小、技术难度较低、合同工期较短、总价金额较少，且“施工图设计已审查批准”的工程中；

3）“成本加酬金形式”建议选用于“紧急抢险、救灾以及施工技术特别复杂”的工程中。

（2）依照《清单计价规范》的设定，关于不同价款的约定形式所对应的分段计量程序，结合我国的工程实践与惯例：

1）在选择“成本加酬金形式”[①]或“单价形式”的施工合同计量工作中，发包人对由承包人按约定计量周期和具体时间提交的当期已完工程报告，通过工程量清单的比对以核实，并通知核实结果[②]，认为须现场核实的，应通知承包人参加现场核实[③]；

2）在选择“总价形式”的施工合同计量工作中，承包人为向发包人在约定形象目标或时间节点提交形象目标计量报告，依据经审核批准的图纸[④]进行计量[⑤]，经发包人复核实际进度后，质疑报告存不实的，应通知承包人进行共同核实[⑥]。

另外，需要特别注意的是，在工程实践中，施工承发包在约定建设工程价款时，选择以“成本加酬金形式”作为合同价格形式的，其具体的价格形式通常可分为三种[⑦]，即：

（1）成本加固定百分比酬金的价格形式；

（2）成本加固定金额酬金的价格形式；

（3）成本加奖罚的价格形式。

---

① 《建设工程工程量清单计价规范》GB 50500－2013 第 8.1.4 款规定：
“**成本加酬金合同**应按本规范第 8.2 节（单价合同的计量）的规定计量。”

② 《建设工程工程量清单计价规范》GB 50500－2013 第 8.2 节（单价合同的计量）第 8.2.3 款规定：
“承包人应当按照合同约定的计量周期和时间向发包人提交当期已完工程量报告。发包人应在**收到报告后 7 天内核实**，并将核实计量结果**通知承包人**。”

③ 《建设工程工程量清单计价规范》GB 50500－2013 第 8.2 节（单价合同的计量）第 8.2.4 款规定：
“发包人认为**需要进行现场计量核实**时，应在计量前 **24 小时通知承包人**，承包人应为计量提供便利条件并派人参加。当双方均同意核实结果时，双方应在上述记录上签字确认……”

④ 《建设工程工程量清单计价规范》GB 50500－2013 第 8.3.3 款规定：
“总价合同约定的项目计量应**以合同工程经审定批准的施工图纸为依据**，发承包双方应在合同中约定工程计量的形象目标或时间节点进行计量。”

⑤ 《建设工程工程量清单计价规范》GB 50500－2013 第 8.3 节（总价合同的计量）第 8.3.4 款规定：
“承包人应**在合同约定的每个计量周期内对已完成的工程进行计量**，并向发包人提交达到工程形象目标完成的工程量和有关计量资料的报告。”

⑥ 《建设工程工程量清单计价规范（GB 50500－2013）》第 8.3 节（总价合同的计量）第 8.3.5 款规定：
“发包人应在收到报告后 7 天内对承包人提交的上述资料进行复核，以确定实际完成的工程量和工程形象目标。**对其有异议的，应通知承包人进行共同复核。**”

⑦ 张正勤著 . 建设工程造价相关法律条款解读 . 北京：中国建筑工业出版社，2009. 第三十三页 .

三、价款的确定方式

【主要条款】

◆《建设工程价款结算暂行办法》第八条规定：

“发、承包人在签订合同时对于工程价款的约定，可选用下列一种约定方式：

（一）固定总价。合同工期较短且工程合同总价较低的工程，可以采用固定总价合同方式。

（二）固定单价。双方在合同中约定综合单价包含的风险范围和风险费用的计算方法，在约定的风险范围内综合单价不再调整。风险范围以外的综合单价调整方法，应当在合同中约定。

（三）可调价格。可调价格包括可调综合单价和措施费等，双方应在合同中约定综合单价和措施费的调整方法，调整因素包括：

1. 法律、行政法规和国家有关政策变化影响合同价款；

2. 工程造价管理机构的价格调整；

3. 经批准的设计变更；

4. 发包人更改经审定批准的施工组织设计（修正错误除外）造成费用增加；

5. 双方约定的其他因素。”

◆《建设工程工程量清单计价规范》第 2.0.50 款规定：

“合同价款调整：在合同价款调整因素出现后，发承包双方根据合同约定，对合同价款进行变动的提出、计算和确认。”

◆《最高人民法院关于审理建设工程施工合同纠纷案件适用法律问题的解释》第二十二条规定：

“当事人约定按照固定价结算工程价款，一方当事人请求对建设工程造价进行鉴定的，不予支持。”

【条款解析】

建设工程价款的确定方式，因其类别直接影响或间接决定所涉工程的风险分配、法律适用等有关价款的内容处理，故属于缔约方之间关于工程造价的重要约定[①]。

---

① 《建筑工程施工发包与承包计价管理办法》第十二条第二款规定：
“**合同价款的有关事项由发承包双方约定，一般包括**合同价款约定方式，预付工程款、工程进度款、工程竣工价款的支付和**结算方式**，以及合同价款的调整情形等。”

就我国现阶段建筑法律体系而言，在狭义法律层面未明确其分类，所涉概念及处理集中体现于行政部门颁发或推广的部门规章（《结算暂行办法》）、国家标准（《清单计价规范》）、示范文本（《99版施工合同范本》）与最高院发布的司法解释（《施工合同司法解释》）中。以上现行依据的规定或设定虽有差异，但结合实务与惯例，工程价款的确定方式总体划分为“固定价”与“可调价”（图5-3）。

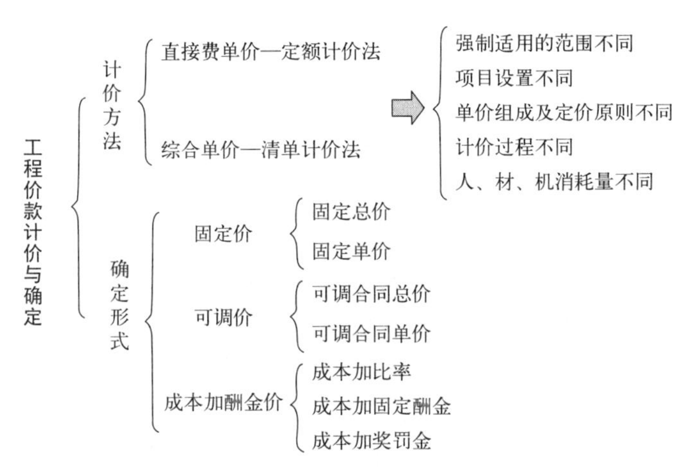

图5-3　工程价款计价方式与确认形式归纳图

参考《99版施工合同范本》中“固定价格合同”与“可调价格合同”[①]定义，两者分别是：通过缔约方之间针对造价约定“相应的风险范围及费用计算方法”或“价格的调整情形及价格调整方法”，以就“合同价款”[②]结算所采用的一种确定方式。

推导以上示范文本的概念设定，可知：“价款确定方式”的本质，是承发包为确定双方之间关于造价所涉商业风险的分配，而针对合同中施工内容与承包范围内的工程建设所采取的价款约定方式。

根据《结算暂行办法》第八条规定，基于上述对于“价款确定方式”的实质理解，

① 《建设工程施工合同（示范文本）》GF－1999－0201通用条款第23.2款设定：
“合同价款在协议书内约定后，任何一方不得擅自改变。**下列三种确定合同价款的方式，双方可在专用条款内约定采用其中一种：**
（1）**固定价格合同**。双方在专用条款内约定合同价款包含的风险范围和风险费用的计算方法，在约定的风险范围内合同价款不再调整。风险范围以外的合同价款调整方法。应当在专用条款内约定。
（2）**可调价格合同**。合同价款可根据双方的约定而调整，双方在专用条款内约定合同价款调整方法……”

② 《建设工程施工合同（示范文本）》GF－1999－0201通用条款第1.11款设定：
“**合同价款：指发包人承包人在协议书中约定，发包人用以支付承包人按照合同约定完成承包范围内全部工程并承担质量保修责任的款项。**”

以下具体就“固定价”与“可调价”确定的方式、内容和区别，进行解析：

关于“固定价”的含义理解，根据该方式下约定“风险范围及其费用计算方法”的行为特征，就该价款确定方式中的核心字面——“固定”而言，其正确理解应指：缔约方就价款不予调整的约定，通过其界限的设置予以明确锁定，以排除其在特定范围内造价的调整可能。

根据上述理解，缔约方在施工合同中就价款确定采取“固定价”方式的本质意义是：通过（1）“固定”在特定范围内的工程价款，从而（2）“固定”工程造价不予调整的范围，进而（3）“固定”双方在建设工程不确定性特征下，最终关于“成本性工程造价于合同履行阶段上升”的商业风险承担主体，即“固定范围内由承包人承担；固定范围外由发包人承担”。

在此基础上，“固定价”依据固定对象的不同，具体分为“固定总价”与“固定单价”。两者的区分关键在于：施工承发包在就工程造价的约定采用不同选择的前提下，为其风险范围设定所指向或针对的客体不同。

具体而言，“固定总价”是缔约方在施工合同选择总价形式的前提下，将风险范围及其费用计算方式固定于工程的“合同总价”之上；“固定单价”是缔约方在工程计价选用清单计价的前提下，将风险范围及其费用计算方式固定于项目的“综合单价”之上。

关于“可调价”的含义理解，根据该方式下约定“价格的调整情形及价格调整方法”，就该价款确定方式中的核心字面——“可调”而言，其正确理解应当是指：施工承发包对价款可以调整的因素，通过事由的罗列予以特别约定，以允许其在特定情形下造价的调整空间。

根据《结算暂行办法》第八条第（三）项的内容规定，关于“可调价”确定方式的实质内容：

（1）其所调整的客体是在工程采用清单计价的前提下，针对其“措施项目费”与分部分项工程的“综合单价”约定价格的具体调整；

（2）其所调整的方法即为《清单计价规范》第2.0.50款规定中关于承发包在施工合同履行阶段按约就合同范围内价款的变动所进行的“提出、计算和确认”行为。

在通常情况下，发包人与施工承包人在合同中就工程造价所约定的价格调整因素，其情形或事由主要包括：“法律（规）和国家政策变化对价款的影响”、“工程造价管理机构的价格调整”、经批准的设计变更、发包人更改经审定批准的施工组织设计（修正错误除外）等。

四、法律的限制规定

【主要条款】

◆《中华人民共和国招标投标法》第三十三条规定：

"投标人不得以低于成本的报价竞标，也不得以他人名义投标或者以其他方式弄虚作假，骗取中标。"

◆《建设工程工程量清单计价规范》GB 50500－2013 第 3.1.5 款规定：

"措施项目中的安全文明施工费必须按国家或省级、行业建设主管部门的规定计算，不得作为竞争性费用。"

◆《建设工程工程量清单计价规范》GB 50500－2013 第 3.1.6 款规定：

"规费和税金必须按国家或省级、行业建设主管部门的规定计算，不得作为竞争性费用。"

【条款解析】

关于建设工程价款的约定，我国法律在直接或间接地对建设工程价款的"市场调节价"定位给予充分肯定（详见本章第二节）的同时，出于工程质量、作业安全、财政收入等各方面的综合考虑，也对该性质所具有的"契约性"，即关于承发包就工程造价所进行的合意，通过建筑法律体系的适当规范予以必要的相关限制。

据此，在施工合同中进行工程价款约定的承发包，除应当达成对于"合同价格形式"、"价款确定方式"及"工程计价方式"的合意以外，还应遵守以下禁止性法律规定：

其一，我国《招投标法》第三十三条规定明确禁止投标人"以低于成本的报价竞标"。鉴于我国"强制招标制度"的适用，基本已涵盖建筑行业绝大多数工程项目的承发包活动（详见第一章第三节），因而，施工承包人承接建设工程时所对应的"造价"原则上均须在其合理"成本"之上。对此，《质量管理条例》从发包人角度再次予以明确，即：发包人不得迫使承包人"以低于成本的价格竞标"[①]，以确保建设工程的最终质量符合国家强制性规定。

---

① 《建设工程质量管理条例》第十条第一款规定：

"建设工程发包单位**不得迫使承包方以低于成本的价格竞标**，不得任意压缩合理工期。"

所以，在遵循意思自治的原则下，承发包双方关于建设工程价款的金额约定，还应当遵守上述不得低于“成本性工程造价”的限制。

其二，根据《建设工程安全生产管理条例》与《建筑工程安全防护、文明施工措施费用及使用管理规定》（以下简称《安全措施费用管理规定》）的有关规定，为“加强工程安全生产、文明施工管理，保障施工从业人员的作业条件和生活环境，防止施工安全事故”①，在我国造价中，单设“安全（防护）文明施工（措施）费”（结合《清单计价规范》定义②。该费用指：承包人在合同履行中，按现行建筑施工安全、施工现场环境与卫生标准或规定，购置和更新安全防护用具及设施、改善安全生产条件和作业环境的费用③）作为其体系中“措施项目费”组成部分，并且就此强制“建设单位列入概算④、施工单位专款专用⑤”。根据该规范第 3.1.5 款规定，该费用“不得作为竞争性费用”。

所以，关于建设工程价款中的“安全文明施工费”，施工承发包之间对此不得擅作约定，其金额应当按国家或省级、行业建设主管部门的规定计算，且“不得竞争”。

其三，出于保障政府行政收入以及保证国家税收收入的目的，根据《清单计价规范》第 3.1.6 款的规定内容，关于我国建设工程价款基本组成中的“规费”以及“税金”：前者应当根据国家法律、法规，依照省级政府和省级有关权力部门规定计取并缴纳；后者应当根据国家税法的有关规定计入建设工程造价。

此外，与“安全文明施工费”相同，“规费”以及“税金”同样“不得作为竞争性费用”。

所以，关于建设工程价款中的“规费”与“税金”，施工承发包之间对此不得擅

---

① 《建筑工程安全防护、文明施工措施费用及使用管理规定》第一条规定：
“**为加强建筑工程安全生产、文明施工管理，保障施工从业人员的作业条件和生活环境，防止施工安全事故发生**，根据《中华人民共和国安全生产法》、《中华人民共和国建筑法》、《建设工程安全生产管理条例》、《安全生产许可证条例》等法律法规，制定本规定。”

② 《建设工程工程量清单计价规范》GB 50500-2013 第 2.0.22 款规定：
“**安全文明施工费**：在合同履行过程中，承包人按照国家法律、法规、标准等规定，为保证安全施工、文明施工，保护现场内外环境和搭拆临时设施等所采用的措施而发生的费用。”

③ 《建筑工程安全防护、文明施工措施费用及使用管理规定》第三条规定：
“本规定说称**安全防护、文明施工措施费用**，是指按照国家现行的建筑施工安全、施工现场环境与卫生标准和有关规定，**购置和更新施工安全防护用具及设施、改善安全生产条件和作业环境说需要的费用**。”

④ 《建设工程安全生产管理条例》第八条规定：
“建设单位在**编制工程概算**时，应当**确定建设工程安全作业环境及安全施工措施所需费用**。”

⑤ 《建设工程安全生产管理条例》第二十二条规定：
“施工单位对**列入建设工程概算的安全作业环境及安全施工措施所需费用**，应当用于施工安全防护用具及设施的采购和更新、安全施工措施的落实、安全生产条件的改善，**不得挪作他用**。”

作约定，其金额应当按国家或省级、行业建设主管部门的规定计算，且“不得竞争”。

另外，需要特别注意的是，根据《招投标法实施条例》、《质量管理条例》及《建设工程安全生产管理条例》等相关规定，对于违反上述价款限制规定的行为，相应的不利法律后果有：

（1）投标人以低于工程成本的报价竞标的，该投标应予否决[①、②]；

（2）建设单位迫使承包人低于工程成本竞标的，应责令改正，处20万元以上50万元以下罚款[③]；

（3）中标合同所约定价款低于工程成本的，根据我国地方法院的审判实践，该合同可能被认定无效[④]；

（4）建设单位未提供安全文明施工费的，应限期改正，逾期未改正的，责令停工[⑤]；

（5）施工单位挪用文明施工费的，应限期改正，处挪用费用20%以上50%以下的罚款，且造成损失的，应予赔偿[⑥]。

综上，建设工程价款作为“市场价”，其形成虽然主要基于施工承发包之间的合意，但其合同的价格不得低于成本性工程造价。其组价中的“安全文明施工费”、“规费”与“税金”应当依法计算，并且不得竞争，否则会导致行为人相应的不利法律后果。

【律师提醒】

（1）对工程价款的约定应当包括：确定形式、计价方式两方面，尤其是对采

① 《招投标法实施条例》第五十一条规定：
“有下列情形之一的，评标委员会应当**否决**其投标：
……（五）**投标报价低于成本**或者高于招标文件设定的最高投标限价……”

② 《建筑工程施工发包与承包计价管理办法》第十一条第一款规定：
“**投标报价低于工程成本**或者高于最高投标限价总价的，评标委员会应当**否决**投标人的投标。”

③ 《建设工程质量管理条例》第五十六条规定：
“违反本条例规定，建设单位有下列行为之一的，**责令改正，处20万元以上50万元以下的罚款**：
（一）**迫使承包方以低于成本的价格竞标的**……”

④ 《江苏省高级人民法院关于审理建设工程施工合同纠纷案件若干问题的意见 指导意见》第三条第（五）项规定：
“具有下列情形之一，当事人要求确认建设工程施工**合同无效的**，人民法院应予支持：
……（五）中标合同约定的**工程价款低于成本价**的……”

⑤ 《建设工程安全生产管理条例》第五十四条第一款规定：
“违反条例的规定，建设单位未提供建设工程安全生产作业环境及安全施工措施所需费用的，责令**限期改正**；逾期未改正的，**责令该建设工程停止施工。**”

⑥ 《建设工程安全生产管理条例》第六十三条规定：
“违反本条例的规定，施工单位挪用列入建设工程概算的安全生产作业环境及安全施工措施所需费用的，责令**限期改正，处挪用费用20%以上50%以下的罚款**；造成损失的，依法**承担赔偿责任。**”

用固定总价形式确定工程款的工程，以避免当施工承包合同解除或被认定无效后，对已完工程计价标准无法确定的情况。另外，较小的工程建设项目，如果没有约定计价方式的，一般情况下，承发包双方均可要求按照签订施工承包合同时当地相应定额进行工程造价计算。

（2）如果建设工程项目的规模不是很大、图纸设计的比较详细，可以考虑采用固定总价的形式。如果建设工程项目的规模比较大或比较复杂，则可考虑采用可调价或固定单价的形式。如果采用施工总承包加指定分包的承发包模式，总承包完成的部分可以采用基于工程量清单的固定单价形式。如果采用平行发包的承发包模式，对钢结构、幕墙、精装修及弱电工程等，可采取基于图纸及技术规范的固定总价的工程价款确定形式。

（3）若按固定总价确定工程造价，若没有约定，原则上价款不予调整，但是，出现工程变更的情形，则竣工结算价款＝固定总价款 ± 工程追加合同价款。并且，当由于发包人原因造成工期顺延的，从理论上而言，承包人可以要求就工期顺延造成的建材等涨价部门的调整。

第三节　建设工程价款调整的条款解读

【主要条款】

◆《最高人民法院关于审理建设工程施工合同纠纷案件适用法律问题的解释》规定：

“当事人对建设工程的计价标准或者计价方法有约定的，按照约定结算工程价款。因设计变更导致建设工程的工程量或者质量标准发生变化，当事人对该部分工程价款不能协商一致的，可以参照签订建设工程施工合同时当地建设行政主管部门发布的计价方法或者计价标准结算工程价款。建设工程施工合同有效，但建设工程经竣工验收不合格的，工程价款结算参照本解释第三条规定处理。”

◆《建设工程工程量清单计价规范》第 2.0.23 款规定：

“索赔：在工程合同履行过程中，合同当事人一方因非己方的原因而遭受损失，按合同约定或法律法规规定承担责任，从而向对方提出补偿的要求。”

◆《建设工程价款结算暂行办法》第八条第三项规定：

“（三）可调价格。可调价格包括可调综合单价和措施费等，双方应在合同中约定综合单价和措施费的调整方法，调整因素包括：

1. 法律、行政法规和国家有关政策变化影响合同价款；

2. 工程造价管理机构的价格调整；

3. 经批准的设计变更；

4. 发包人更改经审定批准的施工组织设计（修正错误除外）造成费用增加；

5. 双方约定的其他因素。”

【条款解析】

建设工程价款，不但属于缔约方为工程建设义务预期履行所约定的签约价款，而且属于承发包经建设工程合同最终履行而结算的实际价款，故在同一施工项目中所体现的“造价”，既为“签约合同价”的合意，也是“竣工结算价”的支付（详见本章第一节）。

一般情况下，合同订立时最初所约定的造价与实际施工后最终所支付的价款并不相同，即：合同履行往往有可能导致前者的变动与后者的形成。由此，在变动与形成中，工程造价的金额须经历由约定到支付的变化过程，该过程即为“建设工程价款的调整”。

以合同约定、法律规定与行业惯例为“大前提”，关于“建设工程价款的调整”，由于适用的依据不同、事由的前提不一、呈现的类型多样等缘由，其成因众多且较为复杂。例如：选择清单计价的清单缺项、工程量偏差、项目特征不符等情形；采用可调价方式下的法律法规变化、物价变化等调价因素；采用固定价方式下，超出风险范围的可能；设定暂列金额中工程合同签订时尚未确定或者不可预见的所需材料、工程设备、服务的采购；不可抗力情况下，承包范围或施工内容减少等工程量的变化。

上述可能致使工程造价发生增减的情形中，根据我国工程实务的行业共识，其最为常见且频发的事由，除“可调价”方式下约定“调价因素”的出现外（详见本章第二节），主要还包括“工程变更”、“调价因素”的发生，以下对两者进行解析（图 5-4）：

关于“工程变更”，其所涉“变更”理论上属于特殊的合同变更情形，即：涉及施工要求，即关于材料、工艺、功能、尺寸、数量、技术指标及施工方法等方面的内容变动，统称“工程变更”。根据行业惯例，其通常经由“工程指令”与“工程签证”完成。法律上，前者属于“要约”；后者包含“承诺”，两者构成施工合同中工程要求的变更（详见第三章第五节）。

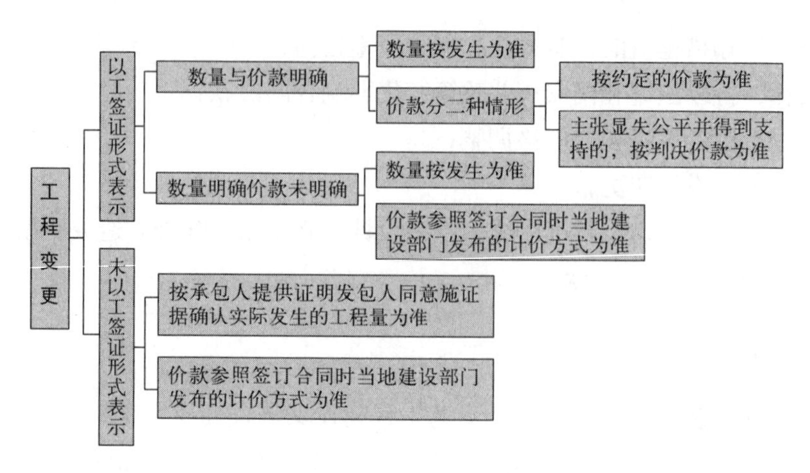

图 5-4　工程变更情况分析图

无论施工合同价款采用“总价形式”还是“单价形式”（详见本章第二节），由于工程变更均可能引起其合同条件或工程量的改变或增减[①]，故而其往往导致项目的建设成本发生相应变化。但由于工程变更的要约必须执行，因此即使变更涉及造价变化，其所涉指令通常为内容不完全的要约，即：仅针对施工的变更而不含其相应造价的调整。

对此，承包人往往先予执行工程指令，其后再根据有关“工程签证”的规定及约定或者通过其他间接形式（例如：会议纪要、工程洽谈记录、工程检验记录、工程通知资料、技术核定单）锁定关系自身主要利益的价款内容[②]。故工程变更的施工虽经执行，但双方事前就所涉造价事项并未形成合意的，承发包事后可能也无法就变更所引起的价款调整达成一致。

出现上述情况时，根据《施工合同司法解释》第十六条规定，在工程质量合格的前提下，关于“工程量或者质量标准发生变化”所引起价款的调整：

（1）当事人首先应当遵循“有约定，从约定”的原则，即只要施工承发包在工程变更的事前、事中或事后关于其所涉价款调整的计价方式、价格形式、确定方式等内容形成合意，则其调整应当按照约定予以执行；

（2）双方未就工程变更下的价款调整标准达成具体约定的，结合《结算暂行

---

① 《建设工程工程量清单计价规范》GB 50500－2013 第 2.0.16 款规定：

“**工程变更**：合同工程实施过程中**由发包人提出**或由**承包人提出经发包人批准**的合同工程任何一项工作的增、减、取消或施工工艺、顺序、时间的改变；设计图纸的修改；施工条件的改变；招标工程量清单的错、漏从而引起合**同条件的改变或工程量的增减变化**。”

② 张正勤著．建设工程造价相关法律条款解读．北京：中国建筑工业出版社，2009．第 124 页．

办法》有关规定[①]，价格调整通常采用单价形式，并在此基础上以施工合同为依据，遵循“已有相同价格的，适用相同价格；只有类似价格，参照类似价格”的原则进行价款调整的计算；

（3）如果最后当事人对上述内容无法协商一致，且施工合同中没有相同或类似价格可供适用或参照的，则“可以参照签订建设工程施工合同时当地建设行政主管部门发布的计价方法或者计价标准结算工程价款”（例如：当地定额站定期发布的工程造价指数[②]）。

关于“索赔事件”，其所涉“索赔”并非严格意义上的法律概念，即“工程索赔”之用词至今未在我国狭义法律中有所表述。

有关“索赔”概念的引入，最早由建设部借鉴国际工程学界的经验，在其于20世纪所贯宣的《99版施工合同范本》中作为独立概念出现。该范本中“索赔”指“在合同履行过程中，对于并非自己的过错，而是应由对方承担责任的情况造成的实际损失，向对方提出经济补偿和（或）工期顺延的要求”。嗣后，“索赔”在2013年的《清单计价规范》第2.0.23款中予以明确。基于此，住房和城乡建设部在《13版施工合同范本》中未对其作重复设定。至此，“索赔”概念在我国国标性质的文件中予以正式确立。

相比《99版施工合同范本》的设定，《清单计价规范》关于“索赔”作出细化：在“因非己方的原因（过错）”的不变前提下，将原先“应由对方承担责任的情况”的依据具体为“按合同约定或法律法规规定承担”。对此，笔者按，虽然学界目前尚未就索赔的依据统一意见，但倾向性认为，鉴于我国：（1）违约责任的承担不按主观过错而唯以合同约定为标准的法理；（2）现行法律在无约定条件下保护的经济权利仅涵盖绝对权（例如：人身权、物权）而排除相对权（例如：须特定主体作为或不作为才能实现利益的债权）的现实。故为厘清“索赔”与“违约”以体现前者的设立意义，并利于保障承发包权益，国标最新设定中“按合同约定或法律规定”的含义应作广义理解，其实质应指：在合同无明确义务约定的情况下，损失方有权对于非因自身原因造成的损失，依据双方合同法律关系所理应遵照的行业惯例（例

---

① 《建设工程价款结算暂行办法》第十条规定：

“……**变更合同价款按下列方法进行**：

1. 合同中**已有**适用于变更工程的价格，**按合同已有的价格变更**合同价款；

2. 合同中**只有类似**于变更工程的价格，**可以参照类似价格变更**合同价款……”

② 《建设工程工程量清单计价规范》GB 50500-2013第2.0.15款规定：

“**工程造价指数**：反映**一定时期的工程造价相对于某一固定时期的工程造价变化程度的比值或比率**。包括按单位或单项工程划分的造价指数，按工程造价构成要素划分的人工、材料、机械等价格指数。”

如:发包人应正确而非错误发出指令,及时而非迟延提供协作)或遵守的法律(例如:《合同法》第二百七十八条①、第二百八十三条②、第二百八十四条③规定),向相对方索赔。

据此，建立“索赔”概念的核心意义在于：考虑建设工程由于项目复杂、专业且多样、实施严重依赖双方之间的协作、推进较易受到周边因素之影响等原因，导致合同双方难以就彼此间具体的义务及其违约责任进行全面详尽的约定。法律法规无法就承发包责任的划分及其不利后果予以一一穷尽的规定，故而业界须引入“索赔”概念。其旨在为施工合同中非因自身原因(过错)而遭受实际损失的一方，有权凭借行业惯例以寻求合理救济的渠道，提供可遵照的必要依据和操作的相应程序，从而在合同履行的动态过程中最终达到公平合理的结果。

另外，需要特别注意的是：相比“违约责任”，“工程索赔”是主要依行业惯例而非约定义务，以合同相对方或第三人等非自身原因而非仅以合同相对方原因为前提，按为实现合同目的而非以违反合同约定为成因，对造成的实际损失而形成的非违约责任，提出的“损失补偿请求”而非“责任承担主张”。

【律师提醒】

(1) 为了避免以后关于工程变更而引起纠纷，在施工承包合同中对工程承包范围内的计价方式以及属于工程变更部分的计价方式进行分别约定。另外，如果采用固定价计价的，则在施工承包合同中约定发包人对工程减项的工程量应当允许在一定的范围内，超出约定范围的减项的变更应属于发包人的违约行为。

(2) 如果承包人没有发包人发出的正规“工程变更指令”的,但能提供会议纪要、工程洽商记录、工程检验记录、来往电报和函件、工程通知资料等，能证明发包人要求其完成的工程变更内容的，并且承包人也实际已完成的，原则上，承包人可以要求发包人支付相应的工程变更所对应的工程价款。

(3) 由于工程费用的索赔的计价方式并非与工程造价的计价方式不完全一致，

---

① 《中华人民共和国合同法》第二百七十八条规定：
“隐蔽工程在隐蔽以前，承包人应当通知发包人检查。发包人没有及时检查的，承包人可以顺延工程日期，并有权要求赔偿停工、窝工等损失。”

② 《中华人民共和国合同法》第二百八十三条规定：
“发包人未按照约定的时间和要求提供原材料、设备、场地、资金、技术资料的，承包人可以顺延工程日期，并有权要求赔偿停工、窝工等损失。”

③ 《中华人民共和国合同法》第二百八十四条规定：
“因发包人的原因致使工程中途停建、缓建的，发包人应当采取措施弥补或者减少损失，赔偿承包人因此造成的停工、窝工、倒运、机械设备调迁、材料和构件积压等损失和实际费用。”

计算依据相对比较广泛，为了避免以后不必要的纠纷，承发包双方可以在施工承包合同中约定：出现工程费用索赔的计价标准。例如：人员日工资（包括：技工、普工和管理人员）、主要大型机械台班租赁费或折旧费等。

第四节　建设工程价款支付的条款解读

一、工程预付款

【主要条款】

◆《建设工程价款结算暂行办法》第三条规定：

"本办法所称建设工程价款结算（以下简称"工程价款结算"），是指对建设工程的发承包合同价款进行约定和依据合同约定进行工程预付款、工程进度款、工程竣工价款结算的活动。"

◆《建设工程工程量清单计价规范》GB 50500－2013 第 2.0.48 款规定：

"预付款 在开工前，发包人按照合同约定，预先支付给承包人用于购买合同工程施工所需的材料、工程设备，以及组织施工机械和人员进场等的款项。"

◆《建设工程施工发包与承包计价管理办法》第十五条第二款规定：

"预付工程款按照合同价款或者年度工程计划额度的一定比例确定和支付，并在工程进度款中予以抵扣。"

【条款解析】

根据《结算暂行办法》第三条规定，建设工程价款的结算，以支付时间为标准，分为"工程预付款"、"工程进度款"与"工程竣工款"。三者与发包人最终按约所付的全部"建设工程价款"构成以下等式，即：建设工程价款（竣工结算价[①]）＝工程预付款＋工程进度款＋工程竣工款。由此，关于发包人的主要义务——"按时足额支付工程价款"（详见第三章第一节），其履行在施工合同中应当既包括"按时足额支付工程竣工款"，也包括"按时足额支付工程进度款"，还包括"按时足额支付工程预付款"。并且，就付款义务的违约责任而言，施工合同的缔约双方也

① 《建设工程工程量清单计价规范》GB 50500－2013 第 2.0.51 款规定：
"**竣工结算价**：发承包双方依据国家有关法律、法规和标准规定，**按照合同约定确定的**，包括在履行合同过程中按合同约定进行的合同价款调整，是承包人按合同约定完成了全部承包工作后，**发包人应付给承包人的合同总金额。**"

应当作广义的理解，即：发包人履行上述款项支付义务不符合施工合同约定的，均应当向承包人承担相应的不利法律后果。

就“工程预付款”而言，根据《清单计价规范》第2.0.48款规定，其作为上述三类款项中支付时间最先者，结合《计价管理办法》关于施工合同约定内容的相关设定[①]，属于施工承发包在合同签订时，就建设工程价款的支付，选择在合同订立后、施工开工前，由发包人所预付的约定款项。其用于承包人“购买合同工程施工所需的材料、工程设备，以及组织施工机械和人员进场等”工作。同时，该款项的约定与支付，在我国普遍的工程实务中，也较为常见和普遍。

但是，由于建设工程合同的履行顺序是“先由承包人按时保质完成建设工程，后由发包人按时足额支付工程价款”（详见第三章第一节），故理论上，在作为建设工程合同的施工合同关系中，承包人基于该合同项下主要义务的顺序脉络，在与发包人就价款支付事项没有进行具体约定的条件下。其本质均应当以“垫资”为默认原则，开展其合同约定的施工作业。

对此，最高院在《施工合同司法解释》中关于“垫资”规定[②]，施工承发包：

（1）对垫资未作约定的，按工程欠款处理；

（2）对垫资利息未作约定的，对利息请求不予支持；

（3）对垫资及其利息均作约定的，应在本金与央行贷款利率范围内予以支持。

据此，关于工程“垫资”问题，最高院明确：未约定垫资利息的，发包人应在工程价款的支付中无息“返还”其“所垫之资”；约定垫资利息的，还应在不违反企业间拆借的禁止性规定的条件下，支付利息（图5-5）。

经上述关于工程“垫资”既体现合同性质，也合乎法律规定的解释，可知：施工承发包关于“预付款”的约定，其实质是承包人为缓解对方的资金压力、保证施工的顺利启动，而在合同中特别就原先理论上所默认由承包人应在项目开工前以“垫资”方式进行施工准备的基本原则进行例外约定，以就材料、设备的租赁与购买以及机械、人员的进场与组织等准备工作所涉及的资金，预先向承包人予以“无息出借”并要求其“专款专用”[③]的行为。

---

① 《建设工程施工发包与承包计价管理办法》第十二条第二款规定：
“合同价款的有关事项由**发承包双方约定**，一般包括合同价款约定方式，**预付工程款**、工程进度款、工程竣工价款的支付和结算方式，以及合同价款的调整情形等。”

② 《最高人民法院关于审理建设工程施工合同纠纷案件适用法律问题的解释》第六条规定：
“当事人对垫资和垫资利息**有约定**，承包人请求按照约定返还垫资及其利息的，**应予支持**，但是约定的利息计算标准高于中国人民银行发布的同期同类贷款利率的部分除外。当事人对垫资**没有约定**的，**按照工程欠款处理**。当事人**对垫资利息没有约定**，承包人请求支付利息的，**不予支持**。”

③ 《建设工程工程量清单计价规范》GB 50500－2013第10.1.1款规定：
“承包人应将预付款**专用于合同工程**。”

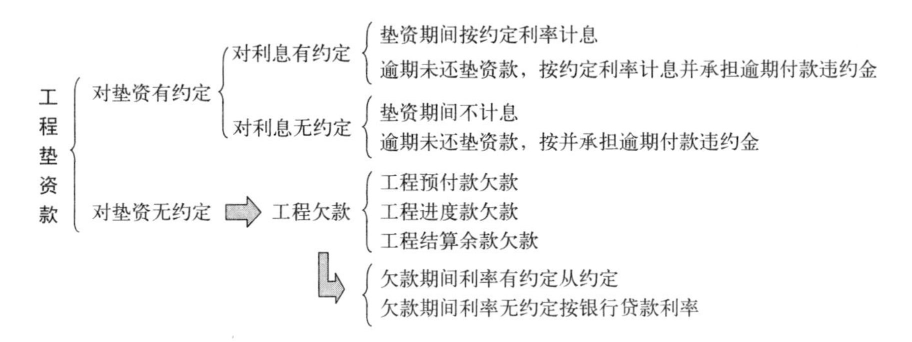

图 5-5　工程垫资款概况图

根据《计价管理办法》第十五条第二款规定，“预付款”作为上述“出借”款项的内涵，结合《清单计价规范》[①]与《结算暂行办法》[②]的相关规定，在实操层面涉及关于其数额确定、支付时间与返还方式等事宜的落实。实务中，当事人通常关于预付款，以合同价（签约合同价、暂估总价）或年度工程计划额度为基数选取一定比例确定款项数额[③、④]；以合同签订（或提交预付款支付申请[⑤]）后一定期限内或者约定开工的一定期限[⑥]前为支付时间；以通过从每期工程进度款中进行抵扣，直至该款项全部扣回的方式就该预付款项予以返还[⑦、⑧]。

---

① 《建设工程工程量清单计价规范》GB 50500-2013 第 7.2.1 款规定：
“发承包双方**应在合同条款中对下列事项进行约定**：
1. **预付工程款的数额、支付时间及抵扣方式**……”

② 《建设工程价款结算暂行办法》第七条规定：
“发包人、承包人**应当在合同条款中对涉及工程价款结算的下列事项进行约定**：
（一）**预付工程款的数额、支付时限及抵扣方式**……”

③ 《建设工程工程量清单计价规范》GB 50500-2013 第 10.1.2 款规定：
“包工包料工程的预付款的**支付比例不得低于**签约合同价（扣除暂列金额）的 10%，**不宜高于**签约合同价（扣除暂列金额）的 30%。”

④ 《建设工程价款结算暂行办法》第十二条规定：
“工程预付款结算应符合下列规定：
（一）包工包料工程的预付款按合同约定拨付，原则上**预付比例不低于**合同金额的 10%，**不高于**合同金额的 30%，对重大工程项目，按年度工程计划逐年预付。计价执行《建设工程工程量清单计价规范》(GB 50500-2003) 的工程，实体性消耗和非实体性消耗部分应在合同中分别约定预付款比例……”

⑤ 《建设工程工程量清单计价规范》GB 50500-2013 第 10.1.4 款规定：
“发包人应在**收到支付申请**的 7 天内进行**核实**……”

⑥ 《建设工程价款结算暂行办法》第十二条规定：
“**工程预付款结算应符合下列规定**：
……（二）在具备施工条件的前提下，发包人应在双方**签订合同后的一个月内或不迟于约定的开工日期前的 7 天内预付工程款**……”

⑦ 《建设工程工程量清单计价规范》GB 50500-2013 第 10.1.6 款规定：
“预付款应**从每一个支付期应支付给承包人的工程进度款中扣回，直到**扣回的金额**达到合同约定的预付款金额为止**。”

⑧ 《建设工程价款结算暂行办法》第十二条规定：
“工程预付款结算应符合下列规定：
……（三）**预付的工程款必须在合同中约定抵扣方式，并在工程进度款中进行抵扣**……”

二、工程进度款

【主要条款】

◆《建筑工程施工发包与承包计价管理办法》第十二条第二款规定：

“合同价款的有关事项由发承包双方约定，一般包括合同价款约定方式，预付工程款、工程进度款、工程竣工价款的支付和结算方式，以及合同价款的调整情形等。”

◆《建设工程工程量清单计价规范》GB 50500–2013 第 2.0.49 款规定：

“进度款 在合同工程施工过程中，发包人按照合同约定对付款周期内承包人完成的合同价款给予支付的款项，也是合同价款期中结算支付。”

◆《建设工程工程量清单计价规范》GB 50500–2013 第 9.1.6 款规定：

“经发承包双方确认调整的合同价款，作为追加（减）合同价款，应与工程进度款或结算款同期支付。”

【条款解析】

根据《计价管理办法》第十二条第二款的规定，“工程进度款”作为施工合同中关于价款的约定事项，与“工程预付款”相同，均属于施工承发包之间就“建设工程价款”所约定的款项支付。

但与“工程预付款”仅为“缓解施工资金压力、保证项目顺利启动”而由发包人向承包人“无息出借”（详见本章第四节）不同，根据《清单计价规范》第 2.0.59 款的定义，“工程进度款”的支付是在施工合同履行过程中，发包人动态对应承包人在项目开工后所真实履行的工程建设义务，而由其以一定比例向对方所给予的“对待给付”。

因此，基于工程进度款支付所体现的履行特征，并结合建设工程承发包所侧重的不同追求（详见第三章第三节），该款项的设置对于施工合同双方各自合同目的的实现，均意义重大：

（1）发包人凭借过程中对应真实建设状况而审核与结算的期中付款行为，使对方的施工作业处于有效监督、自身的工程要求得以充分贯彻，以最终确保其建设进度得以按约推进；

（2）承包人通过进度中根据实际履行情况而计量或签证的相关付款程序，使工程的变更经由科学记录、价款的调整逐步动态落实，以最终保障其物化劳动获得合理对价。以下分别就上述两方面的作用、依据及操作进行解析：

一方面，从发包人的角度出发，由于阶段工程建设直接决定最终建设工程，发包人在建设工程合同中的工程要求不仅限于对建设工程的结果要求，且包括对工程建设的过程要求。不仅如此，由于工程的复杂专业及不确定性导致合同在订立时所约定的工程要求未必详尽，发包人须通过在履行过程中的一定补充或调整，使合同中的工程要求得以“完善”或“修正”（详见第三章第一节）。

鉴于在施工合同关系中，工程进度款支付原则上遵循“先计量审核，后比例结算”的程序，因而该期中付款的前提设定，既可帮助发包人阶段掌握合同中关于进度、质量、功能等工程要求在项目开工后的真实情况，也可督促承包人及时遵照过程中关于材料、工艺、数量等工程变更在指令发出后的顺利执行。

一般情况下，结合《结算暂行办法》① 与《清单计价规范》② 的相关规定，进度款在实务中：

（1）款项的结算周期，往往以“按月”（按月支付且竣工后清算）或“分段”（按

---

① 《建设工程价款结算暂行办法》第十三条规定：

“工程进度款结算与支付应当符合下列规定：

（一）**工程进度款结算方式**

1. **按月结算**与支付。即实行按月支付进度款，竣工后清算的办法。合同工期在两个年度以上的工程，在年终进行工程盘点，办理年度结算。

2. **分段结算**与支付。即当年开工、当年不能竣工的工程按照工程形象进度，划分不同阶段支付工程进度款。具体划分在合同中明确。

（二）**工程量计算**

1. 承包人应当按照合同约定的方法和时间，向发包人**提交已完工程量的报告**。发包人接到报告后 **14 天内核实已完工程量**，并在核实前 1 天**通知承包人**，承包人应提供条件并**派人参加核实**……

（三）**工程进度款支**付

1. 根据确定的工程计量结果，承包人向发包人**提出支付工程进度款申请**，14 天内，发包人应按**不低于工程价款的 60%，不高于工程价款的 90%**向承包人支付工程进度款……”

② 《建设工程工程量清单计价规范》GB 50500-2013 第 10.3.8 款规定：

“承包人应在每个计量周期到期后的 7 天内向发包人**提交已完工程进度款支付申请**一式四份，详细说明此周期认为有权得到的款额，包括分包人已完工程的价款。支付申请应包括下列内容：

1. 累计已完成的合同价款；

2. 累计已实际支付的合同价款；

3. 本周期合计完成的合同价款：

1）本周期已完成单价项目的金额；

2）本周期应支付的总价项目的金额；

3）本周期已完成的计日工价款；

4）本周期应支付的安全文明施工费；

5）本周期应增加的金额；

4. 本周期合计应扣减的金额：

1）本周期应扣回的预付款；

2）本周期应扣减的金额；

5. 本周期实际应支付的合同价款。”

形象进度划分支付阶段）方式约定；

（2）款项的计量工作，通常由承包人按合同约定提交已完工程量报告，经发包人通知派员共同核实后，确定当期工程量；

（3）款项的支付程序，一般由承包人在工程计量结果完成后，提出支付申请（包括累计已完成、当期已完成、已实际支付、当期应支付的合同价款等内容），发包人依此按照合同约定比例，支付款项。

据此，虽然作为建设工程合同，在理论上，施工合同主要义务的履行顺序应为“承包人先完成建设施工，发包人后支付工程价款”，但鉴于施工作业所具投资大、周期长、不确定等特点，除考虑承包人资金压力的缓解外，为利于发包人工程进度的及时掌握及把控和工程要求的有效贯彻并落实，实践中，除非双方选定以“纯垫资”方式进行施工建设，否则上述施工合同义务的履行一般均通过阶段的切分方式以循环进行。其体现为“阶段小结，最终结算”，即：施工承发包往往通过约定“工程进度款”支付方式以配套最终的竣工结算。

另一方面，从承包人的角度出发，预先约定的工程价款与实际支付的工程价款之间主要通过施工合同的履行逐步调整。在两者的变动与形成过程中，导致价款增减的因素多以事件为成因（详见本章第三节），且因为事件的不稳定性和动态发展等特征，导致价款调整事件的记录存在时效性的局限。而由于建设工程价款经调整后追加部分的金额涉及其支付时间问题，该部分价款的支付先后会直接影响当事人关于货币流转的期限利益（例如：工程价款利息）。

鉴于在施工合同关系中，关于工程进度款，原则上其“计算依据包括指令和签证、计量范围涵盖工程的变更、款项内容涉及调价与索赔”，因而该期中付款的计价特征，既可助于承包人对影响其根本合同利益的“事件”予以有效锁定，也可促使发包人及时就其应付建设工程价款所涉期限利益的公平让渡。

一般情况下，结合《结算暂行办法》与《清单计价规范》的相关规定，进度款在工程实务中：

（1）款项的同期调整，往往由承包人在出现价款调增事项后一定时间内，通知发包人调整原因和金额并经确认后作为当期款项中的合同追加款，或者由发包人根据资料决定价款的调整，并通知承包人确定当期款项中追加（减）合同价款[①]；

---

① 《建设工程价款结算暂行办法》第九条规定：

“承包人应当在合同规定的调整情况发生后 14 天内，将调整原因、金额**以书面形式通知发包人**，发包人**确认调整金额**后将其作为**追加**合同价款，与工程进度款同期支付。发包人收到承包人通知后 14 天内不予确认也不提出修改意见，视为已经同意该项调整。当合同规定的调整合同价款的调整情况发生后，承包人未在规定时间内通知发包人，或者未在规定时间内提出调整报告，发包人可以**根据有关资料，决定是否调整和调整的金额**，并**书面通知**承包人。”

（2）款项的支付项目，通常情况下，在工程变更的执行被确定[①]，或索赔处理的结果被接受[②]，或零星工作的实施被复核[③、④]，或相关现场的签证被确认[⑤]，或者其他价款调整事由按约被成就的情况下，依此所增（减）的价款作为追加（减）合同价，原则上应在进度款项中同期支付（扣除）[⑥]。

据此，虽然在施工合同中，工程造价于最初约定与最终确定间的价差，伴随施工推进而逐步完成其调整，但鉴于价款的调整事由所具类型众多、成因复杂、时点不定等特征，为保证承包人及时取得与其建设义务履行所匹配的，包括期限利益在内的合同利益，实践中，除非双方选定以“纯垫资”方式进行施工建设，或对价款调整在进度款的同期支付不予约定，否则上述造价调整的约定一般均通过款项的进度支付以同期进行。其体现为“阶段调整，同期支付”，即施工承发包往往通过约定“工程进度款”支付方式以动态落实工程造价的调整。

三、工程竣工款

【主要条款】

◆《建设工程工程量清单计价规范》GB 50500－2013 第 11.1.1 款规定：

“工程完工后，发承包双方必须在合同约定时间内办理工程竣工结算。”

◆《最高人民法院关于审理建设工程施工合同纠纷案件适用法律问题的解释》

---

① 《建设工程价款结算暂行办法》第十条规定：
“工程设计变更价款调整
……（三）……收到变更工程价款报告一方，应在收到之日起 14 天内予以确认或提出协商意见，**自变更工程价款报告送达之日起 14 天内，对方未确认也未提出协商意见时，视为变更工程价款报告已被确认**。确认增（减）的工程变更价款作为追加（减）合同价款与工程进度款同期支付。”

② 《建设工程工程量清单计价规范》GB 50500－2013 第 9.13.3 款规定：
“承包人索赔应按下列程序处理：
……3. **承包人接受索赔处理结果**的，索赔款项应**作为增加合同价款**，在当期进度款中进行支付；承包人不接受索赔处理结果的，应按合同约定的争议解决方式办理。”

③ 《建设工程工程量清单计价规范》GB 50500－2013 第 9.7.1 款规定：
“发包人通知承包人**以计日工方式实施的零星工作**，承包人应予执行。”

④ 《建设工程工程量清单计价规范》GB 50500－2013 第 9.7.5 款规定：
“每个支付期末，承包人应按照本规范第 10. 3 节的规定向发包人**提交本期间所有计日工记录的签证汇总表**，并应说明本期间自己认为有权得到的计日工金额，调整合同价款，列入进度款支付。”

⑤ 《建设工程工程量清单计价规范》GB 50500－2013 第 9.14.5 款规定：
“现场签证工作完成后的 7 天内，承包人应按照现场签证内容计算价款，**报送发包人确认后**，作为增加合同价款，与进度款同期支付。”

⑥ 《建设工程工程量清单计价规范》GB 50500－2013 第 10.3.6 款规定：
“承包人现场签证和得到发包人确认的索赔金额**应列入本周期应增加的金额中**。”

第十八条规定：

“利息从应付工程价款之日计付。当事人对付款时间没有约定或者约定不明的，下列时间视为应付款时间：

（一）建设工程已实际交付的，为交付之日；

（二）建设工程没有交付的，为提交竣工结算文件之日；

（三）建设工程未交付，工程价款也未结算的，为当事人起诉之日。”

◆《最高人民法院关于审理建设工程施工合同纠纷案件适用法律问题的解释》第二条规定：

“建设工程施工合同无效，但建设工程经竣工验收合格，承包人请求参照合同约定支付工程价款的，应予支持。”

【条款解析】

较之“预付款”、“进度款”，“工程竣工价款”在工程款项中属于支付时点最末者。鉴于施工合同关系中，价款支付属发包人的主要合同义务，因此，除保修金返还外（详见第四章第二节），从发包人角度出发，该款项的支付即标志其合同履行的基本完毕。同时，鉴于该款项所处完工后的支付时点，该行为实质可理解为：在先前已付价款基础上，对工程完工后整体造价所进行的“余额清算”。故而，工程竣工价款，从数值角度出发，应当等于完工后整体工程的造价扣除已付工程进度款后的所得余额。

据此，承发包之间围绕该款项支付所展开的相关工作是施工合同关系中极为重要的履行环节，该环节即称为“办理工程竣工结算”。关于决算程序的设定，根据《清单计价规范》第 11.1.1 款的原则性规定，承发包应当在完工后的约定时间内，完成竣工结算，实践中，该程序主要指双方自行或共同委托第三人按照合同约定①完成竣工价款的编制与核对工作②，所以，该过程实质是承发包之间为完工后整体工程造价的最终确定所共同遵循的合同程序，即称之为“办理工程竣工结算”。

---

① 《建设工程工程量清单计价规范》GB 50500－2013 第 7.2.1 款规定：

“发承包双方应在合同条款中对下列事项**进行约定**：……

7. **工程竣工价款结算编制与核对**、支付及时间……”

② 《建设工程工程量清单计价规范》GB 50500－2013 第 11.1.2 款规定：

“**工程竣工结算**应由**承包人**或受其委托具有相应资质的**工程造价咨询人编制**，并应由发包人或受其委托具有相应资质的工程造价咨询人**核对**。”

在结算的办理过程中，就上述决算程序的推进而言，应参照有关规章与国标的相关指导规范进行，即：双方应以有效的施工合同、过程的现场签证、阶段的计量结果、确认的价格调整、工程的设计资料及招投标文件等相关依据为标准[①]，在期中已确认的工程量与合同价基础上[②]完成价款的编制与核对工作。

具体而言：应先由承包人在完工后汇总编制完成“竣工结算文件”（以下简称“结算文件”）并按约定方式向发包人提交[③]；发包人在收到结算文件后应在约定时间内完成核对，认为其资料及文件须补充或修改的，应及时提出核实意见；承包人对此应及时按发包人的合理要求作出补充或修改并再次提交复核[④]；发包人在收到结算文件后应及时复核并通知结果；发包人批准结算文件后，双方对结果均无异议的，应就结算文件予以签认[⑤]。

至此，工程的竣工结算工作办理完结，发包人应按双方确认的款项金额[⑥]及约定的付款时间，履行建设工程余款的支付。此外，在就付款时间未作约定或约定不明的情况下，根据《施工合同司法解释》第十八条规定，应当依次按照建设工程交付之日、结算文件提交之日、价款诉讼提起之日的法定顺位确定支

---

① 《建设工程工程量清单计价规范》GB 50500-2013 第 11.2.1 款规定：

“工程竣工结算**应根据下列依据编制和复核**：

1. 本规范；

2. 工程合同；

3. 发承包双方实施过程中已确认的工程量及其结算的合同价款；

4. 发承包双方实施过程中已确认调整后追加（减）的合同价款；

5. 建设工程设计文件及相关资料；

6. 投标文件；

7. 其他依据。”

② 《建设工程工程量清单计价规范》GB 50500-2013 第 11.2.6 款规定：

“发承包双方在合同工程实施过程中**已经确认的工程计量结果和合同价款**，在竣工结算办理中应**直接进入结算**。”

③ 《建设工程工程量清单计价规范》GB 50500-2013 第 11.3.1 款规定：

“合同工程完工后，承包人应在经发承包双方确认的合同工程期中价款结算的基础上汇总编制完成竣工结算文件，应在**提交竣工验收申请的同时向发包人提交竣工结算文件**……”

④ 《建设工程工程量清单计价规范》GB 50500-2013 第 11.3.2 款规定：

“发包人应在收到承包人提交的竣工结算文件后的 **28 天内核对**。发包人经核实，认为承包人应进一步补充资料和修改结算文件，应**在上述时限内向承包人提出核实意见**，承包人在收到核实意见后 28 天内应按照发包人提出的合理要求**补充资料，修改竣工结算文件**，并应再次**提交给发包人复核**后批准。”

⑤ 《建设工程工程量清单计价规范》GB 50500-2013 第 11.3.3 款规定：

“发包人应在收到承包人再次提交的竣工结算文件后的 28 天内予以复核，将复核结果通知承包人，并应遵守下列规定：

1. 发包人、承包人对复核结果**无异议**的，应在 7 天内在竣工结算文件上**签字确认**，竣工结算办理完毕……”

⑥ 《建筑工程施工发包与承包计价管理办法》第十九条第一款规定：

“工程竣工结算文件**经发承包双方签字确认**的，应当**作为工程决算的依据**，未经对方同意，另一方不得就已生效的竣工结算文件委托工程造价咨询企业重复审核。发包方应当按照竣工结算文件及时支付竣工结算款。”

付日期。

但是，在工程实践中，相对于预付款或进度款而言，关于竣工工程的总体造价，即结算文件所最终计算的价款，因其金额的确定受到开工前施工合同的签订、过程中工程价款的调整、完工后竣工结算的办理等众多因素影响。因而一旦某环节的约定或执行存在歧义、偏差或疏漏，例如：合同条款约定不明确、调价事由记录不完整、完工工程质量不合格，均可能导致承发包之间就结算文件的计价和执行出现争议。

在此情况下，鉴于施工合同从实际操作的角度出发，通常以完成金额核对为前提确定价款支付时间。因此，施工承发包在结算工作中对于造价金额的争议一旦久拖未决，通常会造成双方始终无法关于该款项的支付时间如何确定或者支付条件是否成就达成有效共识，最终导致竣工结算的执行出现停滞。

针对上述竣工结算因双方争议而无法有效推进的困局，鉴于获取价款系承包人追求的合同利益，而现实中不排除发包人以拖延审价为手段达到缓付或拒付的目的，因而从保护前者利益的角度出发，笔者在以“验收合格”为法定支付条件的基础①~③上，建议承包人：

（1）可以根据《施工合同司法解释》第二十条的相关规定，在施工合同中与设定关于“发包人收到竣工结算文件后，在约定期限内不予答复，视为认可竣工结算文件”的默示条款，以避免结算程序出现停滞的不利局面；

（2）在施工合同中约定双方对部分金额无争议的，应先予按约确定该部分价款的支付时间，即国标所称“办理不完全竣工结算”④，以避免因总体造价无法达成共识而出现全部价款长期滞付的不利局面（此情形下，关于异议部分的价款争议，

---

① 《中华人民共和国合同法》第二百七十九条第一款规定：
“建设工程竣工后，发包人应当根据施工图纸及说明书、国家颁发的施工验收规范和质量检验标准及时进行验收。**验收合格**的，发包人应当按照约定支付价款，并接收该建设工程。”

② 《2004年江西省法院民事审判工作座谈会纪要》第六条第五款规定：
“工程质量综合**验收不合格**，承包人起诉要求支付工程款的，**驳回**诉讼请求。”

③ 《最高人民法院关于审理建设工程施工合同纠纷案件适用法律问题的解释》第三条第（二）项规定：
“建设工程施工合同无效，且建设工程经竣工**验收不合格**的，按照以下情形分别处理：
（二）修复后的建设工程经**竣工验收不合格**，承包人**请求支付工程价款**的，**不予支持**。”

④ 《建设工程工程量清单计价规范》GB 50500-2013 第 11.3.3 款规定：
“发包人应在收到承包人再次提交的竣工结算文件后的 28 天内予以复核，将复核结果通知承人，并应遵守下列规定：
……2. 发包人或承包人对复核结果认为有误的，**无异议部分按照本条第 1 款规定办理不完全竣工结算**；有异议部分由发承包双方协商解决；协商不成的，应按照合同约定的争议解决方式处理。”

双方可选择通过沟通协商[①]、行业投诉[②]、质量鉴定[③]、仲裁诉讼[④]等方法寻求解决，以最终完成价款结算）。

另外，需要特别注意的是：

（1）在施工合同无效情况下，工程竣工验收合格的，根据《施工合同司法解释》规定[⑤]，承包人请求参照合同约定支付工程价款的，应予支持。我国部分地方的司法实践，对此情形下有权请求参照合同约定计算工程总造价的主体范围予以扩展，即：施工承发包双方均有权请求并获得支持[⑥]；

（2）根据《计价管理办法》[⑦]及《清单计价规范》[⑧]的相关规定，发包人应当在竣工结算办理完毕后，将“竣工结算文件”报送工程所在地或有管辖权的工程造价管理机构以及工程所在地县级以上地方人民政府住房城乡建设主管部门备案。

【律师提醒】

（1）在竣工结算时，若出现数份施工承包合同，如果工程项目是招标发包的，则原则按招标中关于工程价款的相关合意结算工程价款，如果是直接发包的，则有时间顺序的，按后签订的合同结算工程价款；没有时间顺序的，按实际履行的合同结算工程价款。

---

① 《建设工程价款结算暂行办法》第十八条规定：
“工程造价咨询机构接受发包人或承包人委托，编审工程竣工结算……当事人一方**对报告有异议**的，可对工程结算中有异议部分，**向有关部门申请咨询后协商处理**，若不能达成一致的，双方可按合同约定的争议或纠纷解决程序办理。”

② 《建设工程工程量清单计价规范》GB 50500-2013 第 11.1.3 款规定：
“当发承包双方或一方对工程造价咨询人出具的竣工结算文件有异议时，**可向工程造价管理机构投诉**，申请对其进行执业质量鉴定。”

③ 《建设工程价款结算暂行办法》第十九条规定：
“发包人对工程质量有异议……已竣工未验收且未实际投入使用的工程以及停工、停建工程的质量争议，应当**就有争议部分的竣工结算暂缓办理**，双方**可就有争议的工程委托有资质的检测鉴定机构进行检测**，根据检测结果确定解决方案，或按工程质量监督机构的处理决定执行，其余部分的竣工结算依照约定办理。”

④ 《建设工程价款结算暂行办法》第二十条规定：
“当事人对工程造价发生合同纠纷时，可通过下列办法解决：
……（三）**向有关仲裁机构申请仲裁或向人民法院起诉**。”

⑤ 《最高人民法院关于审理建设工程施工合同纠纷案件适用法律问题的解释》第二条规定：
“建设工程施工合同无效，但建设工程**经竣工验收合格**，承包人**请求参照合同约定支付工程价款**的，**应予支持**。”

⑥ 《浙江省高级人民法院民事审判第一庭关于审理建设工程施工合同纠纷案件若干疑难问题的解答》第十三条解答：
“建设工程施工**合同无效**，但工程竣工**验收合格**，按最高人民法院《关于审理建设工程施工合同纠纷案件适用法律若干问题的解释》第二条的规定精神，**承包人或发包人均可以请求参照合同约定确定工程价款**。”

⑦ 《建筑工程施工发包与承包计价管理办法》第十九条第二款规定：
“竣工结算文件应当**由发包方报工程所在地县级以上地方人民政府住房城乡建设主管部门备案**。”

⑧ 《建设工程工程量清单计价规范》GB 50500-2013 第 11.1.5 款规定：
“竣工结算办理完毕，发包人应将竣工结算文件**报送工程所在地或有该工程管辖权的行业管理部门的工程造价管理机构备案**，竣工结算文件应作为工程竣工验收备案、交付使用的必备文件。”

(2) 因为工程欠款利息属于法定孳息，故如果在施工承包合同中没有约定欠款利息，承包人也具有要求发包人支付工程欠款利息的权利。工程欠款利息不仅具有法定性，而且应作广义的理解，即：不仅工程竣工结算欠款有利息，而且工程进度款的欠款也有利息，甚至，工程预付款的欠款也有利息。

(3) 工程款本身无利息，只是工程欠款才有利息，所以计息时间为该付未付之日开始。如果施工承包合同中对工程竣工结算余款该付之日约定不明的，若建设工程已实际交付的，则按建设工程实际交付之日为付款时间；若工程竣工结算文件已交付给发包人，则按提交竣工结算文件之日为付款时间；若工程款纠纷案件已起诉法院的，则按起诉之日为付款时间。

第五节　建设工程价款违约责任的条款解读

【主要条款】

◆《最高人民法院关于审理建设工程施工合同纠纷案件适用法律问题的解释》规定：

“利息从应付工程价款之日计付。当事人对付款时间没有约定或者约定不明的，下列时间视为应付款时间：

建设工程已实际交付的，为交付之日；

建设工程没有交付的，为提交竣工结算文件之日；

（三）建设工程未交付，工程价款也未结算的，为当事人起诉之日。”

◆《最高人民法院关于审理建设工程施工合同纠纷案件适用法律问题的解释》第九条规定：

“发包人具有下列情形之一，致使承包人无法施工，且在催告的合理期限内仍未履行相应义务，承包人请求解除建设工程施工合同的，应予支持：

（一）未按约定支付工程价款的；

（二）提供的主要建筑材料、建筑构配件和设备不符合强制性标准的；

（三）不履行合同约定的协助义务的。”

◆《中华人民共和国合同法》第二百八十六条规定：

“发包人未按照约定支付价款的，承包人可以催告发包人在合理期限内支付价款。发包人逾期不支付的，除按照建设工程的性质不宜折价、拍卖的以外，承包人可以与发包人协议将该工程折价，也可以申请人民法院将该工程依法拍卖。

建设工程的价款就该工程折价或者拍卖的价款优先受偿。”

【条款解析】

由于建设工程价款的支付属于发包人所应履行的主要合同义务，所以，关于建设工程价款的“违约”概念，除少数情形（例如：施工承包人将工程预付款挪作他用）外，主要是针对发包人迟延支付或者拒绝支付建设工程价款的行为，而鉴于该违约行为直接影响施工承包人的合同利益，直至关系其合同目的的实现。

因此，为维护施工承包人的合法权益，我国建筑法律体系及相关司法解释就发包人“未按时足额支付工程价款”的违约情形设定了相应不利法律后果（图 5-6），具体详解如下：

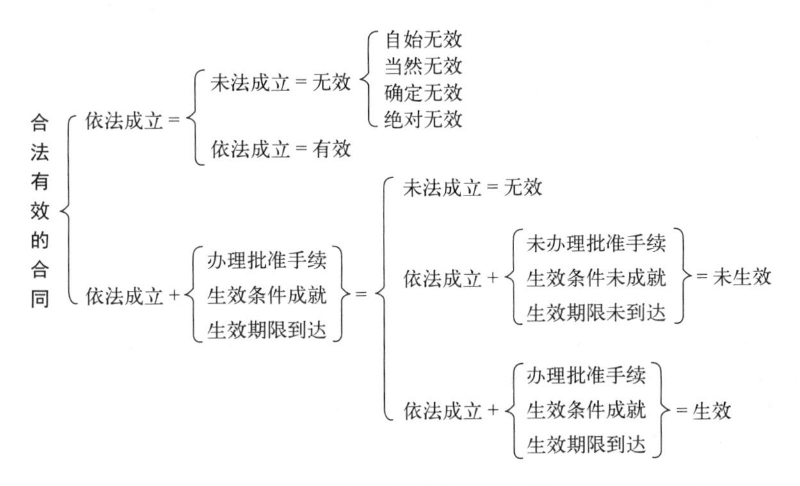

图 5-6　合法有效合同概述图

第一，最高院在《施工合同司法解释》第十八条中规定：“利息从应付工程价款之日计付。”据此，发包人逾期支付建设工程价款的，除非适用双方事前在施工合同中关于违约情形处理的竟合或特别约定外，应当向施工承包人自应当支付而实际未付之日起，承担利息损失的赔偿责任。

此外，由于工程预付款、工程进度款与工程竣工价款均属于建设工程价款，故除了工程竣工结算办理中逾期付款外，发包人迟延支付预付款或者进度款的，理论上，自应付而未付之日起，也应当计付所欠工程价款的利息。

第二，虽然“工程预付款”以及“工程进度款”，均并非施工承发包之间强制性的约定事项，但该类款项一经约定，即应当视为发包人的合同义务。据此，发包人逾期支付预付款或者进度款的，应当承担相应的不利法律后果。

鉴于预付款与进度款均属于发包人在建设工程竣工前所应履行的价款支付，根据最高院《施工合同司法解释》第九条规定以及我国司法系统的审判意见及实务，发包人迟延履行确实严重影响施工进度或者最终导致无法施工的，有可能导致承包人关于顺延工期[①]、暂停施工[②]直至解除合同[③]的单方主张或行为被法院支持或认可。

第三，除按工程性质不宜折价或拍卖外，我国《合同法》第二百八十六条赋予施工承包人“优先受偿权”，规定：按约应付的建设工程价款经催告后仍逾期未付的，承包人有权申请法院拍卖工程并就所得款项优先受偿。在此基础上，最高院通过司法系统的批复文件进一步完善该权利设置，明确：

（1）“优先受偿权”优于抵押权和其他债权[④]，但不得对抗已支付全部或大部分房款的商品房买受人[⑤]；

（2）“优先受偿权”项下的价款范围包含承包人为建设所应付的工作人员报酬、材料款等实际支出的费用，但不包括因发包人违约所造成的损失[⑥]；

（3）“优先受偿权”行使的除斥期间为六个月，自工程竣工之日或合同约定的

---

① 《北京市高级人民法院关于审理建设工程施工合同纠纷案件若干疑难问题的解答》二十六项解答：
“**因发包人拖欠**工程预付款、进度款、迟延提供施工图纸、场地及原材料、变更设计等行为**导致工程延误**，合同**明确约定顺延工期应当经发包人签证确认**，经审查承包人虽**未取得工期顺延的签证确认**，但其举证证明在合同约定的办理期限内向发包人**主张过工期顺延**，或者**发包人的上述行为确实严重影响施工进度**的，**对承包人顺延相应工期的主张，可予支持。**”

② 《建设工程工程量清单计价规范》GB 50500－2013 第 10.1.5 款规定：
“**发包人没有按合同约定按时支付预付款**的，承包人可**催告**发包人支付；发包人在预付款期满后的 **7 天内仍未支付**的，承包人**可在付款期满后的第 8 天起暂停施工**。发包人应承担由此增加的费用和延误的工期，并应向承包人支付合理利润。”

③ 《最高人民法院关于审理建设工程施工合同纠纷案件适用法律问题的解释》第九条第（一）项规定：
“发包人具有下列情形之一，致使承包人无法施工，且在催告的合理期限内仍未履行相应义务，承包人**请求解除建设工程施工合同**的，应予支持：
（一）**未按约定支付工程价款的**……”

④ 《最高人民法院关于建设工程价款优先受偿权问题的批复》（法释〔2002〕16 号）第一条规定：
“人民法院在审理房地产纠纷案件和办理执行案件中，应当依照《中华人民共和国合同法》第二百八十六条的规定，认定**建筑工程的承包人的优先受偿权优于抵押权和其他债权**。”

⑤ 《最高人民法院关于建设工程价款优先受偿权问题的批复》（法释〔2002〕16 号）第二条规定：
“消费者交付购买商品房的全部或者大部分款项后，承包人就该商品房享有的**工程价款优先受偿权不得对抗买受人**。”

⑥ 《最高人民法院关于建设工程价款优先受偿权问题的批复》（法释〔2002〕16 号）第三条规定：
“建筑工程价款**包括**承包人为建设工程**应当支付的工作人员报酬、材料款等实际支出的费用，不包括承包人因发包人违约所造成的损失**。”

竣工之日起计算[①]（详见第八章第六节）。

【律师提醒】

（1）当施工承包合同签订后，承发包双方应当全面、适当、严格地履行合同，不得随意地解除合同。同时，作为发包人也不得将属于承包范围内的工程项目随意发包给第三人完成。如果出现这种情况，从理论上说，承包人可以要求发包人赔偿承包人该工程项目的可得利益。

（2）如果由于发包人的违约，承包人解除施工承包合同，可以要求发包人赔偿所造成的实际损失和可得利益。其中，实际损失主要包括：机械闲置费、停工人工费、剩余建筑材料、已订购建筑材料已付订金、进退场、搬迁费等费用。而可得利益必须是在签订施工承包合同时预见的因违反施工承包合同可能造成的损失，因此，其应在签订的施工承包合同中予以明示，并做好举证的准备。

（3）只有违背法律和行政法规强制性规定才可能导致合同无效。因此，如果当事人在合同中约定的某些条款并没有违反法律和行政法规中的强制性规定，仅仅违反了地方性法规或者部门规章的，一般情况下，并不导致双方签订的合同无效。其法律后果是有关部门可以根据该地方性法规或规章的有关规定，对行政相对人进行行政处罚。

① 《最高人民法院关于建设工程价款优先受偿权问题的批复》（法释〔2002〕16号）第四条规定："建设工程承包人行使优先权的期限为六个月，自建设工程竣工之日或者建设工程合同约定的竣工之日起计算。"

第六章　建设工程工期条款解读

【章节导读】

由于建设工程合同“先完工，后付款”的履行顺序及我国法律关于“竣工验收合格方可使用”的强制规定，建设工期的长短往往既关系承包人取得竣工结算余款，也影响发包人获得工程使用价值或销售获利的时间。同时，其基于建设过程中所需现场管理、相互协作等因素也直接关乎双方最终的建设成本。故“工期”对承发包各自的合同利益均产生重大影响。此外，对负责“按时完工”的承包人而言，“工期”亦属其合同义务的履行标准。

实践中，鉴于工程的不确定性，实际工期常因各种客观因素或承发包自身原因大于计划工期。该延长情形下，双方均会因上述工期对合同利益的影响而形成各自关于期限利益或建设成本等方面的损失，并产生关于违约责任的问题。但因不同于“质量”可能涉及不特定使用人损害公共安全，也不同于“价款”可能造成工资拖欠影响社会稳定，在建设工程合同三大实质内容中，我国的建筑法律体系对于建设工期原则上不作强制性干预。

因此，关于工期延长后损失承担与违约责任的处理，当事人应从合同角度出发，依其成因先予定性：

对因承包人导致的“延误”，由其承担自身损失及违约责任；对非承包人导致的“顺延”，其不构成或免于承担违约责任，相应损失视发包人原因导致与否，分别由双方各自自行承担，或均由发包人承担并赔偿。

第一节　建设工期概念的条款

【主要条款】

◆《中华人民共和国合同法》第二百五十二条规定：

“承揽合同的内容包括承揽的标的、数量、质量、报酬、承揽方式、材料的提供、履行期限、验收标准和方法等条款。”

◆《中华人民共和国合同法》第二百七十五条规定：

“施工合同的内容包括工程范围、建设工期、中间交工工程的开工和竣工时间、工程质量、工程造价、技术资料交付时间、材料和设备供应责任、拨款和结算、竣工验收、质量保修范围和质量保证期、双方相互协作等条款。”

◆《中华人民共和国建筑法》第三十二条规定：

“建筑工程监理应当依照法律、行政法规及有关的技术标准、设计文件和建筑工程承包合同，对承包单位在施工质量、建设工期和建设资金使用等方面，代表建设单位实施监督。”

【条款解析】

基于建设工期作为建设工程合同的实质性内容，对建设工程承发包双方的合同利益均产生影响（详见本章【章节导读】）。所以，承包人与发包人在建设工程合同的订立阶段，均以“建设工期”的约定为重要考量，作为分配双方其他合同权利与义务的缔约前提。因此，一旦双方缔约时所设置的“工期”前提被合同的实际履行所打破，承发包均可能因此遭受相应的损失。故而，为解决该情形下损失的计算与责任的承担等法律问题，关于“建设工期”的定义，应当分别对其“计划工期”与“实际工期”的概念进行区分和理解。

就“计划工期”而言，根据《合同法》第二百五十二条规定，建设工程合同作为特殊的承揽合同，其所约定的“工期”实质即为承揽合同的“履行期限”，在施工合同中，属于《合同法》第二百七十五条所规定的“建设工期”，其表现形式通常为：

（1）通过约定开工与竣工日期，以两者间距的天数间接确定工期的时长；

（2）通过约定天数，直接在数值上确定建设工期的时长；

（3）前述两种形式兼而有之，以约定工期的时长。

就“实际工期”而言，在工程实务中，是指建设工程合同的承包人为履行完毕合同主要义务所实际耗费的时长。其体现在施工合同关系中，即为施工承包人实际开工的日期与其实际竣工的日期之间在时间上所间距的绝对天数。

实践中，鉴于建设工程的“不确定性”特征，在建设工程合同经最终履行后，可能出现“实际工期”与“计划工期”不一致的情形（尤以大体量、长周期的工程项目为常），从而导致承发包双方的相应损失及其责任承担（图 6-1）。

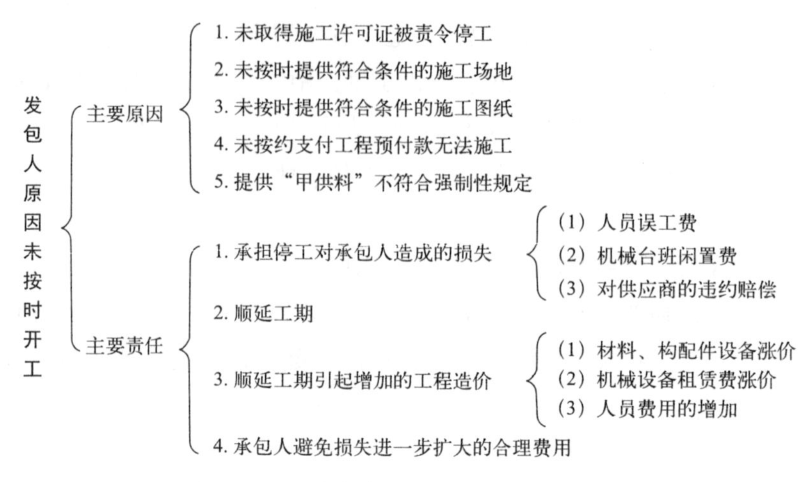

图 6-1　因发包人未按时开工后果归纳图

但是，由于“建设工期”在建设工程合同的三大实质性内容中，既不同于“工程质量”基于使用人的不特定性而可能损害公共安全，也不同于“工程价款”基于涉及农民工的工资拖欠问题而可能影响社会稳定，其仅对承发包双方之间的合同利益产生影响。因而，我国的建筑法律体系，除了《建筑法》关于限定开工时间（详见本章第二节）以及《质量管理条例》关于“禁止压缩合理工期”（详见第四章第三节）的规定外，基本不针对“建设工期”内容作强制性干预。

关于建设工期的控制，根据《建筑法》第三十二条规定，原则上通过“工程监理”的职能予以规范。根据《建设工程监理规范》，代表建设单位对工程建设实施监督的监理单位，在工期控制方面，在确保合理工期的前提下，应当促使计划工期与实际工期保持一致，且在两者不一致的情形下，通过标准的操作与记录助于其理清责任与计算损失等法律问题的解决。

据此，关于“建设工期”的法律问题，除应当遵守《建筑法》、《质量管理条例》及《施工合同司法解释》等规范性法律文件外，其所涉概念的理解（例如：工期的顺延、延误、延长等），应当适用我国《建设工程监理规范》的相关定义（详见本章第三节“工期的延误”、“工期的顺延”）。

【律师提醒】

（1）在某种意义上，建设工期是承发包双方共同追求的目标，相对工程造价、工程质量而言，承包人与发包人相互沟通的空间更大。因此，承发包双方均可以通过建设工期来调整工程造价、工程质量和建设工期三者的关系，达到双方的权利和义务的总体平衡。

(2) 建设工期的延长，会对承发包双方造成不同程度的损失，但最终双方的损失将会由责任方承担。而责任方的确定则由引起的原因、合同的约定、行业的惯例等诸因素最终确定，可能是单方责任，也可能是双方责任。如果是双方责任则按责任大小来分摊。因此，本律师建议：如果出现工期延长的情况，承发包双方应注意收集两方面的证据。第一类证据是证明工期延长责任是相对方，第二类证据是证明工期延长造成的损失多少。

(3) 如果未按时开工的原因不是承包人的，承包人通常可以取得以下相应费用或权利：

1）要求工期顺延，如果同意工期顺延的，则要求发包人承担因工期延长造成的工程造价的增加费用，如果不同意工期顺延的，则可要求发包人承担相应的赶工费用；

2）要求索赔停工所造成的损失；

3）要求承担为避免损失进一步扩大所发生的合理费用。

第二节　建设工期期间的条款

一、建设工期起算的条款

【主要条款】

◆《浙江省高级人民法院民事审判第一庭关于审理建设工程施工合同纠纷案件若干疑难问题的解答》第五项解答：

“建设工程施工合同的开工时间以开工通知或开工报告为依据。开工通知或开工报告发出后，仍不具备开工条件的，应以开工条件成就时间确定。没有开工通知或开工报告的，应以实际开工时间确定。”

◆《北京市高级人民法院关于审理建设工程施工合同纠纷案件若干疑难问题的解答》第二十五项解答：

“建设工程施工合同实际开工日期的确定，一般以开工通知载明的开工时间为依据；因发包人原因导致开工通知发出时开工条件尚不具备的，以开工条件具备的时间确定开工日期；因承包方原因导致实际开工时间推迟的，以开工通知载明的时间为开工日期；承包人在开工通知发出前已经实际进场施工的，以实际开工时间为开工日期；既无开工通知也无其他相关证据能证明实际开工日期的，以施工合同约定的开工时间为开工日期。”

◆《中华人民共和国建筑法》第九条规定：

“建设单位应当自领取施工许可证之日起三个月内开工。因故不能按期开工的，应当向发证机关申请延期；延期以两次为限，每次不超过三个月。既不开工又不申请延期或者超过延期时限的，施工许可证自行废止。”

【条款解析】

建设工程“工期”的期间应当以开工日期为起算，以竣工日期为届满。据此，“计划工期”应以约定的工期天数，或者开工与竣工时间（如果有）为间距确定工期的天数。相对于前者较为简单的期间确定，就“实际工期”而言，基于其实际的开工与竣工日期无法通过事前的书面合同予以约定。因此，在实践中需要事后认定其相应的日期，导致当事人常常无法就实际工期的绝对天数达成共识或予以明确（图 6-2）。

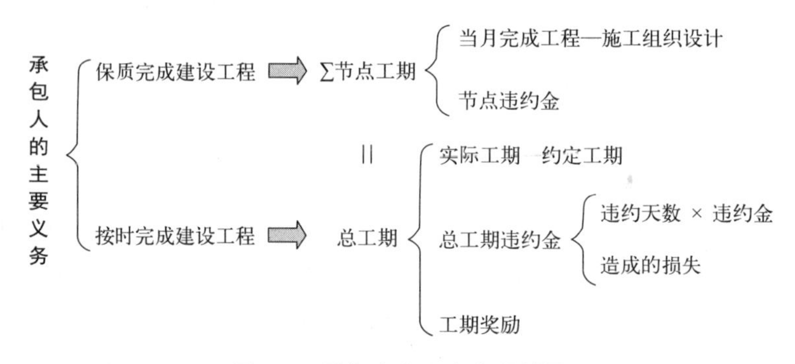

图 6-2　承包人主要义务总结图

关于实际开工日期，根据工程实践、基本法理，以及我国地方法院的审判实务（《浙江省高级人民法院民事审判第一庭关于审理建设工程施工合同纠纷案件若干疑难问题的解答》（以下简称《浙江高院施工合同纠纷解答》）第五项与《北京市高级人民法院关于审理建设工程施工合同纠纷案件若干疑难问题的解答》（以下简称《北京高院施工合同纠纷解答》）第二十五项解答，除承发包在合同中有特别约定外，应当按如下不同情形进行确定：

第一，发包人签发开工通知（报告）的，原则上应当以其签发或者载明的开工日期[①]确定该工程的实际开工日期。除非：(1) 在开工通知（报告）发出后，由于施工承包人原因导致开工条件尚不具备的，应当以开工条件成就的时间确定该工程的实际开工日期；(2) 在开工通知（报告）发出后，承发包一方请求提前或延缓开工，且该请求经相对方同意的，应当以双方合意变更的开工日期确定该工程的实际开工日期；(3) 在开工通知（报告）发出前，施工承包人已经实际进场施工，且有相关证据证明其实际进场时间的，应当以实际进场开工的时间确定该工程的实际开工日期。

第二，发包人没有签发开工通知（报告）的，原则上应当以建设工程施工合同中约定的计划开工时间确定该工程的实际开工日期。除非：(1) 承发包一方在合同订立后，请求提前或延缓开工，且该请求经相对方同意的，应当以双方合意变更的开工日期确定该工程的实际开工日期；(2) 施工承包人有相关证据证明其实际开工时间的，应当以其所证实际开工的时间确定该工程的实际开工日期。

另外，需要特别注意的是：

关于建设单位就开工日期的设定，我国法律及行政主管部门对此设有一定的时间限制。根据《建筑法》第九条以及相关部门规章[②]的规定，建设单位应当自领取施工许可证之日起三个月内开工；不能按期开工的，应依法申请延期；延期不超过两次且每次不超过三个月。建设单位未按期开工且不申请延期，或者违法延期次数与时限的，施工许可证自行废止。

此外，根据《建筑法》的相关规定，对于按照国务院规定批准开工报告的建设工程，其因故不能按期开工的，应及时向批准机关报告情况。因故不能按期开工超过六个月的，应当重新办理开工报告的批准手续[③]。

【律师提醒】

(1) 通常情况下，发包人会在施工承包合同中约定延误工期的违约金，但工期延误造成的损失可能远远大于约定的延误工期违约金，故建议在施工承包合同中约定：工期延误的违约金，如果造成的损失大于约定的违约金的，按损失进行赔

① 《建设工程监理规范》GB/T 50319-2013 第 5.1.8 项规定：
“总监理工程师应在**开工日期 7 天前向**施工单位**发出工程开工令。工期**自总监理工程师发出**的工程开工令中载明的开工日期**起计算。施工单位应在开工日期后尽快施工。”

② 《建设工程施工许可管理办法》第八条规定：
“建设单位应当**自领取施工许可证之日起三个月内开工**。因故不能按期开工的，应当在期满前向发证机关申请延期，并说明理由；**延期以两次为限，每次不超过三个月**。既不开工又不申请延期或者超过延期次数、时限的，施工许可证自行废止。”

③ 《中华人民共和国建筑法》第十一条规定：
“按照国务院有关规定**批准开工报告的建筑工程**，因故不能按期开工或者中止施工的，应当及时向批准机关报告情况。**因故不能按期开工超过六个月的**，应当**重新办理开工报告的批准手续**。”

偿。但是，需要注意的是：

1）一般情况下，只有当造成的损失大于约定的违约金，才可要求违约方赔偿损失；

2）主张赔偿损失不得与主张违约金一并提出。

（2）因违约行为承担赔偿的总额＝损失赔偿＋防止损失扩大而支出的合理费用。因此，如果因承包人的原因造成工期延误的，发包人除了可以要求承包人承担所造成的损失，而且还可以要求承包人承担自己为防止损失扩大而支出的合理费用。但是，发包人对该费用要在定性上证明是为此支出，在定量上证明是数额合理。

（3）法律所规定的损失＝可得利益＋实际损失，因此，需要注意：

1）不要遗漏可得利益；

2）可得利益不等于施工承包合同的工程价款；

3）如果发包人要主张可得利益，则应当证明：承包人在订立施工承包合同时已经预见或者应当预见如果该工期延误可能造成的损失。

综上，建议在施工承包合同中对预期利益进行必要的定义。

二、建设工期届满的条款

【主要条款】

◆《建设工程质量管理条例》第十六条第一款规定：

"建设单位收到建设工程竣工报告后，应当组织设计、施工、工程监理等有关单位进行竣工验收。"

◆《最高人民法院关于审理建设工程施工合同纠纷案件适用法律问题的解释》第十四条规定：

"当事人对建设工程实际竣工日期有争议的，按照以下情形分别处理：

（一）建设工程经竣工验收合格的，以竣工验收合格之日为竣工日期；

（二）承包人已经提交竣工验收报告，发包人拖延验收的，以承包人提交验收报告之日为竣工日期；

（三）建设工程未经竣工验收，发包人擅自使用的，以转移占有建设工程之日为竣工日期。"

◆《北京市高级人民法院关于审理建设工程施工合同纠纷案件若干疑难问题的解答》第二十五项解答：

“发包人、承包人、设计和监理单位四方在工程竣工验收单上签字确认的时间，可以视为《解释》第十四条第（一）项规定的竣工日期，但当事人有相反证据足以推翻的除外。”

【条款解析】

在建设工程合同关系中，“按时保质完成建设工程”是承包人的主要合同义务（详见第三章第一节）。据此，施工承包人在保证工程质量的前提下，根据《质量管理条例》第十六条第一款规定，原则上应当按“时”完工并提交竣工报告，以保证建设工程在约定的竣工日期前通过竣工验收。

但是，工程实务中的发包人可能在收到施工承包人提交的竣工验收报告后，拖延组织竣工验收，导致竣工验收合格之日迟于计划竣工日期，也可能在不经竣工验收的情况下，提前擅自使用建设工程，导致工程始终无法通过竣工验收。

鉴于建设工期关乎承发包双方主要的合同利益（详见本章概述部分），其计划竣工时间在现实中的“逾期”会造成合同双方的相应损失，并由此衍生出相关的责任承担事宜。所以，由于实际竣工日期的确定显得尤为关键，故承发包之间对于该日期的认定标准往往存在争议。

针对上述实践中实际竣工日期的确定问题，我国最高院在《施工合同司法解释》中设置了相应的认定标准。根据该解释第十四条规定，建设工程的当事人对于其实际竣工日期存在争议的，应当分别按照如下不同情形进行处理：

第一，发包人在收到施工承包人提交的竣工验收报告后及时组织竣工验收，并且建设工程在经竣工验收后最终通过质量验收的，应当以竣工验收合格之日确定实际竣工日期。

第二，发包人在收到施工承包人提交的竣工验收报告后拖延组织竣工验收，并且建设工程在经迟延组织的竣工验收后最终通过质量验收的，应当以施工承包人提交验收报告的日期确定实际竣工日期。

第三，发包人在建设工程未通过竣工验收合格的情况下，提前对工程予以擅自使用的，应当以转移占有建设工程之日确定实际竣工日期。

另外，需要特别注意的是：

（1）发包人在收到竣工验收报告后，确有拖延组织竣工验收的行为，而该次迟延验收的结果为不合格的，在该情形下，按照基本的民法归责原理，建设工程的实际竣工日期应当以最终验收合格之日为基准，按照发包人先前怠于组织竣工验收的拖延期间（自提交竣工验收报告之日起算）在时间上前移，从而予以确定。

（2）关于竣工验收合格的日期，根据《北京高院施工合同纠纷解答》中第二十五条第二款的解答内容，应当以承发包双方，以及设计单位、监理单位在“工程竣工验收单”上予以“四方签认”的时间为认定标准，除非当事人对此“有相反证据足以推翻”。

【律师提醒】

（1）建设工期应当包括总工期和节点工期。总工期主要保证承包人能按时完成承建的建设工程，节点工期主要保证承包人能保质完成承建的建设工程。因此，本律师建议：1）要求承包人提供详细的形象进度表及施工组织设计等技术资料；2）在施工承包合同中，不仅约定总工期的违约金，而且约定节点工期的违约金。

（2）实际建设工期－约定建设工期＝∑顺延工期＋∑延误工期，而承包人的主要义务是按时保质地完成建设工程，故只有承包人能够证明实际建设工期与约定建设工期的差值等于累计的顺延工期，承包人才不承担延误工期的责任。因此，建议承包人在履行施工承包合同，注意收集以下几类证据：

1）发包人迟延履行义务的证据，例如迟延开工、迟延提供图纸、迟延支付工程进度款等；

2）发包人进行变更的证据；

3）根据约定或惯例可以顺延工期的证据。

（3）如果承包人能证明累计的顺延时间等于实际建设工程与约定建设工期的差值，则承包人不承担工程延误的责任。由于工程价款的约定是与约定的建设工期相对应的，故应注意：

1）如果施工承包合同中约定的计价方式是可调价的，一般情况下，承包人可以提出窝工损失赔偿的要求；

2）如果施工承包合同中约定的计价方式是固定价的，一般情况下，承包人除可以提出窝工损失赔偿外，还可提出在原有约定工期内的涨价部分。

第三节　建设工期延长的条款

一、建设工期延误的条款

【主要条款】

◆《建设工程监理规范》第 2.0.18 款规定：

“工期延误：由于施工单位自身原因造成施工期延长的时间。”

◆《最高人民法院关于民事诉讼证据的若干规定》第五条第二款规定：

“对合同是否履行发生争议的，由负有履行义务的当事人承担举证责任。”

◆《浙江省高级人民法院民事审判第一庭关于审理建设工程施工合同纠纷案件若干疑难问题的解答》第六项解答：

“发包人仅以承包人未在规定时间内提出工期顺延申请而主张工期不能顺延的，该主张不能成立。但合同明确约定不在规定时间内提出工期顺延申请视为工期不顺延的，应遵从合同的约定。”

【条款解析】

鉴于建设工程的“不确定性”特征，建设工程合同在实践中，往往出现最终的“实际工期”与约定的“计划工期”不一致的情形。除施工承包人得以提前完工外，其中多数情况下，建设工程的实际竣工日期通常迟于施工合同的计划竣工时间（尤以大体量、长周期的工程项目为常），即实际工期所耗费的时长多于计划工期所预期的时长，而两者相差间距的绝对天数，即为“工期延长”，其相应延长部分的天数则属于“延长工期”。

关于“工期延长”的期间，其法律性质依据不同的产生原因而各有不同。

其中，根据我国《建设工程监理规范》GB/T 50319-2013 第 2.0.18 款有关建设工期的相关定义，由于施工承包人的自身原因造成计划工期延长的，在性质上应当属于“工期延误”。与“工期延误”的法律概念相对应，根据《建设工程监理规范》的相关定义，由于非施工承包人的原因造成计划工期延长的，则应当属于“工期顺延（延期）”。

就上述延长的计划工期天数而言，其应当由“顺延工期”与（或）“延误工期”构成。通常认为，“顺延工期”是指根据法律规定、行业惯例或者经发包人同意而延长的工期天数；而除前述“顺延工期”外，其他计划工期延长部分的天数，则属于“延误工期”。据此，从数值角度出发，以“计划工期”、“实际工期”、“顺延工期”、“延误工期”以及“延长工期”为五组参数，其相互之间应当成立如下等式：

延长工期＝实际工期－计划工期＝∑顺延工期＋∑延误工期。

由于“工期延误”是由于施工承包人的原因而产生的计划工期延长，因此，对于因该延长部分所导致自身以及发包人的损失，根据基本的民法归责原理，过失方应当对此承担相应的不利法律后果。

所以，就施工承包人而言，为维护自身利益，应当尽可能避免工期的延长被认定为“工期延误”。

施工承包人对此在法律层面应当注意以下两点：

第一，由于在建设工程合同关系中，承包人承担“按时保质完成建设工程”主要合同义务（详见第三章第一节），故按照合同约定的工期完工并交付建设工程理应属于施工承包人的合同责任。根据《最高人民法院关于民事诉讼证据的若干规定》第五条第二款规定：履行合同义务的当事人应对于合同是否履行的争议承担举证责任，所以，基于义务方对义务履行承担举证责任的广义理解，关于“工期延长”是属于“工期顺延”，还是属于“工期延误”的性质认定，其相应的举证责任原则上应当由施工承包人自行承担。

据此，在我国的审判实践中，在工期延长的情况下，施工承包人无法举证证明该部分工期延长非其自身原因造成的，则应当承担“举证不能”的不利法律后果，即：延长的工期被认定为“工期延误”。

第二，在工程实践中，施工合同常常设定关于施工承包人工期顺延的程序性条款，该类条款的内容大多由申请时限[①]以及工期签证的约定构成。关于申请的时限，根据《浙江高院施工合同纠纷解答》第六项内容，施工合同明确就工期顺延申请约定时限的，发包人有权以未按时提出申请为由主张该部分的工期延长属于工期延误。所以，施工承包人鉴于可能因程序的缺陷而丧失有关“工期延长”定性实体的权利，应当在顺延事由发生后及时向发包人提出申请，否则非自身原因而造成的工期延长最终可能被认定为工期延误；关于工期的签证，发包人可能以未满足约定的工期签证条件为由主张延长的工期在性质上属于工期延误。

但是，根据《北京高院施工合同纠纷解答》的相关解答内容[②]，施工承包人可以举证证明其对于因发包人行为导致的事由已按约提出工期顺延申请，或者该事

---

① 《建设工程施工合同（示范文本）》GF-2013-0201 通用条款第 18.1 款规定：
“根据合同约定或与合同有关的其他文件，承包人认为**有权得到追加付款和（或）延长工期**的，应按以下程序向发包人**提出索赔**：
（1）承包人**在知道或应当知道索赔事件发生后 28 天内**，向监理人递交索赔意向通知书，并说明发生索赔事件的事由。承包人**未在前述 28 天内发出索赔意向通知书**的，**丧失**要求追加付款和（或）延长工期的**权利**……承包人按本合同的约定接受了竣工付款证书后，应被认为已无权再提出在工程接收证书颁发前所发生的任何索赔。”

② 《北京市高级人民法院关于审理建设工程施工合同纠纷案件若干疑难问题的解答》第二十六项解答：
“**因发包人拖欠**工程预付款、进度款、迟延提供施工图纸、场地及原材料、变更设计等行为**导致工程延误**，合同明确约定顺延工期应当经发包人签证确认，经审查承包人虽未取得工期顺延的签证确认，但**其举证证明在合同约定的办理期限内向发包人主张过工期顺延，或者发包人的上述行为确实严重影响施工进度的，对承包人顺延相应工期的主张，可予支持。**”

由确实严重导致施工进度滞后的，则有可能避免非自身原因而造成的工期延长因未完成工期签证而被认定为工期延误的不利局面。

【律师提醒】

（1）如果出现实际建设工期大于约定建设工期的，只要承包人能提供的工程索赔得到的顺延工期大于实际建设工期与约定建设工期的差额的，承包人就不承担工期延误的责任。反之，承包人将承担工期延误的责任。因此，取得工期索赔对承包人是否承担工期违约至关重要。

（2）应注意：

1）如果发包人未按时提供图纸，则承包人可以向发包人提出工期顺延的请求。

2）如果发包人未按时支付工程款，则承包人可以向发包人提出工期顺延的请求。

3）如果工程师应发出指令而未按时发出指令，则承包人可以向发包人提出工期顺延的请求。

4）如果发包人提出设计变更或工程量增加，则承包人可以向发包人提出工期顺延的请求。

5）如果出现连续一定时期的停水、停电、停气等不可抗力时，承包人也可以向发包人提出工期顺延的请求。

（3）只要影响工期不是由承包人引起的，承包人均可以提出工期索赔（图 6-3）。但应注意：通常只有影响关键线路的工期才可能达到工期索赔。所以，是否关键线路决定可否得到工期索赔；是谁影响关键线路决定是否可以提出费用索赔。因此，证明是否是关系线路对承包人来说就显得很重要，所以，建议承包人在招投标文件及提交的施工组织设计中尽可能明确关键线路。

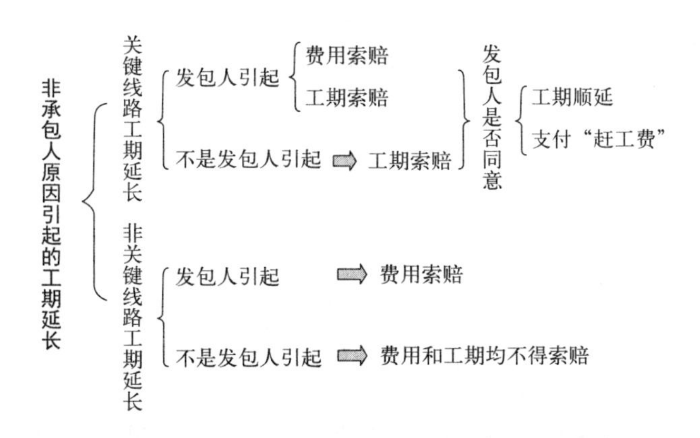

图 6-3　非承包人引起的工程延长情况分析图

二、建设工期顺延的条款

【主要条款】

◆《中华人民共和国合同法》第二百七十八条规定：

“隐蔽工程在隐蔽以前，承包人应当通知发包人检查。发包人没有及时检查的，承包人可以顺延工程日期，并有权要求赔偿停工、窝工等损失。”

◆《中华人民共和国合同法》第二百八十三条规定：

“发包人未按照约定的时间和要求提供原材料、设备、场地、资金、技术资料的，承包人可以顺延工程日期，并有权要求赔偿停工、窝工等损失。”

◆《最高人民法院关于审理建设工程施工合同纠纷案件适用法律问题的解释》第十五条规定：

“建设工程竣工前，当事人对工程质量发生争议，工程质量经鉴定合格的，鉴定期间为顺延工期期间。”

【条款解析】

根据我国《建设工程监理规范》的相关定义，“工期顺延”（延期）是“由于非施工单位原因造成合同工期延长的时间”①。

据此，就工期顺延的事由而言，其在理论上可以分为：“发包人自身原因”与“非承发包双方原因”两类。其中，后者主要包括：恶劣气候、第三方原因、不可抗力、社会事件等导致计划工期延长的客观因素。

一般情况下，上述属于“发包人自身原因”的工期顺延事由，主要由“发包人履行协助义务”、“发包人指令工程变更”，以及“发包人争议工程质量”这三方面的因素构成，具体分析如下：

第一，关于承揽合同的履行，《合同法》规定：定作人耽于履行协助义务从而影响承揽工作完成的，承揽人得以“顺延履行期限”②。

---

① 《建设工程监理规范》GB/T 50319-2013 第 2.0.17 项规定：
“**工程延期**：construction duration extension
由于非施工单位原因造成合同工期延长的时间。”

② 《中华人民共和国合同法》第二百五十九条规定：
“……**定作人不履行协助义务**致使承揽工作不能完成的，承揽人可以催告定作人在合理期限内履行义务，并**可以顺延履行期限**；定作人逾期不履行的，承揽人可以解除合同。”

由此，作为特殊承揽合同的“承揽人”，施工承包人有权以发包人协助义务的履行问题阻碍工程建设为由，主张工期的顺延。在建设工程合同关系中，发包人除履行支付工程价款的主要合同义务外，须为一系列“从义务”以协助承包人工程建设的开展与推进。反映在施工合同中，发包人的“协助”大致体现为：施工场地与作业条件的保证、工程图纸与材料设备的提供、文物保护与相邻关系的处理、申请报批与行政许可的办理、协调联络与质量验收的组织等义务（详见第三章第一节）。

针对因上述发包人的“协助”存在问题而造成计划工期的延长，《合同法》对其中部分事由的工期顺延予以明确：根据该法第二百七十八条规定，发包人未及时检查隐蔽工程的，工期得以顺延；根据该法第二百八十三条规定，发包人未按约定的时间或要求提供材料、设备、场地、资金或技术资料的，工期得以顺延。此外，发包人未按约或未依法履行协助义务，造成施工许可[①]、相邻纠纷、行政报批、现场管理等方面的问题，最终致使施工中途缓建或停建的，因此而导致的工期延长根据行业惯例，理应予以顺延。

第二，由于承发包在施工合同中约定的计划工期，是双方基于缔约时的承包范围、设计标准、施工条件等参照所预计的工程量，是通过平衡相互之间期限利益与建设成本的综合考量所达成的关于施工期限的合意。鉴于施工承包人因为其“按图施工”的法定义务，对于发包人有关工程变更的指令原则上应当无条件执行，而不以协商一致为前提（详见第三章第五节），故在发包人指令的工程变更涉及工程量增加的情况下，施工承包人在合同订立阶段约定工期所依据的前提发生变化。

上述变化有可能造成施工承包人建设成本的增加，且有可能导致该情形下的计划工期低于合理工期，从而变相构成合理工期的任意压缩，违反法律的禁止性规定[②]。因此，发包人指令工程变更致使工程量增加的情形，理应作为工期顺延的事由，执行变更指令的施工承包人有权主张合理延长其建设的计划工期。

第三，为确保建设工程的质量符合合同约定的质量要求，我国相关法律、法规赋予发包人就建设工程施工进行质量检查及竣工验收的法定权利，并相应给予施工承包人关于随时配合并接受质量检查的法定义务（详见第四章第三节）。基于

---

① 《建设工程质量管理条例》第五十七条规定：
“违反本条例规定，建设单位**未取得施工许可证或者开工报告未经批准，擅自施工**的，责令**停止施工，限期改正**，处工程合同价款百分之一以上百分之二以下的**罚款**。”

② 《建设工程质量管理条例》第十条规定：
“**建设工程发包单位**不得迫使承包方以低于成本的价格竞标，**不得任意压缩合理工期**。”

此，在建设工程经发包人质量检查或验收，认定其施工存在质量问题，而施工承包人对此认定有异议或不认可的情况下，承发包有可能于工程竣工前就工程质量产生争议。

实践中，关于上述争议的解决，通常由承发包根据合同的约定或通过双方的协商，就存在争议的工程质量委托具备法定资质的检测鉴定机构进行检测鉴定，并按其鉴定结论处理质量问题。对此，《施工合同司法解释》第十五条规定：发包人与施工承包人在工程竣工前，对工程质量所发生的争议，最终经鉴定合格的，鉴定期间应当为顺延工期。据此，在发包人认定的工程质量与承包人有争议，且经鉴定合格的情况下，计划工期应当按照鉴定期间的天数予以顺延。

【律师提醒】

（1）一般情况下，工程价款"多多益善"是承包人最终追求的目标，而工程质量"尽善尽美"则是发包人更关心的问题，工程期限"速战速决"则往往是承发包双方共同希望看到的结果。因此，如果承包人提出的工期索赔是成立的，但发包人并不同意工期顺延，承包人可以向发包人要求支付"赶工费"（图 6-4）。故建议承包人应当要求在施工承包合同中约定与"工期延误"违约金相对应的"工期赶工"补偿金。

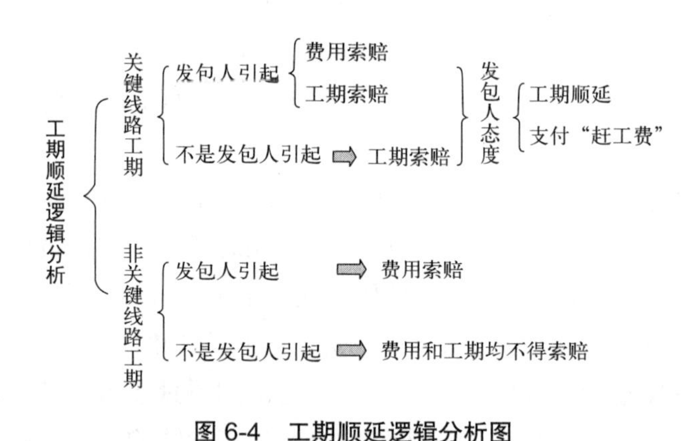

图 6-4　工期顺延逻辑分析图

（2）承包人要求工期顺延不仅要符合实体要求，也要具备程序要求，无论是实体要求还是程序要求均需要证据予以证明。在证据收集方面，应当注意：

1）责任落实到人，在项目班子里具体落实到某人具体负责。

2）按诉讼要求进行收集，如果协商不成，最终需要通过诉讼或仲裁解决，因此，开始就应当按诉讼要求收集证据。

3）贯穿于施工全过程。

4）应及时、完整地收集索赔证据。

（3）根据《建设工程监理规范》GB/T 50319－2013 的相关内容，对于施工承包人在合同约定时限内所提出的工期顺延，监理单位应当代表发包人就其中非因施工单位原因造成且影响计划工期的施工进度滞后的申请，予以批准[①]。据此，工期顺延事由的成立，在理论上应当符合三方面条件，分别为：

1）程序上，应按约在申请时限内提出；

2）成因上，应属于非施工承包人原因；

3）实体上，应导致施工的关键路线受影响。

第四节　建设工期责任的条款

【主要条款】

◆《中华人民共和国合同法》第一百零七条规定：

“当事人一方不履行合同义务或者履行合同义务不符合约定的，应当承担继续履行、采取补救措施或者赔偿损失等违约责任。”

◆《浙江省高级人民法院民事审判第一庭关于审理建设工程施工合同纠纷案件若干疑难问题的解答》第十九项解答：

“建设工程施工合同关于工期和质量等奖惩办法的约定，应当视为违约金条款。当事人请求按照《中华人民共和国合同法》第一百一十四条第二款，以及最高人民法院《关于适用〈中华人民共和国合同法〉若干问题的解释（二）》第二十七条、第二十八条、第二十九条的规定调整的，可予支持。”

◆《中华人民共和国合同法》第二百八十四条规定：

“因发包人的原因致使工程中途停建、缓建的，发包人应当采取措施弥补或者

① 《建设工程监理规范》GB/T 50319－2013 第 6.5.4 项规定：
“项目监理机构批准工程延期应同时满足下列条件：
1. 施工单位在施工合同约定的期限内提出工程延期。
2. 因非施工单位原因造成施工进度滞后。
3. 施工进度滞后影响到施工合同约定的工期。”

减少损失，赔偿承包人因此造成的停工、窝工、倒运、机械设备调迁、材料和构件积压等损失和实际费用。”

【条款解析】

建设工程竣工后，在实际工期大于计划工期的情况下，工期的延长有可能导致承发包在施工合同订立阶段所预计的建设成本以及期限利益，最终经合同的实际履行而发生变化，且因此而产生相应的时间成本以及经济成本可能造成发包人与承包人各自间接或者直接的经济损失。

鉴于建设工程的“不确定性”特征，上述工期延长的情形在工程实践中较为普遍，故对承发包双方而言，此情形下均会面临因工期延长所造成损失的确定及相应责任的承担问题。

关于该命题的处理，根据法律法规以及行业惯例，以下具体从工期延误及工期顺延两个方面展开分析：

就工期延误而言，鉴于“按时完工”是施工承包人的合同义务（详见第三章第一节），故由于其自身原因导致的计划工期延长，应当属于《合同法》第一百零七条所规定的“履行合同义务不符合约定”情形[①]，即构成“工期违约”。在此基础上，施工承包人应当向发包人承担关于建设工期所约定的违约责任，在建设工程领域统称为“工期责任”。

据此，从施工承包人角度出发，其在履行施工合同过程中，应当就因自身原因所造成的进度延误采取赶工措施，以加快施工进度。否则，因此造成最终的整体工期延长的，应当承担相应的“工期责任”[②]。通常情况下，承发包双方在订立施工合同时，根据《结算暂行办法》的相关规定，除约定工程建设的计划工期外，往往还会就实际工期的提前或延后约定相应的“奖惩办法”[③]，且在工程最终竣工后，通过计划工期与实际工期的比较，按照合同约定执行[④]。

---

① 《中华人民共和国合同法》第一百零七条规定：
“当事人**一方不履行合同义务**或者履行合同义务不符合约定的，应当承担继续履行、采取补救措施或者赔偿损失等违约责任。”

② 《建设工程监理规范》GB/T 50319-2013 条文说明 术语 2.0.17、2.0.18 项规定：
工期延误是由于施工单位自身原因造成的，需要施工单位采取赶工措施加快施工进度，如果**不能按合同工期完成工程施工，施工单位**还需根据施工合同约定**承担误期责任**。”

③ 《建设工程价款结算暂行办法》第七条规定：
“发包人、承包人应当在合同条款中对涉及工程价款结算的下列事项进行**约定**：
……（九）**工期及工期提前或延后的奖惩办法**……”

④ 《建设工程价款结算暂行办法》第十七条规定：
“工程竣工结算以合同工期为准，实际施工工期比合同工期提前或延后，**发、承包双方应按合同约定的奖惩办法执行**。”

关于工期的“奖惩办法”，承发包主要通过工期延长情况下一定数额的违约金支付或者损失赔偿额的计算方法，予以约定，例如：“施工承包人逾期完工的，每迟延一天应当向发包人承担合同总价 ×% 的赔偿”。

因此，根据《浙江高院施工合同纠纷解答》中第十九项的解答内容，其性质应当属于违约金条款，同时，当事人对于其金额，有权根据《合同法》及最高院《合同法司法解释（二）》的相关规定要求进行调整。

结合上述工期责任所涉金额的调整依据，承发包双方均有权以反诉或者抗辩的方式[①]，请求人民法院或仲裁机构对逾期完工的违约金进行调整[②]：

发包人主张违约金低于其工期延误损失，请求予以增加的，应当举证证明其因工期延误所造成的实际损失，并且增加后的违约金数额应以实际损失额为限[③]；施工承包人主张违约金金额约定过高，要求适当减少的，人民法院应基于发包人的实际损失，综合考量合同的履行情况、双方的过错程度及预期利益等因素，依公平及诚信原则作出裁决。对于违约金超过造成损失 30% 的，原则上应当认定符合“过分高于造成的损失”的法定调整情形[④]。

就工期顺延而言，鉴于其成立的顺延事由所造成施工进度的滞后甚至暂停，均可能导致施工承包人直接的经济损失，包括：停工、窝工、倒运、机械设备调迁、材料和构件积压等相关成本。因此，对于施工承包人在顺延工期的损失，存在相应费用的承担问题，其承担主体依据顺延事由的成因不同而不尽相同。

一方面，根据我国《合同法》第二百八十四条的规定内容，由于发包人的原因致使工程中途停建、缓建的，发包人应当赔偿施工承包人因此造成的损失和实际费用。据此，对于属于“发包人自身原因”的工期顺延事由（详见本章第三节）所导致的工期延误，例如：发包人未按照合同约定的时间和要求履行协助义务的[⑤]，

① 《最高人民法院关于适用〈中华人民共和国合同法〉若干问题的解释（二）》第二十七条规定：
“当事人**通过反诉或者抗辩的方式**，请求人民法院依照合同法第一百一十四条第二款的规定调整违约金的，人民法院应予支持。”

② 《中华人民共和国合同法》第一百一十四条第二款规定：
“约定的违约金**低于**造成的损失的，当事人可以请求人民法院或者仲裁机构**予以增加**；约定的违约金过分**高于**造成的损失的，当事人可以请求人民法院或者仲裁机构**予以适当减少**。”

③ 《最高人民法院关于适用〈中华人民共和国合同法〉若干问题的解释（二）》第二十八条规定：
“当事人依照合同法第一百一十四条第二款的规定，请求人民法院增加违约金的，**增加后的违约金数额以不超过实际损失额为限**。增加违约金以后，当事人又请求对方赔偿损失的，人民法院不予支持。”

④ 《最高人民法院关于适用〈中华人民共和国合同法〉若干问题的解释（二）》第二十九条规定：
“……当事人约定的**违约金超过造成损失的百分之三十**的，一般可以认定为合同法第一百一十四条第二款规定的“**过分高于造成的损失**。”

⑤ 《中华人民共和国合同法》第二百八十三条规定：
“**未按照约定的时间和要求提供原材料、设备、场地、资金、技术资料**的，承包人**可以顺延工程日期**，并有权要求赔偿停工、窝工等损失。”

发包人除自行承担工期延长所导致自身期限利益等相关损失外，还应当对因此给施工承包人造成的相应损失承担赔偿责任。

另一方面，对于工期顺延事由中“非承发包双方原因”（详见本章第三节），例如：不可抗力导致中途停工的，虽然对于工期延长后施工承包人的“工期责任”依法应予免除[①]，但是，对于所造成工期延长的相应损失，原则上应当由施工承包人自行承担，即：承发包之间对于工期顺延中非因双方原因所造成的工期延长损失，应由当事人自行承担各自的相应损失。

【律师提醒】

（1）由于发包人原因导致工期延长的，除双方事前对其中工程变更所增加工程量的价款与进度款约定同期支付外，其余顺延事由基于建设工程合同的履行顺序（详见第三章第一节），均可能造成发包人竣工结算余款支付时间的延后。因此，施工承包人在工期顺延的情况下，除不承担“工期责任”，并要求赔偿停工、窝工等直接损失外，理论上，均有权以竣工结算余款为基数，向发包人主张其延后支付期间的利息损失（图 6-5）。

设：计划工期合同造价 A_1，实际工期合同造价 A_2
计划工期成本造价 B_1，实际工期成本造价 B_2

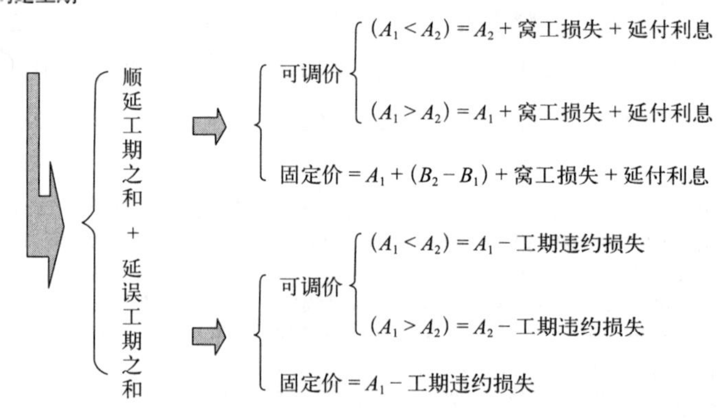

图 6-5　工期违约损失归纳图

---

① 《中华人民共和国合同法》第一百一十七条规定：
“**因不可抗力不能履行**合同的，根据不可抗力的影响，**部分或者全部免除责任**，但法律另有规定的除外。当事人迟延履行后发生不可抗力的，不能免除责任。”

（2）基于施工承包人对于建设工期所承担举证责任，根据“延长工期＝实际工期－计划工期＝∑顺延工期＋∑延误工期”的数值等式（详见本章第三节），关于工期延长的责任承担，在实际工期＜计划工期的情况下，承发包在施工合同中对于工期的提前事前约定奖励办法的，发包人应当按照合同约定，向施工承包人予以工期奖励。

（3）在实际工期＞计划工期的情况下：

1）施工承包人无法证明：∑顺延工期≥（实际工期－约定建设工期）的，构成“工期违约”，除自行承担因此造成的工期延长损失外，还应当按约向发包人承担［（实际工期－计划工期）－∑顺延工期］的“工期责任”①；

2）施工承包人能够证明：∑顺延工期≥（实际工期－计划工期）的，不构成或免于承担关于工期延长的违约责任，并且有权就其中因发包人原因所造成的顺延事由，而要求其给予相应的损失赔偿。

① 张正勤著．建设工程造价相关法律条款解读．北京：中国建筑出版社，2009．第101页．

第七章　关于建设工程安全条款解读

【章节导读】

“生产”是人类为创造社会财富所从事的活动，为尽可能降低该过程对人类生命、财产及环境所可能产生的损害，我国规范生产活动的法律、法规，通过明确有关“安全生产工作”的强制标准、法定义务、责任主体、监管职责，并配套实行相应的生产安全事故责任追究制度，以确保生产经营单位的生产安全，从而保障人民群众的生命和财产安全。

鉴于“工程建设”属于建筑行业的生产经营活动，因此，我国当代建筑法律体系，为了避免其建设活动可能造成的人员伤害以及财产损失，通过专门法律章节的设定与特定法规条例的制定，以确立“建设工程安全生产管理”制度。

据此，作为建设工程领域的生产经营单位，建设单位、勘察单位、设计单位、施工单位、工程监理单位以及其他与建设工程安全相关的单位，及其从业人员，必须遵守我国安全生产法律、法规的一般规定，并在“建设工程安全生产管理”制度下，执行强制标准、履行法定义务、落实主体责任、防范安全事故、承担法律后果，以保证建设工程的安全生产。

第一节　关于建设工程安全制度概念的条款解读

【主要条款】

◆《中华人民共和国安全生产法》第三条规定：

“安全生产工作应当以人为本，坚持安全发展，坚持安全第一、预防为主、综合治理的方针，强化和落实生产经营单位的主体责任，建立生产经营单位负责、职工参与、政府监管、行业自律和社会监督的机制。”

◆《中华人民共和国安全生产法》第四条规定：

“生产经营单位必须遵守本法和其他有关安全生产的法律、法规，加强安全生产管理，建立、健全安全生产责任制和安全生产规章制度，改善安全生产条件，推进安全生产标准化建设，提高安全生产水平，确保安全生产。”

◆《中华人民共和国建筑法》第三十六条规定：

“建筑工程安全生产管理必须坚持安全第一、预防为主的方针，建立健全安全生产的责任制度和群防群治制度。”

【条款解析】

当代建筑法体系由狭义法律的《建筑法》作为根本法，加上相应行政法规、部门规章、地方规章等所组成。因此，建筑法体系中《建筑法》具有统领性质。

《建筑法》明确表明，其宗旨之一是“保证工程质量和安全”①。该宗旨在其设定章节中予以充分体现，《建筑法》中第二章建筑许可，从主体资质和资格的要求角度来把控对工程质量和安全的保证程度；第三章建筑工程发包与承包，从承发包行为的角度来把控对工程质量和安全的保证程度；而第四章建筑工程监理，从如何监督保证工程质量和安全方面控制。不仅如此，其还单独以《建筑安全生产管理》第五章对如何保证工程质量和安全予以规定（图 7-1）。

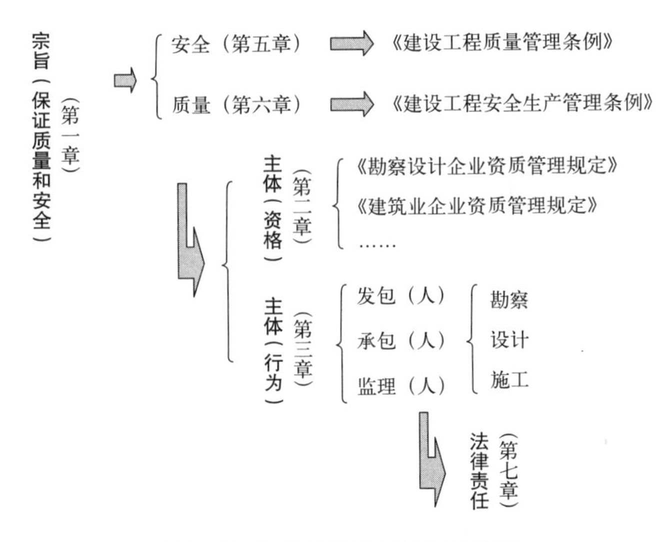

图 7-1　建设工程相关法规总结图

① 《中华人民共和国建筑法》第一条规定：
“为了加强对建筑活动的监督管理，维护建筑市场秩序，**保证建筑工程的质量和安全**，促进建筑业健康发展，**制定本法。**”

对于我国从事生产经营活动的单位，《中华人民共和国安全生产法》（以下简称《安全生产法》），为防止和减少生产安全事故[①]，就其“生产工作”专设安全制度，以保障人民群众生命和财产安全，其相应规范的制定原则，根据该法第三条规定，即：“以人为本，坚持安全发展与安全第一、预防为主、综合治理的方针，强化和落实生产经营单位的主体责任，建立单位负责、职工参与、政府监管、行业自律和社会监督的机制”。

就具体“安全生产工作”而言，根据《安全生产法》第五条规定，我国“生产经营单位”应遵守有关安全生产的法律法规，加强“安全生产管理”，建设“安全生产责任制”和“安全生产规章制度”，改善安全生产条件，推进安全生产标准化建设，提高安全生产水平，以最终确保其“安全生产”。

此外，根据该法规定：

（1）“安全生产工作”应当由生产经营单位的主要负责人予以全面负责[②]；

（2）生产经营单位应具备法律法规、国家标准或行业标准规定的安全生产条件，否则不得从事生产经营活动[③]；

（3）我国实行“生产安全事故责任追究制度”，依法追究生产安全事故责任人员的法律责任[④]。

据此，“建筑活动”作为特定行业的生产经营活动，应当在该机制下进行“安全生产工作”，并且，其建设工程领域的生产经营单位及其从业人员，应相应适用本行业特别法，即《建筑法》中有关“工程安全”[⑤]的章节规定，开展符合国家建筑工程安全标准的工程建设，以确保有关建设工程的生产安全[⑥]，根据该法第

---

① 《中华人民共和国安全生产法》第一条规定：
“为了加强安全生产工作，**防止和减少生产安全事故**，保障人民群众生命和财产安全，促进经济社会持续健康发展，**制定本法**。”

② 《中华人民共和国安全生产法》第五条规定：
“生产经营单位的**主要负责人对本单位的安全生产工作全面负责**。”

③ 《中华人民共和国安全生产法》第十七条规定：
“生产经营单位应当**具备本法和有关法律、行政法规和国家标准或者行业标准规定的安全生产条件**；不具备安全生产条件的，不得从事生产经营活动。”

④ 《中华人民共和国安全生产法》第十四条规定：
“国家**实行生产安全事故责任追究制度**，依照本法和有关法律、法规的规定，追究生产安全事故责任人员的法律责任。”

⑤ 《中华人民共和国建筑法》第一条规定：
“为了加强对建筑活动的监督管理，维护建筑市场秩序，**保证建筑工程的质量和安全**，促进建筑业健康发展，**制定本法**。”

⑥ 《中华人民共和国建筑法》第三条规定：
“建筑活动应当**确保建筑工程质量和安全**，符合国家的建筑工程安全标准。”

三十六条的原则规定：建筑工程的“安全生产管理”，需要建立健全安全生产的“责任制度”和“群防群治制度”。

在此基础上，有关建筑工程“安全生产管理”的具体内容，由《建设工程安全生产管理条例》（以下简称《建设工程安全条例》）以行政法规形式，遵循并依照《安全生产法》与《建筑法》中有关安全生产的立法宗旨”[①]、“行业范围”[②]、“制定原则”[③]及“责任主体”[④]，针对建设单位、勘察单位、设计单位、施工单位、监理单位及其他与建设工程安全生产有关的单位，从事的包括土木工程、建筑工程、线路管道和设备安装工程及装修工程在内的建设工程的新建、扩建、改建和拆除等有关活动，以及对于上述主体从事此类活动，所实施的有关建设工程安全生产的监督管理，予以详尽规范。

【律师提醒】

（1）作为建筑行业的生产经营单位及其从业人员，在工程建设过程中，应遵守相关法律、法规设立的“安全生产管理”机制，且在该机制有关行政主体监督管理的履职规范外，侧重适用其中关乎其最终后果承担的相应“安全责任”。

（2）根据《安全生产法》第五条规定，应由建设工程领域生产经营单位的主要负责人全面负责，主要内容包括：执行国家制定的安全标准、履行法律规定的安全义务，并承担有关生产安全事故的相应法律后果。

（3）需要特别注意的是：根据《安全生产法》的相关规定，除建筑行业生产经营单位的主要负责人应当全面负责有关工程建设的“安全生产管理”外，其从业人员在依法获得安全生产保障的权利情况下，也应当相应履行安全生产方面的法定义务[⑤]。

---

① 《建设工程安全生产管理条例》第一条规定：
“为了加强建设工程安全生产监督管理，保障人民群众生命和财产安全，**根据《中华人民共和国建筑法》、《中华人民共和国安全生产法》**，制定本条例。”

② 《建设工程安全生产管理条例》第二条规定：
“……本条例所称建设工程，是**指土木工程、建筑工程、线路管道和设备安装工程及装修工程**。”

③ 《建设工程安全生产管理条例》第三条规定：
“建设工程安全生产管理，**坚持安全第一、预防为主的方针**。”

④ 《建设工程安全生产管理条例》第四条规定：
“**建设单位、勘察单位、设计单位、施工单位、工程监理单位及其他与建设工程安全生产有关的单位**，必须遵守安全生产法律、法规的规定，保证建设工程安全生产，依法承担建设工程安全生产责任。”

⑤ 《中华人民共和国安全生产法》第六条规定：
“**生产经营单位的从业人员**有依法获得安全生产保障的权利，并**应当依法履行安全生产方面的义务**。”

第二节　关于建设工程安全法定义务条款解读

一、建设单位安全的法定义务

【主要条款】

◆《中华人民共和国建筑法》第四十二条规定：

"有下列情形之一的，建设单位应当按照国家有关规定办理申请批准手续：

（一）需要临时占用规划批准范围以外场地的；

（二）可能损坏道路、管线、电力、邮电通讯等公共设施的；

（三）需要临时停水、停电、中断道路交通的；

（四）需要进行爆破作业的；

（五）法律、法规规定需要办理报批手续的其他情形。"

◆《中华人民共和国建筑法》第四十条规定：

"建设单位应当向建筑施工企业提供与施工现场相关的地下管线资料，建筑施工企业应当采取措施加以保护。"

◆《建设工程安全生产管理条例》第七条规定：

"建设单位不得对勘察、设计、施工、工程监理等单位提出不符合建设工程安全生产法律、法规和强制性标准规定的要求，不得压缩合同约定的工期。"

【条款解析】

关于建设单位的安全生产责任，主要体现在基于法定证照办理所应当接受建设行政主管部门对于安全生产的责任管理；基于施工合同缔约方的义务履行所应当提供的现场配合义务；以及基于建设工程发包人的地位所应当保证工程质量的依法合规(图7-2)。

首先，除在开工前应提供具"基本施工条件场地"、"满足施工需要图纸资料"、"工程安全措施"等[①]施工安全的证明文件，以申领"施工许可证"，并在获批的法

---

① 《建设工程施工许可管理办法》第四条规定：

"建设单位申请领取施工许可证，应当具备下列条件，并提交相应的证明文件：

……

（三）**施工场地已经基本具备施工条件**，需要拆迁的，其拆迁进度符合施工要求。

……

（五）**有满足施工需要的施工图纸及技术资料**，施工图设计文件已按规定进行了审查。

（六）**有保证工程质量和安全的具体措施**。

……"

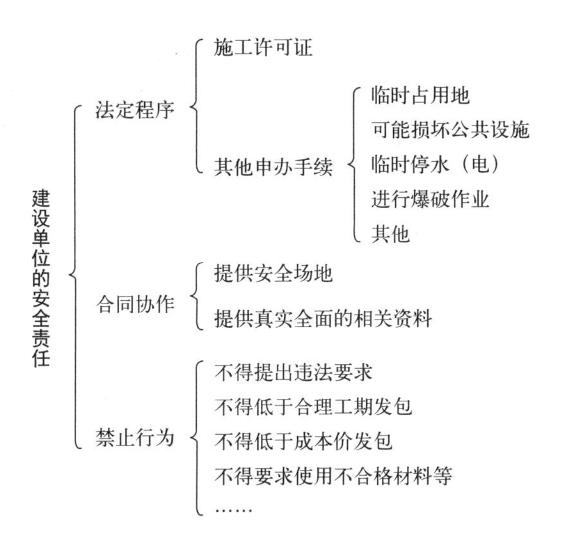

图 7-2　建设单位安全责任一览图

定期限内报送具体措施，完成行政备案①外，根据《建筑法》第四十二条规定，建设单位在开工后，应就五类情形办理审批手续：

（1）临时占用规划批准范围外场地；

（2）可能损坏公共设施；

（3）临时停水、电或中断道路交通；

（4）进行爆破作业；

（5）其他。

其中，就爆破作业所涉“拆除工程”，《建设工程安全条例》规定：在实施的法定期限前，建设单位应报送“拟拆除建（构）筑物及可能危及毗邻建筑的说明”、“施工组织方案”等资料，以作行政备案②。

---

① 《建设工程安全生产管理条例》第十条规定：
“……**依法批准开工报告的建设工程**，建设单位应当自**开工报告批准之日起 15 日内**，将保证安全施工的措施**报送**建设工程所在地的县级以上地方人民政府建设行政主管部门或者其他有关部门**备案**。”

② 《建设工程安全生产管理条例》第十一条规定：
“建设单位应当将拆除工程发包给具有相应资质等级的施工单位。
建设单位应当在拆除工程施工 **15 日前**，**将下列资料报送**建设工程所在地的县级以上地方人民政府建设行政主管部门或者其他有关部门**备案**：
（一）施工单位**资质等级证明**；
（二）**拟拆除**建筑物、构筑物及可能危及毗邻建筑的**说明**；
（三）**拆除施工组织方案**；
（四）**堆放、清除废弃物的措施**。
实施爆破作业的，应当遵守国家有关民用爆炸物品管理的规定。”

据此，在建设工程的施工可能影响公共安全的情况下，建设单位应当按照以上所列规范，依法就相关情形履行其证照申领、文件报送、行政备案等法定义务，以确保其建设生产置于相关行政主管部门的有效公权监控。

其次，关于建设单位在施工合同协作中所承担的安全责任，《建筑法》第四十条规定：建设单位应当向施工单位提供与施工现场相关的地下管线资料，以协助施工单位采取措施加以保护。在此基础上，《建设工程安全条例》作出细化规定：建设单位应当向施工单位提供施工现场及毗邻区域内供水、排水、供电、供气、供热、通信、广播电视等地下管线资料，气象和水文观测资料，相邻建筑物和构筑物、地下工程的有关资料，并保证资料的真实、准确、完整，且有关部门或单位在建设单位因上述需要申请查询时，应及时予以提供①。

据此，工程建设较之普通的承揽工作往往更为复杂、专业，因此，工程的安全竣工更依赖承发包之间的相互协同与配合。而其中关于建设单位的附随义务，则主要体现于其关于安全生产的法定责任。

最后，鉴于建设单位作为工程项目中建设工程及相关服务的发包或委托主体，其基于合同关系而就工程建设事项向各参与方所提出的相关要求，会直接或间接影响建设工程的安全生产。因此，《安全管理条例》第七条规定：建设单位不得对勘察、设计、施工、工程监理等单位提出不符合建设工程安全生产法律、法规和强制性标准规定的要求，不得压缩合同约定的工期。并且，该条例针对施工合同关系进一步规定：建设单位不得明示或者暗示施工单位购买、租赁、使用不符合安全施工要求的安全防护用具、机械设备、施工机具及配件、消防设施和器材②。

此外，对于施工过程中，涉及建筑主体和承重结构变动的装修工程，《建筑法》明确规定：建设单位应当在该工程施工前，委托原设计单位或具相应资质条件的设计单位提出设计方案，否则不得开展施工作业。

【律师提醒】

（1）建设单位不得通过在合同履行过程中，基于发包人地位向承包人所发出

---

① 《建设工程安全生产管理条例》第六条规定：

“建设单位应当向施工单位提供施工现场及毗邻区域内供水、排水、供电、供气、供热、通信、广播电视等地下管线资料，气象和水文观测资料，相邻建筑物和构筑物、地下工程的有关资料，并保证资料的真实、准确、完整。

建设单位因建设工程需要，向有关部门或者单位查询前款规定的资料时，有关部门或者单位应当及时提供。”

② 《建设工程安全生产管理条例》第九条规定：

“建设单位不得明示或者暗示施工单位购买、租赁、使用不符合安全施工要求的安全防护用具、机械设备、施工机具及配件、消防设施和器材。”

的相关指令以及工程要求，损害工程建设的安全生产。根据《安全生产法》规定，生产经营单位应提取和使用安全生产费用，且在成本中据实列支，专用于改善安全生产条件。基于此，特制定《建设工程安全条例》与《安全措施费用管理规定》加强工程安全生产、文明施工管理，保障施工人员的作业条件和生活环境，防止施工安全事故[①]。

（2）在我国工程造价中，单设“安全（防护）文明施工（措施）费”（结合《建设工程工程量清单计价规范》GB 50500－2013 定义[②]指：承包人在合同履行中，按现行施工安全、现场环境与卫生标准或规定，购置和更新安全防护用具及设施、改善安全生产条件和作业环境的费用[③]）作为其体系中“措施项目费”组成部分，并就此强制“建设单位列入概算[④]。根据该规范第 3.1.5 款规定，该费用“不得作为竞争性费用”[⑤]。

（3）关于建设工程价款中的“安全文明施工费”，建设单位不得与施工承发包作擅自约定，其金额应当按国家或省级、行业建设主管部门的规定计算，且“不得竞争”。并且，新建、改建、扩建工程项目的安全设施，必须与主体工程同时设计、同时施工、同时投入生产和使用。安全设施投资应当纳入建设项目概算。

二、勘察单位安全的法定义务

【主要条款】

◆《建设工程勘察设计管理条例》第二条规定：

“从事建设工程勘察、设计活动，必须遵守本条例。本条例所称建设工程勘察，是指根据建设工程的要求，查明、分析、评价建设场地的地质地理环境特征和岩

① 《建筑工程安全防护、文明施工措施费用及使用管理规定》第一条规定：
“为加强建筑工程安全生产、文明施工管理，保障施工从业人员的作业条件和生活环境，防止施工安全事故发生，根据《中华人民共和国安全生产法》、《中华人民共和国建筑法》、《建设工程安全生产管理条例》、《安全生产许可证条例》等法律法规，制定本规定。”

② 《建设工程工程量清单计价规范》GB 50500－2013 第 2.0.22 款规定：
“安全文明施工费：在合同履行过程中，承包人按照国家法律、法规、标准等规定，为保证安全施工、文明施工，保护现场内外环境和搭拆临时设施等所采用的措施而发生的费用。”

③ 《建筑工程安全防护、文明施工措施费用及使用管理规定》第三条规定：
“本规定说称安全防护、文明施工措施费用，是指按照国家现行的建筑施工安全、施工现场环境与卫生标准和有关规定，购置和更新施工安全防护用具及设施、改善安全生产条件和作业环境说需要的费用。”

④ 《建设工程安全生产管理条例》第八条规定：
“建设单位在编制工程概算时，应当确定建设工程安全作业环境及安全施工措施所需费用。”

⑤ 《建设工程工程量清单计价规范》GB 50500－2013 第 3.1.5 款规定：
“措施项目中的安全文明施工费必须按国家或省级、行业建设主管部门的规定计算，不得作为竞争性费用。”

土工程条件，编制建设工程勘察文件的活动。本条例所称建设工程设计，是指根据建设工程的要求，对建设工程所需的技术、经济、资源、环境等条件进行综合分析、论证，编制建设工程设计文件的活动。”

◆《建设工程勘察设计管理条例》第四条规定：

“从事建设工程勘察、设计活动，应当坚持先勘察、后设计、再施工的原则。”

◆《建设工程安全生产管理条例》第十二条规定：

“勘察单位应当按照法律、法规和工程建设强制性标准进行勘察，提供的勘察文件应当真实、准确，满足建设工程安全生产的需要。

勘察单位在勘察作业时，应当严格执行操作规程，采取措施保证各类管线、设施和周边建筑物、构筑物的安全。”

【条款解析】

根据《勘察设计管理条例》第二条关于“建设工程勘察”的定义内容，其所进行的“勘察”，是指“根据建设工程的要求，查明、分析、评价建设场地的地质地理环境特征和岩土工程条件，编制建设工程勘察文件的活动”。

建设工程实施阶段的工作主要由三部分内容构成——勘察、设计、施工。对此，《勘察设计管理条例》第四条规定：从事建设工程勘察、设计活动，应当坚持先勘察、后设计、再施工的原则。

因此，从实践角度出发，工程建设应当严格执行基本的建设程序，即：建设工程各参与方应遵循“先勘察、后设计、再施工”原则[①]，开展并推进工程建设。

基于上述法定的基本建设程序，理论上，勘察单位所提交的勘察文件，作为工程设计的技术资料，是设计单位承担“安全设计”责任的基础，并与其共同保障施工单位最终的生产作业安全。所以，该工程建设基本程序的设定本身，即是关于“建筑工程安全生产管理”制度的落实。据此，勘察单位依法按约履行有关勘察工程安全责任的法定义务，是确保工程建设“安全生产”的前提条件。

据此，勘察单位进行工程勘察的，应当根据《建设工程安全条例》第十二条

① 《建设工程质量管理条例》第五条规定：
“从事建设工程活动，必须严格执行基本建设程序，坚持先勘察、后设计、再施工的原则。”

第一款的规定内容，按照法律、法规以及工程建设强制性标准进行勘察，并且，保证其所提供的勘察文件应当真实、准确，以满足建设工程安全生产的需要。

就勘察单位有关建设工程生产安全的法定义务而言，除了应当承担以上关于其所提供勘察工作成果的安全责任外，关于其自身所开展“勘察作业”，根据《建设工程安全条例》第十二条第二款规定：勘察单位在勘察作业时，应当严格执行操作规程，采取措施保证各类管线、设施和周边建筑物、构筑物的安全。

除此之外，根据《勘察设计资质管理规定》的相关规定，勘察单位应当按照有关规定向其相关的资质许可机关真实、准确、完整地提供包括工程安全情况的企业信用档案信息，该档案信息应当按照有关规定向社会公示[①]。并且，建设主管部门、有关部门履行监督检查职责时，有权要求被检查的勘察单位提供有关安全生产管理的企业内部管理制度文件[②]。

【律师提醒】

（1）勘察人员作为建设工程领域生产经营单位的从业人员，应当依法履行安全生产方面的相应法定义务，且同样享有依法获得有关安全生产保障的权利[③]。其由于生产安全事故而受到损害的，除了可以依法享受工伤保险外，依照有关民事法律尚有获得赔偿的权利的，有权向本涉及单位提出赔偿要求[④]。

（2）勘察单位作为从事建筑活动的生产经营单位，在与其从业人员所订立的劳动合同中，应当载明有关其保障从业人员劳动安全、防止职业危害的事项，以及依法为其从业人员办理工伤保险的事项[⑤]。此外，勘察单位必须依法参加“工伤

---

① 《建设工程勘察设计资质管理规定》第二十九条规定：
“企业应当按照有关规定，**向资质许可机关提供真实、准确、完整的企业信用档案信息**……”

② 《建设工程勘察设计资质管理规定》第二十二条第一款规定：
“建设主管部门、有关部门**履行监督检查职责时，有权采取下列措施**：
（一）**要求被检查单位提供**工程勘察、设计资质证书、注册执业人员的注册执业证书，有关工程勘察、设计业务的文档，有关质量管理、安全生产管理、档案管理、财务管理等企业**内部管理制度的文件**；
（二）进入被检查单位进行**检查，查阅相关资料**；
（三）**纠正违反有关法律、法规和本规定及有关规范和标准的行为**。”

③ 《中华人民共和国安全生产法》第六条规定：
“生产经营单位的从业人员**有依法获得安全生产保障的权利**，并应当依法履行安全生产方面的义务。”

④ 《中华人民共和国安全生产法》第五十三条规定：
“**因生产安全事故受到损害的从业人员**，除依法享有工伤保险外，依照有关民事法律尚有获得赔偿的权利的，**有权向本单位提出赔偿要求**。”

⑤ 《中华人民共和国安全生产法》第四十九条规定：
“生产经营单位与从业人员订立的劳动合同，应当**载明有关保障从业人员劳动安全、防止职业危害的事项**，以及**依法为从业人员办理工伤保险的事项**。”

保险”，并为其从业人员缴纳保险费用[1]。

（3）勘察单位向有关单位提供的工程安全情况的企业信用档案信息应当是真实、准确、完整的，并应当制定企业有关安全生产管理的内部管理制度文件，并就该制度文件落实的相关资料以备建设主管部门进行检查。

三、设计单位安全的法定义务

【主要条款】

◆《中华人民共和国建筑法》第三十七条规定：

“建筑工程设计应当符合按照国家规定制定的建筑安全规程和技术规范，保证工程的安全性能。”

◆《建设工程安全生产管理条例》第十三条规定：

“设计单位应当按照法律、法规和工程建设强制性标准进行设计，防止因设计不合理导致生产安全事故的发生。

设计单位应当考虑施工安全操作和防护的需要，对涉及施工安全的重点部位和环节在设计文件中注明，并对防范生产安全事故提出指导意见。采用新结构、新材料、新工艺的建设工程和特殊结构的建设工程，设计单位应当在设计中提出保障施工作业人员安全和预防生产安全事故的措施建议。

设计单位和注册建筑师等注册执业人员应当对其设计负责。”

◆《建设工程勘察设计管理条例》第二十九条规定：

“建设工程勘察、设计文件中规定采用的新技术、新材料，可能影响建设工程质量和安全，又没有国家技术标准的，应当由国家认可的检测机构进行试验、论证，出具检测报告，并经国务院有关部门或者省、自治区、直辖市人民政府有关部门组织的建设工程技术专家委员会审定后，方可使用。”

【条款解析】

关于设计单位所开展的“建设工程设计”工作，作为从事建筑活动的必经环节，根据《勘察设计管理条例》的相关定义，是指“根据建设工程的要求，对建设工

---

① 《中华人民共和国安全生产法》第四十八条规定：
“生产经营单位必须依法参加工伤保险，为从业人员缴纳保险费……”

程所需的技术、经济、资源、环境等条件进行综合分析、论证，编制建设工程设计文件的活动”[①]。

据此，鉴于建设工程的设计环节属于为工程建设最后阶段的物化劳动所作前期准备，且“按图施工”是施工单位进行工程建设最为重要和基本的法定义务（详见第四章第三节）。因此，设计文件系施工单位以及监理单位在建设工程施工阶段，开展施工作业和监理工作的主要依据。所以，在建设工程的安全生产管理制度中，设计单位所承担的安全责任，会在很大程度上，影响整个工程建筑活动的生产安全。

对于设计单位所应履行有关建设工程安全生产的法定义务，我国《建筑法》第三十七条制定原则性规定，即：建筑工程的设计应当符合按照国家规定制定的建筑安全规程以及技术规范，以保证工程的安全性能。

有基于此，《建设工程安全条例》第十三条在其第四款设定有关“设计单位与注册建筑师等注册执业人员应当对其设计负责”的责任承担原则基础上，进一步在该法条的第一、第二款内容中，对于设计单位的“设计安全”责任，予以相关的细化规定：

其一，设计单位应当按照我国相关法律、法规以及工程建设的强制性标准，开展工程设计工作，以防止由于其设计文件的不合理，从而导致生产安全事故的发生；

其二，设计单位应当考虑施工安全操作以及防护的需要，对于涉及施工安全的重点部位和环节，应当在其设计文件中注明，并对于有关生产安全事故防范，提出指导意见。

除此之外，就采用新结构、新材料、新工艺的建设工程而言，结合《建设工程安全条例》第十三条第三款与《勘察设计管理条例》第二十九条的规定内容，具体而言：

对于采用新结构、新材料、新工艺的建设工程以及特殊结构的建设工程，设计单位应当在其设计文件中提出有关保障施工作业人员安全以及预防生产安全事故的措施建议。

在此基础上，对于设计文件中规定采用可能影响建设工程质量和安全，但是，又没有国家技术标准的新技术、新材料，其应当由国家认可的检测机构进行试验、

---

① 《建设工程勘察设计管理条例》第二条规定：
“……本条例所称**建设工程设计**，是指**根据建设工程的要求**，对建设工程所需的技术、经济、资源、环境等**条件进行综合分析、论证，编制建设工程设计文件**的活动。”

论证，以出具检测报告，并且，应当经由国务院有关部门或者省、自治区、直辖市人民政府有关部门组织的建设工程技术专家委员会审定后，方可使用。

除此之外，关于设计单位的安全责任范围，除了其所提交的设计文件成果，应当保障工程建设的“施工安全”外，就其所进行的设计工作而言，虽然有别于工程的“施工”、“勘察”与“监理”等工作，原则上，无须在建设工程的现场，开展设计作业。但鉴于该工作本身作为建筑活动的组成部分理论上应归于“建设工程安全管理”的制度内容，因此，设计单位及其自有的设计人员，在生产经营过程中，同样应当适用《安全生产法》中有关“生产安全”的一般规定（详见本章第二节）。

最后，与勘察单位一致，设计单位同样应当遵守《勘察设计资质规定》中，有关向其资质许可机关提供工程安全情况相关企业信用档案信息，以及接受行政主管部门要求其提供有关安全生产管理的企业内部管理制度文件的相关法定义务（详见本章第二节）。

【律师提醒】

（1）设计文件不仅要符合有关法律的规定和设计规范的要求，而且要符合合同的约定[①]。设计人在不得指定供应商的前提下[②]，对设计文件中建筑材料、构配件和设备所注明的技术指标应当符合国家的标准。

（2）如果设计的质量不符合要求或者未按约提交设计文件，除了减收或免收设计费用外，设计人还需对因此而造成的发包人工期拖延和其他损失承担赔偿责任[③]。一般情况下，设计合理使用年限通常不应低于50年。

（3）生产经营单位新建、改建、扩建工程项目的安全设施，必须与主体工程同时设计、同时施工、同时投入生产和使用。安全设施投资应当纳入建设项目概算。

---

① 《中华人民共和国建筑法》第五十六条规定：
“**建筑工程的勘察、设计单位必须对其勘察、设计的质量负责。勘察、设计文件应当符合有关法律、行政法规的规定和建筑工程质量、安全标准、建筑工程勘察、设计技术规范以及合同的约定。**设计文件选用的建筑材料、建筑构配件和设备，应当注明其规格、型号、性能等技术指标，其质量要求必须符合国家规定的标准。”

② 《中华人民共和国建筑法》第五十七条规定：
“**建筑设计单位对设计文件选用的建筑材料、建筑构配件和设备，不得指定生产厂、供应商。**”

③ 《中华人民共和国合同法》第二百八十条规定：
“**勘察、设计的质量不符合要求或者未按照期限提交**勘察、**设计文件拖延工期，造成发包人损失的，**勘察人、**设计人应当继续完善**勘察、**设计，减收或者免收勘察、设计费并赔偿损失。**”

四、施工单位安全的法定义务

【主要条款】

◆《中华人民共和国建筑法》第四十四条规定：

“建筑施工企业必须依法加强对建筑安全生产的管理，执行安全生产责任制度，采取有效措施，防止伤亡和其他安全生产事故的发生。”

◆《建设工程安全生产管理条例》第二十一条第一款规定：

“施工单位主要负责人依法对本单位的安全生产工作全面负责。施工单位应当建立健全安全生产责任制度和安全生产教育培训制度，制定安全生产规章制度和操作规程，保证本单位安全生产条件所需资金的投入，对所承担的建设工程进行定期和专项安全检查，并做好安全检查记录。”

◆《中华人民共和国建筑法》第三十八条规定：

“建筑施工企业在编制施工组织设计时，应当根据建筑工程的特点制定相应的安全技术措施；对专业性较强的工程项目，应当编制专项安全施工组织设计，并采取安全技术措施。”

【条款解析】

关于施工单位“安全生产管理”的责任落实，根据《建筑法》第四十四条规定，主要基于其日常运营中“企业安全制度”的建设，及其项目过程中“施工安全措施”的采取（图 7-3）。

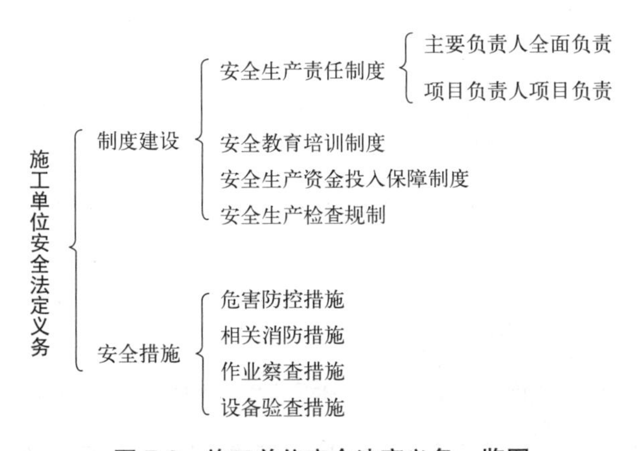

图 7-3　施工单位安全法定义务一览图

一方面，就日常的安全制度而言，《建设工程安全条例》第二十一条规定，应制定规章与规程，以建立安全生产责任和教育培训制度，保证安全生产条件的资金投入，对所建工程进行安全检查。据此，施工单位安全制度的主要内容为："安全生产责任制度"与"安全生产教育培训制度"的建设，"安全生产条件资金投入"与"建设工程的安全检查"的保证：

（1）关于安全生产责任制度，《建筑法》规定，施工单位主要负责人对本单位安全生产工作全面负责[①]。在此基础上，《建设工程安全条例》规定，其项目负责人应对具体项目的安全施工负责，落实安全生产责任制度，及其规章制度和操作规程，确保安全生产费用的有效使用，组织制定安全施工措施，消除安全事故隐患，报告生产安全事故[②]。其中，针对"消防安全"，施工单位应确定消防安全责任人，建立施工现场的"消防安全责任"制度[③]。

（2）关于安全教育培训制度，《建筑法》规定，施工单位应建设劳动安全生产培训制度，对职工进行安全教育培训，未经培训的，不得上岗[④]。在此基础上，《建设工程安全条例》规定，对管理和作业人员的安全培训每年至少一次，培训考核不合格的，不得上岗[⑤]。其中，作业人员进入新岗位或施工现场前，应接受安全培训，未经培训或考核不合格的，不得上岗作业。采用新技术、工艺、设备、材料时，应对作业人员进行相应的安全教育培训[⑥]。

（3）关于安全生产资金投入，根据《建设工程安全条例》规定：施工单位对列

---

① 《建设工程安全生产管理条例》第二十一条第一款规定：
"施工单位主要负责人**依法对本单位的安全生产工作全面负责**……"

② 《建设工程安全生产管理条例》第二十一条第二款规定：
"施工单位的项目负责人应当由取得相应执业资格的人员担任，**对建设工程项目的安全施工负责，落实安全生产责任制度、安全生产规章制度和操作规程，确保安全生产费用的有效使用**，并根据工程的特点**组织制定安全施工措施**，消除安全事故隐患，**及时、如实报告生产安全事故**。"

③ 《建设工程安全生产管理条例》第三十一条规定：
"施工单位应当在施工现场**建立消防安全责任制度，确定消防安全责任人**，制定用火、用电、使用易燃易爆材料等各项消防安全管理制度和操作规程……"

④ 《中华人民共和国建筑法》第四十六条规定：
"建筑施工企业应当**建立健全劳动安全生产教育培训制度**，加强对职工安全生产的教育培训；**未经安全生产教育培训的人员，不得上岗作业。**"

⑤ 《建设工程安全生产管理条例》第三十六条第二款规定：
"施工单位应当对管理人员和作业人员**每年至少进行一次安全生产教育培训**，其教育培训情况记入个人工作档案。安全生产教育培训**考核不合格的人员，不得上岗。**"

⑥ 《建设工程安全生产管理条例》第三十七条规定：
"**作业人员进入新的岗位或者新的施工现场前，应当接受安全生产教育培训。**未经教育培训或者教育培训考核不合格的人员，不得上岗作业。
施工单位在**采用新技术、新工艺、新设备、新材料时，应当对作业人员进行相应的安全生产教育培训。**"

入工程概算的安全作业环境及施工措施所需费用，即“安全文明施工费”，应用于护具及设施的采购和更新、安全施工措施的落实、安全生产条件的改善，不得挪作他用[①]。此外，《建筑法》规定，施工单位应为职工参加工伤保险并缴纳工伤保险费[②]。在此基础上，《建设工程安全条例》强制其为施工现场从事危险作业的人员办理意外伤害保险并支付保险费用[③]。

（4）关于安全生产检查机制，根据《建设工程安全条例》相关规定，施工单位应设立安全生产管理机构，配备专职安全生产管理人员。该专职管理人员负责对安全生产进行现场监督检查。发现安全隐患及时向项目负责人和安全生产管理机构报告；对违章指挥或违章操作，应立即制止[④]。并且，施工单位对其采购、租赁的安全防护用具、机械设备、施工机具及配件，应在其进入施工现场前进行查验，并配置专人管理，以定期进行检查[⑤]。

另一方面，就项目的安全措施而言，根据《建筑法》第三十八条规定，应依工程特点，编制于施工组织设计中，对专业性强的项目，应编制专项安全施工组织设计，采取安全技术措施。在此编制基础上，安全措施应分别针对“特定危害的防控”、“施工现场的管理”、“作业人员的指挥”与“机械设备的使用”，结合《建设工程安全条例》相关规定，具体如下：

（1）关于危害防控，施工单位应采取维护安全、防范危险、预防火灾等措施，尽量封闭现场，对可能损害的毗邻建筑物、地下管线或特殊作业环境，采取防护

---

① 《建设工程安全生产管理条例》第二十二条：
“施工单位**对列入建设工程概算的安全作业环境及安全施工措施所需费用**，应当用于施工安全防护用具及设施的采购和更新、安全施工措施的落实、安全生产条件的改善，**不得挪作他用。**”

② 《中华人民共和国建筑法》第四十八条规定：
“**建筑施工企业应当依法为职工参加工伤保险缴纳工伤保险费**……”

③ 《建设工程安全生产管理条例》第三十八条规定：
“**施工单位应当为施工现场从事危险作业的人员办理意外伤害保险。**
意外伤害保险费由施工单位支付。实行施工总承包的，由总承包单位支付意外伤害保险费。意外伤害保险期限自建设工程开工之日起至竣工验收合格止。”

④ 《建设工程安全生产管理条例》第二十三条第一款、第二款规定：
“**施工单位**应当设立安全生产管理机构，**配备专职安全生产管理人员。**
专职安全生产管理人员负责对安全生产**进行现场监督检查**。发现安全事故隐患，应当及时向项目负责人和安全生产管理机构报告；**对违章指挥、违章操作的，应当立即制止。**”

⑤ 《建设工程安全生产管理条例》第三十四条规定：
“施工单位**采购、租赁的安全防护用具、机械设备、施工机具及配件**，应当具有生产（制造）许可证、产品合格证，并在**进入施工现场前进行查验。**
施工现场的安全防护用具、机械设备、施工机具及配件必须由**专人管理，定期进行检查、维修和保养**，建立相应的资料档案，并按照国家有关规定及时报废。”

措施[①、②]，对粉尘、废气（水）、固体废物、噪声、振动和照明，采取控制或处理措施，以防止或减少对人和环境的危害和污染[③、④]。此外，在施工组织设计中应编制安全技术措施和临时用电方案，就其中达到一定规模且危险性大的分部分项工程，应编制专项施工方案并附具安全验算结果，经其技术负责人、总监理工程师签字后实施，由专职安全生产管理人员现场监督，对此类工程中涉及深基坑、地下暗挖、高大模板工程的专项施工方案，应组织专家论证、审查[⑤]。

（2）关于现场管理，施工单位应设置消防通道、消防水源，配备消防设施和灭火器材[⑥]，并在现场入口、起重机械、临时用电设施、脚手架、基坑边沿、爆破物或有害危险气体和液体存放处，及出入通道、楼梯、电梯井、孔洞、桥梁与隧道口等危险部位，设置符合标准的安全警示标志[⑦]。同时，办公生活区的选址应符合安全要求，与作业区分开并保持安全距离；职工的膳食、饮水及休息场所应符合卫生标准，且禁止在未竣工建筑物内设置员工集体宿舍；现场临时搭建的建筑物应符合安全使用要求，使用的装配式活动房屋应具有合格证[⑧]。此外，施工单位对于

---

① 《中华人民共和国建筑法》第三十九条规定：

“建筑施工企业应当在施工现场**采取维护安全、防范危险、预防火灾等措施；有条件的，应当对施工现场实行封闭管理。**

施工现场对毗邻的建筑物、构筑物和特殊作业环境**可能造成损害**的，建筑施工企业应当**采取安全防护措施。**”

② 《建设工程安全生产管理条例》第三十条第一款：

“施工单位对因建设工程施工**可能造成损害**的毗邻建筑物、构筑物和地下管线等，**应当采取专项防护措施。**”

③ 《中华人民共和国建筑法》第四十一条规定：

“建筑施工企业应当遵守有关环境保护和安全生产的法律、法规的规定，**采取控制和处理施工现场的各种粉尘、废气、废水、固体废物以及噪声、振动对环境的污染和危害的措施。**”

④ 《建设工程安全生产管理条例》第三十条第二款：

“施工单位应当遵守有关环境保护法律、法规的规定，**在施工现场采取措施，防止或者减少粉尘、废气、废水、固体废物、噪声、振动和施工照明对人和环境的危害和污染。**”

⑤ 《建设工程安全生产管理条例》第二十六条第一款、第二款规定：

“……对前款所列工程中**涉及深基坑、地下暗挖工程、高大模板工程的专项施工方案，施工单位还应当组织专家进行论证、审查。**”

⑥ 《建设工程安全生产管理条例》第三十一条规定：

“施工单位应当在施工现场建立消防安全责任制度……**设置消防通道、消防水源，配备消防设施和灭火器材，**并在施工现场入口处设置明显标志。”

⑦ 《建设工程安全生产管理条例》第二十八条第一款：

“施工单位应当在**施工现场入口处、施工起重机械、临时用电设施、脚手架、出入通道口、楼梯口、电梯井口、孔洞口、桥梁口、隧道口、基坑边沿、爆破物及有害危险气体和液体存放处等危险部位**，设置明显的**安全警示**标志。安全警示标志必须符合国家标准。”

⑧ 《建设工程安全生产管理条例》第二十九条规定：

“施工单位应当将施工现场的**办公、生活区与作业区分开设置，并保持安全距离；办公、生活区的选址应当符合安全性要求。**职工的**膳食、饮水、休息场所等应当符合卫生标准。**施工单位**不得在尚未竣工的建筑物内设置员工集体宿舍。**

施工现场**临时搭建的建筑物应当符合安全使用要求。施工现场使用的装配式活动房屋应当具有产品合格证。**”

在城市市区内的工程，必须实行施工现场的封闭围挡①。

（3）关于作业指挥，施工单位在施工开始前，应向作业人员提供安全防护用具与服装，告知危险岗位的操作规程和违章操作的危害②，并由其负责项目管理的技术人员向作业班组与人员说明安全施工的技术要求③；在施工过程中，应遵守安全生产的法律法规和规章规程，不得违章指挥。施工单位的作业人员应遵守安全生产的法律、法规和规章、规程，不得违章作业，并有权拒绝违章指挥和强令冒险作业。此外，作业人员有权对作业条件、作业程序或作业方式中，影响人身健康的问题提出改进意见、危及生命安全的行为予以批评直至控告，并有权在危及人身安全的紧急情况下，立即停止作业或在采取必要的应急措施后撤离④、⑤。

（4）关于设备使用，施工单位在使用起重机械、整体提升脚手架或模板等自升式架设设施前，应组织有关单位或委托具有资质的检验机构验收；使用承租设备和施工机具及配件的，应由施工总包人与分包人、出租单位和安装单位共同验收。机械设施（备）、机具或配件经验收合格，方可使用。对其中《特种设备安全监察条例》规定的起重机械⑥，在验收前应当经有资质的检验机构检验合格，且施工单位应当自“自升式架设设施”验收合格后30日内，向有关部门登记，登记标志应

---

① 《建设工程安全生产管理条例》第三十条第三款：
“在城市市区内的建设工程，施工单位应当对施工现场实行封闭围挡。”

② 《建设工程安全生产管理条例》第三十二条第一款：
“施工单位应当向作业人员提供安全防护用具和安全防护服装，并书面告知危险岗位的操作规程和违章操作的危害。”

③ 《建设工程安全生产管理条例》第二十七条规定：
“建设工程施工前，施工单位负责项目管理的技术人员应当对有关安全施工的技术要求向施工作业班组、作业人员作出详细说明，并由双方签字确认。”

④ 《中华人民共和国建筑法》第四十七条规定：
“建筑施工企业和作业人员在施工过程中，应当遵守有关安全生产的法律、法规和建筑行业安全规章、规程，不得违章指挥或者违章作业。作业人员有权对影响人身健康的作业程序和作业条件提出改进意见，有权获得安全生产所需的防护用品。作业人员对危及生命安全和人身健康的行为有权提出批评、检举和控告。”

⑤ 《建设工程安全生产管理条例》第三十二条第二、第三款：
“作业人员有权对施工现场的作业条件、作业程序和作业方式中存在的安全问题提出批评、检举和控告，有权拒绝违章指挥和强令冒险作业。
在施工中发生危及人身安全的紧急情况时，作业人员有权立即停止作业或者在采取必要的应急措施后撤离危险区域。”

⑥ 《特种设备安全监察条例》第九十九条规定：
“本条例下列用语的含义是：
……（五）起重机械，是指用于垂直升降或者垂直升降并水平移动重物的机电设备，其范围规定为额定起重量大于或者等于0.5t的升降机；额定起重量大于或者等于1t，且提升高度大于或者等于2m的起重机和承重形式固定的电动葫芦等……”

置于或附着于该设备的显著位置[①]。此外，施工单位的作业人员，应遵守安全施工的强制性标准、规章制度和操作规程，正确使用机械设备[②]。

另外，需要特别注意的是，根据《建筑法》与《建设工程安全条例》有关规定：

(1) 除单位内部的安全责任划分外，其施工单位之间的责任分配，在现场安全由施工单位负责的原则下，实行施工总承包的，分包人应当向总包人负责，服从总包人对施工现场的安全生产管理[③、④]；

(2) 除单位内部的安全教育培训外，其主要或项目负责人、专职安全生产管理人员应当经有关部门考核合格后方可任职[⑤]，其从事垂直运输机械、爆破、登高架设、安装拆卸与起重信号等特种作业的人员，应在经培训取得特种作业操作资格证后方可上岗作业[⑥]。

【律师提醒】

(1) 实行施工总承包的，除单位内部的安全责任划分外，其施工单位之间的责任分配，在现场安全由施工单位负责的原则下，分包人应当向总包人负责，服从总包人对施工现场的安全生产管理。

(2) 施工单位除单位内部的安全教育培训外，其主要或项目负责人、专职安

① 《建设工程安全生产管理条例》第三十五条规定：
"施工单位在使用施工起重机械和整体提升脚手架、模板等自升式架设设施前，应当组织有关单位进行验收，也可以委托具有相应资质的检验检测机构进行验收；使用承租的机械设备和施工机具及配件的，由施工总承包单位、分包单位、出租单位和安装单位共同进行验收。验收合格的方可使用。"
《特种设备安全监察条例》规定的施工起重机械，在验收前应当经有相应资质的检验检测机构监督检验合格。
施工单位应当自施工起重机械和整体提升脚手架、模板等**自升式架设设施验收合格之日起 30 日内**，向建设行政主管部门或者其他有关部门**登记**。登记标志应当**置于或者附着于该设备的显著位置**。"

② 《建设工程安全生产管理条例》第三十三条规定：
"作业人员应当**遵守安全施工的强制性标准、规章制度和操作规程**，**正确使用**安全防护用具、机械设备等。"

③ 《中华人民共和国建筑法》第四十五条规定：
"施工现场安全由建筑施工企业负责。实行施工总承包的，由总承包单位负责。**分包单位向总承包单位负责**，服从总承包单位对施工现场的安全生产管理。"

④ 《建设工程安全生产管理条例》第二十四条规定：
"建设工程实行施工总承包的，**由总承包单位对施工现场的安全生产负总责**。
……**分包单位应当服从总承包单位的安全生产管理**，分包单位不服从管理导致生产安全事故的，由分包单位承担主要责任。"

⑤ 《建设工程安全生产管理条例》第三十六条第一款规定：
"施工单位的**主要负责人、项目负责人、专职安全生产管理人员**应当经建设行政主管部门或者其他有关部门**考核合格后方可任职**。"

⑥ 《建设工程安全生产管理条例》第二十五条规定：
"**垂直运输机械作业人员、安装拆卸工、爆破作业人员、起重信号工、登高架设作业人员等特种作业人员**，必须按照国家有关规定经过专门的安全作业培训，并**取得特种作业操作资格证书后，方可上岗作业**。"

全生产管理人员应当经有关部门考核合格后方可任职[①]，其从事垂直运输机械、爆破、登高架设、安装拆卸与起重信号等特种作业的人员，应在经培训取得特种作业操作资格证后方可上岗作业。

(3) 承包人的施工，除了应保证施工现场的安全外，还应防止施工现场毗邻建筑物、构筑物和地下管线的安全隐患，特别是毗邻地段涉及动力设备、输电线路、地下管道、密封防震车间、易燃易爆的部分[②]。另外，如果承包人实施特别作业的，对可能造成环境危害的施工，均应采取专项安全防护措施[③]。承包人拟定的专项安全防护措施计划应经发包人或监理人批准后方可实施，若没有特别约定，采取专项安全防护措施的费用由发包人承担。

五、监理单位安全的法定义务

【主要条款】

◆《建设工程监理规范》GB/T 50319-2013 第 2.0.2 款规定：

“建设工程监理工程监理单位受建设单位委托，根据法律法规、工程建设标准、勘察设计文件及合同，在施工阶段对建设工程质量、造价、进度进行控制，对合同、信息进行管理，对工程建设相关方的关系进行协调，并履行建设工程安全生产管理法定职责的服务活动。”

◆《中华人民共和国建筑法》第三十二条第二款规定：

“工程监理人员认为工程施工不符合工程设计要求、施工技术标准和合同约定的，有权要求建筑施工企业改正。”

◆《建设工程安全生产管理条例》第十四条规定：

“工程监理单位应当审查施工组织设计中的安全技术措施或者专项施工方案是

---

① 《建设工程安全生产管理条例》第三十六条第一款规定：
“施工单位的主要负责人、项目负责人、专职安全生产管理人员应当经建设行政主管部门或者其他有关部门考核合格后方可任职。”

② 《建设工程安全生产管理条例》第三十条第一款规定：
“施工单位对因建设工程施工可能造成损害的毗邻建筑物、构筑物和地下管线等，应当采取专项防护措施。”

③ 《建设工程安全生产管理条例》第三十条第二、三款规定：
“施工单位应当遵守有关环境保护法律、法规的规定，在施工现场采取措施，防止或者减少粉尘、废气、废水、固体废物、噪声、振动和施工照明对人和环境的危害和污染。
在城市市区内的建设工程，施工单位应当对施工现场实行封闭围挡。”

否符合工程建设强制性标准。

工程监理单位在实施监理过程中，发现存在安全事故隐患的，应当要求施工单位整改；情况严重的，应当要求施工单位暂时停止施工，并及时报告建设单位。施工单位拒不整改或者不停止施工的，工程监理单位应当及时向有关主管部门报告。

工程监理单位和监理工程师应当按照法律、法规和工程建设强制性标准实施监理，并对建设工程安全生产承担监理责任。”

【条款解析】

关于“建设工程监理”的定义，根据《建设工程监理规范》GB/T 50319-2013（以下简称《监理规范》）第2.0.2款的规定内容，是指“工程监理单位受建设单位委托，根据法律法规、工程建设标准、勘察设计文件及合同，在施工阶段对建设工程质量、造价、进度进行控制，对合同、信息进行管理，对工程建设相关方的关系进行协调，并履行建设工程安全生产管理法定职责的服务活动”。

由此可得：工程监理的工作内容，应当包括对于建设工程安全生产管理法定职责的履行。

根据《建筑法》第三十二条第二款规定：工程监理人员认为工程施工不符合工程设计要求、施工技术标准和合同约定的，有权要求建筑施工企业改正。据此，我国法律就建设工程的“安全生产管理”赋予监理单位，在工程施工实施的监理过程中，对其认为不符工程设计要求或施工技术标准的施工作业，要求施工单位予以改正的“职权”与“责任”。

对于有关建设工程监理的“安全责任”，《建设工程安全条例》第十四条第三款就其承担主体予以明确，即：监理单位和监理工程师应当按照法律、法规和工程建设强制性标准实施监理，并对建设工程安全生产承担监理责任。

在此基础上，《建设工程安全条例》第十四条就监理单位的“安全责任”作出细化规定，结合《监理规范》的具体内容，监理单位有关工程安全的法定义务，主要体现于“规划安全工作”、“审查安全内容”以及“监控安全施工”三个方面，具体分别展开如下：

就安全监理工作的规划而言，根据《监理规范》的相关规定，监理单位的“总监理工程师”应当组织编制“监理规划”，且应当于第一次工地会议召开之前将其“监理规划”报送建设单位[①]，其中，有关“监理规划”的编制程序，应当包含对于

① 《建设工程监理规范》GB/T 50319-2013第4.2.1款规定：
“监理规划可在签订建设工程监理合同及收到工程设计文件后由总监理工程师组织编制，并**应在召开第一次工地会议前报送建设单位**。”

其监理工作中涉及安全生产管理的规划内容①。

此外，监理单位的“项目监理机构”应当根据法律、法规以及工程建设的强制性标准，履行其有关建设工程安全生产管理的“监理职责”，且应当将其安全生产管理所涉及的监理工作内容、监理方法以及具体措施，纳入其所编制的“监理规划”以及“监理实施细则”的内容②。

就安全生产内容的审查而言，《建设工程安全条例》第十四条规定，监理单位应审查施工组织设计中的安全措施或专项施工方案是否符合强制标准，就其中超过一定规模和危险性的分部分项工程，应检查专项施工方案中的专家论证情况及附具安全验算结果与否③，并要求其按设计或方案组织施工。须调整的，则按程序重新审查④。此外，监理单位的审查还包括：施工单位的现场安全制度、安全生产许可、机械设施的验收手续及其项目经理、专职安全管理和特种作业人员的资格⑤、⑥。对于施工单位开工报审的审查，应在认为其现场安全管理体系、施工机械具备使用条件等内容满足安全要求后，签发“开工令”⑦。

---

① 《建设工程监理规范》GB/T 50319－2013 第 4.2.2 款规定：
“监理**规划编审**应遵循下列程序：
……9. **安全生产管理的监理工作。**”

② 《建设工程监理规范》GB/T 50319－2013 第 5.5.1 款规定：
“项目监理机构应根据法律法规、工程建设强制性标准，履行建设工程安全生产管理的监理职责，并**应将安全生产管理的监理工作内容、方法和措施纳入监理规划及监理实施细则。**”

③ 《建设工程监理规范》GB/T 50319－2013 5.5.3 款规定：
“项目监理机构应审查施工单位报审的专项施工方案，符合要求的，应由总监理工程师签认后报建设单位。**超过一定规模的危险性较大的分部分项工程**的专项施工方案，应检查施工单位组织专家**进行论证、审查**的情况，以及**是否附具安全验算结果**……
专项施工**方案审查应包括**下列基本内容：
1. **编审程序**应符合相关规定。
2. **安全技术措施**应符合工程建设强制性标准。”

④ 《建设工程监理规范》GB/T 50319－2013 第 5.1.6 款规定：
“项目监理机构应审查施工单位报审的施工组织设计……**施工组织设计需要调整**时，**项目监理机构应按程序重新审查。**
施工组织设计审查应包括下列基本内容：
……4. **安全技术措施**应符合工程建设强制性标准……”

⑤ 《建设工程监理规范》GB/T 50319－2013 第 5.5.2 款规定：
“项目监理机构应审查施工单位现场安全生产规章制度的建立和实施情况，并应**审查**施工单位**安全生产许可证**及施工单位**项目经理、专职安全生产管理人员和特种作业人员的资格**，同时应核查**施工机械和设施的安全许可验收手续。**”

⑥ 《建设工程监理规范》GB/T 50319－2013 第 5.1.10 款规定：
“分包工程开工前，项目监理机构应**审核施工单位报送的分包单位资格报审表**……分包单位资格**审核**应包括下列基本内容：
……2. **安全生产许可文件**……”

⑦ 《建设工程监理规范》GB/T 50319－2013 第 5.1.8 款规定：
“总监理工程师应组织专业监理工程师审查施工单位报送的工程开工报审表及相关资料；同时**具备下列条件**时，应由总监理工程师签署审核意见，并应报建设单位批准后，总监理工程师**签发工程开工令：**
……3. 施工单位现场质量、**安全生产管理体系已建立**，管理及施工**人员已到位**，施工**机械具备使用条件**，主要**工程材料已落实**……”

就安全施工过程的监控而言，监理单位根据《建设工程安全条例》第十四条规定，在实施监理过程中，发现安全事故隐患的，应要求施工单位整改；情况严重的，应要求其暂时停止施工并报建设单位，拒不整改或不停工的，应报告有关主管部门。

此外，根据《监理规范》的相关规定，监理单位的“项目监理机构”在施工阶段宜“根据工程特点、施工合同、工程设计文件及经过批准的施工组织设计”对工程风险进行分析，并提出有关安全生产管理的防范性对策①，其“总监理工程师”应履行“组织检查施工单位现场安全生产管理体系的建立及运行情况”与“参与或配合工程质量安全事故的调查和处理”的职责②。

【律师提醒】

（1）监理单位应向其相关的资质许可机关真实、准确、完整地提供包括工程安全情况的企业信用档案信息，因为该档案信息应按照有关规定向社会公示③。且建设主管部门履行监督检查职责时，有权要求被检查的监理单位提供有关安全生产管理的企业内部管理制度文件④，因此应制定相应的企业管理制度文件以及落实资料。

（2）监理人没有必要在整个合同履行期限内同时将所报送机构成员名单中所列全员派驻现场。因此，为了避免双方的纠纷，建议对不同监理人员的进场工作时间应表述清楚，尤其是专业监理工程师的时间更应明确表述。

（3）监理人不得随意更换监理人员，但是，有正当理由的更换应当是允许的。因此，将委托人允许监理人更换项目监理机构人员的情形在专用条件中予以列明，

---

① 《建设工程监理规范》GB/T 50319－2013 第 5.1.12 款规定：
“项目监理机构宜根据工程特点、施工合同、工程设计文件及经过批准的施工组织设计对工程风险进行分析，并宜**提出工程质量、造价、进度目标控制及安全生产管理的防范性对策**。”

② 《建设工程监理规范》GB/T 50319－2013 第 3.2.1 款规定：
“**总监理工程师**应履行下列职责：
……8. **组织检查施工单位现场质量、安全生产管理体系的建立及运行情况**。
……14. **参与或配合工程质量安全事故的调查和处理**。”

③ 《工程监理企业资质管理规定》第二十九条规定
“企业应当按照有关规定，向资质许可机关**提供真实、准确、完整的企业信用档案信息**。
企业的信用档案应当**包括**企业基本情况、业绩、**工程质量和安全**、合同违约等情况。
……**企业的信用档案信息按照有关规定向社会公示**。”

④ 《工程监理企业资质管理规定》第二十条规定：
“建设主管部门**履行监督检查职责**时，有权采取下列措施：
（一）**要求被检查单位提供**工程监理企业资质证书、注册监理工程师注册执业证书，有关工程监理业务的文档，有关质量管理、安全生产管理、档案管理等**企业内部管理制度的文件**……”

以免不必要的纠纷。

六、其他单位安全的法定义务

【主要条款】

◆《建设工程安全生产管理条例》第十五条规定：

“为建设工程提供机械设备和配件的单位，应当按照安全施工的要求配备齐全有效的保险、限位等安全设施和装置。”

◆《建设工程安全生产管理条例》第十七条：

“在施工现场安装、拆卸施工起重机械和整体提升脚手架、模板等自升式架设设施，必须由具有相应资质的单位承担。

安装、拆卸施工起重机械和整体提升脚手架、模板等自升式架设设施，应当编制拆装方案、制定安全施工措施，并由专业技术人员现场监督。

施工起重机械和整体提升脚手架、模板等自升式架设设施安装完毕后，安装单位应当自检，出具自检合格证明，并向施工单位进行安全使用说明，办理验收手续并签字。”

◆《建设工程安全生产管理条例》第十九条规定：

“检验检测机构对检测合格的施工起重机械和整体提升脚手架、模板等自升式架设设施，应当出具安全合格证明文件，并对检测结果负责。”

【条款解析】

就建筑活动中“安全生产管理责任”的承担主体而言，除本身即作为建设工程生产主体的项目承发包，以及直接就工程安全负有法定职责的监理单位，依法应当作为其承担安全责任外，鉴于其他为工程建设提供技术、管理或产品的单位，其合同义务履行会间接或直接影响工程建设的生产安全，因此，我国《建设工程安全条例》的相关规定，专门就其他涉及工程安全的有关单位设定了相应安全管理责任，相关责任单位主要包括：提供机械设备的单位、安装拆卸设施的单位、检验检测机构，具体分述如下：

关于“为建设工程提供机械设备和配件”的单位，虽不属于直接参与工程的建设主体，但根据《中华人民共和国产品质量法》（以下简称《产品质量法》）的相关规定，其作为从事产品生产、销售活动的单位，应就其关于建设工程所用建筑构配件和设备的提供[①]，遵守国家有关产品质量的管理制度[②]。鉴于该情形下，所供设备及配件的“产品质量”关乎工程建设的“生产安全”，因此，我国《建设工程安全条例》对作用于工程建设后“供货单位”之于《产品质量法》所承担的“产品质量责任”[③]，转换纳入《安全生产法》所调整的“生产安全责任”范围，并就此类单位设定相应的建筑工程“安全生产管理”义务。

基于此，上述“供货单位”除适用《产品质量法》外，应就工程建设履行《建设工程安全条例》中设定的安全义务，该条例第十五条规定，此类单位应按安全施工要求配备齐全有效的保险、限位等安全设施和装置。

关于“为建设工程拆装临时设施”的单位，虽然其所安装或者拆卸的“设施”是临时为工程施工所使用，而并不最终物化固定于竣工的建设工程，但是，鉴于《建筑法》所定义“建筑活动”的范围包括“各类房屋建筑及其附属设施的建造”[④]，因此，就现场“施工起重机械和整体提升脚手架、模板等自升式架设设施”的安装或者拆卸工作而言，其内容也具备一定施工作业的建造特征，并且，有可能影响建设工程的安全生产。有基于此，《建设工程安全条例》第十七条第一款规定，在施工现场安装、拆卸施工起重机械和整体提升脚手架、模板等自升式架设设施的相关单位，必须具有相应的法定资质。

关于检验检测机构，根据《建设工程安全条例》的相关法条规定，施工起重机械以及整体提升脚手架、模板等自升式架设设施的使用达到国家规定的检验检测期限的，必须经具有专业资质的检验检测机构检测。经检测不合格的，该设施不得继续使用[⑤]。有基于此，检验检测机构对于检测合格的施工起重机械和整体提升脚手架、模板等自升式架设设施，应当出具“安全合格证明文件”，并且，对该

---

① 《中华人民共和国产品质量法》第二条规定：
“……建设工程不适用本法规定；但是，**建设工程使用的建筑材料、建筑构配件和设备，属于前款规定的产品范围的，适用本法规定。**”

② 《中华人民共和国产品质量法》第一条规定：
“为了**加强对产品质量的监督管理，提高产品质量水平，明确产品质量责任**，保护消费者的合法权益，维护社会经济秩序，**制定本法。**”

③ 《中华人民共和国产品质量法》第四条规定：
“**生产者、销售者依照本法规定承担产品质量责任。**”

④ 《中华人民共和国建筑法》第二条第二款规定：
“本法所称**建筑活动**，是指**各类房屋建筑及其附属设施的建造**和与其配套的线路、管道、设备的安装活动。”

⑤ 《建设工程安全生产管理条例》第十八条规定：
“施工起重机械和整体提升脚手架、模板等自升式架设设施的使用达到国家规定的检验检测期限的，**必须经具有专业资质的检验检测机构检测。经检测不合格的，不得继续使用。**”

检测结果负责。

但是，需要特别注意的是：根据《安全生产法》相关规定，依法设立的为安全生产提供技术、管理服务的机构，依照法律、行政法规和执业准则，接受生产经营单位的委托为其安全生产工作提供技术、管理服务。但是，生产经营单位委托该类机构提供安全生产技术、管理服务的，保证安全生产的责任仍由本单位负责[①]。

【律师提醒】

（1）若仅“出租”而非“销售”工程机械设备的单位，出租的机械设备和施工机具及配件的，应具有生产（制造）许可证、产品合格证，且该单位对所出租产品的安全性能应当进行检测，并在签订租赁协议时，出具检测合格证明，禁止其出租检测不合格的机械设备和施工机具及配件。

（2）现场安装、拆卸施工起重机械和整体提升脚手架、模板等自升式架设设施的，应当编制“拆装方案”，制定“安全施工措施”，且由专业技术人员现场监督。

（3）现场施工起重机械和整体提升脚手架、模板等自升式架设设施安装完毕后，安装单位应当对此进行自检，以出具“自检合格证明”，且其应当向施工单位进行安全使用说明，办理验收手续并签字。

第三节 关于安全事故处理条款解读

【主要条款】

◆《建设工程安全生产管理条例》第四十八条规定：

“施工单位应当制定本单位生产安全事故应急救援预案，建立应急救援组织或者配备应急救援人员，配备必要的应急救援器材、设备，并定期组织演练。”

◆《中华人民共和国建筑法》第五十一条规定：

“施工中发生事故时，建筑施工企业应当采取紧急措施减少人员伤亡和事故损失，并按照国家有关规定及时向有关部门报告。”

---

① 《中华人民共和国安全生产法》第十三条规定：

“依法设立的为安全生产提供技术、管理服务的机构，依照法律、行政法规和执业准则，**接受生产经营单位的委托为其安全生产工作提供技术、管理服务。**

生产经营单位委托前款规定的机构提供安全生产技术、管理服务的，**保证安全生产的责任仍由本单位负责。**”

◆《建设工程安全生产管理条例》第五十条规定：

"施工单位发生生产安全事故，应当按照国家有关伤亡事故报告和调查处理的规定，及时、如实地向负责安全生产监督管理的部门、建设行政主管部门或者其他有关部门报告；特种设备发生事故的，还应当同时向特种设备安全监督管理部门报告。接到报告的部门应当按照国家有关规定，如实上报。

实行施工总承包的建设工程，由总承包单位负责上报事故。"

【条款解析】

关于建设工程中"安全生产事故"的概念，虽然其所涉"工程安全"相较于"工程质量"，两者在立法配套上，均以保护人民群众生命和财产安全为宗旨[①、②]，且设有相应的安全标准[③~⑤]，并应由建设、勘察、单位、施工或监理等参建单位作为责任主体[⑥、⑦]，但具体就两者所分别对应的"生产安全事故"与"质量安全事故"而言，虽然从结果角度出发，均属于"人身伤亡或者重大经济损失"，但是，两者在性质上，存在明显的概念区分（图 7-4）：

其一，从成因角度出发，"生产安全事故"是由于从事建筑活动的单位或个人，违反建筑安全生产管理制度的相关法律法规与安全标准，不具备安全生产条件、未采取安全防护措施所致；"质量安全事故"是由于从事建筑活动的单位或个人，违反工程质量有关法律法规与工程建设标准，未消除的质量安全隐患或造成质量缺陷所致[⑧]。

---

① 《建设工程安全生产管理条例》第一条

"为了加强建设工程安全生产监督管理，**保障人民群众生命和财产安全**……**制定本条例。**"

② 《建设工程质量管理条例》第一条规定：

"为了加强对建设工程质量的管理，保证建设工程质量，**保护人民生命和财产安全**……制定本条例。"

③ 《中华人民共和国建筑法》第三条规定：

"建筑活动应当确保建筑工程质量和安全，**符合国家的建筑工程安全标准。**"

④ 《中华人民共和国安全生产法》第十条第一款规定：

"国务院有关部门应当按照保障安全生产的要求，依法及时**制定有关的国家标准或者行业标准**，并根据科技进步和经济发展适时修订。"

⑤ 《中华人民共和国建筑法》第五十二条第一款规定：

"建筑工程勘察、设计、施工的质量必须**符合国家有关建筑工程安全标准的要求**，具体管理办法由国务院规定。"

⑥ 《建设工程质量管理条例》第三条规定：

"**建设单位、勘察单位、设计单位、施工单位、工程监理单位依法对建设工程质量负责。**"

⑦ 《建设工程安全生产管理条例》第四条规定：

"**建设单位、勘察单位、设计单位、施工单位、工程监理单位及其他与建设工程安全生产有关的单位**，必须遵守安全生产法律、法规的规定，保证建设工程安全生产，依法**承担建设工程安全生产责任。**"

⑧ 《关于做好房屋建筑和市政基础设施工程质量事故报告和调查处理工作通知》（建质 [2010]111 号）第一条规定：

"**工程质量事故**，是指由于建设、勘察、设计、施工、监理等单位**违反工程质量有关法律法规和工程建设标准**，使工程产生**结构安全、重要使用功能等方面的质量缺陷**，造成人身伤亡或者重大经济损失的事故。"

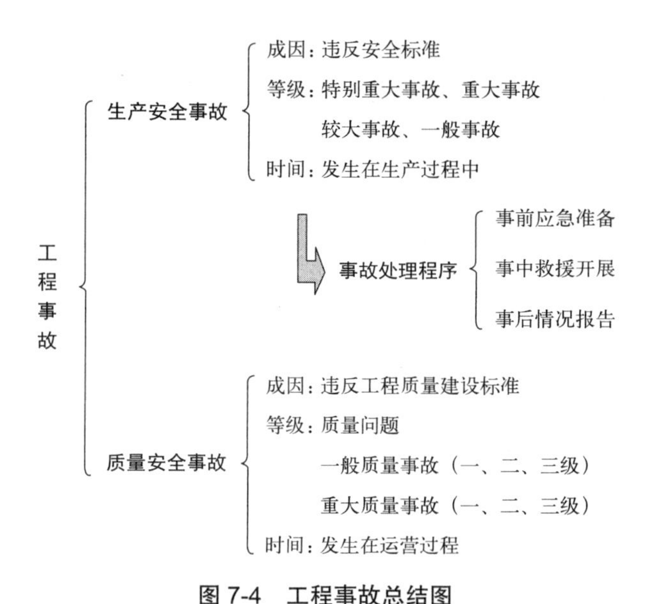

图 7-4　工程事故总结图

其二，从等级角度出发，“生产安全事故”的事故等级，按致损严重程度分为：特别重大事故、重大事故、较大事故、一般事故①；“质量安全事故”中“房屋建筑和市政基础设施工程”划定类似的事故等级与标准②，“公路工程质量事故”则划定：质量问题、一般质量事故、重大质量事故，且就后两者具体分设一级、二级、三

① 《生产安全事故报告和调查处理条例》第三条第一款规定：
“根据生产安全事故（以下简称事故）造成的人员伤亡或者直接经济损失，事故一般分为以下等级：
（一）**特别重大事故**，是指造成 30 人以上死亡，或者 100 人以上重伤（包括急性工业中毒，下同），或者 1 亿元以上直接经济损失的事故；
（二）**重大事故**，是指造成 10 人以上 30 人以下死亡，或者 50 人以上 100 人以下重伤，或者 5000 万元以上 1 亿元以下直接经济损失的事故；
（三）**较大事故**，是指造成 3 人以上 10 人以下死亡，或者 10 人以上 50 人以下重伤，或者 1000 万元以上 5000 万元以下直接经济损失的事故；
（四）**一般事故**，是指造成 3 人以下死亡，或者 10 人以下重伤，或者 1000 万元以下直接经济损失的事故。”

② 《关于做好房屋建筑和市政基础设施工程质量事故报告和调查处理工作通知》（建质 [2010]111 号）第二条第一款规定：
“事故等级划分 根据工程质量事故造成的人员伤亡或者直接经济损失，工程质量事故分为 4 个等级：
（一）**特别重大事故**，是指造成 30 人以上死亡，或者 100 人以上重伤，或者 1 亿元以上直接经济损失的事故；
（二）**重大事故**，是指造成 10 人以上 30 人以下死亡，或者 50 人以上 100 人以下重伤，或者 5000 万元以上 1 亿元以下直接经济损失的事故；
（三）**较大事故**，是指造成 3 人以上 10 人以下死亡，或者 10 人以上 50 人以下重伤，或者 1000 万元以上 5000 万元以下直接经济损失的事故；
（四）**一般事故**，是指造成 3 人以下死亡，或者 10 人以下重伤，或者 100 万元以上 1000 万元以下直接经济损失的事故。”

级事故级别[①]。

其三，从时间的角度出发，“生产安全事故”发生在生产过程中[②]，就“建设工程”而言，针对工程建设启动至完工验收交付期间，即工程实施阶段发生的安全事故；“质量安全事故”发生在运营过程，就“建设工程”而言，针对工程竣工交付至使用年限届满期间，即工程使用阶段发生的安全事故，简言之：“前者对应工程建设，后者指向建设工程”。

据此，建设工程领域各参与方，对于“人身伤亡或重大经济损失”的发生，应根据以上不同的安全事故性质，选择法律适用、判断责任范围、承担事故后果。

在“建设工程生产安全事故”的概念理解基础上，我国法律就此类事故设定具体的处理程序。鉴于施工单位作为施工现场实际负责建设生产的主体，从其与“事故”的距离、时间和内容角度出发，均为最直接的应对主体，因此，建设工程领域从事生产经营活动的单位中，就施工现场的“生产安全事故”而言，主要由施工单位负责其“事前应急准备”、“事中救援开展”与“事后情况报告”的事故处理工作，分述如下：

第一，关于事故的应急准备，根据《安全生产法》的相关规定，生产经营单

---

① 《公路工程质量事故等级划分和报告制度》第二条规定：

“公路工程质量事故的分类及其分级标准：公路工程质量事故**分质量问题、一般质量事故及重大质量事故三类**。

（一）**质量问题**：质量较差、造成直接经济损失（包括修复费用）在 20 万元以下。

（二）**一般质量事故**：质量低劣或达不到合格标准，需加固补强，直接经济损失（包括修复费用）在 20 万元至 300 万元之间的事故。一般质量事故分三个等级：

1. 一级一般质量事故：直接经济损失在 150 万～ 300 万元之间。

2. 二级一般质量事故：直接经济损失在 50 万～ 150 万元之间。

3. 三级一般质量事故：直接经济损失在 20 万～ 50 万元之间。

（三）**重大质量事故**：由于责任过失造成工程倒塌、报废和造成人身伤亡或者重大经济损失的事故。重大质量事故分为三个等级：

1. 具备下列条件之一者为一级重大质量事故：

（1）死亡 30 人以上；

（2）直接经济损失 1000 万元以上；

（3）特大型桥梁主体结构垮塌。

2. 具备下列条件之一者为二级重大质量事故：

（1）死亡 10 人以上，29 人以下；

（2）直接经济损失 500 万元以上，不满 1000 万元；

（3）大型桥梁主体结构垮塌。

3. 具备下列条件之一者为三级重大质量事故：

（1）死亡 1 人以上，9 人以下；

（2）直接经济损失 300 万元以上，不满 500 万元；

（3）中小型桥梁主体结构垮塌。”

② 《生产安全事故报告和调查处理条例》第二条规定：

“**生产经营活动中发生的造成人身伤亡或者直接经济损失的生产安全事故**的报告和调查处理，**适用本条例**；环境污染事故、核设施事故、国防科研生产事故的报告和调查处理不适用本条例。”

位应在地方政府“组织有关部门制定本行政区域内生产安全事故应急救援预案并建立应急救援体系”[①]的基础上，制定本单位生产安全事故应急救援预案，并定期组织演练[②]。具体就施工单位而言，《建设工程安全条例》第四十八条规定：应制定本单位生产安全事故应急救援预案，建立或配备应急救援组织或人员，配备必要的应急救援器材、设备，并定期组织演练。

对于具体的项目施工，施工单位应根据其特点与范围，对现场易发生重大事故的部位、环节进行监控，制定应急救援预案。实行施工总承包的，由总包人统一组织编制，总包和分包人按该预案各自建立或配备应急救援组织或人员，配备救援器材、设备，并组织演练[③]。

第二，关于事故的救援工作，根据《安全生产法》的相关规定，生产经营单位在生产安全事故发生后，应“迅速采取有效措施，组织抢救，防止事故扩大，减少人员伤亡和财产损失”[④]，并服从政府与行政部门事故现场抢救的统一指挥，加强协同联动，采取有效的应急救援措施，根据需要采取警戒、疏散等措施，防止事故和次生灾害的发生[⑤]。具体就施工单位而言，根据《建筑法》第五十一条规定，应当“采取紧急措施减少人员伤亡和事故损失”。

此外，根据《建设工程安全条例》的相关规定，发生生产安全事故后，施工单位除采取措施防止事故扩大外，还应当“保护事故现场”，对于需要移动的现场物品，应当做出标记和书面记录，并且，妥善保管有关证物[⑥]。

---

① 《中华人民共和国安全生产法》第七十七条规定：
“县级以上地方各级人民政府应当组织有关部门**制定本行政区域内生产安全事故应急救援预案，建立应急救援体系。**”

② 《中华人民共和国安全生产法》第七十八条规定：
“生产经营单位应当**制定本单位生产安全事故应急救援预案**，与所在地县级以上地方人民政府组织制定的生产安全事故应急救援预案相衔接，并**定期组织演练。**”

③ 《建设工程安全生产管理条例》第四十九条规定：
“施工单位应当根据建设工程施工的特点、范围，对施工现场易发生重大事故的部位、环节进行监控，**制定施工现场生产安全事故应急救援预案**。实行施工总承包的，由总承包单位统一组织**编制建设工程生产安全事故应急救援预案**，工程总承包单位和分包单位按照应急救援预案，各自**建立应急救援组织或者配备应急救援人员，配备救援器材、设备**，并**定期组织演练。**”

④ 《中华人民共和国安全生产法》第八十条第二款规定：
“单位负责人接到事故报告后，应当**迅速采取有效措施**，组织抢救，**防止事故扩大**，减少人员伤亡和财产损失……”

⑤ 《中华人民共和国安全生产》第八十二条规定：
“…… 参与事故抢救的部门和单位应当服从**统一指挥**，**加强协同联动**，采取有效的应急救援措施，并根据事故救援的需要**采取警戒、疏散等措施**，**防止事故扩大和次生灾害的发生**，减少人员伤亡和财产损失。
事故抢救过程中应当采取必要措施，**避免或者减少对环境造成的危害**……”

⑥ 《建设工程安全生产管理条例》第五十一条规定：
“发生生产安全事故后，施工单位应当采取措施防止事故扩大，**保护事故现场**。需要移动现场物品时，应当**做出标记和书面记录，妥善保管有关证物。**”

第三，关于事故的情况报告，根据《安全生产法》规定，生产经营单位发生生产安全事故后，现场有关人员应立即报告本单位负责人，负责人应按国家有关规定立即如实报告当地负安全生产监督管理职责的部门，不得隐瞒、谎报或迟报[①]。具体就施工单位而言，根据《建设工程安全条例》第十五条规定，应及时按有关伤亡报告和调查处理的规定，如实向负责安全生产监管的部门、建设行政主管部门等有关部门报告；特种设备发生事故的，还应同时向特种设备安全监督管理部门报告。实行施工总承包的，由总包人负责上报。

施工中生产事故的报告流程，由施工单位的项目负责人[②]向负安全生产监管职责的部门报告，相关部门接报后，应立即按规定逐层上报，不得不报、谎报或迟报[③]。关于报告的具体时间、对象及内容，可参见《生产安全事故报告和调查处理条例》规定，此处不作展开。

另外，需要特别注意的是：在报告与救援基础上，根据《建设工程安全条例》规定[④]，开展事故的“调查处理”是相关责任主体所应承担的法定义务。《安全生产责任》规定，调查处理应按科学严谨、依法依规、实事求是、注重实效原则，查清原因、性质和责任，总结教训，提出整改措施，并对责任者提出处理意见，向社会公布调查报告[⑤]。其中，确定为责任事故的，除查明事故单位责任并依法追究外，还须查明对该事项负审批监督职责的行政责任，存在失（渎）职的，依法追究[⑥]。

---

① 《中华人民共和国安全生产法》第八十条规定：
“生产经营单位发生生产安全事故后，事故现场有关人员应当**立即报告本单位负责人**。
单位负责人接到事故报告后，应当迅速采取有效措施，组织抢救，防止事故扩大，减少人员伤亡和财产损失，并按照国家有关规定立即**如实报告**当地负有安全生产监督管理职责的部门，**不得隐瞒不报、谎报或者迟报，不得故意破坏事故现场、毁灭有关证据**。”

② 《建设工程安全生产管理条例》第二十一条第二款规定：
“**施工单位的项目负责人应当由取得相应执业资格的人员担任**……及时、如实报告生产安全事故。”

③ 《中华人民共和国安全生产条例》第八十一条规定：
“**负有安全生产监督管理职责的部门**接到事故报告后，应当立即**按照国家有关规定上报事故情况。负有安全生产监督管理职责的部门和有关地方人民政府**对事故情况**不得隐瞒不报、谎报或者迟报**。”

④ 《建设工程安全生产管理条例》第五十二条规定：
“建设工程生产安全事故的调查、对事故责任单位和责任人的处罚与处理，**按照有关法律、法规的规定执行**。”

⑤ 《中华人民共和国安全生产法》第八十三条第一款规定：
“事故调查处理应当**按照科学严谨、依法依规、实事求是、注重实效的原则**，及时、准确地**查清事故原因**，**查明事故性质和责任**，**总结事故教训**，**提出整改措施**，并对事故责任者**提出处理意见**。**事故调查报告应当依法及时向社会公布**。事故调查和处理的具体办法由国务院制定。”

⑥ 《中华人民共和国安全生产法》第八十四条规定：
“生产经营单位发生生产安全事故，经调查确定为责任事故的，除了应当查明事故单位的责任并依法予以追究外，**还应当查明对安全生产的有关事项负有审查批准和监督职责的行政部门的责任**，对有**失职、渎职**行为的，依照本法第八十七条的规定**追究法律责任**。”

事故的发生单位，应落实整改措施[①]，对于未造成人员伤亡的一般事故，该单位可以受县级政府委托，组织事故调查组进行调查[②]。

【律师提醒】

(1) 施工中若出现生产事故，则先由施工单位的项目负责人[③]向负安全生产监管职责的部门报告，而相关部门接报后，应立即按规定逐层上报，各级报告中均不得不报、谎报或迟报[④]。报告的具体时间、对象及内容可按《生产安全事故报告和调查处理条例》规定执行。

(2) 需要特别注意的是：在报告与救援基础上，根据《建设工程安全条例》规定[⑤]，开展事故的"调查处理"是相关责任主体所应承担的法定义务。《安全生产责任》规定，调查处理应按科学严谨、依法依规、实事求是、注重实效原则，查清原因、性质和责任，总结教训，提出整改措施，并对责任者提出处理意见，向社会公布调查报告[⑥]。

(3) 如果确定为责任事故的，除查明事故单位责任并依法追究外，还须查明对该事项负审批监督职责的行政责任，存在失（渎）职的，依法追究[⑦]。此外，事故的发生单位，应落实整改措施[⑧]，对于未造成人员伤亡的一般事故，该单位可以受县级政府委托，组织事故调查组进行调查[⑨]。

---

① 《中华人民共和国安全生产法》第八十三条第二款规定：
"事故发生单位应当**及时全面落实整改措施**，负有安全生产监督管理职责的部门应当加强监督检查。"

② 《生产安全事故报告和调查处理条》第十九条第三款
"未造成人员伤亡的**一般事故**，县级人民政府也**可以委托事故发生单位组织事故调查组进行调查**。"

③ 《建设工程安全生产管理条例》第二十一条第二款规定：
"**施工单位的项目负责人**应当由取得相应执业资格的人员担任……**及时、如实报告生产安全事故**。"

④ 《中华人民共和国安全生产条例》第八十一条规定：
"负有安全生产监督管理职责的部门接到事故报告后，应当立即按照国家有关规定**上报事故情况**。负有安全生产监督管理职责的部门和有关地方人民政府对事故情况**不得隐瞒不报、谎报或者迟报**。"

⑤ 《建设工程安全生产管理条例》第五十二条规定：
"建设工程生产安全**事故的调查**、对事故责任单位和责任人的处罚与处理，**按照有关法律、法规的规定执行**。"

⑥ 《中华人民共和国安全生产法》第八十三条第一款规定：
"事故调查处理应当**按照科学严谨、依法依规、实事求是、注重实效的原则**，及时、准确地**查清事故原因**，**查明事故性质和责任**，**总结事故教训**，**提出整改措施**，并对事故责任者**提出处理意见**。事故调查报告应当依法及时**向社会公布**。事故调查和处理的具体办法由国务院制定。"

⑦ 《中华人民共和国安全生产法》第八十四条规定：
"**生产经营单位发生生产安全事故**，经调查确定为责任事故的，除了应当查明事故单位的责任并依法予以追究外，还应当**查明**对安全生产的有关事项**负有审查批准和监督职责的行政部门的责任**，对**有失职、渎职行为的**，依照本法第八十七条的规定**追究法律责任**。"

⑧ 《中华人民共和国安全生产法》第八十三条第二款规定：
"事故发生单位应当及时**全面落实整改措施**，负有安全生产监督管理职责的部门应当加强监督检查。"

⑨ 《生产安全事故报告和调查处理条》第十九条第三款规定：
"未造成人员伤亡的**一般事故**，县级人民政府也**可以委托事故发生单位组织事故调查组进行调查**。"

第四节　关于安全事故法律后果条款解读

【主要条款】

◆《中华人民共和国安全生产法》第十四条规定：

“国家实行生产安全事故责任追究制度，依照本法和有关法律、法规的规定，追究生产安全事故责任人员的法律责任。”

◆《中华人民共和国刑法》第一百三十四条规定：

“在生产、作业中违反有关安全管理的规定，因而发生重大伤亡事故或者造成其他严重后果的，处三年以下有期徒刑或者拘役；情节特别恶劣的，处三年以上七年以下有期徒刑。

强令他人违章冒险作业，因而发生重大伤亡事故或者造成其他严重后果的，处五年以下有期徒刑或者拘役；情节特别恶劣的，处五年以上有期徒刑。”

◆《中华人民共和国刑法》第一百三十五条规定：

“工厂、矿山、林场、建筑企业或者其他企业、事业单位的劳动安全设施不符合国家规定，经有关部门或者单位职工提出后，对事故隐患仍不采取措施，因而发生重大伤亡事故或者造成其他严重后果的，对直接责任人员，处三年以下有期徒刑或者拘役；情节特别恶劣的，处三年以上七年以下有期徒刑。”

【条款解析】

《安全生产法》除给予负安全生产监管职责的部门[①]及其工作人员[②]相应的违法

---

① 《中华人民共和国安全生产法》第八十八条规定：

“负有安全生产监督管理职责的部门，要求被审查、验收的单位购买其指定的安全设备、器材或者其他产品的，在对安全生产事项的审查、验收中收取费用的，由其上级机关或者监察机关责令改正，责令退还收取的费用；情节严重的，对直接负责的主管人员和其他直接责任人员依法给予处分。”

② 《中华人民共和国安全生产法》第八十七条第一款规定：

“负有安全生产监督管理职责的部门的工作人员，有下列行为之一的，给予降级或者撤职的处分；构成犯罪的，依照刑法有关规定追究刑事责任：

（一）对不符合法定安全生产条件的涉及安全生产的事项予以批准或者验收通过的；

（二）发现未依法取得批准、验收的单位擅自从事有关活动或者接到举报后不予取缔或者不依法予以处理的；

（三）对已经依法取得批准的单位不履行监督管理职责，发现其不再具备安全生产条件而不撤销原批准或者发现安全生产违法行为不予查处的；

（四）在监督检查中发现重大事故隐患，不依法及时处理的。”

行为后果外，就单位在生产经营活动中违反“安全生产”的行为，同样设定法律责任，且该法第十四条规定明确：我国实行“生产安全事故责任追究制度”。

在此基础上，我国建筑法律体系的法律、法规，针对其中建设工程领域违反工程建设“安全生产管理”制度的责任主体，制定了具体的不利法律后果，具体分述如下（图 7-5）：

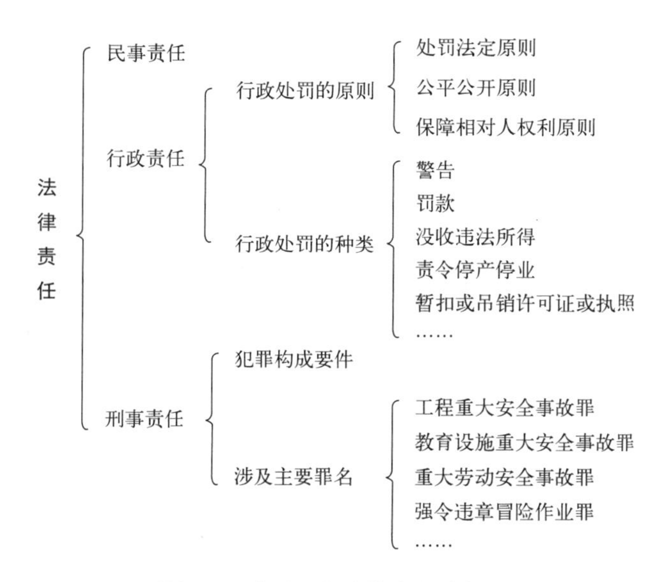

图 7-5　建设工程法律责任分析图

第一，就建设单位而言，根据《建筑法》与《建设工程安全条例》的相关规定，其未取得施工许可证或开工报告未经批准擅自施工的，责令改正。对不符开工条件的责令停工，可处以罚款[①]；未提供建设工程安全生产作业环境及安全施工措施所需费用的，责令限期改正；逾期未改正的，责令停工[②]；未将保证安全施工的措施或拆除工程的有关资料报送有关部门备案的，责令限期改正，给予警告[③]。

第二，就勘察、设计单位而言，根据《建设工程安全条例》的相关规定，未

① 《中华人民共和国建筑法》第六十四条规定：
“违反本法规定，未取得施工许可证或者开工报告**未经批准擅自施工**的，**责令改正**，对**不符合开工条件**的**责令停止施工**，可以处以**罚款**。”

② 《建设工程安全生产管理条例》第五十四条第一款规定：
“违反本条例的规定，建设单位**未提供**建设工程安全生产作业环境及安全施工措施**所需费用**的，责令**限期改正**；**逾期未改正**的，**责令**该建设工程**停止施工**。”

③ 《建设工程安全生产管理条例》第五十四条第二款规定：
“建设单位**未**将保证安全施工的措施或者拆除工程的有关资料报**送有关部门备案**的，**责令限期改正**，给予**警告**。”

按法律法规和强制标准进行勘察、设计，或在采用新结构、材料、工艺和特殊结构的工程中，未在设计中提出保障施工作业人员安全和预防生产安全事故的措施建议的，责令限期改正，处 10 万～30 万元罚款；情节严重的，停业整顿，降低资质等级直至吊销资质证书；造成重大安全事故，构成犯罪的，对直接责任人员，依法追究刑事责任；造成损失的，依法承担赔偿责任[①]。

第三，就施工单位而言，根据《建筑法》相关规定，对事故隐患不采取消除措施的，责令改正，可处罚款，情节严重的，停业整顿，降低资质等级直至吊销资质；犯罪的，追究刑责，其管理人员违章指挥、强令职工冒险作业导致重大伤亡事故或其他严重后果的，追究刑责[②]；对涉及建筑主体或承重结构变动的装修工程擅自施工的，责令改正并处罚款；造成损失的，承担赔偿责任；构成犯罪的，依法追究[③]。

此外，除上述《建筑法》所制定有关违反“施工安全”行为的不利法律后果外，关于施工单位其他具体涉及“建设工程安全生产管理”制度的违法责任设定，可参见《建设工程安全条例》第七章“法律责任”章节中，该条例第六十二条～六十七条有关施工单位安全违法责任的详细规定，此处不作展开。

第四，就监理单位而言，根据《建设工程安全条例》的相关规定，其未对施工组织设计中安全技术措施或专项施工方案进行审查、未就发现的安全事故隐患及时要求施工单位整改或停工、未就此情形下施工单位拒不整改或停工的情况向有关部门及时报告、未按法律法规和强制标准实施监理的，应责令限期改正，否则停业整顿并处 10 万～30 万元罚款；情节严重的，降低资质等级直至吊销；造成重大安全事故，构成犯罪的，对直接责任人员，追究刑责；造成损失的，依法承担

---

① 《建设工程安全生产管理条例》第五十六条规定：

“违反本条例的规定，勘察单位、设计单位有下列行为之一的，责令**限期改正**，处 10 万元以上 30 万元以下的**罚款**；情节严重的，责令**停业整顿**，**降低资质等级**，直至**吊销资质证书**；造成重大安全事故，构成犯罪的，对直接责任人员，依照刑法有关规定**追究刑事责任**；造成损失的，依法**承担赔偿责任**：

（一）**未按照法律、法规和工程建设强制性标准进行勘察、设计的**；

（二）采用新结构、新材料、新工艺的建设工程和特殊结构的建设工程，设计单位**未在设计中提出保障施工作业人员安全和预防生产安全事故的措施建议的**。”

② 《中华人民共和国建筑法》第七十一条规定：

“建筑施工企业违反本法规定，对建筑安全事故隐患**不采取措施予以消除的**，**责令改正**，可以处以**罚款**；情节严重的，**责令停业整顿**，**降低资质等级或者吊销资质证书**；构成犯罪的，**依法追究刑事责任**。

建筑施工企业的管理人员**违章指挥、强令职工冒险作业**，因而发生重大伤亡事故或者造成其他严重后果的，依**法追究刑事责任**。”

③ 《中华人民共和国建筑法》第七十条规定：

“违反本法规定，涉及建筑主体或者承重结构变动的装修工程**擅自施工的**，**责令改正**，处以**罚款**；造成损失的，**承担赔偿责任**；构成犯罪的，依法**追究刑事责任**。”

赔偿责任[①]。

第五，就其他单位而言，《建设工程安全条例》规定：提供机械设备和配件的单位，未按安全施工要求配备设施和装置的，责令改正，处 1 ～ 3 倍合同价款罚款并予赔偿[②]；设备、机具及配件的出租单位，出租未经安全性能检测或不合格产品的，责令停业整顿并处 5 万～ 10 万元罚款，赔偿损失[③]；自升式架设设施的拆装单位，未编制或制定方案与措施、未由专业人员现场监督、未出具或虚假出具自检合格证明、未予安全使用说明并办理移交的，责令改正，处 5 万～ 10 万元罚款；情节严重的，停业整顿，降低资质等级直至吊销，并予赔偿[④]。

此外，根据《安全生产法》相关规定：承担安全评价、认证、检测（验）的机构，出具虚假证明的，没收违法所得；所得 10 万元以上的，并处所得 2 ～ 5 倍的罚款；无违法所得或所得不足 10 万元的，单处或并处 10 万～ 20 万元罚款；对直接责任人员处 2 万～ 5 万元罚款；与生产经营单位承担连带赔偿责任；构成犯罪的，追究刑责。并且，吊销单位资质[⑤]。

---

① 《建设工程安全生产管理条例》第五十七条规定：

"违反本条例的规定，工程监理单位有下列行为之一的，**责令限期改正**；逾期未改正的，**责令停业整顿**，并处10 万元以上 30 万元以下的**罚款**；情节严重的，**降低资质等级**，直至**吊销资质证书**；造成重大安全事故，构成犯罪的，对直接责任人员，依照刑法有关规定**追究刑事责任**；造成损失的，依法**承担赔偿责任**：

（一）**未对**施工组织设计中的**安全技术措施或者专项施工方案进行审查**的；

（二）发现安全事故隐患**未及时要求**施工单位**整改或者暂时停止施工**的；

（三）施工单位**拒不整改或者不停止施工**，**未及时向有关主管部门报告**的；

（四）**未依照法律、法规和工程建设强制性标准实施监理**的。"

② 《建设工程安全生产管理条例》第五十九条规定：

"违反本条例的规定，为建设工程提供机械设备和配件的单位，**未按照安全施工的要求配备齐全有效的保险、限位等安全设施和装置**的，责令**限期改正**，处合同价款 1 倍以上 3 倍以下的**罚款**；造成损失的，依法**承担赔偿责任**。"

③ 《建设工程安全生产管理条例》第六十条规定：

"违反本条例的规定，出租单位**出租未经安全性能检测或者经检测不合格的机械设备和施工机具及配件**的，责令**停业整顿**，并处 5 万元以上 10 万元以下的**罚款**；造成损失的，依法**承担赔偿责任**。"

④ 《建设工程安全生产管理条例》第六十一条第一款规定：

"违反本条例的规定，**施工起重机械和整体提升脚手架、模板等自升式架设设施安装、拆卸单位**有下列行为之一的，责令**限期改正**，处 5 万元以上 10 万元以下的**罚款**；情节严重的，**责令停业整顿**，**降低资质等级**，直至**吊销资质证书**；造成损失的，依法**承担赔偿责任**：

（一）**未编制拆装方案、制定安全施工措施**的；

（二）**未由**专业技术人员**现场监督**的；

（三）**未出具自检合格证明**或者**出具虚假证明**的；

（四）**未向**施工单位进行**安全使用说明，办理移交手续**的。"

⑤ 《中华人民共和国安全生产法》第八十九条规定：

"承担安全评价、认证、检测、检验工作的机构，**出具虚假证明**的，**没收违法所得**；违法所得在十万元以上的，并处**违法所得二倍以上五倍以下的罚款**；没有违法所得或者违法所得不足十万元的，单处或者并处**十万元以上二十万元以下的罚款**；对其直接负责的主管人员和其他直接责任人员处**二万元以上五万元以下的罚款**；给他人造成损害的，与生产经营单位**承担连带赔偿责任**；构成犯罪的，依照刑法有关规定**追究刑事责任**。

对有前款违法行为的机构，**吊销其相应资质**。"

另外，需要特别注意的是：

关于“建设工程安全生产管理”所涉及的刑事责任，根据《刑法》相关规定，除行为人因违反安全生产的行政监管机制，构成“贪污贿赂”或“渎职”等犯罪类型外，就工程建设的生产经营单位而言，可能触犯的刑事罪名主要为三种，即“重大责任事故罪”、“强令违章冒险作业案”与“重大劳动安全事故罪”，以下逐一解析：

（1）关于“重大责任事故罪”，根据《刑法》第一百三十四条第一款规定，指“在生产、作业中违反有关安全管理的规定，因而发生重大伤亡事故或者造成其他严重后果”的犯罪，其刑罚为“处 3 年以下有期徒刑或拘役；情节特别恶劣的，处 3 ～ 7 年有期徒刑”。

就上述“重大伤亡事故或者造成其他严重后果”的具体认定而言，根据相关司法解释关于该类犯罪的立案标准规定①，“重大责任事故罪”的危害结果应当为：1）“死亡 1 人以上或者重伤 3 人以上”；2）“直接经济损失 50 万元以上”；3）“发生矿山生产安全事故，且直接经济损失 100 万元以上”；4）“造成其他严重后果”。

（2）关于“强令违章冒险作业罪”，根据《刑法》第一百三十四条第二款规定，是指“强令他人违章冒险作业，因而发生重大伤亡事故或者造成其他严重后果”的犯罪，其刑罚为“处 5 年以下有期徒刑或者拘役；情节特别恶劣的，处 5 年以上有期徒刑”。

就上述“重大伤亡事故或者造成其他严重后果”的具体认定而言，根据相关司法解释关于“强令违章冒险作业罪”的立案标准规定，其危害结果应当为：1）“死亡 1 人以上或者重伤 3 人以上”；2）“直接经济损失 50 万元以上”；3）“发生矿山生产安全事故，且直接经济损失 100 万元以上”；4）“造成其他严重后果”。

（3）关于“重大劳动安全事故罪”，根据《刑法》第一百三十五条规定：“工厂、矿山、林场、建筑企业或其他企业、事业单位的劳动安全设施不符合国家规定，经有关部门或单位职工提出后，对事故隐患仍不采取措施，因而发生重大伤亡事故或造成其他严重后果的，对直接责任人员，处 3 年以下有期徒刑或拘役；情节特别恶劣的，处 3 ～ 7 年有期徒刑”。

就上述关于其“重大伤亡事故或造成其他严重后果”的具体认定工作而言，

---

① 《最高人民检察院、公安部关于公安机关管辖的刑事案件立案追诉标准的规定（一）》第八条规定：
“在生产、作业中违反有关安全管理的规定，涉嫌下列情形之一的，应予立案追诉：
（一）造成死亡一人以上，或者重伤三人以上；
（二）造成直接经济损失五十万元以上的；
（三）发生矿山生产安全事故，造成直接经济损失一百万元以上的；
（四）其他造成严重后果的情形。”

根据相关司法解释关于该类犯罪的立案标准规定，“重大劳动安全事故罪”的危害结果应当为：1）“死亡 1 人以上或重伤 3 人以上”；2）“直接经济损失 50 万元以上”；3）“发生矿山生产安全事故，且直接经济损失 100 万元以上”；4）“造成其他严重后果”。

【律师提醒】

（1）建设单位不仅不能主动违规违法，而且对勘察、设计、施工、工程监理等单位提出不符合安全生产法律、法规和强制性标准规定的要求，例如要求压缩合同约定的工期，或将拆除工程分包给不具有相应资质等级的施工单位，同样也应承担相应的法律责任。

（2）勘察、设计单位有关工程安全被投诉举报和处理、行政处罚等情况，会作为不良行为记入其企业信用档案，并按规定向社会公示①。同时，申请资质升级或增项的设计、勘察单位，在申请之日前一年内因勘察设计原因造成过重大生产安全事故的，该申请不予准许②。

（3）监理单位不按照委托监理合同的约定履行监理义务，对应当监督检查的项目不检查或者不按照规定检查，给建设单位造成损失的，应当承担相应的赔偿责任。如果与承包单位串通，为承包单位谋取非法利益，给建设单位造成损失的，应当与承包单位承担连带赔偿责任③。

---

① 《建设工程勘察设计资质管理规定》第二十九条规定：
“……**被投诉举报和处理、行政处罚等情况应当作为不良行为记入其信用档案。**
企业的信用档案信息按照有关规定**向社会公示。**”

② 《建设工程勘察设计资质管理规定》第十九条规定：
“从事建设工程勘察、设计活动的企业，申请资质升级、资质增项，在**申请之日起前一年内**有下列情形之一的，资质许可机关**不予批准企业的资质升级申请和增项申请：**
……（五）**因勘察设计原因造成过重大生产安全事故的**……”

③ 《中华人民共和国建筑法》第三十五条规定：
“工程监理单位不按照委托监理合同的约定履行监理义务，对应当监督检查的项目**不检查或者不按照规定检查，**给建设单位造成损失的，应当**承担相应的赔偿责任。**
工程监理单位与承包单位**串通，**为承包单位**谋取非法利益，**给建设单位造成损失的，应当与承包单位**承担连带赔偿责任。**”

第八章　关于建设工程纠纷解决条款解读

【章节导读】

本章所称“建设工程纠纷解决的条款解读”是指，围绕建设工程项目而建立一系列合同关系的各参与方，包括建设单位、招标代理机构、监理单位、造价咨询单位、勘察单位、设计单位、施工单位等主体间，因委托咨询或建设工程合同纠纷所形成的诉讼。鉴于此类诉讼因所涉争议均为合同纠纷而属民事案件，故其程序应遵守以下《民事诉讼法》[①]及其司法解释的有关规定：

（1）建设工程诉讼的提起，以受诉法院与当事主体的确定为前提条件，故起诉或应诉方应知运用民诉有关“诉讼管辖”与“诉讼主体”的规则，以确保案件受理或提出有效异议；

（2）建设工程诉讼的审理，以诉讼阶段与事实认定的开展为必经过程，故原告与被告应适用民诉法律关于“诉讼程序”与“证据规则”的规定，以预判诉讼走向并争取理想裁判；

（3）建设工程诉讼的目的，以财产保全与案件执行的设定为实现保障，故执行人与被执行人应利用民诉法律关于“保全制度”与“财产执行”的规范，以保障裁判执行或提出执行异议。

综上，建设工程诉讼的当事人，在纠纷案件诉诸法院裁判的情况下，为正确、合理行使诉讼权利，从而追求自身利益的最大化，应当知晓、理解及掌握上述民事诉讼的程序规则。

第一节　诉讼管辖条款解读

【主要条款】

◆《中华人民共和国人民法院组织法》第二条规定：

---

① 《中华人民共和国民事诉讼法》第三条规定：
“人民法院受理公民之间、法人之间、其他组织之间以及他们相互之间因财产关系和人身关系提起的民事诉讼，适用本法的规定。”

“中华人民共和国的审判权由下列人民法院行使：

（一）地方各级人民法院；

（二）军事法院等专门人民法院；

（三）最高人民法院。

地方各级人民法院分为：基层人民法院、中级人民法院、高级人民法院。”

◆《中华人民共和国民事诉讼法》第十七条规定：

“基层人民法院管辖第一审民事案件，但本法另有规定的除外。”

◆《最高人民法院关于适用〈中华人民共和国民事诉讼法〉的解释》第二十八条第二款规定：

“农村土地承包经营合同纠纷、房屋租赁合同纠纷、建设工程施工合同纠纷、政策性房屋买卖合同纠纷，按照不动产纠纷确定管辖。”

【条款解析】

根据《中华人民共和国民事诉讼法》（以下简称《民诉法》）的相关规定：“起诉”应当符合受诉法院管辖①，且当事人有权就此提出“异议”②。据此，在建设工程诉讼中，理解人民法院第一审民事案件的管辖规则，对于起诉和应诉双方各自诉讼权利的正确行使与合理运用，均有其实际的现实意义。

根据《中华人民共和国人民法院组织法》第二条规定，在我国，除按特定组织或案件所建立的专门法院（例如：军事、海事、铁路运输法院等）外，国家审判机关由最高院与地方法院组成③，且地方各级人民法院以行政区划的辖区划分为等

---

① 《中华人民共和国民事诉讼法》第一百一十九条第（四）项规定：
“起诉必须符合下列条件：
……（四）属于人民法院受理民事诉讼的范围和受诉人民法院管辖。”

② 《中华人民共和国民事诉讼法》第一百二十七条第一款规定：
“人民法院受理案件后，当事人对管辖权有异议的，应当在提交答辩状期间提出……”

③ 《中华人民共和国人民法院组织法》第二条第一款规定：
“中华人民共和国的审判权由下列人民法院行使：
（一）地方各级人民法院；
（二）军事法院等专门人民法院；
（三）最高人民法院。”

级标准[①~③]分为：基层法院、中级法院、高级法院[④]（图 8-1）。因此，我国法院系统通过“级别管辖”与“地域管辖”两个层面的权限设置，明确全国各级与各地人民法院有关民事一审案件的受理范围，具体分述如下：

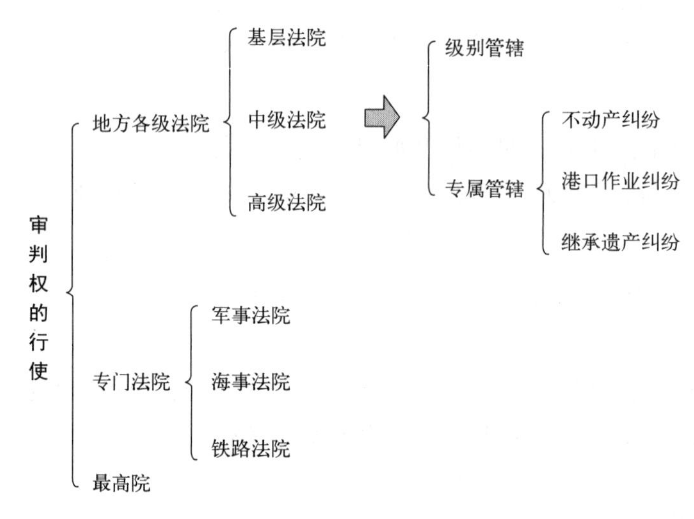

图 8-1 审判权归纳图

关于“级别管辖”。根据《民诉法》第十九条规定：我国第一审民事案件的受理，除非本法另行规定，否则原则上均由基层法院管辖，而该“另行规定”在《民

---

① 《中华人民共和国人民法院组织法》第十七条规定：
“基层人民法院包括：
（一）**县**人民法院和**市**人民法院；
（二）**自治县**人民法院；
（三）**市辖区**人民法院。”

② 《中华人民共和国人民法院组织法》第二十二条规定：
“中级人民法院包括：
（一）在**省、自治区内按地区设立**的中级人民法院；
（二）在**直辖市内设立**的中级人民法院；
（三）**省、自治区辖市**的中级人民法院；
（四）**自治州**中级人民法院。”

③ 《中华人民共和国人民法院组织法》第二十五条规定：
“高级人民法院包括：
（一）**省**高级人民法院；
（二）**自治区**高级人民法院；
（三）**直辖市**高级人民法院。”

④ 《中华人民共和国人民法院组织法》第二条第二款规定：
“地方各级人民法院分为：基层人民法院、中级人民法院、高级人民法院。”

诉法》中具体指三类特定情形：(1) 中院[①]、高院[②]及最高院[③]对“本辖区内有重大影响”的民事一审案件享有管辖权；(2) 最高院对其认为应由其审理的民事一审案件享有管辖权[④]；(3) 中院对于“重大涉外”的民事一审案件享有管辖权[⑤]。

在此基础上，最高院通过解释、复函等文件对上述“级别管辖”规定所涉概念和标准进一步明确：其一，“本辖区内有重大影响”主要以“案情繁简、诉讼标的金额大小、在当地的影响大”[⑥]为标准，其中“标的金额”作为认定案件是否构成重大影响的重要标准[⑦]，其标准依各地经济发展水平确定，具体参见《最高人民法院关于调整高级人民法院和中级人民法院管辖第一审民商事案件标准的通知》(法发 [2015]7 号)；其二，“重大涉外案件”是指“争议标的额大”、“案情复杂”或“一方当事人人数众多”等具有重大影响[⑧]的涉外案件。

关于“地域管辖”。根据《民诉法》相关规定：首先，包括不动产纠纷在内的三类案件依法强制适用“专属管辖”规定，即应由其不动产所在地法院等各自特征所在地的人民法院管辖[⑨]；其次，包括合同纠纷在内的财产权益纠纷当事人对于

---

① 《中华人民共和国民事诉讼法》第十八条第（二）项规定：
“**中级人民法院**管辖下列第一审民事案件：
……（二）在**本辖区有重大影响**的案件……”

② 《中华人民共和国民事诉讼法》第十九条规定：
“**高级人民法院**管辖在**本辖区有重大影响**的第一审民事案件。”

③ 《中华人民共和国民事诉讼法》第二十条第（一）项规定：
“**最高人民法院**管辖下列第一审民事案件：
（一）在**全国有重大影响**的案件……”

④ 《中华人民共和国民事诉讼法》第二十条第（二）项规定：
“**最高人民法院**管辖下列第一审民事案件：
……（二）认为**应当由本院审理**的案件。”

⑤ 《中华人民共和国民事诉讼法》第十八条第（一）项规定：
“**中级人民法院**管辖下列第一审民事案件：
（一）**重大涉外**案件……”

⑥ 《最高人民法院关于适用〈中华人民共和国民事诉讼法〉若干问题的意见》第三条规定：
“各省、自治区、直辖市高级人民法院可以依照民事诉讼法第十九条第（二）项、第二十条的规定，从本地实际情况出发，**根据案情繁简、诉讼标的金额大小、在当地的影响等情况**，对本辖区内一审案件的级别管辖提出意见，报最高人民法院批准。”

⑦ 《最高人民法院关于第一审人身损害赔偿案件级别管辖的请示的复函》([2004]民立他字第10号)第二条第4点答复：
“**争议标的额大小**是衡量案件是否为本辖区有重大影响的案件的一个**重要标准**……”

⑧ 《最高人民法院关于适用〈中华人民共和国民事诉讼法〉的解释》第一条规定：
“民事诉讼法第十八条第一项规定的**重大涉外案件**，包括**争议标的额大**的案件、**案情复杂**的案件，或者一方当事人**人数众多**等具有重大影响的案件。”

⑨ 《中华人民共和国民事诉讼法》第三十三条规定：
“下列案件，由本条规定的人民法院**专属管辖**：
（一）因**不动产纠纷**提起的诉讼，由**不动产**所在地人民法院管辖；
（二）因**港口作业**中发生纠纷提起的诉讼，由**港口所在地**人民法院管辖；
（三）因**继承遗产纠纷**提起的诉讼，由**被继承人死亡时住所地**或者**主要遗产所在地**人民法院管辖。”

不属于“专属管辖”类型的案件，有权在遵守“级别管辖”的前提下书面协议[①]选择与争议有实际联系的地点（例如：原告或被告住所地、合同签订或履行地、标的物所在地）的法院管辖[②]；最后，在因合同纠纷提起的诉讼中，对于不属于“专属管辖”类型且未选择“连接点”法院管辖的案件，应当依法由被告住所地或合同履行地法院管辖[③]。

【律师提醒】

（1）关于建设工程诉讼中其他类型的合同纠纷，因《民诉法司法解释》明确不动产纠纷仅限于其“权利确认、分割、相邻关系等”物权纠纷[④]，据此：除该解释就施工合同纠纷管辖所作上述特别处理外，以其他包括设计、勘察、监理、造价等在内的建设工程合同或委托咨询合同而言，虽然其签订和履行所围绕的建设工程属不动产，但其诉讼并不适用“专属管辖”，而应按普通的合同纠纷处理，即：允许选择“连接点”法院管辖，否则应由被告住所地或合同履行地法院管辖。

（2）根据《民诉法》与《民诉法司法解释》关于“管辖异议”的相关规定：除无独立请求权的第三人（详见本章第二节）外[⑤]，在一审诉讼（不包括发回重审或按一审程序再审的案件[⑥]）中，当事人认为案件受理违反上述级别或地域管辖规定的，均有权在提交答辩状期间提出异议，无论其是否针对起诉状内容进行答辩[⑦]，法院均应对此予以审查并作出有关移送或驳回的裁定[⑧]，但是，当事人进行应诉答

---

① 《最高人民法院关于适用〈中华人民共和国民事诉讼法〉的解释》第二十九条规定：
“民事诉讼法第三十四条规定的**书面协议，包括书面合同中的协议管辖条款或者诉讼前以书面形式达成的选择管辖的协议。**”

② 《中华人民共和国民事诉讼法》第三十四条规定：
“**合同或者其他财产权益纠纷**的**当事人可以书面协议**选择被告住所地、合同履行地、合同签订地、原告住所地、标的物所在地等**与争议有实际联系的地点的人民法院管辖**，但不得违反本法对级别管辖和专属管辖的规定。”

③ 《中华人民共和国民事诉讼法》第二十三条规定：
“因**合同纠纷**提起的诉讼，由**被告住所地**或者**合同履行地**人民法院管辖。”

④ 《最高人民法院关于适用〈中华人民共和国民事诉讼法〉的解释》第二十八条规定：
“民事诉讼法第三十三条第一项规定的**不动产纠纷是指因不动产的权利确认、分割、相邻关系等引起的物权纠纷。**”

⑤ 《最高人民法院关于适用〈中华人民共和国民事诉讼法〉的解释》第八十二条规定：
“在一审诉讼中，**无独立请求权的第三人无权提出管辖异议**……”

⑥ 《最高人民法院关于适用〈中华人民共和国民事诉讼法〉的解释》第三十九条第二款：
“人民法院**发回重审**或者**按第一审程序再审**的案件，当事人提出**管辖异议**的，人民法院**不予审查。**”

⑦ 《最高人民法院关于适用〈中华人民共和国民事诉讼法〉的解释》第二百二十三条第一款规定：
“当事人在提交答辩状期间**提出管辖异议，又针对起诉状的内容进行答辩**的，人民法院应当依照民事诉讼法第一百二十七条第一款的规定，对**管辖异议进行审查。**”

⑧ 《中华人民共和国民事诉讼法》第一百二十七条规定：
“人民法院受理案件后，**当事人对管辖权有异议的**，应当在提交答辩状期间提出。人民法院对当事人提出的异议，应当审查。异议成立的，裁定将案件**移送有管辖权的人民法院**；异议不成立的，**裁定驳回。**”

辩（包括就该案实体内容答辩、陈述或反诉[1]）且未提出管辖异议的，则视为受诉法院有管辖权，除非其违反上述级别或专属管辖的规定[2]。

（3）关于建设工程诉讼的管辖，在遵守“级别管辖”的前提下，作为合同纠纷案件，除其中“施工合同”纠纷案件依法适用“专属管辖”而应向建设工程所在地法院起诉外，其余纠纷应当按照“地域管辖”的一般规定，根据书面协议所选择的与争议有实际联系地点的法院确定案件管辖，未作选择的，则以被告住所地或合同履行地法院为管辖。

第二节　诉讼主体条款解读

【主要条款】

◆《中华人民共和国民事诉讼法》第五十一条规定：

“原告可以放弃或者变更诉讼请求。被告可以承认或者反驳诉讼请求，有权提起反诉。”

◆《中华人民共和国民事诉讼法》第五十六条第一款、第二款规定：

“对当事人双方的诉讼标的，第三人认为有独立请求权的，有权提起诉讼。对当事人双方的诉讼标的，第三人虽然没有独立请求权，但案件处理结果同他有法律上的利害关系的，可以申请参加诉讼，或者由人民法院通知他参加诉讼。人民法院判决承担民事责任的第三人，有当事人的诉讼权利义务。”

◆《最高人民法院关于审理建设工程施工合同纠纷案件适用法律问题的解释》第二十五条规定：

“因建设工程质量发生争议的，发包人可以以总承包人、分包人和实际施工人为共同被告提起诉讼。”

【条款解析】

我国《民诉法》就民事诉讼的参与主体，通过单独设置章节内容——总则第

---

① 《最高人民法院关于适用〈中华人民共和国民事诉讼法〉的解释》第二百二十三条第二款规定：
“当事人未提出管辖异议，就案件实体内容进行答辩、陈述或者反诉的，可以认定为民事诉讼法第一百二十七条第二款规定的应诉答辩。”

② 《最高人民法院关于适用〈中华人民共和国民事诉讼法〉的解释》一百二十七条第二款规定：
“当事人未提出管辖异议，并应诉答辩的，视为受诉人民法院有管辖权，但违反级别管辖和专属管辖规定的除外。”

五章“诉讼参加人”予以明确。根据《民诉法》设定，“诉讼参加人”包括“民事诉讼的当事人”及由其委托的“诉讼代理人”。其中，“民事诉讼的当事人”包括原告、被告及第三人。

关于“原告与被告”，根据《民诉法》第五十一条规定，被告有权提起反诉。鉴于司法解释有关“反诉的当事人范围应限于本诉当事人”的规定[①]，在反诉中，当事人双方的诉讼地位发生对换，即：本诉原告成为“反诉被告”、本诉被告成为“反诉原告”。但若反诉案件属“专属管辖”或与本诉标的及诉请所依事实理由无关，则不予受理[②]，否则，其诉请与本诉诉请基于相同法律关系、具有因果关系或者基于相同事实的，法院应当合并审理[③]。

关于“第三人”，根据《民诉法》第五十六条规定，分为“有独立请求权的第三人”与“无独立请求权的第三人”：认为就诉讼标的有“独立请求权”（就诉讼标的可单独起诉）的，学界简称“有独三”，其有权提起独立之诉，成为诉讼当事人[④]，且可以合并审理的，法院应予“合并”[⑤]；对诉讼标的无“独立请求权”，但就案件处理结果有利害关系的，学界简称“无独三”，其可以申请或由法院通知参加诉讼，且判决承担责任的，享有当事人的诉讼权利义务[⑥]（图 8-2）。此外，原告有权申请追加第三人参加诉讼，准许与否由法院审查决定[⑦]。

① 《最高人民法院关于审理建设工程施工合同纠纷案件适用法律问题的解释》第二百三十三条第一款规定：
“**反诉的当事人应当限于本诉的当事人的范围。**”

② 《最高人民法院关于审理建设工程施工合同纠纷案件适用法律问题的解释》第二百三十三条第三款规定：
“**反诉应由其他人民法院专属管辖，或者与本诉的诉讼标的及诉讼请求所依据的事实、理由无关联的**，裁定不**予受理**，告知另行起诉。”

③ 《最高人民法院关于审理建设工程施工合同纠纷案件适用法律问题的解释》第二百三十三条第二款规定：
“反诉与本诉的诉讼请求**基于相同法律关系、诉讼请求之间具有因果关系**，或者反诉与本诉的诉讼请求**基于相同事实**的，人民法院应当**合并审理**。”

④ 《最高人民法院关于适用〈中华人民共和国民事诉讼法〉的解释》第八十一条第一款规定：
“根据民事诉讼法第五十六条的规定，**有独立请求权的第三人有权向人民法院提出诉讼请求和事实、理由，成为当事人**……”

⑤ 《最高人民法院关于适用〈中华人民共和国民事诉讼法〉的解释》第二百三十二条规定：
“在案件受理后，法庭辩论结束前，原告增加诉讼请求，被告提出反诉，**第三人提出与本案有关的诉讼请求，可以合并审理的，人民法院应当合并审理。**”

⑥ 《最高人民法院关于适用〈中华人民共和国民事诉讼法〉的解释》第八十二条规定：
“在一审诉讼中，**无独立请求权的第三人无权**提出管辖异议，**无权**放弃、变更诉讼请求或者申请撤诉，**被判决承担民事责任的，有权提起上诉。**”

⑦ 《最高人民法院关于适用〈中华人民共和国民事诉讼法〉的解释》第二百二十二条：
“原告在起诉状中直接列写第三人的，视为其申请人民法院追加该第三人参加诉讼。**是否通知第三人参加诉讼，由人民法院审查决定。**”

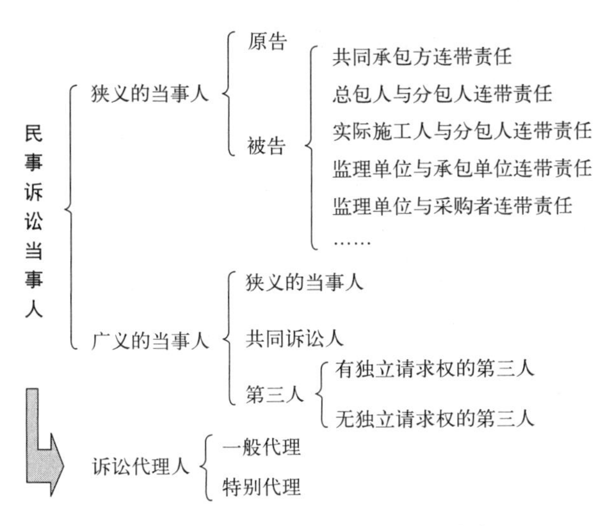

图 8-2 民事诉讼当事人及诉讼代理人归纳图

通常情况下，民事诉讼中的原告与被告双方均为一人，但基于某些法律关系纠纷中争议的一方或双方为两人以上，故在形成诉讼时原被告一方或双方可能为多数，由此形成了一种特殊的诉讼形态——“共同诉讼”①。理论上，“共同诉讼”依原被告的多数与否分为：仅原告两人以上的“积极共同诉讼”、仅被告两人以上的“消极共同诉讼”、双方均两人以上的“混合共同诉讼”；依诉讼标的是同一或同类的分为：防止矛盾判决而必须合一审理及合一裁判的“必要共同诉讼”；经当事人同意而可以合并审理但分别裁判“普通共同诉讼”。

就建设工程诉讼而言，鉴于其纠纷主要系围绕建设工程相关合同关系而引起的争议，因此，根据合同相对性，在缔约方通常为单一主体的情况下，所形成的诉讼大多为原被告均为一人的“一对一”诉讼。但是，由于我国建筑法律体系及相关司法解释，以质量优先为宗旨，就工程领域各参与方有关同一项目的工程建设，设定诸多特定情形下的相应“连带责任”，进而导致相关合同纠纷突破其相对性而由数个主体就同一诉讼标的承担共同义务。所以，建设工程诉讼存在“共同诉讼”，其多数为“必要共同诉讼”且主要属“消极共同诉讼”。

鉴于有关建设工程的“一对一”诉讼中，原被告的诉讼地位主要依所涉合同的相对性予以确定，故其案涉纠纷的法律关系相对简单。所以，本节侧重就建设

① 《中华人民共和国民事诉讼法》第五十二条第一款规定：
“当事人一方或者双方为二人以上，其诉讼标的是共同的，或者诉讼标的是同一种类、人民法院认为可以合并审理并经当事人同意的，为共同诉讼。”

工程相关合同纠纷中，因“连带责任”设定而可能形成的“共同诉讼”予以解析，主要情形及依据，梳理如下：

第一，根据《建筑法》规定，建设工程由两个以上承包单位联合共同承包的，共同承包各方就建设工程合同的履行承担连带责任[①]。据此，在由两个以上的承包人联合共同承包的建设工程合同纠纷中，建设单位可以将其合同相对方——“联合体”中的数个成员单位均列为共同被告提起诉讼，要求其连带承担相应的合同责任。

第二，根据《建筑法》规定，监理单位与承包人串通，为后者谋取非法利益，且给建设单位造成损失的，应与承包人承担连带赔偿责任[②]，其中，与施工单位串通，弄虚作假、降低工程质量，造成损失的，应承担连带赔偿责任[③]。据此，建设单位在该情形下，有权就监理单位与承包人的串通行为，将两者列为共同被告并诉请其承担连带责任。

第三，根据《合同法》[④]与《建筑法》[⑤]规定，总承包人或勘察、设计、施工承包人经同意，将部分工作交由第三人完成或工程分包给其他单位的，第三人或分包人应就其完成的工作成果或分包工程，与承包人共同承担连带责任。据此，建设单位有权就其建设工程合同中实际由第三人或分包人完成的合同部分，要求其与总包人作为共同被告承担连带责任。

第四，根据《建筑法》规定，承包人转包或违法分包工程（详见第一章第二节）的，应与接受转包或分包的单位就因转包或违法分包的工程低于规定质量标准造成的损失，承担连带赔偿[⑥]。据此，建设单位此情形下有权起诉承包人及接受转包或分包的

---

① 《中华人民共和国建筑法》第二十七条第一款规定：
“**大型建筑工程或者结构复杂的建筑工程**，可以由两个以上的承包单位联合共同承包。**共同承包的各方对承包合同的履行承担连带责任。**”

② 《中华人民共和国建筑法》第三十五条第二款规定：
“**监理单位与承包单位串通**，为承包单位谋取非法利益，给建设单位造成损失的，应当**与承包单位承担连带赔偿责任。**”

③ 《中华人民共和国建筑法》第六十九条规定：
“**工程监理单位与建设单位或者建筑施工企业串通**，弄虚作假、降低工程质量的，……**造成损失的，承担连带赔偿责任**；构成犯罪的，依法追究刑事责任。”

④ 《中华人民共和国合同法》第二百七十二条第二款规定：
“总承包人或者勘察、设计、施工承包人经发包人同意，可以将自己承包的部分工作交由第三人完成。**第三人就其完成的工作成果与总承包人或者勘察、设计、施工承包人向发包人承担连带责任**……”

⑤ 《中华人民共和国建筑法》第二十九条第二款规定：
“**建筑工程总承包单位按照总承包合同的约定对建设单位负责**；分包单位按照分包合同的约定对总承包单位负责。**总承包单位和分包单位就分包工程对建设单位承担连带责任。**”

⑥ 《中华人民共和国建筑法》第六十七条规定：
“承包单位将**承包的工程转包**的，或者**违反本法规定进行分包**的，……
承包单位有前款规定的违法行为的，对**因转包工程或者违法分包的工程不符合规定的质量标准造成的损失，与接受转包或者分包的单位承担连带赔偿责任。**”

单位，要求其就因两者间违法行为导致质量不合格所造成的损失，承担连带责任。

第五，根据《建筑法》相关规定，施工单位转让、出借资质或以其他方式允许他人以企业名义承揽工程的，应与该单位或个人就因该工程低于规定质量标准造成的损失，予以连带赔偿[①]。据此，建设单位此情形下有权起诉“挂靠”的单位或个人与“被挂靠”的施工单位，要求两者作为共同被告，就工程质量不合格所造成的损失，承担连带赔偿责任。

综上所述，就施工合同纠纷而言，通过上述第三～第五点规则的综合理解，可得：建设单位对施工单位在履行过程中依法分包的情形，可以以总包人及分包人为被告就其分包工程主张权利；对施工单位在履行过程中转包或违法分包、在合同订立时允许他人挂靠以承揽工程的情形，可以以承包人及实际施工人为共同被告就其导致质量不合格所造成的损失主张权利。对此，最高院通过《施工合同司法解释》作出综合性规定，该解释第二十五条明确：因工程质量发生争议的，发包人可以总包人、分包人和实际施工人为共同被告提起诉讼。

【律师提醒】

（1）根据《施工合同司法解释》相关规定：“实际施工人”[②]可以转包或违法分包人为被告起诉；也可以发包人为被告主张权利，此情形下，法院可追加前者为当事人，且后者仅在欠付工程价款范围内承担责任[③]。据此，即使与前者之间的合同无效，且与后者之间缺乏合同相对性，实际施工人仍可就上述主体分别提起诉讼，或者可以形成以两者为共同被告的“共同诉讼”，对此，发包人理论上就其欠付价款与转包或违法分包人承担连带责任。

（2）根据《民诉法》规定，原告起诉被代理人和代理人主张连带责任承担的，

---

① 《中华人民共和国建筑法》第六十六条规定：

“建筑施工企业**转让、出借资质证书**或者以其他方式**允许他人以本企业的名义承揽工程的**……情节严重的，吊销资质证书。对因该项承揽工程不符合规定的质量标准造成的损失，**建筑施工企业与使用本企业名义的单位或者个人承担连带赔偿责任。**”

② 《北京市高级人民法院关于审理建设工程施工合同纠纷案件若干疑难问题的解答》第18项解答：

“《解释》中的‘**实际施工人**’是指**无效建设工程施工合同的承包人**，即违法的专业工程分包和劳务作业分包合同的承包人、转承包人、借用资质的施工人（挂靠施工人）；建设工程经数次转包的，实际施工人应当是**最终实际投入资金、材料和劳力进行工程施工的法人、非法人企业、个人合伙、包工头等民事主体**。法院应当严格实际施工人的认定标准，**不得随意扩大《解释》第二十六条第二款的适用范围**……”

③ 《最高人民法院关于审理建设工程施工合同纠纷案件适用法律问题的解释》第二十六条规定：

“**实际施工人以转包人、违法分包人为被告起诉**的，人民法院应当依法**受理**。

实际施工人以发包人为被告主张权利的，人民法院**可以追加**转包人或者违法分包人为本案当事人。**发包人只在欠付工程价款范围内对实际施工人承担责任。**”

两者为“共同被告”[①]，但鉴于《合同法》规定：构成“委托代理”的，在“显名代理”情形下订立的合同，除能确切证明只约束受托人与相对方，否则仅约束委托人与相对方[②]；在“隐名代理”情形下订立的合同，相对方在委托人对合同义务不履行而经披露后，可在不得变更条件下，于委托与受托人中选定其一主张权利[③]。故此情形下，在合同相对方作为原告所提起的诉讼中，代理人与被代理人虽为共同被告，但对合同义务的履行不承担连带责任。据此，法律在程序上允许以“共同被告”起诉，并不当然代表其实体上认可“连带责任”承担。

（3）根据《民诉法司法解释》规定，凡借用介绍信、专用章、盖章空白合同、银行账户[④]或以挂靠形式从事民事活动[⑤]的，“挂靠人和被挂靠人”或“出借单位和借用人”在民诉中，均为“共同诉讼人”。此外，相较于该解释所明确的“共同被告”概念，关于《民诉法》所设定的“共同诉讼人”，其应当作为共同诉讼的一方当事人，并在对诉讼标的有共同权利义务情况下，其中一人的诉讼行为经其他共同诉讼人承认，对其他共同诉讼人发生效力[⑥]。

第三节　诉讼程序条款解读

一、一审程序

【主要条款】

◆《最高人民法院关于适用〈中华人民共和国民事诉讼法〉的解释》第二百

---

① 《中华人民共和国民事诉讼法》第七十一条规定：
“原告起诉被代理人和代理人，要求承担连带责任的，被代理人和代理人为共同被告。”

② 《中华人民共和国合同法》第四百零二条规定：
“受托人以自己的名义，在委托人的授权范围内与第三人订立的合同，第三人在订立合同时知道受托人与委托人之间的代理关系的，该合同直接约束委托人和第三人，但有确切证据证明该合同只约束受托人和第三人的除外。”

③ 《中华人民共和国合同法》第四百零三条规定：
“受托人以自己的名义与第三人订立合同时，第三人不知道受托人与委托人之间的代理关系的，……受托人因委托人的原因对第三人不履行义务，受托人应当向第三人披露委托人，第三人因此可以选择受托人或者委托人作为相对人主张其权利，但第三人不得变更选定的相对人……”

④ 《最高人民法院关于适用〈中华人民共和国民事诉讼法〉的解释》第六十五条规定：
“借用业务介绍信、合同专用章、盖章的空白合同书或者银行账户的，出借单位和借用人为共同诉讼人。”

⑤ 《最高人民法院关于适用〈中华人民共和国民事诉讼法〉的解释》第五十四条规定：
“以挂靠形式从事民事活动，当事人请求由挂靠人和被挂靠人依法承担民事责任的，该挂靠人和被挂靠人为共同诉讼人。”

⑥ 《中华人民共和国民事诉讼法》第五十二条第二款规定：
“共同诉讼的一方当事人对诉讼标的有共同权利义务的，其中一人的诉讼行为经其他共同诉讼人承认，对其他共同诉讼人发生效力……”

零八条第一款规定：

“人民法院接到当事人提交的民事起诉状时，对符合民事诉讼法第一百一十九条的规定，且不属于第一百二十四条规定情形的，应当登记立案；对当场不能判定是否符合起诉条件的，应当接收起诉材料，并出具注明收到日期的书面凭证。”

◆《中华人民共和国民事诉讼法》第一百二十三条规定：

“人民法院应当保障当事人依照法律规定享有的起诉权利。对符合本法第一百一十九条的起诉，必须受理。符合起诉条件的，应当在七日内立案，并通知当事人；不符合起诉条件的，应当在七日内作出裁定书，不予受理；原告对裁定不服的，可以提起上诉。”

◆《中华人民共和国民事诉讼法》第一百四十八条第一款规定：

“人民法院对公开审理或者不公开审理的案件，一律公开宣告判决。”

【条款解析】

在我国，“一审”是法院系统对民诉案件的最初一级审判，所以“一审程序”是法院在民事案件最初一级审判中所应适用的诉讼程序。作为案件审理的最基本程序，一审在民诉中占有极为重要的地位，从程序法律的篇章设定来看：立法上，关于一审程序的法律条款被制定于众多程序规定之首，集中体现了民诉的基本结构及其完整性。本章所称“建设工程诉讼”因属民事案件而仍适用民诉一审程序，以下从该程序的启动、过程、结果三个角度开展解析：

第一，有关一审程序的启动，鉴于民事诉讼中关于“不告不理”① 的基本原则，作为普通民事案件诉讼中最初一级的审判程序，“一审”程序应当由案件当事人作为原告，以提起诉讼的方式发起。对此，就“起诉”的受理而言，根据《民诉法司法解释》第二百零八条规定，法院应对提交的“诉状”是否符合法定条件予以判定，相应标准为《民诉法》第一百十九条与一百二十四条所分别设定的“积极条件”与“消极条件”，具体而言：一方面，“积极条件”规定起诉须符合民诉形

① 《中华人民共和国民事诉讼法》第十三条第二款规定：

“当事人有权在法律规定的范围内处分自己的民事权利和诉讼权利。”

成所应具备的基本前提[①]，即（1）原告正确；（2）被告明确；（3）诉请及事由具体；（4）属于民诉范围且符合法院管辖；另一方面，“消极条件”规定起诉不予受理的七类处理情形[②]，其中就建设工程诉讼而言，起诉一方应注意其案件性质是否属于民诉所排除的受案范围（例如：行政或刑事案件），且尤其应当注意：在其与被告之间的合同关系中，并不存在有效的仲裁协议或条款[③]，否则依法只得另行申请仲裁[④]。

对于上述行使起诉权利的行为，根据《民诉法》第一百二十三条规定，法院在依据上述判定标准对民事诉讼的提起条件进行审查的基础上，对于具备法定起诉条件的案件，须在七日内受理，对于不符法定起诉条件的案件，则应在七日内作出有关不予受理的裁定。

第二，有关一审程序的过程，常规分为三阶段，即庭前准备、开庭审理、审结裁判：关于“准备”，法院应依案情确定适用简易或普通程序，并在立案之日起五日内将诉状副本发送被告，被告有权在收到的十五日答辩期内提出答辩，法院在收到答辩状五日内应将副本发送原告[⑤]，适用普通程序的，于开庭三日前以传票

---

① 《中华人民共和国民事诉讼法》第一百一十九条规定：
“**起诉必须符合下列条件**：
（一）原告是与本案**有直接利害关系**的公民、法人和其他组织；
（二）有**明确的被告**；
（三）有**具体的诉讼请求和事实、理由**；
（四）**属于人民法院受理民事诉讼的范围和受诉人民法院管辖**。”

② 《中华人民共和国民事诉讼法》第一百二十四条规定：
“**人民法院对下列起诉，分别情形，予以处理**：
（一）依照行政诉讼法的规定，属于**行政诉讼受案范围**的，**告知原告提起行政诉讼**；
（二）依照法律规定，双方当事人**达成书面仲裁协议申请仲裁**、不得向人民法院起诉的，**告知原告向仲裁机构申请仲裁**；
（三）依照法律规定，**应当由其他机关处理的争议**，**告知原告向有关机关申请解决**；
（四）对**不属于本院管辖**的案件，**告知原告向有管辖权的人民法院起诉**；
（五）对判决、裁定、调解书**已经发生法律效力的案件**，当事人又起诉的，**告知原告申请再审**，但人民法院准许撤诉的裁定除外；
（六）依照法律规定，在**一定期限内不得起诉**的案件，在不得起诉的期限内起诉的，不予受理；
（七）**判决不准离婚和调解和好的离婚案件**，**判决、调解维持收养关系的案件**，没有新情况、新理由，原告在六个月内又起诉的，**不予受理**。”

③ 《最高人民法院关于适用〈中华人民共和国民事诉讼法〉的解释》第二百一十五条规定：
“依照民事诉讼法第一百二十四条第二项的规定，当事人在书面合同中**订有仲裁条款**，或者在**发生纠纷后达成书面仲裁协议**，一方向人民法院起诉的，**人民法院应当告知原告向仲裁机构申请仲裁**，其坚持起诉的，**裁定不予受理，但仲裁条款或者仲裁协议不成立、无效、失效、内容不明确无法执行的除外**。”

④ 《中华人民共和国仲裁法》第五条规定：
“当事人**达成仲裁协议**，**一方向人民法院起诉**的，人民法院**不予受理**，但仲裁协议无效的除外。“

⑤ 《中华人民共和国民事诉讼法》第一百二十五条规定：
“人民法院应当在**立案之日起五日内**将起诉状副本发送被告，被告应当在**收到之日起十五日内**提出答辩状……人民法院应当在**收到答辩状之日起五日内**将答辩状副本发送原告……”

传唤当事人[①]；关于“开庭”，原则上应公开审理[②]并围绕争议事实与法律适用等焦点问题[③]，依法定内容与步骤先后开展“法庭调查”[④]与“法庭辩论”[⑤]，辩论终结前，原告增加诉请、被告提出反诉、第三人提出与本案有关诉请，可合并审理的，应予合并[⑥]；关于“裁判”，原告在宣判前申请撤诉的，由法院裁定准许与否[⑦]，被告经传票传唤无正当理由不到庭或未经许可中途退庭的，可缺席判决[⑧]，原告有前述情形的，可按撤诉处理，但在裁定不准撤诉[⑨]或被告反诉[⑩]的案件中，此情形下法院可缺席判决，根据《民诉法》第一百四十八条规定，判决一律应当公开宣告。

对于上述常规诉讼过程的期限，即法院完成自立案至结案的一审过程所应遵守的“审限”：简易程序为三个月[⑪]，到期后同意继续适用的，经院长批准可延长审限，

---

① 《最高人民法院关于适用〈中华人民共和国民事诉讼法〉的解释》第二百二十七条第一款规定：
“人民法院适用**普通程序**审理案件，应当在**开庭三日前用传票传唤**当事人。”

② 《最高人民法院关于适用〈中华人民共和国民事诉讼法〉的解释》第一百三十四条第一款规定：
“人民法院**审理民事案件**，除涉及国家秘密、个人隐私或者法律另有规定的以外，**应当公开**进行。”

③ 《最高人民法院关于适用〈中华人民共和国民事诉讼法〉的解释》第二百二十八条规定：
“法庭审理应当**围绕当事人争议的事实、证据和法律适用等焦点问题**进行。”

④ 《中华人民共和国民事诉讼法》第一百三十八条规定：
“**法庭调查**按照下列顺序进行：
（一）当事人**陈述**；
（二）**告知证人的权利义务**，证人作证，宣读未到庭的**证人证言**；
（三）**出示书证、物证、视听资料和电子数据**；
（四）宣读**鉴定意见**；
（五）宣读**勘验笔录**。”

⑤ 《中华人民共和国民事诉讼法》第一百四十一条第一款规定：
“**法庭辩论**按照下列顺序进行：
（一）**原告**及其诉讼代理人**发言**；
（二）**被告**及其诉讼代理人**答辩**；
（三）**第三人**及其诉讼代理人**发言或者答辩**；
（四）互相**辩论**。”

⑥ 《最高人民法院关于适用〈中华人民共和国民事诉讼法〉的解释》第二百三十二条规定：
“在**案件受理后，法庭辩论结束前**，原告**增加诉讼请求**，被告提出**反诉**，第三人**提出与本案有关的诉讼请求**，**可以合并审理的，人民法院应当合并审理**。”

⑦ 《中华人民共和国民事诉讼法》一百四十五条第一款规定：
“宣判前，原告**申请撤诉**的，是否准许，**由人民法院裁定**。”

⑧ 《中华人民共和国民事诉讼法》第一百四十四条规定：
“被告经传票传唤，**无正当理由拒不到庭**的，或者**未经法庭许可中途退庭**的，可以**缺席判决**。”

⑨ 《中华人民共和国民事诉讼法》第一百四十五条第二款：
“人民法院**裁定不准许撤诉**的，原告经传票传唤，**无正当理由拒不到庭**的，可以**缺席判决**。”

⑩ 《中华人民共和国民事诉讼法》第一百四十三条规定：
“原告经传票传唤，无正当理由拒不到庭的，或者未经法庭许可中途退庭的，可以按撤诉处理；**被告反诉的，可以缺席判决**。”

⑪ 《中华人民共和国民事诉讼法》第一百六十一条规定：
“人民法院适用**简易程序**审理案件，应当在立案之日起**三个月内审结**。”

但累计不超过六个月[1]，过程中发现不宜适用的，裁定转为普通程序[2]，审限自立案之日计算[3]；普通程序为六个月，特殊情况经院长批准，可延长六个月，还须延长的，可报请上级法院批准[4]。

第三，关于一审程序的结果，法院应按案件特定情况或双方诉讼行为以法定的结案方式完成受理案件的相应处理，具体方式为裁定、调解与判决：关于“裁定”，法院发现案件不符基本起诉条件或应属不予受理情形[5]（包括构成“重复起诉”[6]、依仲裁协议所提立案异议成立[7]）的，应裁定驳回起诉，对原告申请撤诉、经传唤无理不到庭、未经许可退庭的行为，可裁定准许撤诉[8]或按此处理；关于“调解”，法院经查认为案件事实清楚、法律关系明确的，在当事人自愿且合法的基础上[9]，可自行调解，并以制作及送达调解书[10]或由当事人各方在记入调解内容的笔录上进行签章[11]的方

---

① 《最高人民法院关于适用〈中华人民共和国民事诉讼法〉的解释》第二百五十八条第一款规定：
“**适用简易程序审理**的案件，审理期限到期后，双方当事人同意继续适用简易程序的，由本院院长批准，**可以延长审理期限。延长后的审理期限累计不得超过六个月。**”

② 《中华人民共和国民事诉讼法》第一百六十三条规定：
“人民法院在审理过程中，发现案件**不宜适用简易程序**的，裁定**转为普通程序。**”

③ 《最高人民法院关于适用〈中华人民共和国民事诉讼法〉的解释》第二百五十八条第三款规定：
“案件**转为普通程序**审理的，**审理期限自人民法院立案之日计算。**”

④ 《中华人民共和国民事诉讼法》第一百四十九条规定：
“人民法院适用普通程序审理的案件，应当在立案之日起六个月内审结。有特殊情况需要延长的，**由本院院长批准，可以延长六个月；还需要延长的，报请上级人民法院批准。**”

⑤ 《最高人民法院关于适用〈中华人民共和国民事诉讼法〉的解释》第二百零八条第三款规定：
“立案后发现不**符合起诉条件或者属于民事诉讼法第一百二十四条规定情形**的，**裁定驳回起诉。**”

⑥ 《最高人民法院关于适用〈中华人民共和国民事诉讼法〉的解释》第二百四十七条第二款规定：
“当事人**重复起诉**的，裁定**不予受理**；已经受理的，裁定驳回起诉，但法律、司法解释另有规定的除外。”

⑦ 《最高人民法院关于适用〈中华人民共和国民事诉讼法〉的解释》第二百一十六条规定：
“在人民法院首次开庭前，被告**以有书面仲裁协议为由对受理民事案件提出异议**的，人民法院应当进行审查。
经审查符合下列情形之一的，人民法院应当裁定**驳回起诉**：
（一）**仲裁机构或者人民法院已经确认仲裁协议有效的；**
（二）当事人没有在仲裁庭首次开庭前**对仲裁协议的效力提出异议**的；
（三）**仲裁协议符合仲裁法第十六条规定且不具有仲裁法第十七条规定情形**的。”

⑧ 《中华人民共和国民事诉讼法》第一百五十四条第一款规定：
“**裁定**适用于下列范围：
……（三）**驳回起诉；**
……（五）**准许或者不准许撤诉**……”

⑨ 《中华人民共和国民事诉讼法》第九十六条规定：
“调解达成协议，必须**双方自愿**，不得强迫。**调解协议的内容不得违反法律规定。**”

⑩ 《中华人民共和国民事诉讼法》第九十七条第一、第二款规定：
“调解达成协议，**人民法院应当制作调解书**。调解书应当写明诉讼请求、案件的事实和调解结果。
调解书由审判人员、书记员署名，加盖人民法院印章，**送达双方当事人。**”

⑪ 《中华人民共和国民事诉讼法》第九十八条第二款规定：
“对**不需要制作调解书**的协议，应当记入笔录，**由双方当事人、审判人员、书记员签名或者盖章**后，即具有法律效力。”

式，调解结案；关于“判决”，法院在案件未发生可予撤诉事由、不存在驳回起诉情形，且不具备调解条件的情况下，应制作并送达含有判决结果的判决书[①]，以当庭或定期宣判结案[②]，就其判决结果而言，经审理诉请完全或部分成立的，判决全部或部分支持原告诉请，诉请不成立的，判决驳回诉讼请求。

二、二审程序

【主要条款】

◆《中华人民共和国民事诉讼法》第一百七十四条规定：

“第二审人民法院审理上诉案件，除依照本章规定外，适用第一审普通程序。”

◆《中华人民共和国民事诉讼法》第一百七十六条规定：

“人民法院审理对判决的上诉案件，应当在第二审立案之日起三个月内审结。有特殊情况需要延长的，由本院院长批准。

人民法院审理对裁定的上诉案件，应当在第二审立案之日起三十日内作出终审裁定。”

◆《中华人民共和国民事诉讼法》第一百七十条第一款规定：

“第二审人民法院对上诉案件，经过审理，按照下列情形，分别处理：

（一）原判决、裁定认定事实清楚，适用法律正确的，以判决、裁定方式驳回上诉，维持原判决、裁定；

（二）原判决、裁定认定事实错误或者适用法律错误的，以判决、裁定方式依法改判、撤销或者变更；

（三）原判决认定基本事实不清的，裁定撤销原判决，发回原审人民法院重审，或者查清事实后改判；

（四）原判决遗漏当事人或者违法缺席判决等严重违反法定程序的，裁定撤销原判决，发回原审人民法院重审。”

① 《中华人民共和国民事诉讼法》第一百五十二条第一款规定：
“判决书应当写明判决结果和作出该判决的理由……”

② 《中华人民共和国民事诉讼法》第一百四十八条第二款规定：
“当庭宣判的，应当在十日内发送判决书；定期宣判的，宣判后立即发给判决书。”

【条款解析】

我国法院的案件审理实行“两审终审”制[①]，故而对可以上诉且未生效的一审裁判不服的民诉当事人，有权向上一级法院提起上诉，以启动二审程序。据此，民诉的二审程序是我国第二审级法院审理民事上诉案件所应适用的诉讼程序。鉴于《民诉法》第一百七十四条规定,上诉案件除依该法关于二审的专设章节规定外，其余内容适用一审普通程序规定，故现就该程序从提起到结案过程中较一审普通程序相区别的内容逐一解析，具体分述如下：

首先,就二审程序的启动而言,根据《民诉法》及《民诉法司法解释》的相关规定,“提起上诉”是二审程序发起的唯一法定前置条件,据此,该法就“上诉”期限、途径、形式等内容分别作出规定：关于上诉的期限，判决的上诉期为十五日、裁定的上诉期为十日[②]，分别应当自收到裁判文书之日起算[③]；关于上诉的途径，诉讼当事人可以向原审人民法院提出，也可直接向第二审人民法院提起上诉[④]；关于上诉的形式，上诉人应当以书面形式递交上诉状，并在指定期限内缴纳上诉费[⑤]。

其次，就二审程序的主体而言，根据《民诉法司法解释》规定，当事人和第三人都提起上诉的，均列为上诉人，且法院可依职权确定二审当事人的诉讼地位[⑥]。在必要共同诉讼中，一人或部分人上诉的，根据上诉人有意见的不同情形分别处理：

(1) 仅对双方间权利义务分担有意见，不涉及共同诉讼人利益的，对方为被

---

① 《中华人民共和国民事诉讼法》第十条规定：
“人民法院**审理民事案件**，依照法律规定**实行**合议、回避、公开审判和**两审终审制度**。”

② 《中华人民共和国民事诉讼法》第一百六十四条规定：
“当事人不服地方人民法院第一审**判决**的，有权在判决书送达之日**起十五日内向上一级人民法院提起上诉**。当事人不服地方人民法院第一审**裁定**的，有权在裁定书送达之日**起十日内向上一级人民法院提起上诉**。”

③ 《最高人民法院关于适用〈中华人民共和国民事诉讼法〉的解释》第二百四十四条规定：
“可以上诉的判决书、裁定书不能同时送达双方当事人的，**上诉期从各自收到判决书、裁定书之日计算**。”

④ 《最高人民法院关于适用〈中华人民共和国民事诉讼法〉的解释》第一百六十六条规定：
“**上诉状应当通过原审人民法院提出**，并按照对方当事人或者代表人的人数提出副本。
当事人**直接向第二审人民法院上诉**的，第二审人民法院应当在五日内将上诉状移交原审人民法院。”

⑤ 《最高人民法院关于适用〈中华人民共和国民事诉讼法〉的解释》第三百二十条规定：
“一审宣判时或者判决书、裁定书送达时，当事人口头表示上诉的，人民法院应告知其必须在法定上诉期间内递交上诉状。**未在法定上诉期间内递交上诉状的，视为未提起上诉**。虽递交上诉状，但**未在指定的期限内交纳上诉费的，按自动撤回上诉处理**。”

⑥ 《最高人民法院关于适用〈中华人民共和国民事诉讼法〉的解释》第三百一十七条规定：
“双方当事人和第三人都**提起上诉的，均列为上诉人**。人民法院可以**依职权确定第二审程序中当事人的诉讼地位**。”

上诉人，未上诉的同一方当事人依原审诉讼地位列明；

（2）仅对共同诉讼人间权利义务分担有意见，不涉及对方利益的，未上诉的同一方当事人为被上诉人，对方依原审诉讼地位列明；

（3）对双方间及共同诉讼人间权利义务承担均有意见的，未提起上诉的其他当事人均为被上诉人①。

再次，就二审程序的审理而言，二审法院原则上应当仅围绕上诉请求进行审理②，并对该请求的有关事实及法律适用予以审查③。并且，二审法院应当就上诉案件组成合议庭开庭审理，对未提出新的事实、证据或理由，合议庭认为无须开庭审理的，可以不开庭④。此外，根据《民诉法》第一百七十六条及《民事诉讼法司法解释》的有关规定，对于判决或者裁定⑤的上诉案件，法院应当分别自二审立案之日起三个月或三十日内审结或作出终审裁定，有特殊情况需延长审限的，均应由该院院长批准。

最后，就二审程序的结果而言，根据《民诉法》第一百七十一条规定，上诉案件经审理后的处理，分别为：（1）维持原裁判；（2）变更；（3）发回重审；（4）改判。具体而言：

（1）原裁判认定事实清楚、适用法律正确的，应驳回上诉以维持原裁判；

（2）原裁定认定事实或适用法律错误的，应裁定撤销以变更；

---

① 《最高人民法院关于适用〈中华人民共和国民事诉讼法〉的解释》第三百一十九条规定：
“必要共同诉讼人的一人或者部分人提起上诉的，按下列情形分别处理：
（1）上诉仅对与对方当事人之间权利义务分担有意见，不涉及其他共同诉讼人利益的，对方当事人为被上诉人，未上诉的同一方当事人依原审诉讼地位列明；
（2）上诉仅对共同诉讼人之间权利义务分担有意见，不涉及对方当事人利益的，未上诉的同一方当事人为被上诉人，对方当事人依原审诉讼地位列明；
（3）上诉对双方当事人之间以及共同诉讼人之间权利义务承担有意见的，未提起上诉的其他当事人均为被上诉人。”

② 《最高人民法院关于适用〈中华人民共和国民事诉讼法〉的解释》第三百二十三条规定：
“第二审人民法院应当围绕当事人的上诉请求进行审理。
当事人没有提出请求的，不予审理，但一审判决违反法律禁止性规定，或者损害国家利益、社会公共利益、他人合法权益的除外。”

③ 《中华人民共和国民事诉讼法》第一百六十八条规定：
“第二审人民法院应当对上诉请求的有关事实和适用法律进行审查。“

④ 《中华人民共和国民事诉讼法》第一百六十九条规定：
“第二审人民法院对上诉案件，应当组成合议庭，开庭审理。经过阅卷、调查和询问当事人，对没有提出新的事实、证据或者理由，合议庭认为不需要开庭审理的，可以不开庭审理。”

⑤ 《最高人民法院关于适用〈中华人民共和国民事诉讼法〉的解释》第三百四十一条规定：
“人民法院审理对裁定的上诉案件，应当在第二审立案之日起三十日内作出终审裁定。有特殊情况需要延长审限的，由本院院长批准。”

(3) 原判决认定基本事实[①]不清或严重违反程序[②]的，可以或应当裁定撤销以发回重审；

(4) 原判决认定基本事实不清或认定事实、适用法律错误的，可裁定撤销以改判。

此外，除上述经审理的处理结果外，二审的结案方式还包括："驳回起诉"[③]、"撤回起诉"[④]、"撤回上诉"[⑤]、"移送管辖法院"[⑥]以及调解[⑦]。

三、再审程序

【主要条款】

◆《中华人民共和国民事诉讼法》第一百九十八条第一款规定：

"各级人民法院院长对本院已经发生法律效力的判决、裁定、调解书，发现确有错误，认为需要再审的，应当提交审判委员会讨论决定。"

◆《中华人民共和国民事诉讼法》第一百九十九条规定：

"当事人对已经发生法律效力的判决、裁定，认为有错误的，可以向上一级人民法院申请再审；当事人一方人数众多或者当事人双方为公民的案件，也可以向原

---

① 《最高人民法院关于适用〈中华人民共和国民事诉讼法〉的解释》第三百三十五条规定：
"民事诉讼法第一百七十条第一款第三项规定的**基本事实，是指用以确定当事人主体资格、案件性质、民事权利义务等对原判决、裁定的结果有实质性影响的事实。**"

② 《最高人民法院关于适用〈中华人民共和国民事诉讼法〉的解释》第三百二十五条规定：
"下列情形，可以认定为民事诉讼法第一百七十条第一款第四项规定的**严重违反法定程序**：
（一）审判组织的**组成不合法**的；
（二）应当回避的审判人员**未回避**的；
（三）**无诉讼行为能力人未经法定代理人代为诉讼**的；
（四）**违法剥夺当事人辩论权利**的。"

③ 《最高人民法院关于适用〈中华人民共和国民事诉讼法〉的解释》第三百三十条规定：
"人民法院**依照第二审程序审理案件，认为依法不应由人民法院受理**的，可以由第二审人民法院直接裁定撤销原裁判，**驳回起诉**。"

④ 《最高人民法院关于适用〈中华人民共和国民事诉讼法〉的解释》第三百三十八条第一款规定：
"在第二审程序中，原审原告**申请撤回起诉**，经其他当事人同意，且不损害国家利益、社会公共利益、他人合法权益的，人民法院**可以准许。准许撤诉的，应当一并裁定撤销一审裁判。**"

⑤ 《中华人民共和国民事诉讼法》第一百七十三条规定：
"**第二审人民法院判决宣告前**，上诉人**申请撤回上诉的**，是否准许，**由第二审人民法院裁定**。"

⑥ 《最高人民法院关于适用〈中华人民共和国民事诉讼法〉的解释》第三百三十一条规定：
"人民法院依照第二审程序审理案件，**认为第一审人民法院受理案件违反专属管辖规定的**，应当**裁定撤销原裁判并移送有管辖权的人民法院。**"

⑦ 《中华人民共和国民事诉讼法》第一百七十二条规定：
"第二审人民法院**审理上诉案件，可以进行调解**……调解书送达后，**原审人民法院的判决即视为撤销。**"

审人民法院申请再审。当事人申请再审的，不停止判决、裁定的执行。”

◆《中华人民共和国民事诉讼法》第二百零八条第一、第二款规定：

“最高人民检察院对各级人民法院已经发生法律效力的判决、裁定，上级人民检察院对下级人民法院已经发生法律效力的判决、裁定，发现有本法第二百条规定情形之一的，或者发现调解书损害国家利益、社会公共利益的，应当提出抗诉。

地方各级人民检察院对同级人民法院已经发生法律效力的判决、裁定，发现有本法第二百条规定情形之一的，或者发现调解书损害国家利益、社会公共利益的，可以向同级人民法院提出检察建议，并报上级人民检察院备案；也可以提请上级人民检察院向同级人民法院提出抗诉。”

【条款解析】

民事诉讼的“再审程序”是我国民诉中一项重要的程序制度，其目的主要是为纠正已经发生法律效力但确属错误的民事判决、裁定或调解书，对案件重新进行的审理，也称“审判监督程序”（图 8-3）。根据提起主体的不同，“审判监督程序”的启动，主要分为“由审委会决定”、“依当事人申请”、“经检察院抗诉”三种方式，并对应相关的处理方式。现就“再审程序”的具体启动以及处理方式，解析如下：

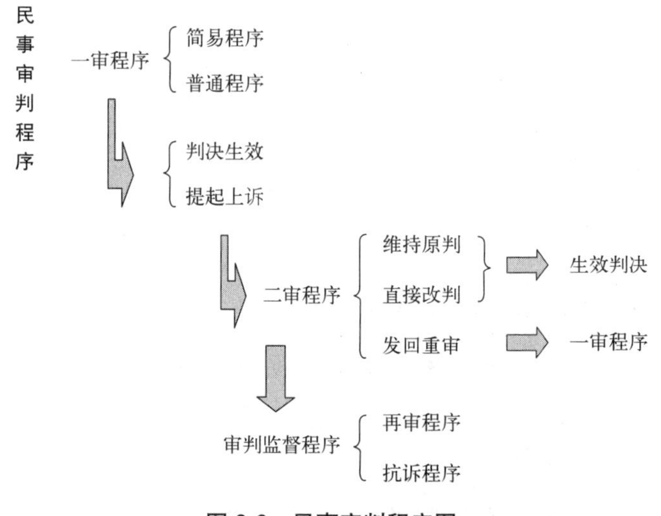

图 8-3　民事审判程序图

"由审委会决定"的再审启动方式，依据《民诉法》第一百九十八条设立。

具体而言，根据《民诉法》第一百九十八条的内容规定，各级人民法院在院长对本院的生效判决、裁定或调解书发现确有错误，认为需要再审，提交"审判委员会"讨论决定后，可以自行启动再审程序。此外，根据该法条第二款[①]规定：最高人民法院对地方各级人民法院已经发生法律效力的判决、裁定或者调解书，以及上级人民法院对下级人民法院已经发生法律效力的判决、裁定或者调解书，均有权提审或者指令下级人民法院再审。

"依当事人申请"的再审启动方式，依据《民诉法》第一百九十九条设立。

结合《民诉法》的相关规定，当事人认为生效裁判符合十三项法定情形[②]之一，或证明调解书违反自愿原则、内容违反法律[③]的，原则可向上一级法院申请再审，但再审申请不停止裁判执行。此外，再审申请依不同情形应在裁判生效、（应当）知道后六个月内提出[④]，法院应在收到申请书后三个月内审查，并裁定再审或驳回申请，裁定再审的，案件原则上应由中院以上的法院审理，最高院或高原裁定再

---

① 《中华人民共和国民事诉讼法》第一百九十八条第二款规定：

"最高人民法院对地方各级人民法院已经发生法律效力的判决、裁定、调解书，上级人民法院对下级人民法院已经发生法律效力的判决、裁定、调解书，发现确有错误的，有权提审或者指令下级人民法院再审。"

② 《中华人民共和国民事诉讼法》第二百条规定：

"当事人的申请符合下列情形之一的，人民法院应当再审：

（一）有新的证据，足以推翻原判决、裁定的；

（二）原判决、裁定认定的基本事实缺乏证据证明的；

（三）原判决、裁定认定事实的主要证据是伪造的；

（四）原判决、裁定认定事实的主要证据未经质证的；

（五）对审理案件需要的主要证据，当事人因客观原因不能自行收集，书面申请人民法院调查收集，人民法院未调查收集的；

（六）原判决、裁定适用法律确有错误的；

（七）审判组织的组成不合法或者依法应当回避的审判人员没有回避的；

（八）无诉讼行为能力人未经法定代理人代为诉讼或者应当参加诉讼的当事人，因不能归责于本人或者其诉讼代理人的事由，未参加诉讼的；

（九）违反法律规定，剥夺当事人辩论权利的；

（十）未经传票传唤，缺席判决的；

（十一）原判决、裁定遗漏或超出诉讼请求的；

（十二）据以作出原判决、裁定的法律文书被撤销或者变更的；

（十三）审判人员审理该案件时有贪污受贿，徇私舞弊，枉法裁判行为的。"

③ 《中华人民共和国民事诉讼法》第二百零一条规定：

"当事人对已经发生法律效力的调解书，提出证据证明调解违反自愿原则或者调解协议的内容违反法律的，可以申请再审。经人民法院审查属实的，应当再审。"

④ 《中华人民共和国民诉法》第二百零五条规定：

"当事人申请再审，应当在判决、裁定发生法律效力后六个月内提出；有本法第二百条第一项、第三项、第十二项、第十三项规定情形的，自知道或者应当知道之日起六个月内提出。"

审的，由本院或交其他法院、原审法院再审[①]。

“经检察院抗诉”的再审启动方式，依据《民诉法》第二百零八条设立。

就“抗诉”而言，最高检对各级法院、上级检察院对下级法院的生效裁判，发现有上述再审申请人申请再审的十三项法定情形，或调解有损国家社会利益的，应予抗诉。地方检察院发现同级法院生效裁判或调解有此情形的，可提请上级检察院向该院抗诉。此外，再审申请人在申请被驳回、逾期未裁定，或再审裁判明显错误的情形下，可向检察院申诉，请求予以抗诉，其应在三个月内作出抗诉与否决定[②]，法院应在收到抗诉书三十日内裁定再审[③]。

【律师提醒】

(1) 对于上述不同结案方式的效力：就庭内调解而言，采用调解书送达的，经双方签收即生效[④]，生效日期以最后收到调解书的当事人签收之日确定[⑤]，故调解书送达前一方后悔的，法院所作文书因当事人拒收而不具法律效力[⑥]；同意笔录签章的，调解协议由各方签章即生效，故调解书送交后一方拒收的，不影响协议效力[⑦]。

---

① 《中华人民共和国民事诉讼法》第二百零四条第一款规定：
“人民法院应当**自收到再审申请书之日起三个月内审查**，符合本法规定的，**裁定再审**；不符合本法规定的，**裁定驳回申请**。有特殊情况需要延长的，由本院院长批准。
因当事人**申请裁定再审的案件由中级人民法院以上的人民法院审理**，但当事人依照本法第一百九十九条的规定选择向基层人民法院申请再审的除外。**最高人民法院、高级人民法院裁定再审的案件，由本院再审或者交其他人民法院再审，也可以交原审人民法院再审。**”

② 《中华人民共和国民事诉讼法》第二百零九条规定：
“有下列情形之一的，当事人可以向人民检察院**申请检察建议或者抗诉**：
（一）人民法院驳回再审申请的；
（二）人民法院逾期未对再审申请作出裁定的；
（三）再审判决、裁定有明显错误的。
人民检察院对当事人的申请应当**在三个月内进行审查**，作出提出或者不予提出检察建议或者抗诉的决定。当事人不得再次向人民检察院申请检察建议或者抗诉。”

③ 《中华人民共和国民事诉讼法》第二百一十一条规定：
“人民检察院提出抗诉的案件，接受抗诉的人民法院应当**自收到抗诉书之日起三十日内作出再审的裁定**……”

④ 《中华人民共和国民事诉讼法》第九十七条第三款规定：
“**调解书经双方当事人签收后，即具有法律效力。**”

⑤ 《最高人民法院关于适用〈中华人民共和国民事诉讼法〉的解释》第一百四十九条规定：
“调解书需经当事人签收后才发生法律效力的，应当**以最后收到调解书的当事人签收的日期为调解书生效日期。**”

⑥ 《中华人民共和国民事诉讼法》第九十九条规定：
“调解未达成协议或者调解书**送达前一方反悔的，人民法院应当及时判决。**”

⑦ 《最高人民法院关于适用〈中华人民共和国民事诉讼法〉的解释》第一百五十一条规定：
“根据民事诉讼法第九十八条第一款第四项规定，**当事人各方同意在调解协议上签名或者盖章后即发生法律效力的**，经人民法院审查确认后，应当记入笔录或者将调解协议附卷，并由当事人、审判人员、书记员签名或者盖章后即具有法律效力。
前款规定情形，当事人请求制作调解书的，人民法院审查确认后可以制作调解书送交当事人。**当事人拒收调解书的，不影响调解协议的效力。**”

就一审裁定而言，在内容导致结案的裁定中，驳回起诉的裁定可以上诉[①]，故二审维持原裁定[②]或上诉期内未上诉[③]的，至此案件被驳回；准许撤诉的裁定不准上诉，故作出即生效[④]，至此诉讼被撤销。就一审判决而言，原则上均可上诉，由此，上诉期届满“没有上诉”的，一审判决即生效；上诉后判决“维持原判”、“改判”的，一审判决不生效；上诉经审理“发回重审”的，一审判决被撤销[⑤]。

（2）需要特别注意的是：

1）二审法院的判决或裁定属于终审裁判，其作出即告生效，即当事人不得上诉[⑥]；

2）当事人对发回重审案件所作判决再次提起上诉的，二审不得再次发回重审[⑦]。

（3）需要特别注意的是：

1）生效的判决或者裁定由第一审法院作出的，“再审”应当按第一审程序审理，所作裁判得以上诉，上级人民法院依据“审判监督程序”提审或者生效裁判由第二审法院作出的，则“再审”应当按第二审程序审理，所作裁判不得上诉[⑧]；

2）就决定“再审”的案件而言，无论该决定由法院自行作出，还是审查当事

---

① 《中华人民共和国民事诉讼法》第一百五十四条规定：
“裁定适用于下列范围：
（一）**不予受理**；
（二）对**管辖权有异议**的；
（三）**驳回起诉**……
对前款第一项至第三项裁定，可以上诉。”

② 《中华人民共和国民事诉讼法》第一百七十条第一款规定：
“第二审人民法院对上诉案件，经过审理，按照下列情形，分别处理：
（一）原判决、裁定**认定事实清楚，适用法律正确**的，以判决、裁定方式**驳回上诉，维持原判决、裁定**……”

③ 《最高人民法院关于适用〈中华人民共和国民事诉讼法〉的解释》第五百三十八条规定：
“……**当事人的上诉期均已届满没有上诉的**，第一审人民法院的判决、裁定**即发生法律效力**。”

④ 《中华人民共和国民事诉讼法》第一百五十五条规定：
“……以及**依法不准上诉或者超过上诉期没有上诉的判决、裁定，是发生法律效力的判决、裁定**。”

⑤ 《中华人民共和国民事诉讼法》第一百七十条第一款规定：
“第二审人民法院对上诉案件，经过审理，按照下列情形，分别处理：
……（三）原判决**认定基本事实不清**的，**裁定撤销原判决，发回原审人民法院重审**，或者查清事实后改判；
（四）原判决**遗漏当事人**或者违法缺席判决等**严重违反法定程序**的，**裁定撤销原判决，发回原审人民法院重审**。”

⑥ 《中华人民共和国民事诉讼法》第一百七十五条规定：
“**第二审人民法院的判决、裁定，是终审的判决、裁定**。”

⑦ 《中华人民共和国民事诉讼法》第一百七十条第二款规定：
“原审人民法院**对发回重审的案件作出判决**后，**当事人提起上诉**的，**第二审人民法院不得再次发回重审**。”

⑧ 《中华人民共和国民事诉讼法》第二百零七条规定：
“人民法院按照审判监督程序再审的案件，发生法律效力的判决、裁定是由第一审法院作出的，**按照第一审程序审理**，所作的判决、裁定，**当事人可以上诉**；发生法律效力的判决、裁定是由第二审法院作出的，**按照第二审程序审理**，所作的判决、裁定，是发生法律效力的判决、裁定；上级人民法院按照审判监督程序提审的，**按照第二审程序审理，所作的判决、裁定是发生法律效力的判决、裁定**。”

人申请所作裁定，还是根据检察院抗诉而作裁定，一旦“审判监督程序”的决定作出，则判决、裁定或调解书的执行应当予以“中止”[①]。

第四节 诉讼证据条款解读

一、一般的证据规定

民事案件的审理应“以事实为根据，以法律为准绳”[②]。由此，法院在民事诉讼中行使审判权，应当在清楚认定事实、正确适用法律的基础上，完成案件的裁判工作。鉴于其中案件事实的认定须通过“证据”以证明[③]，所以，我国相关民诉法律对于“证据”的提供及其得以采信而作为认定事实依据所应满足的有关形式、程序与内容要求，均予以详尽规定，主要涉及证据的“形式种类”、“举证规则”、“质证程序”及其“审定标准”。

（一）证据的种类

【主要条款】

◆《中华人民共和国民事诉讼法》第六十三条第一款规定：

“证据包括：

（一）当事人的陈述；

（二）书证；

（三）物证；

（四）视听资料；

（五）电子数据；

（六）证人证言；

（七）鉴定意见；

（八）勘验笔录。”

---

① 《中华人民共和国民事诉讼法》第二百零六条规定：
“按照审判监督程序决定再审的案件，裁定中止原判决、裁定、调解书的执行，但追索赡养费、扶养费、抚育费、抚恤金、医疗费用、劳动报酬等案件，可以不中止执行。”

② 《中华人民共和国民事诉讼法》第七条规定：
“人民法院审理民事案件，必须**以事实为根据，以法律为准绳**。”

③ 《最高人民法院关于民事诉讼证据的若干规定》第六十三条规定：
“人民法院**应当以证据能够证明的案件事实为依据**依法作出裁判。”

◆《最高人民法院关于适用〈中华人民共和国民事诉讼法〉的解释》第一百一十六条规定：

“视听资料包括录音资料和影像资料。

电子数据是指通过电子邮件、电子数据交换、网上聊天记录、博客、微博客、手机短信、电子签名、域名等形成或者存储在电子介质中的信息。

存储在电子介质中的录音资料和影像资料，适用电子数据的规定。”

◆《最高人民法院关于民事诉讼证据的若干规定》（以下简称《证据规定》）第十条规定：

“当事人向人民法院提供证据，应当提供原件或者原物。如需自己保存证据原件、原物或者提供原件、原物确有困难的，可以提供经人民法院核对无异的复制件或者复制品。”

【条款解析】

我国《民诉法》第六十三条就当事人所提交的证据，规定了八种证据类型，分别为：(1) 当事人陈述；(2) 书证；(3) 物证；(4) 视听资料；(5) 电子数据；(6) 证人证言；(7) 鉴定意见；(8) 勘验笔录。以下就不同类型证据的具体含义及其提交规则进行介绍：

关于“当事人陈述”，是指在诉讼中的原告、被告和第三人就案件事实通过发表陈词或叙述所作的陈述，例如：建设工程合同纠纷中，承包人的项目经理向法庭反应在其驻场期间施工现场的实际情况。实务中，该证据既包括庭审中的口头表述，也包括起诉状、答辩状、代理词等诉讼文书中关于事实的书面陈述。

关于“书证”，是指以其内容来证明待证事实的有关情况的文字材料，例如：建设工程合同纠纷中，承发包订立的施工合同、工程例会的会议纪要、发包人签发的书面工程指令及签认的工程签证。除非确有困难，原则上书证应当提交原件[①]。在此基础上，《民诉法司法解释》就书证设置了五类“提交原件确有困难”的法定情形[②]。

---

① 《中华人民共和国民事诉讼法》第七十条第一款规定：
“**书证应当提交原件**……提交原件或者原物确有困难的，可以提交复制品、照片、副本、节录本。”

② 《中华人民共和国民事诉讼法》第一百一十一条规定：
“民事诉讼法第七十条规定的**提交书证原件确有困难**，包括下列情形：
（一）书证**原件遗失、灭失或者毁损的**；
（二）**原件在对方当事人控制之下**，经合法通知提交而**拒不提交的**；
（三）**原件在他人控制之下，而其有权不提交的**；
（四）原件**因篇幅或者体积过大而不便提交的**；
（五）承担举证证明责任的当事人通过**申请人民法院调查收集或者其他方式无法获得书证原件的**。”

关于“物证”，是指以物品、痕迹等客观物质实体的外形、性状、质地、规格等证明案件事实的证据，例如：建设工程合同纠纷中，施工承包人在法庭调查阶段出示施工现场有关工程材料试验的取样。除非确有困难，物证原则上应提交原件①。此外，根据《民诉法司法解释》规定：法院认为有必要的，可依申请或职权对“物证”进行勘验②。

关于“视听资料”，是指以录音（像）带、电影胶片或电子计算机相关设备存储的作为证明案件事实的音响、活动影像和图形，根据《民诉法司法解释》规定，“视听资料”既包括录音资料，也包括录像资料③，例如：建设工程合同纠纷中，发包人向法庭提供的有关承包人承认其擅自分包工程的电话录音。

关于“电子数据”，是指通过电子邮件、电子数据交换、网上聊天记录、博客、微博客、手机短信、电子签名、域名等形成或者存储在电子介质中的信息，且包括存储在电子介质中的录音资料和影像资料④，例如：建设工程合同纠纷中，承包人在诉讼中提供其与发包人之间通过手机“微信”关于系争工程价款结算事宜进行文字及音频沟通的聊天记录。

关于“证人证言”，是指知道案件情况的单位或个人，经法院依申请或职权通知⑤，就所知晓的案件情况向法院所作陈述，例如：建设工程合同纠纷中，运输司机出庭作证，证明承包人采购的工程材料由其托运至施工现场以用于系争工程。此外，证人原则上应出庭作证，特殊情形下，经法院许可，可采用“书证”或“视听资料”等方式代替⑥。

---

① 《中华人民共和国民事诉讼法》第七十条第一款规定：
“……**物证应当提交原物**。提交原件或者原物确有困难的，可以提交复制品、照片、副本、节录本。”

② 《中华人民共和国民事诉讼法》第一百二十四条第一款规定：
“人民法院**认为有必要的**，可以根据当事人的申请或者依职权**对物证或者现场进行勘验**……”

③ 《最高人民法院关于适用〈中华人民共和国民事诉讼法〉的解释》第一百一十六条第一款规定：
“**视听资料包括录音资料和影像资料**。”

④ 《最高人民法院关于适用〈中华人民共和国民事诉讼法〉的解释》第一百一十六条第二、第三款规定：
“**电子数据**是指通过电子邮件、电子数据交换、网上聊天记录、博客、微博客、手机短信、电子签名、域名等**形成或者存储在电子介质中的信息**。
存储在电子介质中的录音资料和影像资料，适用电子数据的规定。”

⑤ 《中华人民共和国民事诉讼法》第一百一十七条第一、第二款规定：
“……符合本解释第九十六条第一款规定情形的，**人民法院可以依职权通知证人出庭作证**。”

⑥ 《中华人民共和国民事诉讼法》第七十三条规定：
“经人民法院通知，**证人应当出庭作证**。有下列情形之一的，**经人民法院许可，可以通过书面证言、视听传输技术或者视听资料等方式作证**：
（一）因**健康原因**不能出庭的；
（二）因**路途遥远，交通不便**不能出庭的；
（三）因自然灾害等**不可抗力**不能出庭的；
（四）**其他有正当理由**不能出庭的。”

关于“鉴定意见”，是指法院对于诉讼案件所涉及的专业性问题，认为需要鉴定或依当事人鉴定申请，委托、指定或有当事人选定具备资格的鉴定人进行鉴定所出具的专业意见①，例如:建设工程合同纠纷中，鉴定机构关于系争工程质量或造价进行司法鉴定所出具的鉴定意见（详见本章第二节）。

关于“勘验笔录”，是指经法院依申请或职权指派的勘验人员，对诉讼案件所涉物证或现场，进行现场勘验及调查，并根据勘验情况和结果所制作的笔录②。法院可要求鉴定人参与勘验，且在必要时，要求其在勘验中进行鉴定③，例如:建设工程合同纠纷中，造价鉴定机构的鉴定人员至竣工现场，以确定最终系争工程的实际已完工程量。

（二）证据的提供

【主要条款】

◆《中华人民共和国民事诉讼法》第六十四条第一款规定：

“当事人对自己提出的主张，有责任提供证据。”

◆《最高人民法院关于适用〈中华人民共和国民事诉讼法〉的解释》第九十条第一款规定：

“当事人对自己提出的诉讼请求所依据的事实或者反驳对方诉讼请求所依据的事实，应当提供证据加以证明，但法律另有规定的除外。”

◆《最高人民法院关于民事诉讼证据的若干规定》第十四条规定：

“当事人应当对其提交的证据材料逐一分类编号，对证据材料的来源、证明对象和内容作简要说明，签名盖章，注明提交日期，并依照对方当事人人数提出副本。”

---

① 《中华人民共和国民事诉讼法》第七十六条规定：

“当事人**可以就查明事实的专门性问题向人民法院申请鉴定**。当事人申请鉴定的，由双方当事人协商确定具备资格的鉴定人；协商不成的，由人民法院指定。

当事人未申请鉴定，**人民法院对专门性问题认为需要鉴定的，应当委托具备资格的鉴定人进行鉴定**。”

② 《最高人民法院关于适用〈中华人民共和国民事诉讼法〉的解释》第一百二十四条第一款规定：

“人民法院**认为有必要**的，可以根据当事人的申请或者依职权**对物证或者现场进行勘验**……”

③ 《最高人民法院关于适用〈中华人民共和国民事诉讼法〉的解释》第一百二十四条第二款规定：

“人民法院**可以要求鉴定人参与勘验。必要时，可以要求鉴定人在勘验中进行鉴定**。”

【条款解析】

就民事诉讼中的“证据的提供”即“举证”而言，根据《民诉法》及相关司法解释，主要涉及“举证责任”、“举证期限”、“举证方式”三方面及其相应法律后果的规则。

第一，关于“举证责任”，《民诉法》第六十四条规定，应当由当事人承担，并按“谁主张，谁举证”原则确定承担主体。就其中“主张”与“举证”的概念，相关司法解释进一步明确：

（1）“主张”范围既包括就自身诉请的提出①，也包括就对方诉请的反驳②；

（2）“举证”内容主要针对法律关系存在、变更、消灭或权利受妨害的基本事实③。

就建设工程诉讼而言，鉴于其基础法律关系针对围绕建设工程项目所形成的“合同”，因此，建设工程诉讼当事人应举证证明其基于合同所提诉请或反驳依据的事实。具体而言：

（1）主张合同成立并生效或变更、解除、终止、撤销的一方，应证明合同订立和生效或引起合同关系变动的事实；

（2）对合同履行与否发生争议的，由负履行义务的一方承担举证责任；

（3）对代理权发生争议的，由主张有代理权一方承担举证责任④。

在民事诉讼中，举证责任主要依上述原则确定，但“法律另有规定的除外”⑤，该“除外规定”包括两种例外情形：

（1）除对方有相反证据足以反驳或推翻，否则当事人无须就其主张所依据的

---

① 《最高人民法院关于民事诉讼证据的若干规定》第一条规定：
“原告向人民法院起诉或者被告提出反诉，**应当附有符合起诉条件的相应的证据材料**。”

② 《最高人民法院关于民事诉讼证据的若干规定》第二条第一款规定：
“当事人对……或者**反驳对方诉讼请求所依据的事实有责任提供证据加以证明**。”

③ 《最高人民法院关于适用〈中华人民共和国民事诉讼法〉的解释》第九十一条规定：
“人民法院应当依照下列原则确定举证证明责任的承担，但法律另有规定的除外：
（一）**主张法律关系存在**的当事人，应当对产生该法律关系的基本事实**承担举证证明责任**；
（二）**主张法律关系变更、消灭或者权利受到妨害**的当事人，应当对该法律关系变更、消灭或者权利受到妨害的基本事实**承担举证证明责任**。”

④ 《最高人民法院关于民事诉讼证据的若干规定》第五条规定：
“在合同纠纷案件中，**主张合同关系成立并生效**的一方当事人对合同订立和生效的事实承担举证责任；**主张合同关系变更、解除、终止、撤销的一方当事人**对引起合同关系变动的事实承担举证责任。
对合同是否履行发生争议的，由**负有履行义务的当事人承担举证责任**。
对代理权发生争议的，由**主张有代理权一方当事人承担举证责任**。”

⑤ 《最高人民法院关于适用〈中华人民共和国民事诉讼法〉的解释》第九十条第一款规定：
“当事人对自己提出的诉讼请求所依据的事实或者反驳对方诉讼请求所依据的事实，应当提供证据加以证明，**但法律另有规定的除外**。”

七类事实[①]举证；

（2）除涉身份关系、国家或社会利益等应由法院依职权调查的事实[②]、[③]外，当事人无须就对方所承认的“自认事实”[④、⑤]举证。

基于上述举证责任分配，其具体的法律后果是：负举证责任的当事人在判决作出前未提供证据或证据不足以证明其事实主张的，应承担“举证不能”的不利法律后果[⑥]，但其提交证据确有困难[⑦]且有证据证明对方持有该证据原件的，可申请法院责令对方当事人提交[⑧]。无正当理由拒不提供的，可推定该不利于证据持有人的

---

① 《最高人民法院关于适用〈中华人民共和国民事诉讼法〉的解释》第九十三条规定：
“下列事实，当事人无须举证证明：
（一）自然规律以及定理、定律；
（二）众所周知的事实；
（三）根据法律规定推定的事实；
（四）根据已知的事实和日常生活经验法则推定出的另一事实；
（五）已为人民法院发生法律效力的裁判所确认的事实；
（六）已为仲裁机构生效裁决所确认的事实；
（七）已为有效公证文书所证明的事实。
前款第二项至第四项规定的事实，当事人有相反证据足以反驳的除外；第五项至第七项规定的事实，当事人有相反证据足以推翻的除外。”

② 《中华人民共和国民事诉讼法》第六十四条第二款规定：
“……或者人民法院认为审理案件需要的证据，人民法院应当调查收集。”

③ 《最高人民法院关于适用〈中华人民共和国民事诉讼法〉的解释》第九十六条第一款规定：
“民事诉讼法第六十四条第二款规定的人民法院认为审理案件需要的证据包括：
（一）涉及可能损害国家利益、社会公共利益的；
（二）涉及身份关系的；
（三）涉及民事诉讼法第五十五条规定诉讼的；
（四）当事人有恶意串通损害他人合法权益可能的；
（五）涉及依职权追加当事人、中止诉讼、终结诉讼、回避等程序性事项的。”

④ 《最高人民法院关于适用〈中华人民共和国民事诉讼法〉的解释》第九十二条第一、第二款规定：
“……对于涉及身份关系、国家利益、社会公共利益等应当由人民法院依职权调查的事实，不适用前款自认的规定。”

⑤ 《最高人民法院关于民事诉讼证据的若干规定》第八条第二款规定：
“对一方当事人陈述的事实，另一方当事人既未表示承认也未否认，经审判人员充分说明并询问后，其仍不明确表示肯定或者否定的，视为对该项事实的承认。”

⑥ 《最高人民法院关于适用〈中华人民共和国民事诉讼法〉的解释》第九十条第二款规定：
“在作出判决前，当事人未能提供证据或者证据不足以证明其事实主张的，由负有举证证明责任的当事人承担不利的后果。”

⑦ 《最高人民法院关于适用〈中华人民共和国民事诉讼法〉的解释》第一百一十一条第一款第（二）项第（三）项规定：
“民事诉讼法第七十条规定的提交书证原件确有困难，包括下列情形：
……（二）原件在对方当事人控制之下，经合法通知提交而拒不提交的；
（三）原件在他人控制之下，而其有权不提交的；”

⑧ 《最高人民法院关于适用〈中华人民共和国民事诉讼法〉的解释》第一百一十二条规定：
“书证在对方当事人控制之下的，承担举证证明责任的当事人可以在举证期限届满前书面申请人民法院责令对方当事人提交。”

主张成立[①]。

第二，关于“举证期限”，《民诉法》第六十五条规定：当事人应及时提供证据。在此基础上，举证的具体时限，根据司法解释相关规定，应当由法院确定，允许当事人协商并经法院准许，由法院指定举证期限的，第一审普通程序案件不得少于十五日，当事人提供新的证据的第二审案件不得少于十日[②]。此外，该时限应当由法院在举证通知书中载明并与案件受理或应诉通知书同时向当事人送达，自当事人收到通知书的次日起算[③]。

在确定上述举证期限的前提下，如果一方当事人在该时限内提交证据材料确有困难的，根据相关司法解释规定，其有权在举证期限内向法院以书面方式申请延长举证期限。对此，申请理由不成立的，法院不予准许并通知申请人；申请理由成立的，则应予准许，适当延长期限并通知其他当事人，延长期限适用于其他当事人[④]。该延长期限届满前，当事人提交证据仍有困难的，得以再次申请延期，准许与否由法院决定[⑤]。

基于上述举证期限的规定，当事人逾期举证的，可能承担不利的法律后果，具体包括：

（1）对于当事人在举证期限内不提交证据的期限，法院可以视为其放弃举证权利[⑥]，除非逾期提供是由于客观原因或对方对此未提出异议[⑦]；

---

① 《最高人民法院关于民事诉讼证据的若干规定》第七十五条规定：
“**有证据证明一方当事人持有证据无正当理由拒不提供**，如果对方当事人主张该证据的内容不利于证据持有人，**可以推定该主张成立**。”

② 《最高人民法院关于适用〈中华人民共和国民事诉讼法〉的解释》第九十九条规定第一、第二款规定：
“**人民法院**应当……**确定当事人的举证期限**。举证期限可以由**当事人协商**，并**经人民法院准许**。
人民法院确定举证期限，第一审普通程序案件**不得少于十五日**，当事人提供新的证据的第二审案件**不得少于十日**。”

③ 《最高人民法院关于民事诉讼证据的若干规定》第三十三条第一、第三款规定：
“人民法院**应当在送达案件受理通知书和应诉通知书的同时向当事人送达举证通知书**。举证通知书应当载明……人民法院根据案件情况指定的举证期限以及逾期提供证据的法律后果。
由人民法院指定举证期限的，指定的期限**不得少于三十日，自当事人收到案件受理通知书和应诉通知书的次日起计算**。”

④ 《最高人民法院关于民事诉讼证据的若干规定》第一百条规定：
“当事人申**请延长举证期限**的，应当**在举证期限届满前向人民法院提出书面申请**。
申请理由成立的，人民法院**应当准许**，适当延长举证期限，并**通知其他当事人**。**延长的举证期限适用于其他当事人**。
申请理由不成立的，人民法院不予准许，并通知申请人。”

⑤ 《最高人民法院关于民事诉讼证据的若干规定》第三十六条规定：
“……当事人**在延长的举证期限内提交证据材料仍有困难**的，可以**再次提出延期申请**，**是否准许由人民法院决定**。”

⑥ 《最高人民法院关于适用〈中华人民共和国民事诉讼法〉的解释》第三十四条第一款规定：
“当事人应当在举证期限内向人民法院提交证据材料，**当事人在举证期限内不提交，视为放弃举证权利**。”

⑦ 《最高人民法院关于适用〈中华人民共和国民事诉讼法〉的解释》第一百零一条第二款规定：
“当事人**因客观原因逾期提供证据**，或者**对方当事人对逾期提供证据未提出异议**的，**视为未逾期**。”

(2) 对于当事人逾期提交的证据材料，法院审理时有权不组织质证，除非对方当事人同意质证[①]；

(3) 对于当事人在举证期限届满后提供的证据，法院得以不予采纳，除非该证据属于“新的证据”[②]。但是，逾期提交非因故意、重大过失或证据与案件基本事实有关的，法院应当采纳[③]。

第三，关于“举证方式”，当事人提交证据的，根据《证据规定》第十四条规定，应当将所交证据材料逐一分类编号，对证据材料的来源、证明对象和内容作简要说明，签名盖章，注明提交日期，并依照对方当事人人数提出副本。其中，对于涉外证据的提供，若证据系在中国境外形成的，则应当经所在国公证机关证明，并经中国驻该国使领馆予以认证，或我国与该所在国订立的有关条约中规定的证明手续；在中国港澳台地区形成的，则应履行相关证明手续[④]。若当事人提供的书证涉及外文证书或者外文说明资料的，则应附中文译本[⑤]。

此外，就证人证言的举证方式而言，当事人申请证人出庭作证的，应在举证期限届满十日前提出，并经人民法院许可，法院对此申请予以准许的，应在开庭审理前通知证人出庭作证，并告知其应当如实作证及作伪证的法律后果[⑥]。

当事人原则上应按上述方式提供证据，但因客观原因不能自行举证[⑦]的，法院

---

① 《最高人民法院关于适用〈中华人民共和国民事诉讼法〉的解释》第三十四条第二款规定：
“对于当事人逾期提交的证据材料，人民法院审理时不组织质证。但对方当事人同意质证的除外。”

② 《最高人民法院关于民事诉讼证据的若干规定》第四十三条规定：
“当事人举证期限届满后提供的证据不是新的证据的，人民法院不予采纳。”

③ 《最高人民法院关于适用〈中华人民共和国民事诉讼法〉的解释》第一百零二条规定：
“……当事人非因故意或者重大过失逾期提供的证据，人民法院应当采纳，并对当事人予以训诫。”

④ 《最高人民法院关于民事诉讼证据的若干规定》第十一条规定：
“当事人向人民法院提供的证据系在中华人民共和国领域外形成的，该证据应当经所在国公证机关予以证明，并经中华人民共和国驻该国使领馆予以认证，或者履行中华人民共和国与该所在国订立的有关条约中规定的证明手续。
当事人向人民法院提供的证据是在香港、澳门、台湾地区形成的，应当履行相关的证明手续。”

⑤ 《最高人民法院关于民事诉讼证据的若干规定》第十二条规定：
“当事人向人民法院提供外文书证或者外文说明资料，应当附有中文译本。”

⑥ 《最高人民法院关于民事诉讼证据的若干规定》第五十四条第一款、第二款规定：
“当事人申请证人出庭作证，应当在举证期限届满十日前提出，并经人民法院许可。
人民法院对当事人的申请予以准许的，应当在开庭审理前通知证人出庭作证，并告知其应当如实作证及作伪证的法律后果。”

⑦ 《最高人民法院关于适用〈中华人民共和国民事诉讼法〉的解释》第九十四条第一款规定：
“民事诉讼法第六十四条第二款规定的当事人及其诉讼代理人因客观原因不能自行收集的证据包括：
(一) 证据由国家有关部门保存，当事人及其诉讼代理人无权查阅调取的；
(二) 涉及国家秘密、商业秘密或者个人隐私的；
(三) 当事人及其诉讼代理人因客观原因不能自行收集的其他证据。”

应调查收集[①]。根据司法解释规定，除涉身份、国家或社会利益等“法院认为审理需要”的事实应由其主动依职权调查外，法院取证应依当事人申请[②]。该申请由负举证责任的当事人在举证期限内以书面形式递交[③]，并应载明被调查人的情况、所调证据的内容、法院取证的原因及其待证事实[④]。法院认为无取证必要的，不予准许[⑤]，申请人对此有权申请复议[⑥]。

综上所述，为证明有利案件事实，以取得理想裁判结果，作为本章所述“建设工程诉讼”当事人，应依举证责任分配，在确定的举证期限内，按法定的举证方式，完成证据提供。

（三）证据的质证

【主要条款】

◆《中华人民共和国民诉法》第六十八条规定：

“证据应当在法庭上出示，并由当事人互相质证。对涉及国家秘密、商业秘密和个人隐私的证据应当保密，需要在法庭出示的，不得在公开开庭时出示。”

◆《最高人民法院关于适用〈中华人民共和国民事诉讼法〉的解释》第一百

---

① 《中华人民共和国民事诉讼法》第六十四条第二款规定：
“当事人及其诉讼代理人**因客观原因不能自行收集**的证据……，**人民法院应当调查收集。**”

② 《最高人民法院关于适用〈中华人民共和国民事诉讼法〉的解释》第九十六条规定：
“民事诉讼法第六十四条第二款规定的人民法院认为审理案件需要的证据包括：
（一）涉及**可能损害国家利益、社会公共利益**的；
（二）**涉及身份关系**的；
（三）**涉及民事诉讼法第五十五条规定诉讼**的；
（四）当事人有**恶意串通损害他人合法权益可能**的；
（五）**涉及**依职权追加当事人、中止诉讼、终结诉讼、回避等**程序性事项**的。
除前款规定外，人民法院调查收集证据，应当依照当事人的申请进行。”

③ 《最高人民法院关于适用〈中华人民共和国民事诉讼法〉的解释》第九十四条第二款规定：
“当事人及其诉讼代理人因客观原因不能自行收集的证据，可以**在举证期限届满前书面申请人民法院调查收集。**”

④ 《最高人民法院关于民事诉讼证据的若干规定》第十八条规定：
“……申请书**应当载明**被调查人的姓名或者单位名称、住所地等**基本情况**、所要调查收集的**证据的内容**、需要由人民法院调查收集证据的**原因及其要证明的事实。**”

⑤ 《最高人民法院关于适用〈中华人民共和国民事诉讼法〉的解释》第九十五条规定：
“当事人申请调查收集的证据，与待证事实**无关联**、对证明待证事实**无意义**或者其他**无调查收集必要**的，**人民法院不予准许。**”

⑥ 《最高人民法院关于民事诉讼证据的若干规定》第十九条第二款规定：
“人民法院**对当事人及其诉讼代理人的申请不予准许**的，应当向当事人或其诉讼代理人送达通知书。当事人及其诉讼代理人可以在**收到通知书的次日起三日内向受理申请的人民法院书面申请复议**一次。人民法院应当在收到复议申请之日起五日内作出答复。”

零三条第一、第二款规定：

“证据应当在法庭上出示，由当事人互相质证。未经当事人质证的证据，不得作为认定案件事实的根据。

当事人在审理前的准备阶段认可的证据，经审判人员在庭审中说明后，视为质证过的证据。”

◆《最高人民法院关于适用〈中华人民共和国民事诉讼法〉的解释》第一百零四条第一款规定：

“人民法院应当组织当事人围绕证据的真实性、合法性以及与待证事实的关联性进行质证，并针对证据有无证明力和证明力大小进行说明和辩论。”

【条款解析】

在民事诉讼中，“质证”活动主要是指当事人在法院主持下，于开庭前的证据交换程序或庭审中的法庭调查阶段，就案件待证事实所提供的证据，进行说明及质辩的过程。

根据《民诉法》第六十八条规定：除涉国家、商业秘密或个人隐私外，证据原则上应当庭出示，并公开由当事人互相质证。《民诉法司法解释》第一百零三条在此基础上进一步规定，除非当事人在审理前的准备阶段予以认可，并经审判人员说明，否则，未经质证的证据不得作为认定案件事实的根据。具体而言，相关民诉的司法解释关于质证的规定主要涉及“质证的内容”、“质证的步骤”与“质证的方式”三个方面的程序设定，现解读如下：

其一，关于“质证内容”，诉讼当事人应当根据《民诉法司法解释》第一百零四条的规定，在法庭调查阶段，围绕所提供证据的“三性”，即：“真实性”、“合法性”，以及与待证事实的“关联性”，进行质证。同时，双方应当针对互相之间证据证明力的有无或者其证明力的大小进行质疑、说明或者辩驳[①]。

此外，诉讼当事人在对“书证”、“物证”或者“视听资料”进行质证时，根据《证据规定》的相关规定，其有权要求对方出示证据的原件或者原物，除非：

（1）出示原件或者原物确有困难并经人民法院准许出示复制件或者复制品；

（2）原件或者原物已不存在，但有证据证明复制件、复制品与原件或者原物

---

① 《最高人民法院关于民事诉讼证据的若干规定》第五十条规定：
“质证时，当事人应当围绕证据的真实性、关联性、合法性，**针对证据证明力有无以及证明力大小，进行质疑、说明与辩驳。**”

一致[①]。

其二，关于“质证步骤”，根据《证据规定》的相关内容，其顺序应当遵循：首先，由原告出示证据，经被告、第三人（如果有）与原告进行质证；再次，由被告出示证据，经原告、第三人（如果有）与被告进行质证；最后，由第三人（如果有）出示证据，经原告、被告与第三人进行质证[②]。最后，当事人应当对法庭当庭所记入笔录的质证情况进行核对，并就此予以签名或者盖章[③]。

此外，在质证环节，如果是法院依当事人申请所调证据，应当由作为提出申请的一方当事人提供[④]。据此，其应当就该组证据予以说明且接受其他当事人的质询；如果是法院依职权所调证据，则应由其在庭审时出示，听取当事人意见，并可就调查收集的情况予以说明[⑤]。另外，案件有两个以上独立诉讼请求的，当事人可以逐个出示证据进行质证[⑥]。

其三，关于“质证方式”，除通常所进行的常规说明与辩驳外，部分特定种类的证据可能须所涉人员到庭接受质询：“当事人陈述”的当事人经法院认为有必要且通知，应本人到庭接受询问；“证人证言”的证人原则上应出庭作证，接受当事人或审判人员质询[⑦]且不得旁听审理，法院可让证人对质[⑧]；“鉴定意见”的鉴定人，

---

① 《最高人民法院关于民事诉讼证据的若干规定》第四十九条规定：
“对书证、物证、视听资料进行质证时，当事人有权要求出示证据的原件或者原物。**但有下列情况之一的除外**：
（一）出示原件或者原物**确有困难**并经人民法院准许出示复制件或者复制品的；
（二）**原件或者原物已不存在**，但有证据证明复制件、复制品与原件或原物一致的。”

② 《最高人民法院关于民事诉讼证据的若干规定》第五十一条第一款规定：
“**质证按下列顺序进行**：
（一）**原告**出示证据，被告、第三人与原告进行质证；
（二）**被告**出示证据，原告、第三人与被告进行质证；
（三）**第三人**出示证据，原告、被告与第三人进行质证。”

③ 《最高人民法院关于民事诉讼证据的若干规定》第六十二条规定：
“法庭应当将当事人的质证情况**记入笔录**，并由当事人**核对后签名或者盖章**。”

④ 《最高人民法院关于民事诉讼证据的若干规定》第五十一条第二款规定：
“人民法院依照当事人申请调查收集的证据，**作为提出申请的一方当事人提供的证据**。”

⑤ 《最高人民法院关于民事诉讼证据的若干规定》第五十一条第三款规定：
“**人民法院依照职权调查收集的证据**应当在庭审时出示，**听取当事人意见**，并可就调查收集该证据的情况**予以说明**。”

⑥ 《最高人民法院关于民事诉讼证据的若干规定》第五十二条规定：
“案件有**两个以上独立的**诉讼请求的，当事人可以**逐个出示证据进行质证**。”

⑦ 《最高人民法院关于民事诉讼证据的若干规定》第五十五条第一款规定：
“证人应当出庭作证，**接受当事人的质询**。”

⑧ 《最高人民法院关于民事诉讼证据的若干规定》第五十八条规定：
“审判人员和当事人可以对证人进行询问。**证人不得旁听法庭审理**；询问证人时，其他证人不得在场。人民法院认为**有必要的，可以让证人进行对质**。”

原则上应出庭答复当事人或有专门知识的人[①]的质询[②]；"书证"中单位证明材料的制作人员，经法院认为有必要且通知，应出庭作证。另外，该证明材料应由单位负责人及制作员签章并加盖单位印章[③]。

当事人根据相关司法解释规定，可在举证期限内申请1～2名具有专门知识的人出庭，代表其就鉴定意见进行质证或案涉事实提出专业意见[④]，以作为"当事人陈述"[⑤]。其可接受法院或者当事人的询问，并由当事人各自所申请的具有专门知识的人就案涉有关问题进行对质[⑥]，但不得参加专业问题之外的法庭审理活动[⑦]。

综上所述，为了说明己方有利证据并质辩对方反驳证据，以争取有利于己的案件事实认定，作为本章所述"建设工程诉讼"的当事人，应当依法围绕限定的"质证内容"，遵循法定的"质证步骤"，运用规定的"质证方式"，对提供的证据进行质证。

（四）证据的认定

【主要条款】

◆《最高人民法院关于适用〈中华人民共和国民事诉讼法〉的解释》第一百零五条规定：

"人民法院应当按照法定程序，全面、客观地审核证据，依照法律规定，运用逻辑推理和日常生活经验法则，对证据有无证明力和证明力大小进行判断，并公

---

① 《中华人民共和国民事诉讼法》第七十九条规定：
"当事人可以申请人民法院**通知有专门知识的人出庭**，就鉴定人作出的鉴定意见或专业问题提出意见。"

② 《最高人民法院关于民事诉讼证据的若干规定》第五十九条规定：
"**鉴定人应当出庭接受当事人质询。**
鉴定人确**因特殊原因无法出庭**的，经人民法院准许，可以**书面答复当事人的质询**。"

③ 《最高人民法院关于适用〈中华人民共和国民事诉讼法〉的解释》第一百一十五条第一款：
"**单位向人民法院提出的证明材料**，应当由单位负责人及制作证明材料的人员**签名或者盖章**，并**加盖单位印章**。人民法院就单位出具的证明材料，可以向单位及制作证明材料的人员进行调查核实。**必要时，可以要求制作证明材料的人员出庭作证。**"

④ 《最高人民法院关于适用〈中华人民共和国民事诉讼法〉的解释》第一百二十二条第一款规定：
"当事人可以依照民事诉讼法第七十九条的规定，在举证期限届满前申请一至二名具有专门知识的人出庭，**代表当事人对鉴定意见进行质证**，或者**对案件事实所涉及的专业问题提出意见**。"

⑤ 《最高人民法院关于适用〈中华人民共和国民事诉讼法〉的解释》第一百二十二条第二款规定：
"**具有专门知识的人在法庭上就专业问题提出的意见，视为当事人的陈述。**"

⑥ 《最高人民法院关于适用〈中华人民共和国民事诉讼法〉的解释》第一百二十三条第一款规定：
"人民法院**可以对出庭的具有专门知识的人进行询问**。经法庭准许，当事人可以对出庭的具有专门知识的人进行询问，当事人**各自申请的具有专门知识的人可以就案件中的有关问题进行对质**。"

⑦ 《最高人民法院关于适用〈中华人民共和国民事诉讼法〉的解释》第一百二十三条第二款规定：
"**具有专门知识的人不得参与专业问题之外的法庭审理活动。**"

开判断的理由和结果。”

◆《中华人民共和国民事诉讼法》第一百零四条第二款规定：

“能够反映案件真实情况、与待证事实相关联、来源和形式符合法律规定的证据，应当作为认定案件事实的根据。”

◆《最高人民法院关于适用〈中华人民共和国民事诉讼法〉的解释》第一百零四条第二款规定：

“能够反映案件真实情况、与待证事实相关联、来源和形式符合法律规定的证据，应当作为认定案件事实的根据。”

【条款解析】

民事案件的审理应以“证据能够证明的案件事实”①为根据。所以，法院需要在“提供的证据”与“案件的事实”之间确定其相互存在的客观关联，进而，通过前者证明的采信作为后者认定的依据，以最终作出裁判。因此，法院对于当事人所提供的证据，解决其中“哪些证据能够证明事实”或“事实认定依据哪些证据”是其作出裁判文书所必不可少且尤为关键的审判活动，该过程即称为“证据的认定”。

就本章所述“建设工程诉讼”的当事人而言，作为建设工程领域的各参与方，为应对生产经营过程中一旦因民事纠纷而发生诉讼的可能，无论从防范事实认定不利于己，还是从争取事实认定有利于己的角度出发，在合同履行或诉讼准备阶段，就诉前有利证据的积极收集，均对届时经由诉讼取得理想裁判结果而言至关重要。所以，“证据的认定”规则虽系针对法院审判权的正确行使所设定的裁判标准，但理解其内容助于有效指引当事人的证据收集。

根据《民诉法》第一百零五条规定，证据的认定步骤主要分为证据的审核与判断。

关于“证据的审核”，应按照法律程序且“全面、客观”②，根据《民诉法司法解释》第一百零四条规定，审核内容应围绕是否“能够反映真实情况”、“与待证事实相

① 《最高人民法院关于民事诉讼证据的若干规定》第六十三条规定：
“人民法院应当**以证据能够证明的案件事实为依据**依法作出裁判。”

② 《中华人民共和国民事诉讼法》第六十四条第三款规定：
“人民法院应当按照法定程序，**全面地、客观地审查核实证据**。”

关联”及“符合法律规定”，即证据的“三性”（真实性、关联性、合法性）展开，具体如下（图 8-4）：

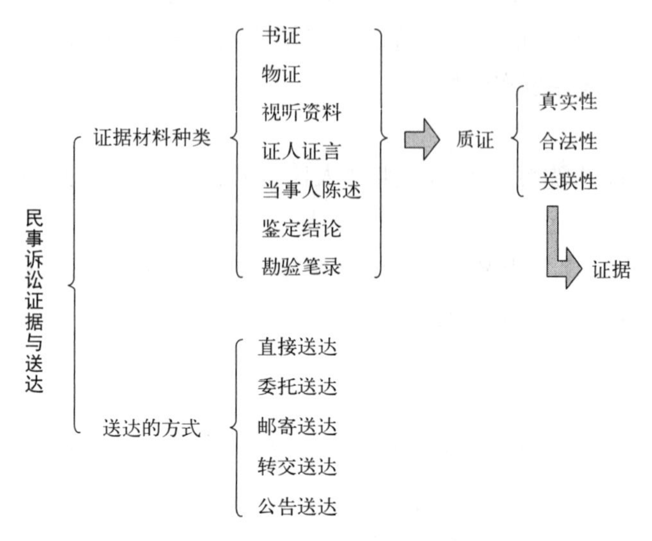

图 8-4　民事诉讼证据与送达简析图

其一，“真实性”的审核，其核心内容即为“辨别真伪”。具体而言，根据《民诉法》及其司法解释规定：法院对于有关单位和个人提出的证明文书应予辨识以确定效力①；对于视听资料的真实性应辨别真伪②；对于自认的事实与查明的事实不符的，应不予确认③。

简言之，无论当事人提供的证据属于何种证据种类，其所证明事实经核查系虚假捏造的，则均不得作为案件审理中关于认定案件事实的依据。

其二，“关联性”的审核，即确定当事人所提供的证据是否与待证事实相关联。具体而言，最高院在《证据规定》第六十五条规定：审判人员就单一证据的审核应当以“证据与本案事实是否相关”作为审查内容开展认定④。此外，根据该司法解

① 《中华人民共和国民事诉讼法》第六十七条第二款规定：
“人民法院**对有关单位和个人提出的证明文书，应当辨别真伪，审查确定其效力。**”

② 《中华人民共和国民事诉讼法》第七十一条规定：
“人民法院**对视听资料**，应当**辨别真伪**，并结合本案的其他证据，审查确定能否作为认定事实的根据。”

③ 《最高人民法院关于适用〈中华人民共和国民事诉讼法〉的解释》第九十二条第二款规定：
“**自认的事实与查明的事实不符的，人民法院不予确认。**”

④ 《最高人民法院关于民事诉讼证据的若干规定》第六十五条规定：
“审判人员**对单一证据可以从下列方面进行审核认定：**
……（二）**证据与本案事实是否相关**……”

释的相关规定，审判人员对案件的全部证据，应当从“各证据与案件事实的关联程度”以及“各证据之间的联系”等方面[①]进行综合审查判断。

其三，“合法性”的审核，分为“来源”与“形式”的合法审查：前者指对以“严重侵害他人权益”、“违反法律禁止规定”或“严重违背公序良俗”方法所形成或获取的证据，不得作为事实认定根据[②]；后者指对“未经质证的证据”[③]，及“证明材料的出具单位或制作人员拒绝法院要求配合调查或出庭作证”[④]、“鉴定意见的鉴定人经法院通知拒绝出庭作证”[⑤]等缺乏程序性形式要件的证据，不得作为事实认定根据。

关于“证据的判断”，应依据法律规定“运用逻辑推理和日常生活经验法”，判断内容应针对证据“证明力有无”与“证明力大小”展开[⑥]，根据《证据规定》相关规定，其主要由对于“单一证据”证明力的判定与“相反证据”证明力的比较构成，分述如下：

一则，就“单一证据”而言，对其证明力应综合分析，例如：证人的“智力、品德、知识、经验等”[⑦]、证据原（物）或复印件（品）与其相符与否、证据提供人与当事人有无利害关系[⑧]。具体的判断标准分“不能单独认定”、“可以确认”、“应予确认”三档：

---

① 《最高人民法院关于民事诉讼证据的若干规定》第六十六条规定：
“审判人员对案件的全部证据，应当从**各证据与案件事实的关联程度、各证据之间的联系**等方面进行综合审查判断。”

② 《最高人民法院关于适用〈中华人民共和国民事诉讼法〉的解释》第一百零六条规定：
“对以**严重侵害他人合法权益、违反法律禁止性规定**或者**严重违背公序良俗**的方法形成或者获取的证据，**不得作为认定案件事实的根据**。”

③ 《最高人民法院关于适用〈中华人民共和国民事诉讼法〉的解释》第一百零三条第一款规定：
“证据应当在法庭上出示，由当事人互相质证。**未经当事人质证的证据，不得作为认定案件事实的根据**。”

④ 《最高人民法院关于民事诉讼证据的若干规定》第一百一十五条第二款规定：
“单位及制作证明材料的人员**拒绝人民法院调查核实**，或者**制作证明材料的人员无正当理由拒绝出庭作证**的，该证明材料**不得作为认定案件事实的根据**。”

⑤ 《中华人民共和国民事诉讼法》第七十八条规定：
“当事人**对鉴定意见有异议或者人民法院认为鉴定人有必要出庭**的，鉴定人应当出庭作证。经人民法院通知，**鉴定人拒不出庭作证的，鉴定意见不得作为认定事实的根据**……”

⑥ 《最高人民法院关于民事诉讼证据的若干规定》第六十四条规定：
“审判人员应当……依据法律的规定，遵循法官职业道德，运用逻辑推理和日常生活经验，**对证据有无证明力和证明力大小独立进行判断**，并公开判断的理由和结果。”

⑦ 《最高人民法院关于民事诉讼证据的若干规定》第七十八条规定：
“人民法院认定证人证言，可以**通过对证人的智力状况、品德、知识、经验、法律意识和专业技能等的综合分析作出判断**。”

⑧ 《最高人民法院关于民事诉讼证据的若干规定》第六十五条规定：
“审判人员**对单一证据可以从下列方面进行审核认定**：
（一）证据是否原件、原物，复印件、复制品**与原件、原物是否相符**；
……（五）证人或者提供证据的人，**与当事人有无利害关系**。”

（1）“不能单独认定”是指“未成年人所作与年龄智力不相当的证言”、“与当事人或代理人有利害关系的证人所作证言”、“存疑的视听资料”、“与原件（物）无法核对的复印件（品）”、“无理由不出庭作证的证人证言”[①]及“当事人陈述”[②]不得单独作为事实认定依据；

（2）“可以确认”是指，经人民法院委托的鉴定单位所作“没有足以反驳的相反证据和理由”的鉴定意见[③]，以及“经对方当事人认可或者其所举相反证据不足以反驳”的证据、“经对方当事人认可”的反驳证据[④]，可以确定其证明力；

（3）“应予确认”是指，无足以反驳理由和证据的“书证原件或其核对无误的复印件”、“物证原物或其核对无误的复制件”、“有其他佐证并合法取得且无疑点的视听资料或其核对无误的复制件”、“依法定程序制作的物证或现场勘验笔录”[⑤]，应当确认其证明力。

再则，就“相反证据”而言，根据《证据规定》的相关规定[⑥]，双方当事人对同一事实分别举出相反证据，但均无足够依据否定对方证据的，法院应结合案件情况，判断一方提供证据的证明力是否明显大于另一方提供证据的证明力，并对证明力较大的证据予以确认。

---

① 《最高人民法院关于民事诉讼证据的若干规定》第六十九条规定：
“下列证据**不能单独作为认定案件事实的依据**：
（一）未成年人所作的**与其年龄和智力状况不相当**的证言；
（二）与一方当事人或者其代理人**有利害关系**的证人出具的证言；
（三）**存有疑点**的视听资料；
（四）**无法与原件、原物核对**的复印件、复制品；
（五）**无正当理由未出庭**作证的证人证言。”

② 《最高人民法院关于民事诉讼证据的若干规定》第七十六条规定：
“……**只有本人陈述而不能提出其他相关证据的，其主张不予支持**。但对方当事人认可的除外。”

③ 《最高人民法院关于民事诉讼证据的若干规定》第七十一条规定：
“**人民法院委托鉴定部门作出的鉴定结论**，当事人**没有足以反驳的相反证据和理由**的，**可以认定其证明力**。”

④ 《最高人民法院关于民事诉讼证据的若干规定》第七十二条规定：
“一方当事人提出的证据，另一方当事人**认可或者提出的相反证据不足以反驳**的，人民法院可以**确认其证明力**。
一方当事人提出的证据，另一方当事人有异议并提出反驳证据，**对方当事人对反驳证据认可**的，可以**确认反驳证据的证明力**。”

⑤ 《最高人民法院关于民事诉讼证据的若干规定》第七十条规定：
“一方当事人提出的下列证据，对方当事人提出异议但没有足以反驳的相反证据的，人民法院应当确认其证明力：
（一）书证原件或者与书证原件**核对无误**的复印件、照片、副本、节录本；
（二）物证原物或者与物证原物**核对无误**的复制件、照片、录像资料等；
（三）有其他证据佐证并以合法手段取得的、无疑点的视听资料或者与视听资料**核对无误**的复制件；
（四）一方当事人申请人民法院**依照法定程序制作**的对物证或者现场的勘验笔录。”

⑥ 《最高人民法院关于民事诉讼证据的若干规定》第七十三条第一款规定：
“双方当事人对同一事实分别举出相反的证据，但都没有足够的依据否定对方证据的，人民法院应当结合案件情况，**判断一方提供证据的证明力是否明显大于另一方提供证据的证明力，并对证明力较大的证据予以确认**。”

【律师提醒】

（1）需要特别注意的是：

根据《最高人民法院关于民事诉讼证据的若干规定》（以下简称《证据规定》）第十条规定，无论上述何种证据种类，当事人原则上应当向法院提供证据原件（物），如需自己保存证据原（物）或提供确有困难的，可以提供经法院核对无异的复制件（品）。

（2）鉴于举证当事人可能因证据所具特殊性质或所处特定情况致其灭失或以后难以取得，从而无法完成证据提供，法律为此设立“证据保全”制度。此情形下，当事人可在诉前或诉中向法院申请或由法院主动在诉中，采取查封、扣押、拍照、录音（像）等方法[①]保全证据[②]。根据《民诉法》规定“证据保全的其他程序参照适用本法第九章有关规定”[③]，即“财产保全”的章节内容（详见本章第五节）。

（3）最高院关于针对同一事实的数个证据，就其证明力大小的比较标准，设定相应参考原则[④]：

1）国家机关、社会团体依职权制作的公文书证证明力大于其他书证；

2）物证、档案、鉴定结论、勘验笔录或经公证、登记的书证证明力大于其他书证、视听资料和证人证言；

3）原始证据证明力大于传来证据；

4）直接证据证明力大于间接证据；

5）证人所作对与其有亲属或其他密切关系的当事人有利的证言证明力小于其他证人证言。

需要特别注意的是：在由于证据的证明力无法判断而导致争议事实难以认定的

---

① 《最高人民法院关于民事诉讼证据的若干规定》第二十四条第一款规定：
“人民法院进行证据保全，可以根据具体情况，采取**查封、扣押、拍照、录音、录像、复制、鉴定、勘验、制作笔录**等方法。”

② 《中华人民共和国民事诉讼法》第八十一条第一款、第二款规定：
“在证据可能灭失或者以后难以取得的情况下，当事人可以在**诉讼过程中**向人民法院**申请保全证据**，人民法院也可以**主动采取保全措施**。
因情况紧急，在证据可能灭失或者以后难以取得的情况下，利害关系人可以在**提起诉讼或者申请仲裁前**向证据所在地、被申请人住所地或者对案件有管辖权的人民法院**申请保全证据**。”

③ 《中华人民共和国民事诉讼法》第八十一条第三款规定：
“证据保全的其他程序，参照适用本法第九章保全的有关规定。”

④ 《最高人民法院关于民事诉讼证据的若干规定》第七十七条规定：
“人民法院就数个证据对同一事实的证明力，可以**依照下列原则认定**：
（一）国家机关、社会团体依职权制作的**公文书证的证明力一般大于其他书证**；
（二）物证、档案、鉴定结论、勘验笔录或者**经过公证、登记的书证**，其证明力**一般大于其他**书证、视听资料和证人证言；
（三）**原始**证据的证明力**一般大于传来**证据；
（四）**直接**证据的证明力**一般大于间接**证据；
（五）证人提供的对与**其有亲属或者其他密切关系的当事人有利的证言，其证明力一般小于其他**证人证言。”

情况下，法院依法应当根据“举证责任”的分配规则作出裁判[①]。

二、专业的司法鉴定

【主要条款】

◆《中华人民共和国民事诉讼法》第七十六条规定：

“当事人可以就查明事实的专门性问题向人民法院申请鉴定。当事人申请鉴定的，由双方当事人协商确定具备资格的鉴定人；协商不成的，由人民法院指定。

当事人未申请鉴定，人民法院对专门性问题认为需要鉴定的，应当委托具备资格的鉴定人进行鉴定。”

◆《最高人民法院关于适用〈中华人民共和国民事诉讼法〉的解释》第一百二十一条规定：

“当事人申请鉴定，可以在举证期限届满前提出。申请鉴定的事项与待证事实无关联，或者对证明待证事实无意义的，人民法院不予准许。

人民法院准许当事人鉴定申请的，应当组织双方当事人协商确定具备相应资格的鉴定人。当事人协商不成的，由人民法院指定。

符合依职权调查收集证据条件的，人民法院应当依职权委托鉴定，在询问当事人的意见后，指定具备相应资格的鉴定人。”

◆《最高人民法院关于民事诉讼证据的若干规定》第二十七条第一款规定：

“当事人对人民法院委托的鉴定部门作出的鉴定结论有异议申请重新鉴定，提出证据证明存在下列情形之一的，人民法院应予准许：

（一）鉴定机构或者鉴定人员不具备相关的鉴定资格的；

（二）鉴定程序严重违法的；

（三）鉴定结论明显依据不足的；

（四）经过质证认定不能作为证据使用的其他情形。”

【条款解析】

“鉴定意见”作为民事诉讼的证据种类，在没有足以反驳的相反证据和理由的

---

① 《最高人民法院关于民事诉讼证据的若干规定》第七十三条第二款规定：
“因证据的证明力无法判断导致争议事实难以认定的，人民法院应当依据举证责任分配的规则作出裁判。”

情况下，是审判人员得以通过对其证明力的确认，从而认定案件事实的依据，而其形成是在法院的案件审理中，就案涉专业性问题委托鉴定人所出具的专业意见，该过程即为“司法鉴定”。

因为建设工程所具有的专业性特征，在“建设工程诉讼”中，为了认定当事人的事实主张，启动“司法鉴定”程序的情况较为常见（图 8-5）。所以，本章在有关“证据”的内容中单设本小节，以专门详解“司法鉴定”的相关问题，以下分析按照该程序的时间推演依次展开：

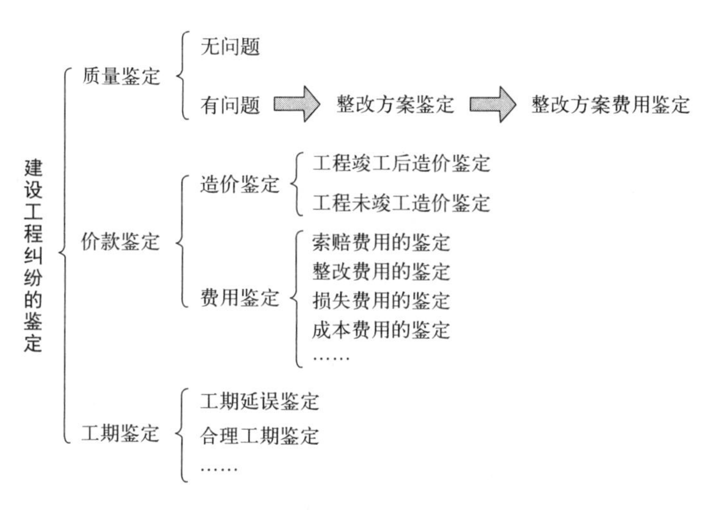

图 8-5　建设工程纠纷相关鉴定简析图

首先，在鉴定程序开始前，根据《民诉法》第七十六条规定，可以在法院认为专业性问题需要鉴定或当事人就事实查明的专门性问题申请鉴定时，以委托鉴定人的方式启动。其中，结合《民诉法司法解释》第一百二十一条规定：法院认为需要鉴定的，可直接依职权委托；当事人申请鉴定的，可在举证期限内提出，法院认为与待证事实无关联或对证明事实无意义的，不予准许；反之，则先由双方当事人协商确定鉴定人，协商不成的，由法院指定。

其次，在司法鉴定过程中，鉴定人根据《民诉法》的相关规定内容，有权了解进行鉴定所需要的案件材料，且可以在必要时询问当事人或者证人[①]，例如：在施工合同纠纷案件的造价鉴定实务中，作为司法鉴定机构的审价单位有权约谈诉讼

① 《中华人民共和国民事诉讼法》第七十七条第一款规定：
“鉴定人有权了解进行鉴定所需要的案件材料，必要时可以询问当事人、证人。”

当事人，通知承发包双方共同到场，以询问了解有关鉴定工作的案情，并可以要求一方单独或双方共同就有关工程计价的依据予以说明，或者限期对于相关的工程资料进行补充。

最后，在鉴定意见出具后，该意见作为“证据”应当依法进行质证。鉴于当事人就证据的意见应在质证环节表达，且相关司法解释赋予当事人申请重新鉴定的诉讼权利。因此，当事人应当知晓该证据类型的法院审查内容①及重新鉴定情形，以在鉴定结论不利己时，于法庭调查阶段提出有效质辩。根据《证据规定》规定，当事人对于鉴定有异议且能够证明“鉴定人不具备法定资格或资质”、“鉴定程序严重违法”、“结论依据明显不足”或者“经质证认定不能作为证据使用的其他情形”的，法院对其重新鉴定的申请，应予准许②。

就本章所述“建设工程诉讼”的司法鉴定而言，因在该诉讼的案件类型中建设工程合同纠纷的占比较重，故诉讼所需鉴定事项往往针对建设工程合同的三大实质性内容（详见第三章第二节），即：“价款鉴定”、“质量鉴定”与“工期鉴定”。

其中，关于施工合同纠纷，由于承发包之间对质量或工期的争议最终通常可能引起有关价款的纠纷，因此在该类纠纷的案件审理中，涉及工程价款诉请的，常须委托“工程造价鉴定”③。而该程序一旦启动，其结论常常可能直接影响诉讼的判决结果。鉴于“工程造价鉴定”于施工合同纠纷诉讼的决定性影响，承发包作为诉讼当事人须对是否应予司法鉴定的相关规则有所明晰，尤为需要知晓的是以下两类情形原则上不应启动“造价鉴定”程序：

---

① 《最高人民法院关于民事诉讼证据的若干规定》第二十九条规定：
“审判人员对鉴定人出具的鉴定书，应当审查是否具有下列内容：
（一）委托人姓名或者名称、委托鉴定的内容；
（二）委托鉴定的材料；
（三）鉴定的依据及使用的科学技术手段；
（四）对鉴定过程的说明；
（五）明确的鉴定结论；
（六）对鉴定人鉴定资格的说明；
（七）鉴定人员及鉴定机构签名盖章。”

② 《最高人民法院关于民事诉讼证据的若干规定》第二十七条第二条规定：
“当事人对人民法院委托的鉴定部门作出的鉴定结论有异议申请重新鉴定，提出证据证明存在下列情形之一的，人民法院应予准许：
（一）鉴定机构或者鉴定人员不具备相关的鉴定资格的；
（二）鉴定程序严重违法的；
（三）鉴定结论明显依据不足的；
（四）经过质证认定不能作为证据使用的其他情形。”

③ 《工程量清单计价规范》第 2.0.52 项规定：
“工程造价鉴定：工程造价咨询人接受人民法院、仲裁机关委托，对施工合同纠纷案件中的工程造价争议，运用专门知识进行鉴别、判断和评定，并提供鉴定意见的活动。也称为工程造价司法鉴定。”

（1）承发包采取固定总价方式确定价款的，对其固定总价范围的价款不予鉴定。

工程价款因属“市场价”而具“契约性”，该特性根据《合同法》关于原则的规定，指缔约方应以自愿[①]、公平[②]原则分配权利义务，并按诚实信用原则[③]履行合同。

故契约所体现“公平”之时点系针对合同的订立而非履行，“诚实信用”的原则设定则是就前者的保证，在施工合同中即诠释为：承发包须按照在缔约时，根据该时点建筑市场的供求、价格或业态等条件所“自愿”接受且认为“公平”的内容，“诚实信用”地履行合同，不得因市场条件变化所可能导致的“商业风险”或“超额利润”而在履行过程中擅自变动合同内容。

据此，就“固定总价”而言，其价格是承发包在签约时，平衡承包范围、建设工期、质量要求及其他附随义务等内容所自愿达成的公平数额。故在合同按约履行的情况下，对“固定总价”的擅自变动，因违背“诚实信用”原则而会打破双方缔约时的“公平”。

由于对“固定总价”范围工程量的造价鉴定，实质是通过事后以成本性造价为标准就该工程量的再次评价，用以比较双方事前约定的契约性造价，故而依该鉴定结论调整价款的，会导致对施工合同一方当事人的“不公”。为避免该局面的出现，最高院在《施工合同司法解释》中规定：当事人约定按固定价结算价款，一方请求对造价进行鉴定的，不予支持[④]。

（2）承发包共同委托审计单位鉴定价款的，对其计价结论范围内的价款不予鉴定。

施工承发包之间围绕工程竣工价款的支付所展开的相关工作即称为“办理工程竣工结算”。关于决算程序的设定，根据相关计价规范的原则性规定，合同双方应当在完工后的约定时间内，完成竣工结算。

实践中，该程序主要指双方按照约定，自行或共同委托“第三人”完成竣工价款的编制与核对工作（详见第六章第四节）。其中，相对于双方互相之间自行完

---

① 《中华人民共和国合同法》第四条规定：
“当事人依法享有**自愿订立合同的权利**，任何单位和个人不得非法干预。”

② 《中华人民共和国合同法》第五条规定：
“当事人应当**遵循公平原则**确定各方的权利和义务。”

③ 《中华人民共和国合同法》第六条规定：
“当事人行使权利、履行义务应当**遵循诚实信用原则**。”

④ 《最高人民法院关于审理建设工程施工合同纠纷案件适用法律问题的解释》第二十二条规定：
“当事人**约定按照固定价结算**工程价款，一方当事人**请求对建设工程造价进行鉴定的，不予支持**。”

成工程价款的核算确定，施工承发包在合同中约定或在事后通过协商共同委托或选定相关社会审价单位就建设工程的造价予以计算，并且同意依照该审价单位出具的计价结果进行工程结算的情况，同样较为普遍。

若该情形下，施工合同的双方在审价单位完成计价工作后仍因建设工程价款的结算数额出现纠纷且最终形成诉讼的，则在该案件的诉讼过程中，启动“工程造价鉴定”程序就该部分价款进行鉴定，不但因其本质属于就先前审价单位工作成果的重复评价，将有损社会资源的合理利用，也是对双方有关共同委托或选定相关社会审价单位就建设工程的造价予以计算并依此计价结果结算约定的“契约性”的违背。

基于此，我国各地各级的法院系统，历年来就上述情形下造价鉴定程序的启动与否，纷纷给予有关的审判意见。相应的司法文件具体包括：《江苏省高院关于审理建设工程施工合同纠纷案件若干问题的意见》（苏高法审委 [2008]26）[①]、《江苏省高级人民法院建设工程施工合同案件审理指南（2012）》[②]、《北京市高级人民法院关于审理建设工程施工合同纠纷案件若干疑难问题的解答》（京高法发 [2012]245 号）[③]、《广东省高级人民法院关于审理建设工程施工合同纠纷案件若干问题的指导意见》（粤高法发 [2011]37 号）[④]、《浙江省高级人民法院民事审判第一庭关于印发〈关于审理建设工程施工合同纠纷案件若干疑难问题的解答〉的通知》（浙法民一 [2012] 3 号）[⑤] 等等。

---

① 《江苏省高院关于审理建设工程施工合同纠纷案件若干问题的意见》第十七条规定：
“当事人诉前已经共同选定具有相应资质的鉴定机构**对建设工程作出了鉴定意见，诉讼中一方当事人要求重新鉴定的，人民法院不予支持**，但有证据证明鉴定意见具有《最高人民法院关于民事诉讼证据的若干规定》第二十七条第一款规定的情形除外”。

② 《江苏省高级人民法院建设工程施工合同案件审理指南》第一部分第 2 项规定：
“当事人诉前已经共同选定具有相应资质的鉴定机构对建设工程**作出了鉴定意见，诉讼中一方当事人要求重新鉴定的，法院不予支持。**”

③ 《北京市高级人民法院关于审理建设工程施工合同纠纷案件若干疑难问题的解答》第 33 项解答：
“当事人在诉前共同委托鉴定的效力如何认定？当事人诉前已经**共同选定具有相应资质的鉴定机构**对建设工程**作出了相应的鉴定意见，诉讼中一方当事人要求重新鉴定的，一般不予准许**，但有证据证明该鉴定意见具有《最高人民法院关于民事诉讼证据的若干规定》第二十七条第一款规定情形除外。”

④ 《广东省高级人民法院关于审理建设工程施工合同纠纷案件若干问题的指导意见》第六点规定：
“当事人于诉前或者诉讼中**共同选定具有相应资质的鉴定机构**对建设工程进行造价鉴定并**出具了鉴定意见，一方当事人要求重新进行鉴定的，不予支持**，但有证据证明该鉴定意见具有最高人民法院《关于民事诉讼证据的若干规定》第二十七条第一款规定的情形除外。”

⑤ 《浙江省高级人民法院民事审判第一庭关于印发〈关于审理建设工程施工合同纠纷案件若干疑难问题的解答〉的通知》第十七点解答：
“诉讼前已经由当事人**共同选定具有相应资质的鉴定机构**对工程价款**进行了鉴定，诉讼中一方当事人要求重新鉴定的，不予准许**，但确有证据证明鉴定意见具有最高人民法院《关于民事诉讼证据的若干规定》第二十七条第一款规定的情形除外。”

【律师提醒】

（1）根据相关司法解释的规定：

1）须对鉴定事项负举证责任的当事人，若不提出申请或不预交费用或不提供材料，导致系争事项无法通过鉴定予以认定的，应承担举证不能的后果①；

2）民事诉讼中的“审限”是指从立案之日起至裁判宣告、调解书送达之日止的期间，但司法鉴定的期间并不应当计入该时限内②。

（2）“固定价不予鉴定”的正确理解包括：

1）鉴于造价鉴定的工作内容包含对工程量的核算，因此“固定价”的正确理解应为“固定总价”而不包括“固定单价”；

2）鉴于事后增加的工程量不包含在缔约时的合同内容中，因此，“固定价不予鉴定”的规定不适用于合同履行过程中双方增加部分的承包范围；

3）鉴于采取固定总价方式确定工程价款的承发包，会在合同中约定相应的“风险范围”，故对于合同履行过程中因超出约定范围而应予调整的价款可以进行造价鉴定。

（3）在地方的司法实践中，如果施工承发包双方在诉讼前已经共同选定审价单位并且出具鉴定意见，在诉讼中一方当事人要求对此重新予以鉴定的，法院的态度原则上应当“不予准许”，除非一方能够证明选定的审价单位或者其审价人员不具备相关的专业资质或资格，或者其计价程序违法或其计价结论缺乏依据。

第五节　诉讼保全条款解读

【主要条款】

◆《中华人民共和国民事诉讼法》第一百条第一款规定：

“人民法院对于可能因当事人一方的行为或者其他原因，使判决难以执行或者造成当事人其他损害的案件，根据对方当事人的申请，可以裁定对其财产进行保全、

---

① 《最高人民法院关于民事诉讼证据的若干规定》第二十五条第二款规定：
“对需要鉴定的事项负有举证责任的当事人，在人民法院指定的期限内无正当理由不提出鉴定申请或者不预交鉴定费用或者拒不提供相关材料，致使对案件争议的事实无法通过鉴定结论予以认定的，应当对该事实承担举证不能的法律后果。”

② 《最高人民法院关于适用〈中华人民共和国民事诉讼法〉的解释》第二百四十三条规定：
“民事诉讼法第一百四十九条规定的审限，是指从立案之日起至裁判宣告、调解书送达之日止的期间，但公告期间、鉴定期间、双方当事人和解期间、审理当事人提出的管辖异议以及处理人民法院之间的管辖争议期间不应计算在内。”

责令其作出一定行为或者禁止其作出一定行为；当事人没有提出申请的，人民法院在必要时也可以裁定采取保全措施。

人民法院采取保全措施，可以责令申请人提供担保，申请人不提供担保的，裁定驳回申请。

人民法院接受申请后，对情况紧急的，必须在四十八小时内作出裁定；裁定采取保全措施的，应当立即开始执行。”

◆《中华人民共和国民事诉讼法》第一百零一条第一款规定：

“利害关系人因情况紧急，不立即申请保全将会使其合法权益受到难以弥补的损害的，可以在提起诉讼或者申请仲裁前向被保全财产所在地、被申请人住所地或者对案件有管辖权的人民法院申请采取保全措施。申请人应当提供担保，不提供担保的，裁定驳回申请。

人民法院接受申请后，必须在四十八小时内作出裁定；裁定采取保全措施的，应当立即开始执行。

申请人在人民法院采取保全措施后三十日内不依法提起诉讼或者申请仲裁的，人民法院应当解除保全。”

◆《最高人民法院关于适用〈中华人民共和国民事诉讼法〉的解释》第一百五十二条规定：

“人民法院依照民事诉讼法第一百条、第一百零一条规定，在采取诉前保全、诉讼保全措施时，责令利害关系人或者当事人提供担保的，应当书面通知。

利害关系人申请诉前保全的，应当提供担保。申请诉前财产保全的，应当提供相当于请求保全数额的担保；情况特殊的，人民法院可以酌情处理。申请诉前行为保全的，担保的数额由人民法院根据案件的具体情况决定。

在诉讼中，人民法院依申请或者依职权采取保全措施的，应当根据案件的具体情况，决定当事人是否应当提供担保以及担保的数额。”

【条款解析】

我国民事诉讼中有关“保全”的规定，除“证据保全”（详见本章第四节）外，主要针对“财产保全”。其概念是指：人民法院在判决作出前，为了防止其后判决可能无法或难以执行，以保证拟生效判决的顺利执行为目的，对于当事人财产或者争议的标的物所采取的保护措施，用以限制当事人在保全期间的处分行为。

关于“财产保全”的程序内容，主要由《民诉法》在第一百条与第一百零一条中予以原则性规定，结合该法的其他法律条款与相关司法解释的规定，具体解析如下：

首先，财产保全的类别分为“诉讼保全”以及“诉前保全”（图 8-6）：前者是指法院在诉讼过程中，就可能因当事人一方的行为或其他原因致使判决难以执行或造成当事人其他损害的案件，可以根据对方当事人的申请或者依职权在必要时，裁定对其财产进行保全；后者是指利害关系人因情况紧急，在不立即保全会使其合法权益受到难以弥补损害的情况下，在起诉前，申请法院采取保全措施。其中，后者的申请应当向“保全财产所在地”、“被申请人所在地”或者“对案件有管辖权”的法院提出。

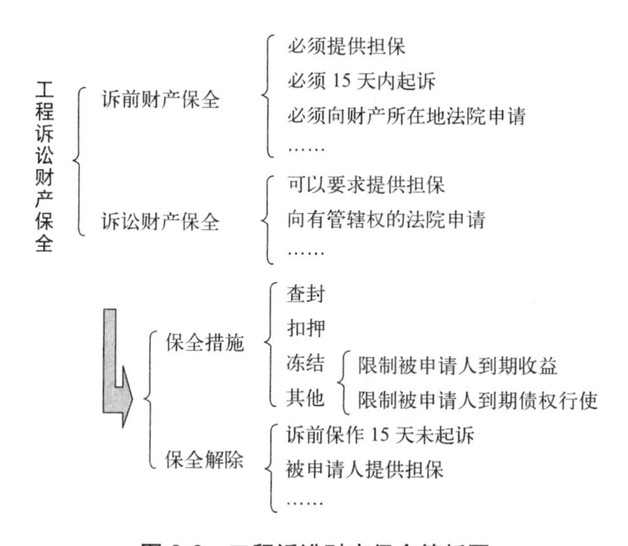

图 8-6　工程诉讼财产保全简析图

其次，在“诉讼保全”中，法院可以责令申请人提供担保，而在“诉前保全”中，申请人则必须提供担保。申请人拒不提供担保的，对于其保全申请应当裁定驳回。其中，根据《民诉法司法解释》一百五十二条规定：“诉前保全”的具体担保数额，原则上应相当于申请人所请求保全数额，情况特殊的，法院可以酌情处理；“诉讼保全”的具体担保数额，应当由法院根据案件的具体情况决定。此外，对申请保全人或他人提供的担保财产，法院应依法办理查封、扣押、冻结等手续[1]。

---

① 《最高人民法院关于适用〈中华人民共和国民事诉讼法〉的解释》第一百六十四条规定：“对申请保全人或者他人提供的担保财产，人民法院应当依法办理查封、扣押、冻结等手续。”

再次，保全的裁定内容包括对被申请人或被告的财产进行保全、责令其作出一定行为或者禁止其作出一定行为，其措施可采取查封、扣押、冻结或其他法定方法（详见本章第六节），并应自保全措施采取后，由法院立即通知被保全财产的人，但财产已被查封、冻结的，则不得重复查封、冻结[①]。此外，保全应限于请求的范围或与本案有关的财物[②]，可包括债务人“到期应得的收益”，由法院通知有关单位协助，以限制其支取[③]；也可在债务人财产不能满足保全请求，但对他人有到期债权时，由法院依申请裁定该“他人”不得对本案债务人清偿[④]。

【律师提醒】

（1）就“诉讼保全”的申请而言，法院接受申请后，对情况紧急的，必须在四十八小时内作出裁定，且裁定采取保全措施的，应当立即开始执行。

（2）就“诉前保全”的申请而言，法院接受申请后，则一律必须在四十八小时内作出裁定，且裁定采取保全措施的，同样应当立即予以执行。但是，申请人在保全措施采取后的三十日内不起诉或者申请仲裁的，则法院应当解除该财产保全。

（3）需要特别注意的是：

1）在财产纠纷案件中，财产保全的被申请人提供担保的，人民法院应当裁定解除对其的财产保全[⑤]；

2）申请人关于财产保全的诉请有错误，给被申请人造成损失的，应当向被申请人承担赔偿责任[⑥]；

3）保全裁定未经法院撤销或解除的，进入执行程序后，自动转为执行的查封、扣押、冻结措施（详见本章第六节），且期限连续计算，执行法院无须重新制作裁

---

① 《中华人民共和国民事诉讼法》第一百零三条规定：
“财产保全采取查封、扣押、冻结或者法律规定的其他方法。人民法院保全财产后，应当**立即通知被保全财产的人**。财产已被查封、冻结的，**不得重复查封、冻结**。”

② 《中华人民共和国民事诉讼法》第一百零二条规定：
“**保全限于请求的范围，或者与本案有关的财物**。”

③ 《中华人民共和国民事诉讼法》第一百五十八条规定：
“人民法院**对债务人到期应得的收益**，可以**采取财产保全措施**，**限制其支取**，通知有关单位协助执行。”

④ 《中华人民共和国民事诉讼法》第一百五十九条规定：
“债务人的**财产不能满足保全请求**，**但对他人有到期债权**的，人民法院可以依债权人的申请**裁定该他人不得对本案债务人清偿**。该他人要求偿付的，**由人民法院提存**财物或者价款。”

⑤ 《中华人民共和国民事诉讼法》第一百零四条规定：
“财产纠纷案件，被申请人**提供担保**的，人民法院应当**裁定解除保全**。”

⑥ 《中华人民共和国民事诉讼法》第一百零五条规定：
“申请有**错误**的，申请人应当**赔偿被申请人因保全所遭受的损失**。”

定书，但查封、扣押、冻结期限届满的除外[①]。

第六节　执行程序条款解读

一、一般的强制执行规定

【主要条款】

◆《中华人民共和国民事诉讼法》第二百三十六条规定：

“发生法律效力的民事判决、裁定，当事人必须履行。一方拒绝履行的，对方当事人可以向人民法院申请执行，也可以由审判员移送执行员执行。

调解书和其他应当由人民法院执行的法律文书，当事人必须履行。一方拒绝履行的，对方当事人可以向人民法院申请执行。”

◆《最高人民法院关于适用〈中华人民共和国民事诉讼法〉的解释》第三百零四条规定：

“根据民事诉讼法第二百二十七条规定，案外人、当事人对执行异议裁定不服，自裁定送达之日起十五日内向人民法院提起执行异议之诉的，由执行法院管辖。”

◆《中华人民共和国民事诉讼法》第二百三十一条规定：

“在执行中，被执行人向人民法院提供担保，并经申请执行人同意的，人民法院可以决定暂缓执行及暂缓执行的期限。被执行人逾期仍不履行的，人民法院有权执行被执行人的担保财产或者担保人的财产。”

【条款解析】

根据《民诉法》第二百三十六条的规定，生效的判决、裁定及调解书，其当事人必须履行，否则，对方可以向法院申请执行。据此，民事诉讼的执行，是在当事人拒不履行裁定、判决或调解书义务的前提下，由法院采取相应的强制措施，以促使并完成生效法律文书的内容，该制度的现实意义在于：以国家强制力为最终保障，实现当事人的诉讼目的。

---

① 《最高人民法院关于适用〈中华人民共和国民事诉讼法〉的解释》第一百六十八条规定：
“保全裁定未经人民法院依法撤销或者解除，进入执行程序后，**自动转为执行中的查封、扣押、冻结措施，期限连续计算**，执行法院**无需重新制作裁定书**，但查封、扣押、冻结期限届满的除外。”

作为民事诉讼的当事人，所涉有关民事诉讼的执行内容主要包括“执行申请”、“执行对象”、“执行措施”、“执行异议”以及“执行和解”，现依次就相应规定简介如下：

关于“执行申请”，根据《民诉法》规定，在民事诉讼中：

（1）执行的申请依据范围包括发生法律效力的判决、裁定以及生效的调解书；

（2）执行的申请条件应由执行申请人在对方当事人拒不履行发生法律效力的判决、裁定及调解书的情况下提出；

（3）执行的申请对象应是由执行申请人向第一审法院或与第一审法院同级的被执行的财产所在地法院①递交执行申请书；

（4）执行的申请期限为两年，自法律文书所确定履行期间的最后一日起算，其时效适用诉讼时效有关中止、中断的规定②，且因“执行申请”、“和解协议达成”、“一方提出履行要求”或“一方同意履行义务”而“中断”，即申请执行时效期间重新计算③。

此外，法院应在收到申请后十日内向被执行人发出执行通知，责令其履行义务，并承担“迟延履行利息”或“迟延履行金”④，具体而言：前者是给付金钱义务迟延履行期间的加倍债务利息⑤；后者是非金钱给付义务逾期履行所致损失的双倍补偿或由法院视案情决定⑥。

关于“执行对象”，被执行人未按执行通知履行法律文书确定义务的，应报告

---

① 《中华人民共和国民事诉讼法》第二百二十四条第一款规定：
“发生法律效力的**民事判决、裁定**，以及刑事判决、裁定中的**财产部分**，**由第一审人民法院或者与第一审人民法院同级的被执行的财产所在地人民法院执行。**”

② 《中华人民共和国民事诉讼法》第二百三十九条规定：
“**申请执行的期间为二年。**申请执行时效的**中止、中断，适用法律有关诉讼时效中止、中断的规定**……”

③ 《最高人民法院关于适用〈中华人民共和国民事诉讼法〉执行程序若干问题的解释》第二十八条规定：
“申请执行时效**因申请执行**、当事人双方**达成和解协议**、当事人**一方提出履行要求**或者**同意履行义务而中断**。从中断时起，**申请执行时效期间重新计算。**”

④ 《最高人民法院关于适用〈中华人民共和国民事诉讼法〉的解释》第四百八十二条规定：
“人民法院应当**在收到申请执行书或者移交执行书后十日内发出执行通知。**
执行通知中除应**责令被执行人履行法律文书确定的**义务外，还应**通知其承担**民事诉讼法第二百五十三条规定的**迟延履行利息或者迟延履行金。**”

⑤ 《中华人民共和国民事诉讼法》第二百五十三条规定：
“被执行人**未按判决、裁定和其他法律文书指定的期间履行给付金钱义务**的，应**加倍支付迟延履行期间的债务利息**……”

⑥ 《最高人民法院关于适用〈中华人民共和国民事诉讼法〉的解释》第五百零七条规定：
“被执行人**未按判决、裁定和其他法律文书指定的期间履行非金钱给付义务**的，无论是否已给申请执行人造成损失，都应当支付迟延履行金。**已经造成损失**的，**双倍补偿**申请执行人已经受到的损失；**没有造成损失**的，迟延履行金可以**由人民法院根据具体案件情况决定。**”

当前及收到通知之日前一年的财产情况[①]。同时，此情形下，法院可向有关单位查询其存款、债券、股票、基金份额等财产情况[②]。据此，在我国，民事诉讼的执行标的系针对被执行人的财产，而不以其人身为对象。

在此基础上，根据《民诉法司法解释》的细化规定，除"执行标的物特定的，原则上执行原物"[③]外，可供执行财产具体包括：

（1）收入、存款、现金、有价证券；

（2）土地使用权、房屋等不动产；

（3）交通运输工具、机器设备、产品、原材料等动产；

（4）债权、股权、投资权益、基金、知识产权等财产性权利；

（5）其他财产[④]。

此外，法院查询或采取其他执行措施的，不得超出被执行人所应履行的义务范围[⑤]，但其拒不交出隐匿财产或会计账簿等资料的，可就其身体采取"搜查"措施[⑥]；拒绝或虚假报告财产情况的，可视情节对其或其法定代理人、有关单位主要或直接责任人，予以罚款、拘留[⑦]，直至追究刑事责任[⑧]；不履行法律文书确定义务的，可对其或通知有关单位协助采取限制出境或在征信系统记录、媒体公布不履行信

---

① 《中华人民共和国民事诉讼法》第二百四十一条规定：
"被执行人未按执行通知履行法律文书确定的义务，应当**报告当前以及收到执行通知之日前一年的财产情况**……"

② 《中华人民共和国民事诉讼法》第二百四十二条第一款规定：
"被执行人**未按执行通知履行法律文书确定的义务**，人民法院有权**向有关单位查询被执行人的存款、债券、股票、基金份额等财产情况**。人民法院有权根据不同情形扣押、冻结、划拨、变价被执行人的财产……"

③ 《最高人民法院关于适用〈中华人民共和国民事诉讼法〉的解释》第四百九十四条第一款规定：
"**执行标的物为特定物的，应当执行原物**……"

④ 《最高人民法院关于适用〈中华人民共和国民事诉讼法〉执行程序若干问题的解释》第三十二条规定：
"被执行人依照民事诉讼法第二百一十七条的规定，**应当书面报告下列财产情况**：
（一）**收入、银行存款、现金、有价证券**；
（二）土地使用权、房屋等**不动产**；
（三）交通运输工具、机器设备、产品、原材料等**动产**；
（四）债权、股权、投资权益、基金、知识产权等**财产性权利**；
（五）**其他**应当报告的财产。"

⑤ 《中华人民共和国民事诉讼法》第二百四十二条第一款规定：
"……人民法院查询、扣押、冻结、划拨、变价的财产**不得超出被执行人应当履行义务的范围**。"

⑥ 《最高人民法院关于适用〈中华人民共和国民事诉讼法〉的解释》第四百九十六条规定：
"在执行中，被执行人**隐匿财产、会计账簿等**资料的，人民法院……**责令被执行人交出**隐匿的财产、会计账簿等资料。被执行人**拒不交出**的，人民法院**可以采取搜查措施**。"

⑦ 《中华人民共和国民事诉讼法》第二百四十一条规定：
"……被执行人拒绝报告或者虚假报告的，人民法院可以根据情节轻重对被执行人或者其法定代理人、有关单位的主要负责人或者直接责任人员**予以罚款、拘留**。"

⑧ 《中华人民共和国刑法》第三百一十三条规定：
"对人民法院的判决、裁定有能力执行而拒不执行，**情节严重的，处三年以下有期徒刑、拘役或者罚金**。"

息及其他法定措施[①]。

关于“执行措施”，除强制迁出房屋[②]、代为指定行为[③]等特殊方法外，主要包括：

（1）查封或扣押，为防可供执行财产的转移、隐匿或毁坏，对其强制封存或扣留以限制处分，并在经责令限期履行仍未履行后，予以变价[④]；

（2）冻结，为防可供执行财产的转移，对到期债权[⑤]或存款及其他财产权通知债务人或有关单位协助，直接向申请人履行或限制转移、提取直至扣划[⑥]；

（3）变价，为使可供执行财产由物状转为货币价值，对其视情形拍卖、变卖或收购[⑦]以所得价金偿债，直至“折价”即作价抵债[⑧]；

（4）划拨，为以可供执行财产直接清偿债务，对存款通知有关单位协助，转账至申请人账户；

（5）扣留、提取，为以可供执行财产直接清偿债务，对被执行人收入通知有关单位协助，扣留直至提取以偿债[⑨]。

---

① 《中华人民共和国民事诉讼法》第二百五十五条规定：
“被执行人不履行法律文书确定的义务的，人民法院可以对其采取或者通知有关单位协助采取**限制出境**，在征信系统记录、通过媒体**公布不履行义务信息**以及法律规定的其**他措施**。”

② 《中华人民共和国民事诉讼法》第二百五十条规定：
“**强制迁出房屋**或者**强制退出土地**……被执行人**逾期不履行**的，由执行员**强制执行**。”

③ 《中华人民共和国民事诉讼法》第二百五十二条规定：
“对判决、裁定和其他法律文书指定的行为，**被执行人未按执行通知履行**的，人民法院可以强制执行或者**委托有关单位或者其他人完成**，费用由被执行人承担。”

④ 《中华人民共和国民事诉讼法》第二百四十七条规定：
“财产被查封、扣押后，执行员**应当责令被执行人在指定期间履行**法律文书确定的义务。被执行人逾期不履行的，人民法院应当**拍卖被查封、扣押的财产**……”

⑤ 《中华人民共和国民事诉讼法司法解释》第五百零一条规定：
“人民法院**执行**被执行人**对他人的到期债权**，可以作出**冻结债权**的裁定，并**通知该他人向申请执行人履行**。”

⑥ 《最高人民法院关于适用〈中华人民共和国民事诉讼法〉的解释》第四百八十六条规定：
“……对银行存款等各类**可以直接扣划的财产**，人民法院的**扣划裁定**同时具有**冻结**的法律效力。”

⑦ 《中华人民共和国民事诉讼法》第二百四十七条规定：
“……被执行人**逾期不履行**的，人民法院应当拍卖被查封、扣押的财产；**不适于拍卖**或者**当事人双方同意不进行拍卖**的，人民法院可以委托有关单位**变卖或者自行变卖**。国家禁止自由买卖的物品，交有关单位按照国家规定的价格收购。”

⑧ 《最高人民法院关于适用〈中华人民共和国民事诉讼法〉的解释》第四百九十一条规定：
“经申请**执行人和被执行人同意**，且**不损害其他债权人合法权益和社会公共利益**的，人民法院可以不经拍卖、变卖，直接将被执行人的财产**作价交申请执行人抵偿债务**。对剩余债务，被执行人应当继续清偿。”

⑨ 《中华人民共和国民事诉讼法》第二百四十三条第一款规定：
“被执行人**未按执行通知履行法律文书确定的义务**，人民法院**有权扣留**、**提取**被执行人应当履行义务部分的收入。但应当保留被执行人及其所扶养家属的生活必需费用。”

此外，查封[1]、扣押、冻结、划拨、变价[2]或扣留、提取[3]的，法院应作裁定。其中，查封、扣押与冻结依标的不同分设1～3年不等的期间上限[4]，被执行财产非经前述临时性措施，不得处分[5]，且执行应保留被执行人及其所抚养家属的生活必需费用[6]或必需品[7]。

关于“执行和解”，根据《民诉法》及其司法解释相关规定，当事人在执行中自行和解达成协议的，应对经执行员记入协议内容的笔录予以签章[8]。双方在达成和解协议后请求中止执行或撤回执行申请的，法院可裁定中止或终结执行[9]。申请执行人因受欺诈、胁迫与被执行人达成和解协议，或者当事人不履行或不完全履行和解协议的，法院可依申请恢复对原生效法律文书的执行[10]，但已履行部分应予扣除；和解协议已经履行完毕的，不予恢复执行[11]。其中，恢复执行的申请适用有关执行申请期间的有关规定，且因执行和解的达成而中断，该期间自和解协议约定

---

① 《中华人民共和国民事诉讼法》第二百四十四条规定：
“被执行人**未按执行通知履行法律文书确定的义务**，人民法院有权**查封**……履行义务部分的财产……采取前款措施，人民法院应当作出**裁定**。”

② 《中华人民共和国民事诉讼法》第二百四十二条第二款规定：
“人民法院决定**扣押、冻结、划拨、变价财产**，应当作出**裁定**……”

③ 《中华人民共和国民事诉讼法》第二百四十三条第二款规定：
“人民法院**扣留、提取**收入时，应当作出**裁定**……”

④ 《最高人民法院关于适用〈中华人民共和国民事诉讼法〉的解释》第四百八十七条第一款规定：
“人民法院**冻结**被执行人的银行存款的期限**不得超过一年**，**查封、扣押**动产的期限**不得超过两年**，**查封不动产、冻结**其他财产权的期限**不得超过三年**。”

⑤ 《最高人民法院关于适用〈中华人民共和国民事诉讼法〉的解释》第四百八十六条规定：
“对被执行的财产，**人民法院非经查封、扣押、冻结不得处分**……”

⑥ 《中华人民共和国民事诉讼法》第二百四十三条第一款规定：
“被执行人未按执行通知履行法律文书确定的义务，人民法院有权扣留、提取被执行人应当履行义务部分的收入。**但应当保留被执行人及其所扶养家属的生活必需费用**。”

⑦ 《中华人民共和国民事诉讼法》第二百四十四条规定：
“被执行人**未按执行通知履行法律文书确定的义务**，人民法院有权查封、扣押、冻结、拍卖、变卖被执行人应当履行义务部分的财产。但**应当保留被执行人及其所扶养家属的生活必需品**。”

⑧ 《中华人民共和国民事诉讼法》第二百三十条第一款规定：
“在执行中，双方当事人**自行和解达成协议**的，执行员应当将协议内容记入笔录，由双方当事人**签名或者盖章**。”

⑨ 《最高人民法院关于适用〈中华人民共和国民事诉讼法〉的解释》第四百六十六条规定：
“申请执行人与被执行人达成和解协议后**请求中止执行**或者**撤回执行申请**的，人民法院可以**裁定中止执行或者终结执行**。”

⑩ 《中华人民共和国民事诉讼法》第二百三十条第二款规定：
“申请执行人因**受欺诈、胁迫**与被执行人达成和解协议，或者当事人**不履行和解协议**的，人民法院可以根据当事人的申请，**恢复对原生效法律文书的执行**。”

⑪ 《最高人民法院关于适用〈中华人民共和国民事诉讼法〉的解释》第四百六十七条规定：
“一方当事人不履行或者不完全履行在执行中双方自愿达成的和解协议，对方当事人申请执行原生效法律文书的，人民法院应当恢复执行，但和解协议**已履行的部分应当扣除**。和解协议**已经履行完毕的，人民法院不予恢复执行**。”

履行期限的最后一日起重新计算[①]。

此外，根据《民诉法》第二百三十一条规定，被执行人在执行中，向法院提供担保，并经申请执行人同意的，法院可以决定暂缓执行以及暂缓执行的期限，被执行人逾期仍不履行的，则法院有权执行被执行人的担保财产或担保人的财产。

二、特殊的价款优先受偿

【主要条款】

◆《中华人民共和国合同法》第二百八十六条规定：

"发包人未按照约定支付价款的，承包人可以催告发包人在合理期限内支付价款。发包人逾期不支付的，除按照建设工程的性质不宜折价、拍卖的以外，承包人可以与发包人协议将该工程折价，也可以申请人民法院将该工程依法拍卖。

建设工程的价款就该工程折价或者拍卖的价款优先受偿。"

◆《最高人民法院关于建设工程价款优先受偿权问题的批复》第三条规定：

"建筑工程价款包括承包人为建设工程应当支付的工作人员报酬、材料款等实际支出的费用，不包括承包人因发包人违约所造成的损失。"

◆《最高人民法院关于建设工程价款优先受偿权问题的批复》第四条规定：

"建设工程承包人行使优先权的期限为六个月，自建设工程竣工之日或者建设工程合同约定的竣工之日起计算。"

【条款解析】

就"建设工程诉讼"而言，除适用有关民诉执行的一般规定外，《合同法》第二百八十六条规定：发包人未按约支付价款，且经承包人催告后合理期限内仍不支付的，除工程性质不宜折价或拍卖外，承包人可就工程与发包人协议折价或申请法院拍卖，以所得价款优先偿还。据此，我国法律就工程价款的执行专设"优先受偿"制度，赋予承包人"优先受偿权"（图 8-7）。

---

① 《最高人民法院关于适用〈中华人民共和国民事诉讼法〉的解释》第四百六十八条规定：
"申请恢复执行原生效法律文书，适用民事诉讼法第二百三十九条申请执行期间的规定。申请执行期间因达成执行中的和解协议而中断，**其期间自和解协议约定履行期限的最后一日起重新计算。**"

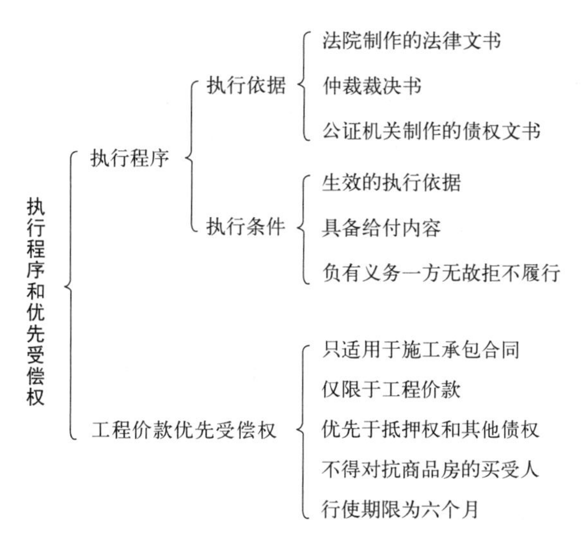

图 8-7　建设工程执行顺序及优先受偿权简析图

基于上述《合同法》有关“优先受偿权”的规定，以下在《最高人民法院关于建设工程价款优先受偿权问题的批复》（以下简称《批复》）基础上，结合司法实践中地方各级法院的指导意见，就该权利的“权利主体”、“行使对象”、“受偿范围”与“除斥期间”逐一解析。

首先，关于权利主体，在《合同法》将其设定为“承包人”的基础上，地方法院对该权利主体的范围分别予以不同程度的“限缩”：

（1）广东高院认为，其主体仅限于包括幕墙装修、装饰工程在内的施工总包人[①]与在施工总分包合同均有效情形下，因总包人怠于行使权利而利益受损的分包人[②]；

（2）安徽高院认为，其主体仅限于包括装饰装修工程在内的施工总包人[③]与在总包人或非法转包人怠于主张该权利权时，按约完成施工且质量合格的分包人或

---

① 《广东省高级人民法院关于在审判工作中如何适用〈合同法〉第 286 条的指导意见》第三条规定：
“《合同法》第 286 条所规定的建设工程价款优先受偿权适用于建设工程施工合同。
建设工程幕墙装修、装饰合同属于建设工程施工合同。”

② 《广东省高级人民法院关于在审判工作中如何适用〈合同法〉第 286 条的指导意见》第二条规定：
“建设工程合同订立总承包合同后，再由总承包人订立分包合同的，在**总承包合同、分包合同均有效**的情形下，发包人拖欠工程款的，总承包人可以对工程折价或者拍卖价款主张优先受偿权。分包人对自己承建部分主张享有优先权的，人民法院不予支持。但如**因总承包人怠于行使优先权损害分包人利益**，**分包人**可依照《合同法》第七十三条的规定**就其承包工程价款范围内向发包人主张权利。**”

③ 《安徽省高级人民法院关于审理建设工程施工合同纠纷案件适用法律问题的指导意见》第 16 项规定：
“**装饰装修工程承包人主张**工程价款优先受偿权，可予**支持**……”

实际施工人[①]，但不包括勘察人与设计人[②]；

（3）深圳中院认为，其主体仅限于基础工程与消防、玻璃幕墙、装修装饰工程的施工总包人，但不包括专业工程施工的分包人[③]。

此外，针对可否就工程价款主张“优先受偿”，我国部分的地方法院系统，例如：广东高院的指导意见[④]，允许当事人以其“对建设工程享有优先受偿权”为诉请提起“确认之诉”。其中，深圳中院规定：诉讼时效应当在建设工程实际或约定竣工之日起的六个月内[⑤]。

其次，关于受偿范围，根据《合同法》的原则性规定，其应当为“建设工程的价款”。鉴于“工程价款”属于承发包双方为按约进行工程建设所约定并结算的合理对价；而“违约责任”属于承发包双方为违约情形发生所约定并执行的责任承担，所以，无论在合同约定还是在实际结算中的“造价”，理论上应当均不包含违约金或违约损失的设定与赔付（详见第六章第一节）。因此，最高院在《批复》第三条规定中，就该权利的受偿界限进一步予以明确，即：包括承包人“为建设工程应当支付的工作人员报酬、材料款等实际支出的费用”，但不包括承包人“因发包人违约所造成的损失”[⑥]。

此外，根据《安徽省高级人民法院关于审理建设工程施工合同纠纷案件适用法律问题的指导意见（二）》的相关规定，安徽高院认为，因发包人原因导致承包人施工期间停窝工产生的工人工资、设备租赁等费用，应当归于该权利项下的优先受偿范围[⑦]。

① 《安徽省高级人民法院关于审理建设工程施工合同纠纷案件适用法律问题的指导意见》第 18 项规定：
“**分包人或实际施工人**完成了合同约定的施工义务且工程质量合格的，在总包人或非法转包人怠于主张工程价款优先受偿权时……主张工程价款优先受偿权，**可予支持**。”

② 《安徽省高级人民法院关于审理建设工程施工合同纠纷案件适用法律问题的指导意见》第 16 项规定：
“……**工程勘察人或设计人**就工程勘察或设计费主张优先受偿权，**不予支持**。”

③ 《深圳市中级人民法院关于建设工程合同若干问题的指导意见》第三十二条规定：
“**建设单位直接发包的基础工程，享有工程价款优先受偿权……总承包人分包的专业工程，专业工程分包人不享有工程价款优先权。**”

④ 《广东省高级人民法院关于在审判工作中如何适用〈合同法〉第 286 条的指导意见》第一条规定：
“当事人在一审诉讼中依法**提出要求人民法院确认其对建设工程享有优先受偿权的诉讼请求**的，人民法院应对该诉讼请求进行**审理**，并作出是否支持其诉讼请求的**判决**。”

⑤ 《深圳市中级人民法院关于建设工程合同若干问题的指导意见》第二十八条规定：
“发包人已按约定支付工程价款或办理结算，但在**建设工程竣工之日或建设工程合同约定的竣工之日起六个月内**，承包人请求确认建设工程价款优先受偿权的，应予支持。”

⑥ 《最高人民法院关于建设工程价款优先受偿权问题的批复》（法释〔2002〕16 号）第三条规定：
“建筑工程价款**包括承包人为建设工程应当支付的工作人员报酬、材料款等实际支出的费用，不包括承包人因发包人违约所造成的损失。**”

⑦ 《安徽省高级人民法院关于审理建设工程施工合同纠纷案件适用法律问题的指导意见（二）》第二十三条规定：
“**因发包人原因导致承包人施工期间停窝工产生的工人工资、设备租赁等费用**，承包人将该费用与工程价款一并主张优先受偿权的，**应予支持**。”

再次，关于行使对象，《合同法》第二百八十六条原则性规定“优先受偿权”的行使应当针对“工程”。

对于“工程”的界限，我国地方的各级法院则分别给予相应的细化规定，其中：

(1) 安徽高院明确，承包人主张该权利的，应当包括工程所占用的土地使用权[①]；

(2) 广东高院规定，承包人行使该权利应当仅限于其所建设的工程[②]，且不包括因使用、出租此工程所产生的收益[③]；

(3) 深圳中院认为，基础工程的承包人可以就整体工程行使该权利，但是，基于消防、玻璃幕墙、装修装饰工程行使该权利的，则应当在限于整体工程因该专业工程部分所增价值的范围内，主张优先受偿[④]。

此外，《合同法》禁止对不宜折价、拍卖的工程行使该权利，广东高院就此进一步列举：包括事业单位、社会团体的教育、医疗设施等公益设施[⑤]。再者，《批复》规定：其不得对抗交付大部分或全部款项的商品房买受人[⑥]，故其对象不含已付讫大部分以上款项的商品房。

最后，关于除斥期间，根据《批复》第四条规定：“优先受偿权”的行使期限为六个月，自工程竣工日或合同约定的竣工日起算。对此，我国部分地方的法院系统，针对特定情形下该期间的起算时点认定，明确了具体的处理意见。具体而言：

(1) 根据广东高院在指导意见中的规定，当建设工程的实际竣工之日与合同

① 《安徽省高级人民法院关于审理建设工程施工合同纠纷案件适用法律问题的指导意见（二）》第二十二条规定：“承包人仅对建设工程占用的土地使用权主张优先受偿权的，不予支持。”

② 《广东省高级人民法院关于在审判工作中如何适用〈合同法〉第286条的指导意见》第四条规定：“承包人只能对其所建设的建设工程主张工程价款优先受偿权。”

③ 《广东省高级人民法院关于在审判工作中如何适用〈合同法〉第286条的指导意见》第六条规定：“承包人对其承建的建设工程折价或者拍卖价款享有建设工程价款优先受偿权，但对于因建设工程的使用、出租所产生的收益不得行使优先权。”

④ 《深圳市中级人民法院关于建设工程合同若干问题的指导意见》第三十二条第一款规定：“建设单位直接发包的基础工程，享有工程价款优先受偿权。建设单位直接发包的消防工程、玻璃幕墙工程、装修装饰工程，在该工程增加价值的范围内享有工程价款优先受偿权……”

⑤ 《广东省高级人民法院关于在审判工作中如何适用〈合同法〉第286条的指导意见》第四条第二款规定：“承包人对于其参与建设的学校、幼儿园、医院等以公益为目的的事业单位、社会团体的教育设施、医疗设施和其他社会公益设施，不享有建设工程价款优先受偿权。”

⑥ 《最高人民法院关于建设工程价款优先受偿权问题的批复》（法释〔2002〕16号）第二条规定：“消费者交付购买商品房的全部或者大部分款项后，承包人就该商品房享有的工程价款优先受偿权不得对抗买受人。”

约定的竣工之日不一致的情况下，应“以日期在后的为准”[①]，即该权利的行使期限应当自两者中日期在后的时点起算；

（2）根据深圳中院在指导意见中的规定，建设工程合同在工程竣工验收合格前被解除，且已完成工程质量合格的，则该权利的行使期限应当自合同解除之日起计算[②]。

此外，广东高院认为：承发包双方在建设工程合同中，关于工程价款“优先受偿权”的行使期限予以特别约定的，此约定有效，但其约定期限不得超过6个月，超过部分无效，承包人在超过法定或者约定的期限后主张该权利的，则不予支持[③]。

在此基础上，对于个别我国现行法律、法规及司法解释均未给出明确解答的有关“优先受偿权”问题，各地法院系统也就其特定情形的处理制定了相关标准不一的指导意见：

（1）对于承包人在施工合同认定无效的情况下，可否行使该权利：广东高院、深圳中院认为，不予支持[④]、[⑤]；安徽高院认为，验收合格的，可予支持[⑥]，并同样可支持此情形下，分包或实际施工人基于总包或转包人怠于行使权利所“代为”主张优先受偿的权利[⑦]；浙江高院[⑧]、杭州中院[⑨]认为，验收合格的，应予支持，其中，

---

① 《广东省高级人民法院关于在审判工作中如何适用〈合同法〉第286条的指导意见》第十条第一款规定：
“……自建设工程竣工之日或者建设工程合同约定的竣工之日起计算。**建设工程竣工之日与建设工程合同约定的竣工之日不一致的，以日期在后的为准。**”

② 《深圳市中级人民法院关于建设工程合同若干问题的指导意见》第二十九条规定：
“在工程竣工**验收合格前**，建设工程**合同被解除**的，承包人对已完工程享有建设工程价款优先受偿权，**承包人行使优先权的期限为六个月，自建设工程合同解除之日起计算。**”

③ 《广东省高级人民法院关于在审判工作中如何适用〈合同法〉第286条的指导意见》第十二条规定：
“承、发包双方当事人**在合同中约定行使工程款优先权期限**的，该**约定有效**。但在**2002年12月28日之后**，承、发包双方当事人在合同中**约定行使建设工程价款优先受偿权的期限超过6个月的，超过部分无效。**
承包人在**超过法定或约定的期限后向人民法院主张建设工程价款优先受偿权**的，人民法院**不予支持。**”

④ 《广东省高级人民法院关于在审判工作中如何适用〈合同法〉第286条的指导意见》第七条规定：
“在**建设工程合同无效**的情形下，承包人主张建设工程价款优先受偿权的，人民法院**不予支持。**”

⑤ 《深圳市中级人民法院关于建设工程合同若干问题的指导意见》第三十条规定：
“建设工程合同无效，承包人主张建设工程价款优先受偿权的，不予支持。”

⑥ 《安徽省高级人民法院关于审理建设工程施工合同纠纷案件适用法律问题的指导意见》第17项规定：
“建设工程施工**合同无效**，但工程经竣工**验收合格**的，承包人主张工程价款优先受偿权，**可予支持。**”

⑦ 《安徽省高级人民法院关于审理建设工程施工合同纠纷案件适用法律问题的指导意见》第18项规定：
“分包人或实际施工人**完成了合同约定的施工义务且工程质量合格**的，在总包人或非法转包人**怠于主张工程价款优先受偿权**时，就其承建工程在发包人欠付的工程款范围内主张工程价款优先受偿权，**可予支持。**”

⑧ 《浙江省高级人民法院民事审判第一庭关于审理建设工程施工合同纠纷案件若干疑难问题的解答》第二十二项解答：
“建设工程施工**合同无效**，但工程经竣工**验收合格，承包人可以主张工程价款优先受偿权**……”

⑨ 《杭州市中级人民法院民一庭关于审理建设工程及房屋相关纠纷案件若干实务问题的解答》第一部分第八条第4款解答：
“建设工程价款优先受偿权，是立法对承包人应得工程价款的优先保护，属于承包人的法定权利。即使承包合同被认定无效，但承包人所享有的**工程价款请求权依然存在，相应的其优先受偿权应一并受到保护。**”

浙江高院一并支持分包或实际施工人在此情形下，基于总包或转包人怠于行使权利所“代为”主张优先受偿的权利[①]。

（2）对于第三人在工程价款债权转受的情况下，可否行使该权利：深圳中院在其指导意见中规定，承包人将其对发包人的工程款债权转让给第三人的，建设工程价款优先受偿权不能随之转让[②]，即此情形下，第三人行使该权利的，不予支持；但是，与之相反，广东高院则在其指导意见中规定，承包人将合同约定的工程款债权依法转让给第三人，债权受让的第三人主张其对建设工程享有优先受偿权的，可予支持[③]。

（3）对于权利人在约定排除优先受偿的情况下，可否行使该权利：广东高院规定，承发包在合同中约定排除优先受偿权，但事后承包人以优先受偿权是法定权利为由，主张合同约定无效并要求行使该权利的，不予支持[④]；再者，深圳中院规定，承包人在转让工程款债权前与发包人约定排除优先受偿权的，该约定对承包人以外的实际施工人不具有约束力[⑤]，即转受债权的第三人是系争工程实际施工人的，则其可以行使该权利。

综上所述，有关“优先受偿”的制度规定，除以上《合同法》及最高院的《批复》内容，在全国的司法实践中对法院均具有绝对的适用效力外，各地法院系统通过指导意见所作出的各式规定，其标准往往并不统一甚至互有冲突。

因此，承包人作为“优先受偿”的权利主体，在项目承揽、合同订立及民事诉讼等环节，从自身利益出发，应当依实际的工程所在地，参照其管辖法院就上述内容的不同标准，以判断并选择最为有利的民事行为或诉讼行为。

---

① 《浙江省高级人民法院民事审判第一庭关于审理建设工程施工合同纠纷案件若干疑难问题的解答》第二十二项解答：

“建设工程施工合同无效……分包人或实际施工人完成了合同约定的施工义务且工程质量合格，在总承包人或转包人怠于行使工程价款优先受偿权时，**就其承建的工程在发包人欠付工程价款范围内可以主张工程价款优先受偿权。**”

② 《深圳市中级人民法院关于建设工程合同若干问题的指导意见》第三十一条规定：

“承包人将其对发包人的工程款债权转让给第三人的，**建设工程价款优先受偿权不能随之转让。**”

③ 《广东省高级人民法院关于审理建设工程施工合同纠纷案件若干问题的指导意见》第十五规定：

“承包人将建设工程施工合同约定的**工程款债权依法转让，债权受让方主张其对建设工程享有优先受偿权的，可予支持**……”

④ 《广东省高级人民法院关于在审判工作中如何适用〈合同法〉第286条的指导意见》第九条规定：

“承、发包双方当事人在建设工程承包合同中约定承包人不能行使建设工程价款优先权，事后承包人以**建设工程价款优先权是法定权利为由向人民法院主张合同约定无效并要求行使建设工程价款优先权的，人民法院不予支持。**”

⑤ 《广东省高级人民法院关于审理建设工程施工合同纠纷案件若干问题的指导意见》第十五条规定：

“……承包人在转让工程款债权前与发包人约定排除优先受偿权的，**该约定对承包人以外的实际施工人不具有约束力。**”

【律师提醒】

（1）根据《民诉法》相关规定，当事人、利害关系人认为执行违法的，可向执行法院提出异议。法院应自收到异议后十五日内审查，理由成立的，裁定撤销或改正；反之，裁定驳回。对裁定不服的，自其送达后十日内可向上一级法院申请复议[①]。而案外人在执行过程中，对执行标的提出异议的，法院应自收到异议后十五日内审查，理由成立的，裁定中止该标的的执行；不成立的，裁定驳回。案外人、当事人对裁定不服，认为原裁判错误的，依再审程序办理；无关原裁判的，可自裁定送达后十五日内向执行法院起诉[②]。根据《民事诉讼法司法解释》第三百零四条规定，该诉讼即为“执行异议之诉”，有关此类诉讼的具体程序内容，可参见该解释第十五章的相关规定，此处不作展开。

（2）申请执行人超过申请执行时效期间向人民法院申请强制执行的，法院应予受理。被执行人对此提出异议，经法院审查成立的，裁定不予执行。被执行人履行全部或部分义务后，又以不知申请执行时效期间届满为由请求“执行回转”[③]的，法院不予支持[④]。

（3）需要特别注意的是：

1）根据最高院在《批复》中的有关规定，法院在建设工程诉讼的案件审理与执行过程中，应当认定其承包人所享有的“优先受偿权”优于“抵押权”和其他“债权”[⑤]；

---

① 《中华人民共和国民事诉讼法》第二百二十五条规定：
“当事人、利害关系人认为执行行为违反法律规定的，可以向负责执行的人民法院提出书面异议。当事人、利害关系人提出书面异议的，人民法院应当**自收到书面异议之日起十五日内审查，理由成立的，裁定撤销或者改正；理由不成立的，裁定驳回**。当事人、利害关系人**对裁定不服**的，可以**自裁定送达之日起十日内向上一级人民法院申请复议**。”

② 《中华人民共和国民事诉讼法》第二百二十七条规定：
“执行过程中，**案外人对执行标的提出书面异议**的，人民法院应当**自收到书面异议之日起十五日内审查，理由成立的，裁定中止**对该标的的执行；**理由不成立的，裁定驳回**。案外人、当事人**对裁定不服**，认为原判决、裁定错误的，依照审判监督程序办理；与原判决、裁定无关的，可以**自裁定送达之日起十五日内向人民法院提起诉讼**。”

③ 《中华人民共和国民事诉讼法》第二百三十三条规定：
“**执行完毕**后，据以执行的判决、裁定和其他法律**文书确有错误**，被人民法院**撤销**的，对已被执行的财产，人民法院应当作出**裁定，责令取得财产的人返还**；拒不返还的，强制执行。”

④ 《最高人民法院关于适用〈中华人民共和国民事诉讼法〉的解释》第四百八十三条规定：
“申请执行人**超过申请执行时效期间向人民法院申请强制执行**的，人民法院**应予受理**。被执行人**对申请执行时效期间提出异议**，人民法院经审查**异议成立**的，**裁定不予执行**。
被执行人履行全部或者部分义务后，又以不知道申请执行时效期间届满为由请求执行回转的，人民法院不予支持。”

⑤ 《最高人民法院关于建设工程价款优先受偿权问题的批复》（法释〔2002〕16号）第一条规定：
“人民法院在**审理房地产纠纷案件和办理执行案件**中，应当依照《中华人民共和国合同法》第二百八十六条的规定，认定**建筑工程的承包人的优先受偿权优于抵押权和其他债权**。”

2）鉴于“优先受偿权”的权利基础是工程价款的请求权，而该价款请求的前提是已完工程质量合格，故因承包人原因致工程未经竣工验收或验收不合格的，承包人无权主张优先受偿①；

3）杭州中院认为，“优先受偿权”的六个月期限，仅针对承包人向发包人的支付催告，对折价、拍卖等受偿形式的选择不在此期限内，但鉴于其催告行为视为知晓该权利的有权行使，故其主张优先受偿的诉讼时效应自催告之日起算②。

---

① 《广东省高级人民法院关于在审判工作中如何适用〈合同法〉第286条的指导意见》第八条规定：
“因承包人的原因导致建设工程**未经工程质量竣工验收或验收不合格**，承包人**主张建设工程价款优先受偿权的，人民法院不予支持**。但因第三人行使抵押权等权利时需对该建设工程进行处分的情形除外。”

② 《杭州市中级人民法院民一庭关于审理建设工程及房屋相关纠纷案件若干实务问题的解答》第一部分第八条第5项解答：
“虽然上述批复规定了该优先受偿权的行使期限为六个月，但从《合同法》第286条的条文本意分析，**该六个月的期限，仅是规定应由承包人向发包人催告支付工程价款**，至于是否选择折价、拍卖等形式受偿的，并不在该期限内。但应当明确，从**承包人催告时起**，就意味着**其知道自身可以行使优先受偿权**了，所以也**应当从这一时间点计算该项权利的诉讼时效**，即为两年，若**两年还内不起诉的，则应丧失该优先受偿的胜诉权**。”